甘肃省公路建设项目房建工程施工标准化指南

（试行）

《甘肃省公路建设项目房建工程施工标准化指南（试行）》编写组 编

人民交通出版社股份有限公司
China Communications Press Co.,Ltd.

内 容 提 要

本书分7章，对公路建设项目中房建工程主要涉及的施工内容进行了详细介绍，同时，参照各相关规范，从强制性条文、工艺流程、作业要点及标准做法、质量验收标准及检验方法5个方面对标准化施工的全过程进行了较为全面的总结。

本书适合公路建设项目房建工程施工技术人员、工程管理人员使用。

图书在版编目(CIP)数据

甘肃省公路建设项目房建工程施工标准化指南：试行／《甘肃省公路建设项目房建工程施工标准化指南：试行》编写组编. — 北京：人民交通出版社股份有限公司, 2019.8

ISBN 978-7-114-15698-4

Ⅰ. ①甘… Ⅱ. ①甘… Ⅲ. ①道路工程—路侧建筑物—工程施工—标准化—甘肃—指南 Ⅳ. ①U415-65

中国版本图书馆CIP数据核字(2019)第147783号

Gansu Sheng Gonglu Jianshe Xiangmu Fangjian Gongcheng Shigong Biaozhunhua Zhinan(Shixing)

书　　名：甘肃省公路建设项目房建工程施工标准化指南(试行)
著 作 者：《甘肃省公路建设项目房建工程施工标准化指南(试行)》编写组
责任编辑：刘　博
责任印制：张　凯
出版发行：人民交通出版社股份有限公司
地　　址：(100011)北京市朝阳区安定门外外馆斜街3号
网　　址：http://www.ccpress.com.cn
销售电话：(010)59757973
总 经 销：人民交通出版社股份有限公司发行部
经　　销：各地新华书店
印　　刷：中国电影出版社印刷厂
开　　本：880×1230　1/16
印　　张：19
字　　数：376千
版　　次：2019年8月　第1版
印　　次：2020年4月　第2次印刷
书　　号：ISBN 978-7-114-15698-4
定　　价：100.00元

本书编写组

主 编 单 位： 甘肃省交通工程质量安全监督管理局

参 编 单 位： 甘肃路桥公路投资有限公司

甘肃建祥工程建设监理有限公司

中铁二十局集团市政工程有限公司

甘肃荣铖建设工程有限公司

甘肃交通规划勘察设计院股份有限公司

主要起草人： 王晓钟　邹　虎　周维鼎　赵大同　赵志刚

王雄魁　王　东　沈秉璋　杨芙蓉　徐　恕

赵　飞　武发辉　李泽明　吴登跃　朱永青

朱亚龙

前　言

打造公路品质工程是交通运输行业贯彻落实党的十九大精神、党中央和国务院质量提升行动决策部署和深化交通运输基础设施供给侧改革的重要举措，也是我们更好地服务社会经济发展的必然要求。从2016年"品质工程"创建伊始，甘肃交通运输系统就坚持从解决质量突出问题入手，以规范化和示范创建为引领，着力打造"优质耐久、安全舒适、经济环保、社会认可"的公路工程建设项目。房建工程作为公路建设项目的重要组成部分，在以往的建设过程中存在一些问题，为了更好地贯彻高质量发展的要求，进一步提高施工标准化水平，编写组根据甘肃省公路建设特点和房建工程现状以及以往的建设成果，结合相关标准的要求，通过广泛调查研究、征求意见、吸收有关研究成果，编制了本指南。

本指南共7章，主要介绍了地基与基础、主体结构、建筑装饰装修、建筑屋面、给水排水及采暖、建筑电气及节能的标准化施工。

本指南由甘肃省交通工程质量安全监督管理局负责管理及具体解释。各单位在执行本指南过程中如发现需要修改和补充之处，请随时将意见和建议反馈至甘肃省交通工程质量安全监督管理局《甘肃省公路建设项目房建工程施工标准化指南(试行)》编写组(地址：甘肃省兰州市萃英门31号，邮政编码：730030，E-mail：253826371@qq.com)，以供今后修订时参考。

编　者

2019年5月

目　录

第1章　地基与基础

1.1　地　　基

关于地基施工的强制性标准有:《建筑地基基础工程施工质量验收标准》(GB 50202—2018)。

1.1.1　素土、灰土地基

1)强制性条文

关于素土、灰土地基施工暂无强制性标准要求。

2)工艺流程

(1)素土地基

素土地基工艺流程如图1-1所示。

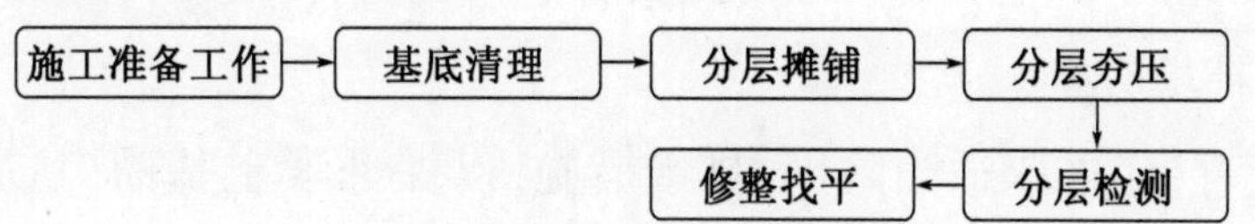

图1-1　素土地基工艺流程

(2)灰土地基

灰土地基工艺流程如图1-2所示。

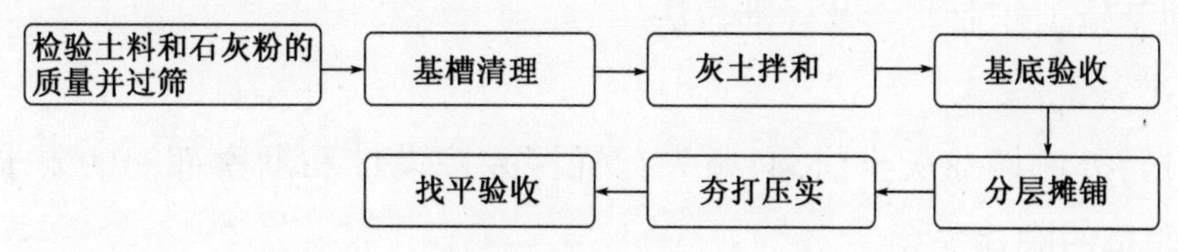

图1-2　灰土地基工艺流程

3)素土地基施工作业要点及标准做法

(1)基底清理

对基槽(坑)应先验槽,清除松土,并打两遍底夯,要求平整干净。如有积水、淤泥,应晾干,局部若有软弱土层或孔洞,应及时挖除后用灰土分层回填夯实。

(2)分层摊铺

①素土摊铺,应分段分层进行。

②各层摊铺后应用木耙子或挂线找平,并按对应标高控制桩进行厚度检查。

(3)分层夯(压)

①素土摊铺好后,即进行夯实或碾压。夯实机具可根据工程大小和现场机具条件采用人力或机械。夯实或碾压遍数,按设计要求的干密度由试夯(或碾压)确定,一般不少于4遍。人工夯实应一夯压半夯,夯夯相接,行行相接,纵横交叉。

②分段铺填的交接处应做成阶梯形,梯边留成斜坡。遇有相邻两坑回填时,先将深坑分层夯填至浅坑底标高,一并夯填。

③素土应当日铺填夯实,入槽(坑)素土不得隔日夯打。夯实后的素土3d内不得受水浸泡,并及时进行基础施工与基坑回填,或在素土表面做临时性覆盖,避免日晒雨淋。

(4)分层检测

每层夯(压)后应按规定进行环刀取样,测出土的干密度,并对照设计给定的压实系数换算出现场控制干密度,达到要求后再进行上一层填夯。

(5)修整找平

素土最上一层完成后,应用水准仪、拉线和靠尺检查标高及平整度,超高处用铁锹铲平,低洼处应及时补填夯实。

(6)雨季施工时,应采取适当防雨、排水措施,以保证素土基槽(坑)在无积水的状态下进行。刚打完的素土如突然遇雨,应将松软素土除去,并补填夯实;稍受湿的素土可在晾干后补夯。

(7)冬季施工,必须在基层不冻的状态下进行,土料应覆盖保湿,冻土及夹有冻块的土料不得使用。

4)灰土地基施工作业要点及标准做法

(1)施工准备工作

①基坑(槽)外侧摊铺灰土前,必须先行钎探并按设计和勘察部门的要求处理完地基,并办理完验槽的隐检手续。

②基础外侧打灰土,必须对基础、地下室墙和地下防水层、保护层进行检查,发现损坏时应及时修补处理,办完隐检手续;现浇的混凝土基础墙、地梁等均达到规定的强度,不得损坏混凝土。

③当地下水位高于基坑(槽)底时,施工前应采取排水或降低地下水位的措施,使地下水位保持在施工面以下500mm左右,并在3天之内不得受水浸泡。

④房心灰土和管沟灰土,应先完成上下水管道的安装或管沟墙间加固等措施后再进

行。并且将沟槽、地坪上的积水或有机杂物清除干净。

⑤施工前,应做好水平标高的标志。如在基坑(槽)或沟的边坡上每隔3m钉上灰土上平的木楔;在室内和散水的边墙上弹上水平线或在地坪上钉好控制标高的标准木桩。

(2)检验土料和石灰粉的质量并过筛

检查土料种类和质量以及石灰材料的质量是否符合规范要求;之后分别过筛。块灰闷制的熟石灰,过孔径6~10mm的筛子,生石灰直接使用;土料过孔径16~20mm的筛子,并确保粒径要求。

(3)灰土拌和

①灰土的配合比一般为2∶8或3∶7。灰土必须过标准斗,严格执行配合比。拌和均匀一致,至少反拌两次,保证拌和均匀,颜色一致,拌和好的灰土颜色应一致。

②灰土应控制含水率。检验方法:手握成团,轻捏即碎。如土料水分过大或水分不足时,应晾干或洒水湿润。

(4)槽底清理

将基坑(槽)底或基土表面清理干净,验收合格,办理隐检。

(5)分层铺灰土

各层虚铺后均应找平,与坑(槽)边壁上的标准水平木橛对应检查。

(6)夯打压实

①夯打(压)的遍数应根据设计要求的干土质量密度或现场试验确定,一般不少于3遍。人工夯打应一夯压半夯,夯夯相接,行行相接,纵横交叉。采用压路机往复碾压,一般碾压不少于4遍,其轮距搭接不小于500mm。边缘和转角处应用人工或蛙式打夯机补打密实。

②灰土分段施工时,不得在墙角、柱基及承重窗间墙下接槎。下上两层灰土的接槎距离不得小于500mm。当灰土基础标高不同时,应做成阶梯形。接槎时应将槎子垂直接齐。

③灰土回填每层夯(压)实后,应按规范进行环刀取样,测出灰土的压实度,达到设计要求后再进行上一层灰土的铺摊。

5)质量验收标准及检验方法

素土、灰土地基的质量检验标准应符合表1-1的规定。

表1-1　素土、灰土地基质量检验标准

项目	序号	检 查 项 目	允许值或允许偏差		检 查 方 法
			单位	数值	
主控项目	1	地基承载力	不小于设计值		静载试验
	2	配合比	设计值		检查拌和时的体积比
	3	压实系数	不小于设计值		环刀法

续上表

项目	序号	检 查 项 目	允许值或允许偏差		检 查 方 法
			单位	数值	
一般项目	1	石灰粒径	mm	≤5	筛析法
	2	土料有机质含量	%	≤5	灼烧减量法
	3	土颗粒粒径	mm	≤15	筛析法
	4	含水率	最佳含水率 ±2%		烘干法
	5	分层厚度	mm	±50	水准测量

1.1.2 砂和砂石地基

1)强制性条文

关于砂和砂石地基施工暂无强制性标准要求。

2)工艺流程

砂和砂石地基工艺流程如图1-3所示。

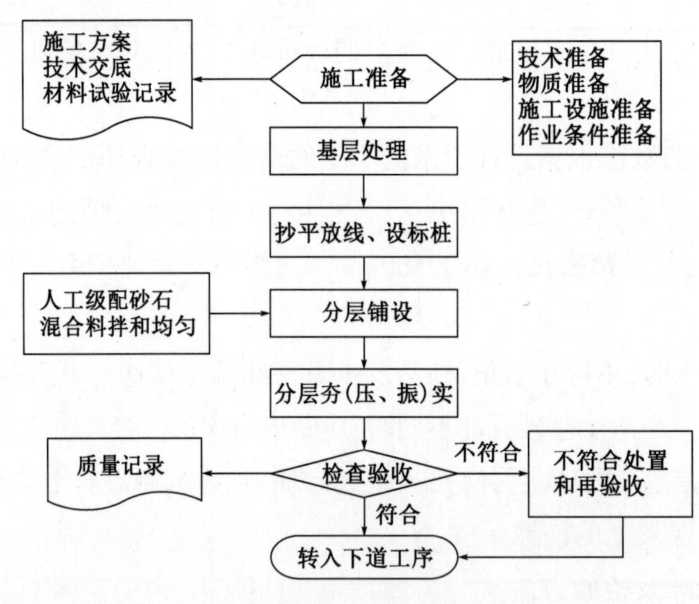

图1-3 砂和砂石地基工艺流程

3)作业要点及标准做法

(1)设置控制铺填厚度的标志,在基坑(槽)的边坡上弹上水平标高线或钉上水平标高木楔。

(2)在地下水位高于基坑(槽)底面的工程施工时,应采取排水或降低地下水位的措施,使基坑(槽)保持无水状态。

(3)铺填前,应组织有关单位共同验槽,包括轴线尺寸、水平标高、地质情况,如有无孔洞、沟、井、墓穴等。应在未做地基前处理完毕并办理隐蔽工程验收手续。

(4)砂或砂石材料已按设计要求的种类和需用量进场并经验收符合要求。混合填料的配合比已经试验确定。

(5)主要夯(压)实机械已进场并试运转,能够满足施工需要。

(6)检查基槽(坑)、管沟的边坡是否稳定,并清除基底上的浮土和积水。

(7)基层处理。砂或砂石地基铺填之前,应将基底表面浮土、淤泥、杂物清除干净,槽侧壁按设计要求留出坡度。铺设前应经验槽,并做好验槽记录。

(8)抄平放线、设标桩。基槽(坑)内按5m×5m网格设置标桩(钢筋或木桩),控制每层砂或砂石的铺设厚度。

(9)分层铺筑砂石。

①采用人工级配砂石混合料拌匀时,应先将砂和砾石按配合比过斗计量,拌和均匀,其质量均应达到设计要求或规范规定。

②铺填砂石的每层厚度应根据经试验确定的摊铺厚度进行施工。一般情况下可按150~200mm,不宜超过300mm。分层厚度可用桩控制。

③砂和砂石地基底面宜在同一标高上,如深度不同时,基土面应挖成踏步和斜坡形,接槎处应注意压(夯)实。施工应按先深后浅的顺序进行。分段施工时,接槎处应做成斜坡,每层接槎处的水平距离应错开0.5~1.0m,并应充分压(夯)实。

④铺筑的砂石应级配均匀。如发现砂窝或石子成堆现象,应将该处的砂子或石子挖出,填入级配好的砂石。

(10)分层夯(振)实或碾压。

①夯(振)实或碾压的遍数、碾压的速度,由现场试验确定。

②采用平板式振捣器平振法施工时,用平板式振捣器往复振捣,往复次数以简易测定密实度合格为准。振捣器移动时,每行应搭接1/3。

③采用插振法施工时,以振捣棒作用部分的1.25倍为间距(一般为400~500mm)插入振捣,依次振实。每层接头处应重复振捣,插入式振捣棒振完后所留孔洞应用砂填实。在振捣第一层时,不得将振捣棒插入下卧土层或基槽(坑)边坡内,以避免使软土混入砂或砂石地基而降低地基强度。

(11)找平和验收。

①施工时应分层找平,夯压密实,一般采用环刀法或灌砂法、灌水法取样测定砂石的密实度。试验方法按《土工试验方法标准》(GB/T 50123)的规定执行。也可用小型轻便触探仪直接锤击数来检验干密度和密实度,符合设计要求后,才能进行下层铺填施工。

②最后一层压(夯)完成后,表面应拉线找平,并且要符合设计规定的标高。

4)质量验收标准及检验方法

砂和砂石地基的质量检验标准应符合表1-2的规定。

表1-2　砂和砂石地基质量检验标准

项目	序号	检查项目	允许值或允许偏差		检查方法
			单位	数值	
主控项目	1	地基承载力	不小于设计值		静载试验
	2	配合比	设计值		检查拌和时的体积比或质量比
	3	压实系数	不小于设计值		灌砂法、灌水法
一般项目	1	砂石料有机质含量	%	≤5	灼烧减量法
	2	砂石料含泥量	%	≤5	水洗法
	3	砂石料粒径	mm	≤50	筛析法
	4	分层厚度	mm	±50	水准测量

1.1.3　土工合成材料地基

1)强制性条文

关于土工合成材料地基施工暂无强制性标准要求。

2)工艺流程

土工合成材料地基工艺流程如图1-4所示。

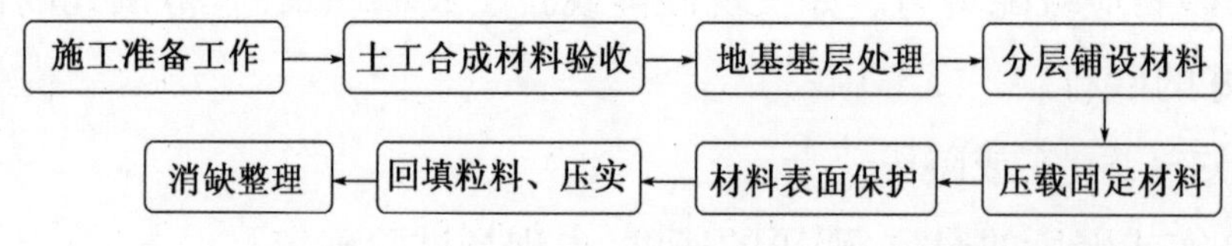

图1-4　土工合成材料地基工艺流程

3)作业要点及标准做法

(1)场地和基层

①平整施工场地,清除影响铺设的障碍物,平整铺放土工合成材料的基层,做到基层局部高差不大于50mm。凹坑可用含泥量小于5%的砂铺平压实,避免损伤破坏土工合成材料。

②路基表面应留3%～5%坡面,排水沟应留1%～3%坡度以利排水。

(2)材料铺放和连接

①将无损伤破坏检查后合格的土工合成材料按主要受力方向从一端向另一端铺设。铺放时应用人工拉紧,材料表面没有皱折且紧贴下承层。之后随铺随及时压住,避免被风吹掀起。

②土工合成材料铺放时,两端须有富余量,富余量每端不少于100cm,端头应按设计

要求加以固定。

③相邻土工合成材料的连接，对土工格栅可采用密贴排放或重叠搭接，用聚合材料绳或棒或特种连接件连接。对土工织物及土工膜可采用搭接、缝合、胶合、钉合等方法连接。当加筋层采用多层土工材料时，上下层土工材料的接缝应交替错开，错开距离不小于500mm。连接处强度不得低于设计强度。搭接长度一般情况下采用300～500mm。对荷载较大、地形倾斜、地基很软弱时，搭接长度不小于500mm。在水下铺设时，搭接长度不小于1000mm。土工织物、土工膜上铺有砂垫层时不宜用搭接法。采用缝合方法时，应用尼龙或涤纶线将土工织物或土工膜双道缝合，针距7～8mm，两道缝线间距一般为10～25mm。采用胶结方法时，应用热粘接或胶粘接。粘接时搭接宽度不宜小于100mm。

④有影响工程效果的材料破损，应从破损处剪断，重新连接，对材料的小裂缝或孔洞，可在其上缝补，缝补时应用面积不小于破损面积的4倍，边长不小于1000mm的新材料连接。土工布与结构的连接质量是保证合成材料地基承载力和抗拉的关键，必须选定切实可行的连接方法保证连接牢固。

(3)填料

①用土工合成材料做垫层地基时，所用的回填材料种类、垫层高度、回填料的碾压密实度等都应按设计要求进行，一般是在土工布下设置碎石或砾石垫层，在布上设砂卵石保护层。回填料为中、粗、砾砂或细粒碎石类时，在距土工织物或土工膜80mm范围内，最大粒径应小于60mm，当采用黏性土时，填料含水率应能满足设计要求的压实度，回填时黏性土填料，含水率控制在最佳含水率的±2%以内为宜，第一层填料铺垫厚应小于500mm并应防止施工损坏纤维。

②用土工纤维作反滤层时，土工纤维不得出现扭曲、折皱。应先在土工纤维上面铺设厚300mm卵石层后才允许做上面抛石层，抛石层施工抛掷高度小于500mm。抛石层高度按设计要求，一般小于1500mm。

③当使用块石做土工合成材料保护层时，应先在土工合成材料上铺放厚度不小于50mm的砂层。后再做块石层，块石抛放高度应小于300mm。

④回填料的铺设应分层进行，但每层回填料的厚度应随填土深度及所选压实机械的压实性能确定。铺设厚度一般为100～300mm，但加筋布上第一层填土厚度不应小于150mm，回填时应根据设计要求及地基沉降情况控制回填速度。

⑤辗压土工合成材料上第一层填土时，填土机械只能沿垂直于土工合成材料的铺放方向运行，应用轻型机械(压力小于55kPa)摊料或碾压。当填土高度大于600mm后可使用重型机械。

⑥填料前必须检查土工合成材料端头的位置，并做好材料端头的锚固，之后开始回填土。

4)质量验收标准及检验方法

土工合成材料地基质量检验标准应符合表1-3的规定。

表1-3 土工合成材料地基质量检验标准

项目	序号	检查项目	允许值或允许偏差		检查方法
			单位	数值	
主控项目	1	地基承载力	不小于设计值		静载试验
	2	土工合成材料强度	%	≥-5	拉伸试验(结果与设计值相比)
	3	土工合成材料延伸率	%	≥-3	拉伸试验(结果与设计值相比)
一般项目	1	土工合成材料搭接长度	mm	≥300	用钢尺量
	2	土石料有机质含量	%	≤5	灼烧减量法
	3	层面平整度	mm	±20	用2m靠尺
	4	分层厚度	mm	±25	水准测量

1.1.4 粉煤灰地基

1)强制性条文

关于粉煤灰地基施工暂无强制性标准要求。

2)工艺流程

粉煤灰地基工艺流程如图1-5所示。

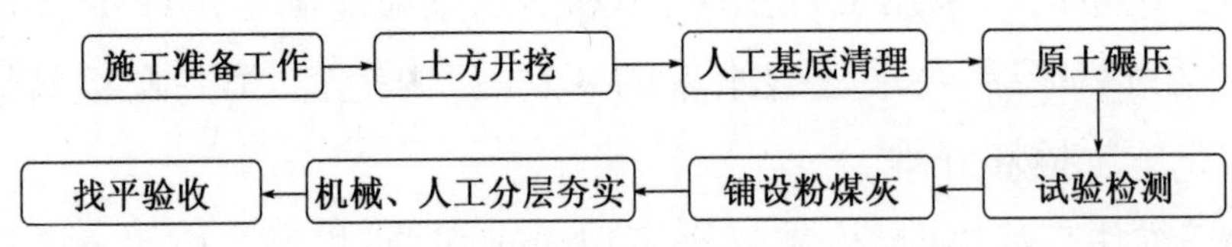

图1-5 粉煤灰地基工艺流程

3)作业要点及标准做法

(1)铺设前,应清除地基土垃圾,排除表面积水,平整场地,并对其原土进行压实处理,使其密实。垫层应分层铺设与碾压,铺设厚度:用机械夯为200~300mm,夯完后厚度为150~200mm;用压路机为300~400mm,压实后为250mm左右。对小面积基坑、槽垫层,可用人工分层摊铺,用平板振动器或蛙式打夯机进行振(夯)实,每次振(夯)板应重叠1/3~1/2板,往复压实,由两侧或四侧向中间进行,夯实不少于3遍。大面积垫层应采用推土机摊铺,先用推土机预压2遍,之后用8t压路机碾压,施工时压轮重叠1/3~1/2轮宽,往复碾压,一般碾压4~6遍。

(2)粉煤灰铺设时,含水率应控制在最佳含水率范围内;如含水率过大,需摊铺晾干后再碾压。粉煤灰铺设后,应于当天压完;如压实时含水率过小,呈现松散状态,则应洒水湿润再压实,洒水的水质不得含有油质,pH值应为6~9。

(3)夯实或碾压时,如出现“橡皮土”现象,应暂停压实,可采取将垫层开槽、翻松、晾晒或换灰等办法处理。

(4)每层铺完经检测合格后,应及时铺筑上层,以防干燥、松散、起尘、污染环境,并严禁车辆在其上行驶;全部粉煤灰垫层铺设完并验收合格后,应及时浇筑混凝土垫层,以防日晒、雨淋破坏。

(5)粉煤灰切勿在饱和状态或浸水状态下施工,更不能采用水沉法施工。

(6)粉煤灰垫层宜覆土±0.3~0.5m,以防干灰飞扬。

(7)在软弱地基上填筑粉煤灰垫层时,应先铺设20cm厚中、粗砂或高炉干渣,以免下卧土层表面受到振动。同时也有利于下卧土层的排水固结,并可切断毛细水上升通道。

(8)冬期施工,最低气温不得低于0℃,以免粉煤灰含水冻胀。

4)质量验收标准及检验方法

粉煤灰地基质量检验标准应符合表1-4的规定。

表1-4　粉煤灰地基质量检验标准

项目	序号	检查项目	允许值或允许偏差		检查方法
			单位	数值	
主控项目	1	地基承载力	不小于设计值		静载试验
	2	压实系数	不小于设计值		环刀法
一般项目	1	粉煤灰粒径	mm	0.001~2.000	筛析法、密度计法
	2	氧化铝及二氧化硅含量	%	≥70	试验室试验
	3	烧失量	%	≤12	灼烧减量法
	4	分层厚度	mm	±50	水准测量
	5	含水率	最佳含水率±4%		烘干法

1.1.5　砂石桩复合地基

1)强制性条文

关于砂石桩复合地基施工暂无强制性标准要求。

2)工艺流程

砂石桩复合地基工艺流程如图1-6所示。

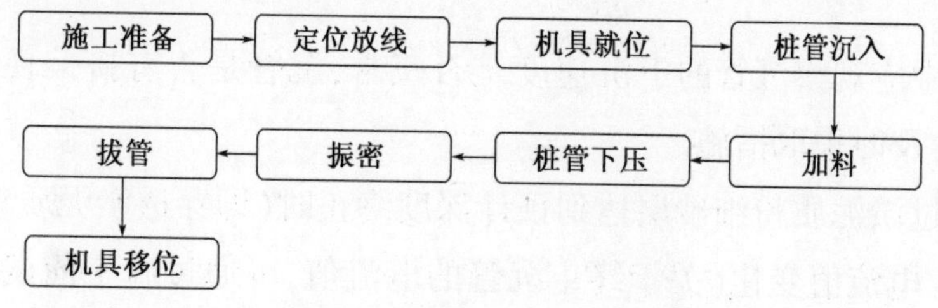

图1-6　砂石桩复合地基工艺流程

3)作业要点及标准做法

(1)桩位放样:先用全站仪放出路基两侧纵向控制桩,再根据桩位布置图用钢尺逐桩放出桩位,并用小木桩定出每个砂桩位置。放样后全面核对桩的位置、数量及布桩形式,确保桩位准确。在砂桩施工前将其拔掉并收集起来,不得随意丢弃。

(2)桩机就位:首先检查桩机的平整度和桩管的垂直度,检查时采用全站仪按水平、垂直两个方向进行检查、调整,保证桩身的垂直度满足验标要求。进行桩位检查时,桩管横向、纵向移动,使桩尖与桩位对中,桩位偏差满足验标要求。

(3)启动桩锤电机振动桩锤,使桩管下沉,桩管下沉入土后,严格控制沉入深度,确保达到设计桩长。桩管下沉过程中,应沿导向架,并始终保持同导杆平行,如发生桩管偏斜须及时扶正桩管。

(4)灌砂:桩管插入到设计标高时,开始上料,上料时控制灌砂量,按照设计砂量的1.1~1.2倍进行灌入,若桩管中一次装不下所要灌入的全部砂量,可以在振动挤密过程中补足。向管内填砂的同时,向管内通水或压缩空气,利于砂排出桩外。若排砂不畅通时,可适当加大风压,但当拔管快拔出地面时,减小风压,防止砂料外飘。

(5)拔管、桩管下沉:第一次把桩管提升80~100cm,提升时桩尖自动打开,桩管内砂料流入孔内。按规定速度降落桩管,振动挤压15~20s(观察料斗中砂料变化,如砂料不减少,说明桩尖没有打开,要继续提升桩管,直到桩尖打开为止)。

(6)沉桩过程中的振动挤密:每次提升桩管50cm,挤压时间为桩管难以下沉为宜,如此反复升降压拔桩管,直至所灌砂将地基挤密。

(7)完成该桩灌砂量,桩管提至地面,桩管移到下一桩位。桩头部位1m深度以内要钎探密实。

(8)当砂桩实际灌砂量没有达到设计要求时,在原位将桩管打入,补充灌砂后复打一次,或在旁边补桩一根。

(9)砂桩振动沉管灌注桩基施工。

(10)遇沉管施工过于困难也可以在原桩位周边50cm范围内重新打设。

(11)其他施工要求如下:

①定位:桩基到位后,首先将沉管对准桩位,桩身垂直度偏差不大于1%,桩位偏差不超过5cm。

②沉管过程中应观察沉管的下沉速度是否正常,沉管是否有挤偏现象,若出现异常情况应分析原因,及时采取措施。

③当沉管穿过淤泥质粉细砂层达到预计深度终止时(即穿透淤泥质粉砂层进入下卧层1.0m),应注意电流值变化(关于终止沉管的电流值,可通过施工前试桩确定)。沉管施工全过程必须有专门记录员记录。振动沉管应记录沉管所用的总时间。

④沉管达到要求深度后,应立即投入砂料。

⑤拔管速度要均匀,拔管速度宜为 1.2 ~ 1.5m/min。

⑥用振动法拔管,先振动 5 ~ 10s,再开始拔管,应边拔边振,每次拔 0.5 ~ 1.0m,如此反复,直至沉管全部拔出。

⑦沉管拔出地面后,若发现砂石料超出桩的设计顶面甚多,应及时校核充盈系数,若充盈系数小于 1,则认为桩身可能存在缩径或断桩隐患,应及时研究补救措施。若发现桩顶面低于设计标高,应及时补灌中粗砂料。

4)质量验收标准及检验方法

砂石桩复合地基质量检验标准应符合表 1-5 的规定。

表 1-5　砂石桩复合地基质量检验标准

项目	序号	检 查 项 目	允许值或允许偏差		检 查 方 法
			单位	数值	
主控项目	1	复合地基承载力	不小于设计值		静载试验
	2	桩体密实度	不小于设计值		重型动力触探
	3	填料量	%	≥ -5	实际用料量与计算填料量体积比
	4	孔深	不小于设计值		测钻杆长度或用测绳
一般项目	1	填料的含泥量	%	<5	水洗法
	2	填料的有机质含量	%	≤5	灼烧减量法
	3	填料粒径	设计要求		筛析法
	4	桩间土强度	不小于设计值		标准贯入试验
	5	桩位	mm	≤0.3*D*	全站仪或用钢尺量
	6	桩顶标高	不小于设计值		水准测量,将顶部预留的松散桩体挖除后测量
	7	密实电流	设计值		查看电流表
	8	留振时间	设计值		用表计时
	9	褥垫层夯填度	≤0.9		水准测量

1.1.6　高压旋喷注浆地基

1)强制性条文

关于高压旋喷注浆地基施工暂无强制性标准要求。

2)工艺流程

高压旋喷注浆地基工艺流程如图 1-7 所示。

3)作业要点及标准做法

高压旋喷施工方法示意如图 1-8 所示。其作业要点及标准做法如下:

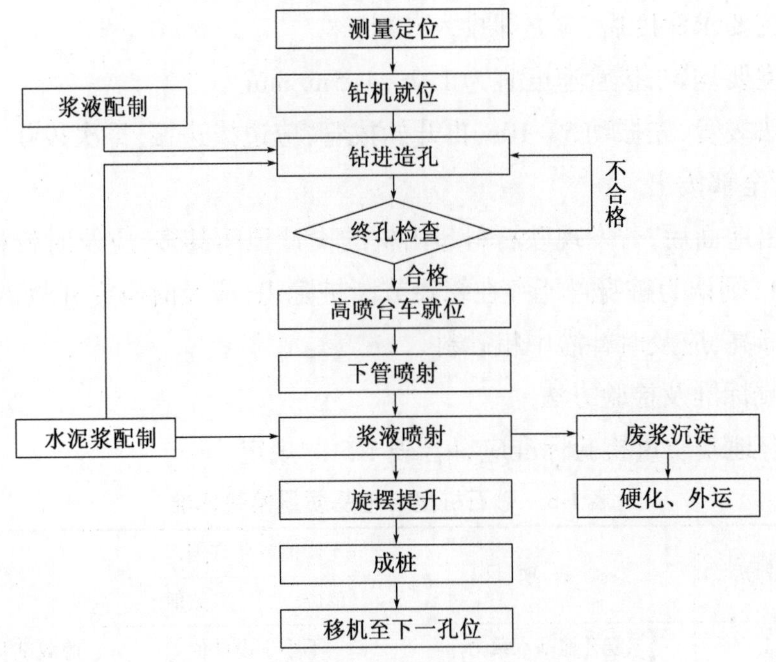

图 1-7 高压旋喷注浆地基工艺流程

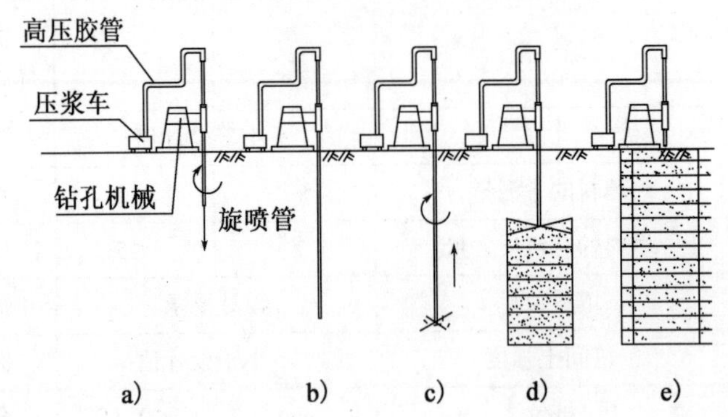

图 1-8 高压旋喷桩施工方法示意图

a)钻机就位钻孔;b)钻孔至设计标高;c)旋喷开始;d)边旋喷边提升;e)旋喷结束成桩

(1)钻机就位、钻孔

根据现场放线移动钻机,使钻杆头对准孔位中心。同时为保证钻机达到设计要求的垂直度,钻机就位后必须做水平校正,使其钻杆轴线垂直对准钻孔中心位置,保证钻孔的垂直度不超过1%。在校直纠偏检查中,利用垂球(高度不得低于2m)从垂直两个方向进行检查,若发现偏斜,则在机座下加垫薄木块进行调整。钻进成孔,严格按已定桩位进行成孔,平面位置偏差不得大于50mm,采用原土造浆护壁。

(2)插管、试喷

引孔钻好后,插入旋喷管,进行试喷,确定施工技术参数。注浆材料:P.O 42.5级普通硅酸盐水泥,水泥浆(单液)水灰比为0.7~1.0。

(3)高压旋喷注浆

①施工前预先准备排浆沟及泥浆池,施工过程中应将废弃的冒浆液导入或排入泥浆

池,沉淀凝结后集中运至场外存放或弃置。

②旋喷前检查高压设备和管路系统,其压力和流量必须满足设计要求。注浆管及喷嘴内不得有任何杂物。注浆管接头的密封圈必须良好。

③做好每个孔位的记录,记录实际孔位、孔深和每个钻孔内的地下障碍物、注浆量等资料。

④当注浆管贯入土中,喷嘴达到设计标高时,即可按确定的施工参数喷射注浆。喷射时应先达到预定的喷射压力,量正常后再逐渐提升注浆管,由下而上旋喷注浆。

⑤每次旋喷时,均应先喷浆后旋转和提升,以防止浆管扭断。

⑥配制水泥浆时,水灰比要求按设计规定,不得随意更改,在喷浆过程中应防止水泥浆沉淀,使浓度降低。每次投料后拌和时间不得少于3min,待压浆前将浆液倒入集料斗中。水泥浆应随拌随用。

⑦高压喷射注浆过程中出现骤然下降、上升或大量冒浆等异常情况时,应查明产生的原因并及时采取措施。

⑧一旦出现中断供浆、供气,立即将喷管下沉至停供点以下0.3m,待复供后再行提升。

⑨当提升至设计桩顶下1.0m深度时,放慢提升速度至设计标高,喷射作业结束后,用冒出浆液回灌到孔内,直至不下沉为止。

(4)废弃浆液处理

喷射注浆施工中,将产生不少废弃浆液。为确保场地整洁和顺利施工,在施工前拟在场地内设置泥浆池,泥浆在施工中抽排汇入泥浆池中,待泥浆固结后再外运处理。

(5)冲洗机具、移机

当高压喷射注浆完毕,应迅速拔出注浆管彻底清洗注浆管和注浆泵,防止被浆液凝固堵塞(因故停工3h时,妥善清洗泵体和注浆管道),移动旋喷机具至下一孔位。

4)质量验收标准及检验方法

高压喷射注浆复合地基质量检验标准应符合表1-6的规定。

表1-6　高压喷射注浆复合地基质量检验标准

项目	序号	检查项目	允许值或允许偏差		检查方法
			单位	数值	
主控项目	1	复合地基承载力	不小于设计值		静载试验
	2	单桩承载力	不小于设计值		静载试验
	3	水泥用量	不小于设计值		查看流量表
	4	桩长	不小于设计值		测钻杆长度
	5	桩身强度	不小于设计值		28d试块强度或钻芯法

续上表

项目	序号	检 查 项 目	允许值或允许偏差		检 查 方 法
			单位	数值	
一般项目	1	水胶比	设计值		实际用水量与水泥等胶凝材料的质量比
	2	钻孔位置	mm	≤50	用钢尺量
	3	钻孔垂直度	≤1/100		经纬仪测钻杆
	4	桩位	mm	≤0.2*D*	开挖后桩顶下 500mm 处用钢尺量
	5	桩径	mm	≥ -50	用钢尺量
	6	桩顶标高	不小于设计值		水准测量,最上部 500mm 浮浆层及劣质桩体不计入
	7	喷射压力	设计值		检查压力表读数
	8	提升速度	设计值		测机头上升距离及时间
	9	旋转速度	设计值		现场测定
	10	褥垫层夯填度	≤0.9		水准测量

1.1.7 水泥搅拌桩地基

1)强制性条文

关于水泥搅拌桩地基施工暂无强制性标准要求。

2)工艺流程

水泥搅拌桩地基工艺流程如图 1-9 所示。

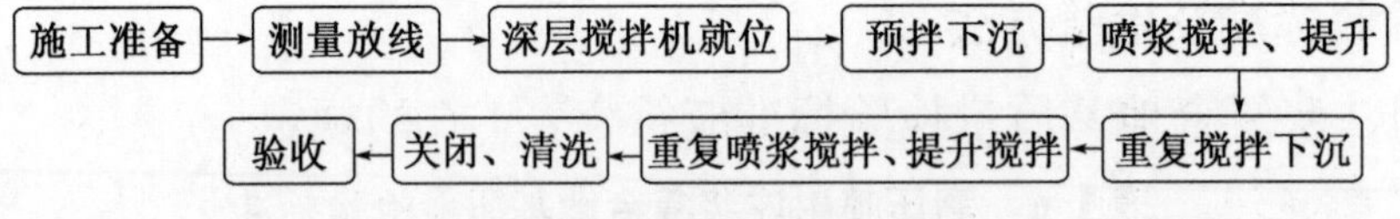

图 1-9 水泥搅拌桩地基工艺流程

3)作业要点及标准做法

按照桩位布置图进行测量放线,设置标高控制点和轴线控制网。

(1)湿法施工(深层搅拌法)

①深层搅拌机就位。将搅拌机停于已测放好的桩位上,再调整使搅拌头与桩位标志物保持在同一直线上。

②预搅下沉。

a. 施工时,先将深层搅拌机用钢丝绳吊挂在起重机上,用输浆胶管将料罐、水泥浆泵与深层搅拌机连通，开动电动机，搅拌机叶片相向而转，借设备自重，以一定的速度沉至设计要求加固深度。深层搅拌机要做到基本垂直于地面，要保证平整度和导向架垂直度。

b. 搅拌机下沉时，不宜冲水；当遇到较硬土层下沉太慢时，方可适量冲水，但应严格控制冲水量，以免影响桩身强度。

③喷浆搅拌、提升。再以一定速度提起搅拌机，与此同时开动水泥浆泵将水泥浆从深层搅拌中心管不断压入土中，由搅拌叶片将水泥浆与深层处的软土搅拌，边搅拌边喷浆直至提至地面，即完成一次搅拌过程。搅拌机起吊时要保证起吊设备的平整度和导向架的垂直度，成桩要控制搅拌机的提升速度和次数，保证连续均匀，以控制注浆量，保证搅拌均匀，同时泵送必须连续。

④重复搅拌下沉、喷浆搅拌、提升：用①～③再一次重复搅拌下沉和重复搅拌喷浆上升，即完成一根柱状加固体。每天施工完毕，应用水清洗储料罐、水泥浆泵、深层搅拌机及相应管道，以备再用。

⑤湿法施工注意事项：

a. 水泥浆不能离析，严格按照配合比配置。为防止水泥浆离析，可在灰浆机中不断搅动，待压浆前再将水泥浆倒入料斗中。

b. 压浆阶段不允许发生断浆现象，输浆管不能发生堵塞。

c. 严格按照设计确定的数据，控制喷浆、搅拌和提升速度。控制重复搅拌时的下沉和提升速度，以保证加固范围每一深度内，得到充分搅拌。

d. 在成桩过程中，凡是由于电压过低或其他原因造成的停机，使沉桩工艺中断的，为防止断桩，在搅拌机重新启动后，深层搅拌500mm再继续成桩。

e. 相邻两桩施工间隔时间不得超过12h。

f. 考虑到搅拌桩与上部结构的基础或承台部分受力较大，对桩顶1～1.5m范围内再增加一次输浆，以提高其强度。

g. 施工时因故停机，应将搅拌头下沉至停机点以下0.5m处，待恢复供浆时再喷浆搅拌提升。若停机超过3h，宜先拆卸输浆管路，并妥善清洗。

(2)干法施工(粉喷搅拌法)

①深层搅拌机就位。将搅拌机停于已测放好的桩位上，再调整使搅拌头与桩位标志物保持在同一直线上。

②预搅下沉。施工时，先将深层搅拌机用钢丝绳吊挂在起重机上，用输浆胶管将料罐水泥浆泵与深层搅拌机连通，开动电动机，搅拌机叶片相向而转，借设备自重，以一定的速度沉至设计要求加固深度。深层搅拌机要做到基本垂直于地面，要保证平整度和导向架垂直度。

③当搅拌头达到设计桩底以上1.5m时,即应开启喷粉机进行喷粉作业,搅拌机的提升速度与搅拌头的转速应保持每提升15mm搅拌一圈,当搅拌头提升至地面下500mm时,粉喷机应停止喷粉。

④粉喷、搅拌、提升的成桩过程中因故停止喷粉,应将搅拌头下沉至停灰面以下1m处,待恢复喷粉时再喷粉搅拌提升。

(3)主要质量控制点

①保证搅拌机的水平度和导向架的垂直度,搅拌桩的垂直度偏差不得超过1.0%,桩位偏差不得大于50mm,成桩直径和桩长的偏差不得小于设计值。每延米的固化剂用量偏差不得超过设计值的±5%。

②在施工过程中,应及时做好施工记录和计量记录,并对照规定的施工工艺对工程桩进行质量验收,检查的重点是:固化剂的用量、桩长、桩径、制桩过程中有无断桩现象、搅拌提升的时间、复搅的次数和复搅的深度等。

③水泥土搅拌桩成桩后应进行质量跟踪检验,可采用浅部开挖桩头,其深度宜大于500mm,目测检查搅拌的均匀性,量测成桩直径。

④基槽开挖后,应检验桩位、桩数与桩顶质量情况,应符合设计要求。

4)质量验收标准及检验方法

水泥土搅拌桩地基质量检验标准应符合表1-7的规定。

表1-7 水泥土搅拌桩地基质量检验标准

项目	序号	检查项目	允许值或允许偏差		检查方法
			单位	数值	
主控项目	1	复合地基承载力	不小于设计值		静载试验
	2	单桩承载力	不小于设计值		静载试验
	3	水泥用量	不小于设计值		查看流量表
	4	搅拌叶回转直径	mm	±20	用钢尺量
	5	桩长	不小于设计值		测钻杆长度
	6	桩身强度	不小于设计值		28d试块强度或钻芯法
一般项目	1	水胶比	设计值		实际用水量与水泥等胶凝材料的质量比
	2	提升速度	设计值		测机头上升距离及时间
	3	下沉速度	设计值		测机头下沉距离及时间
	4	桩位	条基边桩沿轴线	$\leq 1/4D$	全站仪或用钢尺量
			垂直轴线	$\leq 1/6D$	
			其他情况	$\leq 2/5D$	

续上表

项目	序号	检查项目	允许值或允许偏差		检查方法
			单位	数值	
一般项目	5	桩顶标高	mm	±200	水准测量，最上部500mm浮浆层及劣质桩体不计入
	6	导向架垂直度	≤1/150		经纬仪测量
	7	褥垫层夯填度	≤0.9		水准测量

1.1.8　土和灰土挤密桩复合地基

1)强制性条文

关于素土和灰土挤密桩复合地基施工暂无强制性标准要求。

2)地基工艺流程

土和灰土挤密桩复合地基施工工艺流程如图1-10所示。

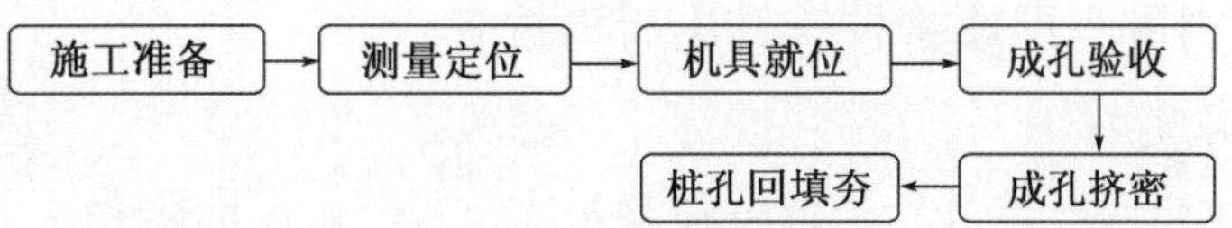

图1-10　土和灰土挤密桩复合地基施工工艺流程

3)作业要点及标准做法

(1)测量放样

①认真审核设计图纸，做到熟悉设计提供的各种资料，根据施工图要求，绘制桩位平面 布置图，并按行列顺序进行编号，利于施工时记录。

②根据设计提供的控制点，采用全站仪放出挤密桩区域的控制桩，之后使用钢卷尺根据桩距传递放出桩位位置，用小竹签做好标记，并撒白灰标识，确保桩机准确就位。

(2)桩机就位

①成孔应按设计要求、现场土质和周围环境等情况，选用沉管法、冲击法、爆扩法或洛阳铲成孔法，一般常用沉管法。

②使打桩机桩尖对准白灰标识的竹签，完成桩机就位；机身应平稳，桩管或冲锤应与桩位对正，并确保施工中不发生倾斜、位移。

③桩管和冲击钻机钢丝绳上应设醒目牢固的尺度标志，标志点间隔0.5m。

(3)沉管法

①沉管法是利用柴油打桩机或振动沉管机，将带有通气桩尖或活瓣桩尖的钢管沉入土中，直到设计深度。桩管用无缝钢管制成，壁厚约10mm，外径与桩孔直径相同，桩尖有活瓣式或锥形活动桩尖，以便拔管时通气消除负压。

②沉管开始阶段应轻击慢沉,待桩管方向稳定后再按正常速度沉管。

③若孔底出现饱和软弱土层时,可加大成孔间距,以防由于振动而造成已打好的桩孔内挤塞。

④当孔底有地下水流入时,可采用井点降水后再回填填料或向桩孔内填入一定数量的干砖渣和石灰,经夯实后再分层填入填料。

(4)冲击法

①冲击法成孔是利用冲击钻机将重力为6~32kN的锥形冲击锤提升0.5~2.0m高后再自由落下,如此反复冲击成孔,用泥浆护壁,在土中形成400~600mm的桩孔,适于处理湿陷性较大的土层。

②开始冲孔时,应低锤勤击,待锤头全部入土后再按正常冲程锤击成孔。一般不宜过多用高冲程,以免引起坍孔、扩孔或卡锤等事故。

③钢丝绳上应有长度标志,以及时观测冲孔的深度。

④拔管成孔桩管沉至桩底位置后应及时拔出,不能在土中搁置时间过久,拔管困难时可用水浸润桩管周围土层或将桩管转出后再拔管。

(5)桩孔回填夯实

①成孔后应清底夯实、夯平,夯实次数不少于8击,并立即夯填。

②桩孔分层回填夯实,每次回填厚度宜为250~400mm,人工夯实用重25kg、带长柄的 混凝土锤,机械夯实用偏心轮夹杆或夯实机,一般落锤高度不小于2m,每层夯实不少于10锤。

③施工时,逐层以量斗定量向孔内下料,逐层夯实。

④桩顶应高出设计标高15cm,挖土时将高出部分铲除。

⑤成桩成片后,应及时填筑灰土并碾压至设计要求,铺设灰土垫层前,应按设计要求将桩顶标高以上的预留松动土层挖除或夯(压)密实。

(6)质量控制

①成孔和孔内回填的施工顺序,当整片处理时,宜从中间向外间隔1~2孔进行;当局部处理时,宜由外向内间隔1~2孔进行。成孔挤密应间隔分批进行,成孔后应及时夯填。

②沉管法开始完成的2~3个桩孔、土层变化的地段或沉管贯入度出现反常现象,均应 逐孔详细记录沉管的锤击数、振动沉入时间、出现的问题及处理方法。

③冲击法施工时,操作人员必须及时准确地控制送绳长度,既要勤松少松,又要免打空锤。

④施工过程中,应做好成孔及回填夯实施工记录。如发现地基土质与勘察资料不符,应立即停止施工,待查明情况或采取有效措施处理后,方可继续施工。

⑤雨季或冬期施工,采取防雨或防冻措施,防止灰土和土料等原材料受雨水淋湿或冻结。

⑥施工过程中,应做好成孔及回填夯实施工记录。

4)质量验收标准及检验方法

土和灰土挤密桩复合地基质量检验标准应符合表1-8的规定。

表1-8　土和灰土挤密桩复合地基质量检验标准

项目	序号	检查项目	允许值或允许偏差		检查方法
			单位	数值	
主控项目	1	复合地基承载力	不小于设计值		静载试验
	2	桩体填料平均压实系数	≥0.97		环刀法
	3	桩长	不小于设计值		测桩管长度或用测绳测孔深
一般项目	1	土料有机质含量	≤5%		灼烧减量法
	2	含水率	最佳含水率±2%		烘干法
	3	石灰粒径	mm	≤5	筛析法
	4	桩位	条基边桩沿轴线	≤1/4D	全站仪或用钢尺量
			垂直轴线	≤1/6D	
			其他情况	≤2/5D	
	5	桩径	mm	±500	用钢尺量
	6	桩顶标高	mm	±200	水准测量,最上部500mm劣质桩体不计入
	7	垂直度	≤1/100		经纬仪测桩管
	8	砂、碎石褥垫层夯填度	≤0.9		水准测量
	9	灰土垫层压实系数	≥0.95		环刀法

1.1.9　水泥粉煤灰碎石桩复合地基

1)强制性条文

关于水泥粉煤灰碎石桩复合地基施工暂无强制性标准要求。

2)工艺流程

水泥粉煤灰碎石桩复合地基工艺流程如图1-11所示。

3)作业要点及标准做法

(1)桩基施工前,应清除路基加固范围内的地表腐殖土等。之后进行整平压实,场地整平标高高出设计CFG桩设计桩顶标高50cm,采用20t以上压路机分层压实,压实度满足设计及规范要求。

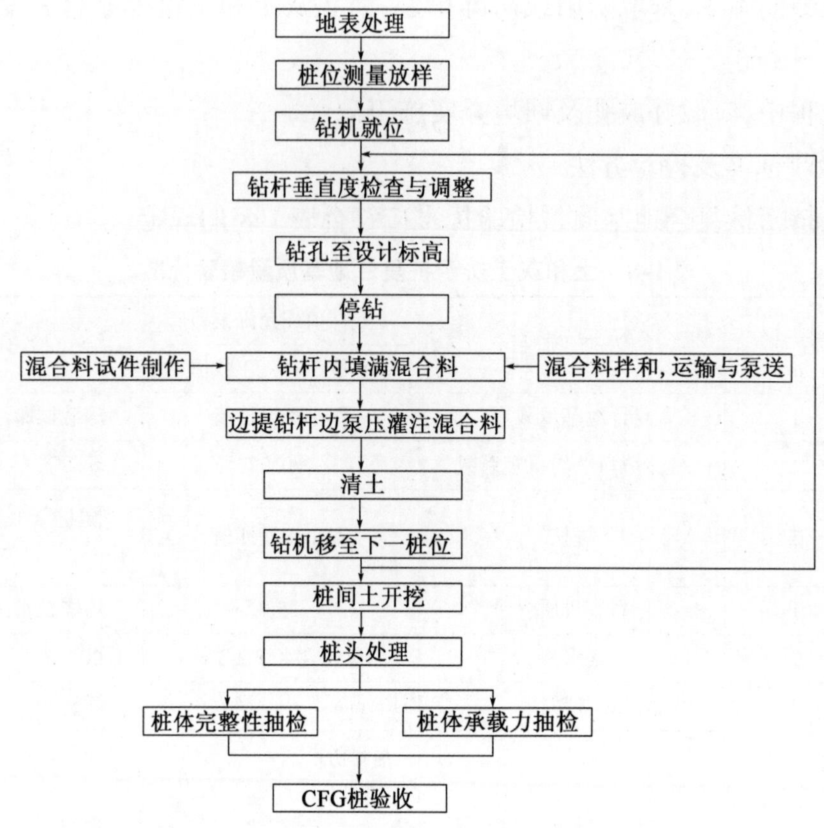

图 1-11　水泥粉煤灰碎石桩复合地基工艺流程

(2)打桩作业场地应沿线路纵向在布桩范围 2.5m 外设置排水沟,并沿线路垂直方向每隔 30 ~ 50m 布置横向排水沟,保证场内不积水。

(3)大面积施工前,根据不同地质情况、不同桩长地段,进行至少 3 根工艺性试桩,验证成孔、混凝土拌制、钻进速度、提管速度等施工工艺参数,同时验证设计参数。满足设计和规范要求后方可进行大面积施工。

(4)按照设计图纸进行布置桩位,用全站仪按 20m 为一个段面测放桩位,每个段面确定 4 个角点桩位,用钢钎打入深度约 50cm,尼龙线纵横方框固定,钢尺量测 2m 桩位,撒白灰或者用竹签插入标记。

(5)确定施打顺序及桩机行走路线,根据设计图纸、现场场地情况及机械设备特性等确定施打顺序及桩机行走路线。

(6)钻机就位

在钻机架上准确画出每米的深度标示线,在钻头落地的情况下准确标示出“零”起点的位置并在钻机表面做好明显的深度标计。调整钻机水平并固定,专人检查将钻头锥尖对准桩位中心点;钻机就位后,使钻杆垂直对准桩位中心,确保 CFG 桩垂直度容许偏差不大于 1%,桩位偏差不大于 50mm。现场控制采用钻机自带垂直度调整器控制钻杆垂直度。每根桩施工前进行桩位对中及垂直度检查。

(7)混合料拌制

混合料搅拌要求按配合比进行配料，上料顺序为：先装碎石，再加水泥、粉煤灰和泵送剂，最后加砂，使水泥、粉煤灰和泵送剂夹在砂、石之间，每盘料拌和时间不小于65s。坍落度控制在180mm±20mm，具体搅拌时间根据试验结果确定。混合料由搅拌站集中拌制，之后用混凝土运输车运至施工现场。

(8)钻进成孔

钻孔开始时，关闭钻头阀门，向下移动钻杆至钻头触及地面时，启动马达钻进。一般应先慢后快，以便及时纠正。在成孔过程中，如发现钻杆摇晃或难钻时，应放慢进尺，否则较易导致桩孔偏斜、位移，甚至使钻杆、钻具损坏。当钻头到达设计桩长预定标高时，在动力头底面停留位置相应的钻机塔身处做醒目标记，作为施工时控制孔深的依据，当动力头底面达到标记处桩长即满足设计要求，施工时还需考虑施工工作面的标高差异，做相应增减。

(9)混合料灌注

CFG桩成孔到设计标高后，停止钻进，开始泵送混合料，当钻杆心充满混合料后开始拔管，严禁先提管后泵料。成桩的提拔速度宜控制在2～3m/min，成桩过程宜连续进行，应避免因后台供料慢而导致停机待料，灌注成桩完成后，桩顶采用湿黏土封顶，进行保护，施工中每根桩的投料量不得少于设计灌注量。

(10)移机

当上一根桩施工完毕后，钻机移位，进行下一根桩的施工。施工时由于CFG桩的土较多，经常将临近的桩位覆盖，有时还会因钻机支撑时支撑脚压在桩位旁使原标定的桩位发生移动。因此，下一根桩施工时，还应根据轴线或周围桩的位置对需施工的桩位进行复核，保证桩位准确。

(11)桩间土开挖

CFG桩桩体强度达到设计强度的70%后方可进行桩间土开挖及清运，桩间土采用小型挖机配合人工开挖，清除保护土层时不得扰动基底土施工，防止形成橡皮土，施工时严格控制标高，不得超挖，从横向方向采用小挖掘机开挖，靠近桩周围预留20cm采用人工清除桩间土，小型自卸车运至弃土场，开挖过程中不能触动桩身和桩头。

(12)桩头截除、修整

保护土层清除后，截除桩顶设计标高以上桩头，截桩时在同一水平面按同一角度对称放置2个或4个钢钎，采用截桩机截桩，桩头截断后，用钢钎、手锤将桩顶从四周向中间修平至桩顶设计标高，桩顶允许偏差0～+20mm。

4)质量验收标准及检验方法

水泥粉煤灰碎石桩复合地基的质量检验标准应符合表1-9的规定。

表 1-9　水泥粉煤灰碎石桩复合地基质量检验标准

项目	序号	检查项目	允许值或允许偏差		检查方法
			单位	数值	
主控项目	1	复合地基承载力	不小于设计值		静载试验
	2	单桩承载力	不小于设计值		静载试验
	3	桩长	不小于设计值		测桩管长度或用测绳测孔深
	4	桩径	mm	+500	用钢尺量
	5	桩身完整性	—		低应变检测
	6	桩身强度	不小于设计要求		28d 试块强度
一般项目	1	桩位	条基边桩沿轴线	≤1/4D	全站仪或用钢尺量
			垂直轴线	≤1/6D	
			其他情况	≤2/5D	
	2	桩顶标高	mm	±200	水准测量，最上部 500mm 劣质桩体不计入
	3	桩垂直度	≤1/100		经纬仪测桩管
	4	混合料坍落度	mm	160～220	坍落度仪
	5	混合料充盈系数	≥1.0		实际灌注量与理论灌注量的比
	6	褥垫层夯填度	≤0.9		水准测量

1.2　基　　础

1.2.1　钢筋混凝土扩展基础

1)强制性条文

关于钢筋混凝土扩展地基施工暂无强制性标准要求。

2)工艺流程

钢筋混凝土扩展基础工艺流程如图 1-12 所示。

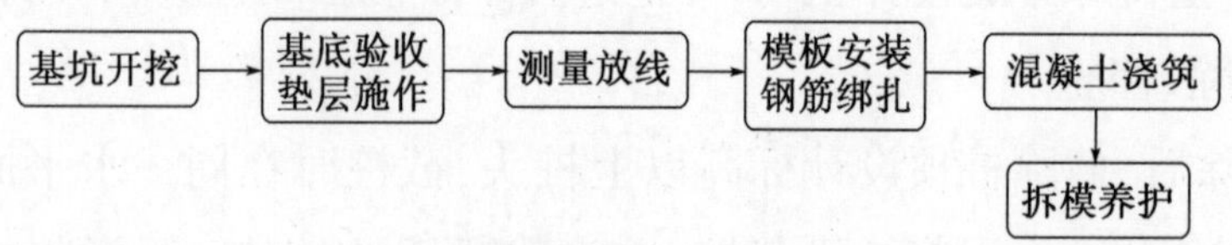

图 1-12　钢筋混凝土扩展基础工艺流程

3)作业要点及标准做法

(1)基层清理干净、平整。

(2)校核轴线,放出基础结构边线及标高,根据施工图纸,施放轴线控制线,并进行复核;根据轴线控制线进行构件边线施放。

(3)模板及其支架必须有足够的强度、刚度和稳定性;其支架的支承部分必须有足够的支承面积。如安装在基土上,基土必须坚实,并有排水措施。对湿陷性黄土,必须有防水措施,对冻胀性土,必须有防冻融措施;模板接缝宽度必须小于1.5mm,轴线位移不得大于5mm,标高误差在±5mm以内,截面尺寸偏差在±10mm以内。

(4)根据构件边线进行加固,并保证其构件截面尺寸;严格按照施工方案要求进行施工。

(5)施工前应对进场钢筋进行检查,并有合格签证记录。对施工程序、工艺流程、检测手段进行检查;钢筋表面必须洁净。钢筋尺寸、横截面和拉伸性能应符合设计要求,且不应存在裂纹、叠成等质量缺陷。

(6)按线布放钢筋,钢筋绑扎严格控制钢筋间距与位置,绑扎要求牢固,扎丝头向内弯曲;绑扎钢筋的缺扣、松扣数量不得超过总绑扣数的10%,且不应集中;焊接和机械连接接头应满足规范设计要求;钢筋骨架的安装要求位置准确,钢筋骨架必须有足够多的钢筋支撑,以保证其施工强度;安装完毕检查钢筋骨架的轴线偏位、预埋钢筋位置、顶面标高,严格按照技术规范要求保证工程质量。

(7)钢筋绑扎严格控制钢筋间距与位置,绑扎要求牢固,扎丝头向内弯曲;绑扎钢筋的缺扣、松扣数量不得超过总绑扣数的10%,且不应集中;焊接和机械连接接头应满足规范设计要求,钢筋骨架的安装要求位置准确,钢筋骨架必须有足够多的钢筋支撑,以保证其施工强度,安装完毕检查钢筋骨架的轴线偏位、预埋钢筋位置、顶面标高,严格按照技术规范要求保证工程质量。

(8)混凝土垫层浇筑养护

水泥混凝土垫层铺设在基土上,当气温长期处于0℃以下,设计无要求时,垫层应设置伸缩缝;垫层铺设前,其下一层表面应湿润。水泥混凝土垫层的厚度不应小于60mm;室内地面的水泥混凝土垫层,应设置纵横向伸缩缝,纵向缩缝间距不得大于6m,横向缩缝不得大于12m;垫层的纵向缩缝应做平头缝或加肋板。

(9)基础柱梁钢筋绑扎、支模板

钢筋绑扎严格控制钢筋间距与位置,绑扎要求牢固,扎丝头向内弯曲;绑扎钢筋的缺扣、松扣数量不得超过总绑扣数的10%,且不应集中;焊接和机械连接接头应满足规范设计要求。钢筋骨架的安装要求位置准确,钢筋骨架必须有足够多的钢筋支撑,以保证其施工强度。安装完毕检查钢筋骨架的轴线偏位、预埋钢筋位置、顶面标高,严格按照技术规范要求保证工程质量。

(10)隐蔽工程验收及相关专业施工(如机电安装等)

墙、柱插筋位置准确无误,防止造成位移和倾斜;预埋件数量完整,定位准确,固定牢靠。

(11)基础混凝土浇筑

应控制混凝土的均匀性和密实性。混凝土拌和物运至浇筑地点后,应立即浇筑入模;防止混凝土的分层离析。混凝土由料斗、漏斗内卸出进行浇筑时,其自由倾落高度一般不宜超过 2m,在竖向结构中浇筑混凝土的高度不得超过 3m,否则应采用串筒、斜槽、溜管等下料;经常观察模板、支架、钢筋、预埋件和预留孔洞的情况;分层下料,每层厚度为振动棒的有效振动长度。防止由于下料过厚,振捣不实或漏振、吊帮的根部砂浆涌出等原因造成蜂窝、麻面或孔洞。

(12)拆模

拆模时应注意保护棱角。模板的拆除须注意不得硬撬硬砸,以免损伤混凝土结构,拆下的模板应进行清理修整。装拆模板轻拿轻放,防止模板变形。已拆除模板及其支架的结构,在混凝土强度符合设计混凝土强度等级的要求后,方可承受全部使用荷载;当施工荷载所产生的效应比使用荷载的效应更为不利时,必须经过核算,加设临时支撑。底模及其支架拆除时的混凝土强度应符合设计要求,当设计无具体要求时,混凝土强度应符合规范要求。

(13)混凝土养护

已浇筑完的混凝土,常温下,应在 12h 左右覆盖和浇水。一般常温养护不得少于 7d,特种混凝土养护不得少于 14d。养护设专人检查落实,防止由于养护不及时而造成混凝土表面裂缝。

1.2.2 后浇带混凝土

1)强制性条文

关于后浇带混凝土施工暂无强制性标准要求。

2)工艺流程

后浇带混凝土工艺流程如图 1-13 所示。

图 1-13 后浇带混凝土工艺流程

3)作业要点及标准做法

(1)凿毛并清理混凝土界面

已浇筑结构混凝土表面浮浆应剔除干净,接缝处混凝土表面应密实、洁净、干燥。

(2)钢筋除锈、调整

钢筋表面的锈渣、混凝土渣应清理干净,钢筋根数、间距满足设计图纸要求。

(3)封后浇带模板并加固

后浇带的模板必须稳固、密封、平整,具有足够强度、刚度及稳定性,以确保混凝土的成型几何尺寸。

(4)后浇带混凝土浇筑并养护

须采用高一等级的微膨胀混凝土进行浇筑。对出现的缺陷应有书面处理方案或措施,并保存处理记录。

4)质量验收标准及检验方法

钢筋混凝土扩展基础质量检验标准应符合表1-10的规定。

表1-10　钢筋混凝土扩展基础质量检验标准

项目	序号	检查项目	允许偏差		检查方法
			单位	数值	
主控项目	1	混凝土强度	不小于设计值		28d试块强度
	2	轴线位置	mm	≤15	经纬仪或用钢尺量
一般项目	1	L(或B)≤30	mm	±5	用钢尺量
		30<L(或B)≤60	mm	±10	
	2	60<L(或B)≤90	mm	±15	
		L(或B)>90	mm	±20	
		基础顶面标高	mm	±15	水准测量

1.2.3　泥浆护壁成孔灌注桩

1)强制性条文

灌注桩混凝土强度检验的试件应在施工现场随机抽取。来自同一搅拌站的混凝土,每浇筑50m³必须至少留置1组试件;当混凝土浇筑量不足50m³时,每连续浇筑12h必须至少留置1组试件。对单柱单桩,每根桩应至少留置1组试件。

2)工艺流程

泥浆护壁成孔灌注桩工艺流程如图1-14所示。

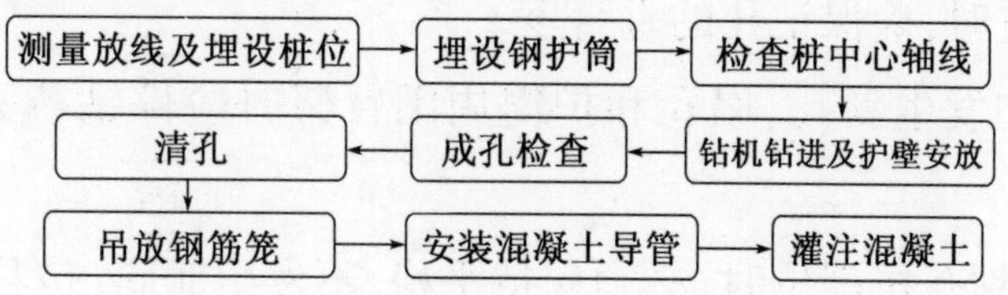

图1-14　泥浆护壁成孔灌注桩工艺流程

3)作业要点及标准做法

(1)泥浆制作及使用技术要求

①钻孔泥浆采用黏性土与水混合造浆,如果是黏性土层,在钻进过程中,用钻削下来的黏性土与水混合自造泥浆,进行护壁。在泥浆浓度达不到技术要求时,可适当加入纯碱提高泥浆黏度,确保泥浆护壁作用。

②施工期间护筒内的泥浆面应高出地下水位1.0mm以上。

③在清孔过程中,应不断置换泥浆,直至浇筑混凝土。

④废泥浆和钻渣的处理。本次施工采取把废泥浆中的土屑粗粉杂质等钻渣清除后,重新利用,以降低工程成本。把无法利用废泥浆和钻渣放入沉淀池中,进行自然脱水后运至指定弃土堆场。

(2)护筒设置

①护筒埋设应准确、稳定。护筒中心应与桩位中心线重合。平面允许误差为25mm;竖直线倾斜不大于1%H。

②护筒采用钻机埋设法。在挖掘过程中,如遇石头或其他障碍物,应及时告知建设单位协调设计单位解决,以免延误工期,护筒底部和周围所填黏质土分层夯实。

③护筒埋设深度应根据设计要求或桩位的实际地质情况确定,护筒高度宜高出地面0.3m。

④护筒连接处,要求筒内无突出物,应耐拉、压、不漏水。

(3)钻孔施工

①开孔前,准确定位放样桩位,在护筒外设置定位桩,供检查孔位时用。

②钻机安装后的底座和顶端应平稳,在钻进中不应产生位移或沉陷,否则及时处理。

③钻孔作业分班连续进行,填写的钻孔记录交接班时,应交代钻进情况及下一班应注意事项。应经常对钻孔泥浆进行检测和试验,不符合要求时应及时改正。经常注意地层变化处均应捞取渣样,判明后记入记录表中,并与地质剖面核对。

④采取正循环钻进,开孔的孔位必须准确。开孔时慢速钻进,待钻头全部进入地层后,方可加速钻进。采取旋挖钻机钻进时也应对准井位,方可钻进。

⑤在钻孔排渣时,提钻头除土或固障停钻时,应保持孔内具有规定的水位,和要求的泥浆相对密度和黏度。处理孔内事故或因故障停钻,必须将钻头提出孔外。

⑥旋挖钻机钻进时,确保钻孔的垂直度。

⑦钻进过程中如发生斜孔、塌孔和护筒周围冒浆时应停钻待采取相应措施后再行钻进。

⑧钻孔机就位:钻孔机就位时,必须保持平稳,不发生倾斜、位移,为准确控制钻孔深度,应在机架上或机管上作出控制的标尺,以便在施工中进行观测、记录。

⑨钻孔及注泥浆：调直机架挺杆，对好桩位（用对位圈），开动机器钻进，出土，达到一定深度（视土质和地下水情况）停钻，孔内注入事先调制好的泥浆，之后继续进钻。对于下套管（护筒），钻孔深度到5m左右时，提钻下套管。套管内径应大于钻头100mm，套管位置应埋设正确和稳定，套管与孔壁之间应用黏土填实，套管中心与桩孔中心线偏差不大于50mm，套管埋设深度应在黏性土中不宜小于1m，在砂土中不宜小于1.5m，并应保持孔内泥浆面高出地下水位1m以上。继续钻孔，防止表层土受振动坍塌，钻孔时不要让泥浆水位下降，当钻至持力层后，设计无特殊要求时，可继续钻深1m左右，作为插入深度。施工中应经常测定泥浆相对密度。

⑩孔底清理及排渣：在黏土和粉质黏土中成孔时，可注入清水，以原土造浆护壁。排渣泥浆的相对密度应控制在1.1～1.2，在砂土和较厚的夹砂层中成孔时，泥浆相对密度应控制在1.1～1.3，在穿过砂夹卵石层或容易塌孔的土层中成孔时，泥浆的相对密度应控制在1.3～1.5，吊放钢筋笼：钢筋笼吊放前应绑好砂浆垫块，吊放时要对准孔位，吊直扶稳，缓慢下沉，钢筋笼放到设计位置时，应立即固定，防止上浮，射水清底应在钢筋笼内插入混凝土导管（管内有射水装置），通过软管与高压泵连接，开动泵水即射出。射水后孔底的沉渣即悬浮于泥浆之中，浇筑混凝土应停止射水后，应立即浇筑混凝土，随着混凝土不断增高，孔内沉渣将浮在混凝土上面，并同泥浆一同排回贮浆槽内，水下浇筑混凝土应连接施工，导管底端应始终埋入混凝土中0.8～1.3m，导管的第一节底管长度应≥4m。

⑪拔出导管：混凝土浇筑到桩顶时，应及时拔出导管。但混凝土的上顶标高一定要符合设计要求。

4）质量验收标准及检验方法

（1）施工前应检验灌注桩的原材料及桩位处的地下障碍物处理资料。

（2）施工中应对成孔、钢筋笼制作与安装、水下混凝土灌注等各项质量指标进行检查验收；嵌岩桩应对桩端的岩性和入岩深度进行检验。

（3）施工后应对桩身完整性、混凝土强度及承载力进行检验。

（4）泥浆护壁成孔灌注桩质量检验标准应符合表1-11的规定。

表1-11　泥浆护壁成孔灌注桩质量检验标准

项目	序号	检查项目	允许值或允许偏差		检查方法
			单位	数值	
主控项目	1	承载力	不小于设计值		静载试验
	2	孔深	不小于设计值		用测绳或井径仪测量
	3	桩身完整性	—		钻芯法，低应变法，声波透射法
	4	混凝土强度	不小于设计值		28d试块强度或钻芯法
	5	嵌岩深度	不小于设计值		取岩样或超前钻孔取样

续上表

<table>
<tr><th rowspan="2">项目</th><th rowspan="2">序号</th><th rowspan="2" colspan="2">检 查 项 目</th><th colspan="2">允许值或允许偏差</th><th rowspan="2">检 查 方 法</th></tr>
<tr><th>单位</th><th>数值</th></tr>
<tr><td rowspan="16">一般项目</td><td>1</td><td colspan="2">垂直度</td><td colspan="2">GB 50202—2018 表 5.1.4</td><td>用超声波或井径仪测量</td></tr>
<tr><td>2</td><td colspan="2">孔径</td><td colspan="2">GB 50202—2018 表 5.1.4</td><td>用超声波或井径仪测量</td></tr>
<tr><td>3</td><td colspan="2">桩位</td><td colspan="2">GB 50202—2018 表 5.1.4</td><td>全站仪或用钢尺量开挖前量护筒,开挖后量桩中心</td></tr>
<tr><td rowspan="3">4</td><td rowspan="3">泥浆指标</td><td>比重(黏土或砂性土中)</td><td colspan="2">1.10~1.25</td><td>用比重计测,清孔后在距孔底 500mm 处取样</td></tr>
<tr><td>含砂率</td><td>%</td><td>≤8</td><td>洗砂瓶</td></tr>
<tr><td>黏度</td><td>s</td><td>18~28</td><td>黏度计</td></tr>
<tr><td>5</td><td colspan="2">泥浆面标高(高于地下水位)</td><td>m</td><td>0.5~1.0</td><td>目测法</td></tr>
<tr><td rowspan="5">6</td><td rowspan="5">钢筋笼质量</td><td>主筋间距</td><td>mm</td><td>±10</td><td>用钢尺量</td></tr>
<tr><td>长度</td><td>mm</td><td>±100</td><td>用钢尺量</td></tr>
<tr><td>钢筋材质检验</td><td colspan="2">设计要求</td><td>抽样送检</td></tr>
<tr><td>箍筋间距</td><td>mm</td><td>±20</td><td>用钢尺量</td></tr>
<tr><td>笼直径</td><td>mm</td><td>±10</td><td>用钢尺量</td></tr>
<tr><td rowspan="2">7</td><td rowspan="2">沉渣厚度</td><td>端承桩</td><td>mm</td><td>≤50</td><td rowspan="2">用沉渣仪或重锤测</td></tr>
<tr><td>摩擦桩</td><td>mm</td><td>≤150</td></tr>
<tr><td>8</td><td colspan="2">混凝土坍落度</td><td>mm</td><td>180~220</td><td>坍落度仪</td></tr>
</table>

1.2.4 干作业成孔灌注桩

1)强制性条文

灌注桩混凝土强度检验的试件应在施工现场随机抽取。来自同一搅拌站的混凝土,每浇筑 $50m^3$ 必须至少留置 1 组试件;当混凝土浇筑量不足 $50m^3$ 时,每连续浇筑 12h 必须至少留置 1 组试件。对单柱单桩,每根桩应至少留置 1 组试件。

2)工艺流程

干作业成孔灌注桩工艺流程如图 1-15 所示。

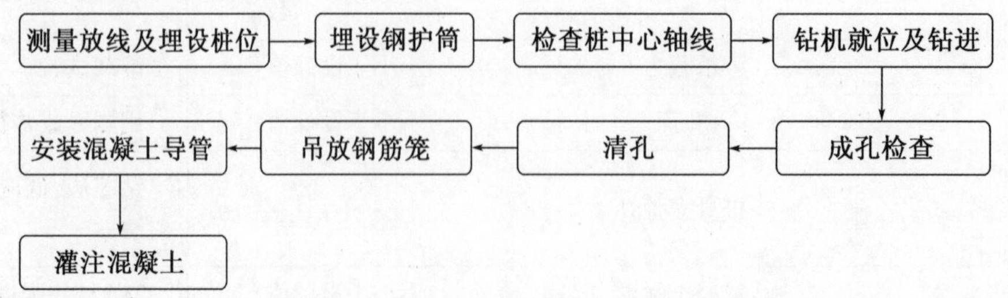

图 1-15 干作业成孔灌注桩工艺流程

3)作业要点及标准做法

(1)埋设钢护筒

护筒采用钢质护筒,4m以内的护筒,采用厚不小于5mm后的钢板制作,钢护筒的内径比桩径大200~400mm,埋置高出施工地面0.3m。

(2)钻机就位及钻进

确定钻机位置,在钻机位置四周洒白灰线标记;标记位置,定位。将旋挖钻机开至白灰线标记位置,不再挪动;连接护桩、拉十字线调整钻头中心对准桩位中心。通过钻机自身的仪器设备调整好钻杆、桅杆的竖直度并锁定;开始钻孔作业,钻进时应先慢后快,开始每次进尺为40~50cm,确认地下是否不利地层,进尺5m后如钻进正常,可适当加大进尺,每次控制在70~90cm。

(3)成孔检查、清孔

成孔达到设计标高后,对孔深、孔径、孔壁垂直度、沉淀厚度等进行检查,检测前准备好检测工具,测绳、检孔器等;孔底清理紧接终孔检查后进行。钻到预定孔深后,必须在原深处进行空转清土(10r/min),之后停止转动,提起钻杆,注意在空转清土时不得加深钻进,提钻时不得回转钻杆;清孔后,用测绳检测孔深。

(4)吊放钢筋笼

成孔后应立即投放钢筋笼,钢筋笼通常由主筋加强箍筋和螺栓式箍筋组成。钢筋应加工成整体,螺旋式箍筋应绑牢,过长可分段制作,接头采用焊接。

(5)灌注混凝土

严格按照混凝土标准进行配制、运输,采用导管法干孔浇筑,设计桩顶4m范围内的混凝土采用振动棒进行振捣,保证桩顶混凝土的质量。

4)质量验收标准及检验方法

干作业成孔灌注桩的质量检验标准应符合表1-12的规定。

表1-12　干作业成孔灌注桩质量检验标准

项目	序号	检查项目	允许值或允许偏差		检查方法
			单位	数值	
主控项目	1	承载力	不小于设计值		静载试验
	2	孔深及孔底土岩性	不小于设计值		测钻杆套管长度或用测绳、检查孔底土岩性报告
	3	桩身完整性	—		钻芯法(大直径嵌岩桩应钻至桩尖下500mm),低应变法或声波透射法
	4	混凝土强度	不小于设计值		28d试块强度或钻芯法
	5	桩径	GB 50202—2018表5.1.4		井径仪或超声波检测,干作业时用钢尺量,人工挖孔桩不包括护臂厚

续上表

<table>
<tr><th rowspan="2">项目</th><th rowspan="2">序号</th><th colspan="2" rowspan="2">检 查 项 目</th><th colspan="2">允许值或允许偏差</th><th rowspan="2">检 查 方 法</th></tr>
<tr><th>单位</th><th>数值</th></tr>
<tr><td rowspan="9">一般项目</td><td>1</td><td colspan="2">桩位</td><td colspan="2">GB 50202—2018 表 5.1.4</td><td>全站仪或用钢尺量,基坑开挖前量护筒,开挖后量桩中心</td></tr>
<tr><td>2</td><td colspan="2">垂直度</td><td colspan="2">GB 50202—2018 表 5.1.4</td><td>经纬仪测量或线锤测量</td></tr>
<tr><td>3</td><td colspan="2">桩顶标高</td><td>mm</td><td>+30
-50</td><td>水准测量</td></tr>
<tr><td>4</td><td colspan="2">混凝土坍落度</td><td>mm</td><td>90~150</td><td>坍落度仪</td></tr>
<tr><td rowspan="5">5</td><td rowspan="5">钢筋笼质量</td><td>主筋间距</td><td>mm</td><td>±10</td><td>用钢尺量</td></tr>
<tr><td>长度</td><td>mm</td><td>±100</td><td>用钢尺量</td></tr>
<tr><td>钢筋材质检验</td><td colspan="2">设计要求</td><td>抽样送检</td></tr>
<tr><td>箍筋间距</td><td>mm</td><td>±20</td><td>用钢尺量</td></tr>
<tr><td>笼直径</td><td>mm</td><td>±10</td><td>用钢尺量</td></tr>
</table>

1.2.5 长螺旋钻孔压灌注桩基础

1)强制性条文

灌注桩混凝土强度检验的试件应在施工现场随机抽取。来自同一搅拌站的混凝土,每浇筑 $50m^3$ 必须至少留置 1 组试件;当混凝土浇筑量不足 $50m^3$ 时,每连续浇筑 12h 必须至少留置 1 组试件。对单柱单桩,每根桩应至少留置 1 组试件。

2)工艺流程

长螺旋钻孔压灌注桩基础工艺流程如图 1-16 所示。

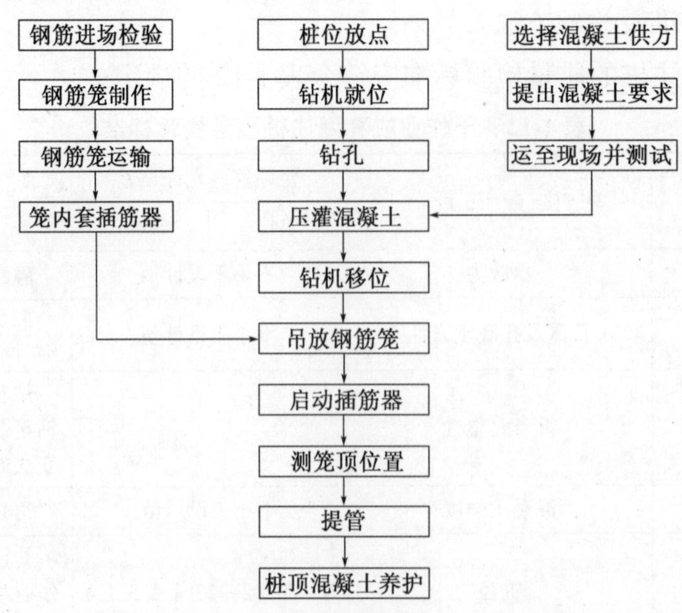

图 1-16 长螺旋钻孔压灌注桩基础工艺流程

3)作业要点及标准做法

(1)定位

由施工单位按施工设计图现场确定施工范围，测定轴线控制点，并报监理公司验收签字认可后开始放放桩位。施工单位按施工设计图用全站仪或经纬仪、钢尺放桩位，并做好记录、校验、复检，由建设单位、监理单位现场验收。桩位用木桩、铁钉做好标记，并加以保护，以便施工桩位定位。

(2)成孔

①钻机进场后，根据成孔深度安装好机架和钻杆，钻杆之间连接牢固，在施工中经常检查，如有松动及时进行紧固。

②钻机就位后，进行预检，钻头中心与桩位偏差小于20mm，之后调整钻机，用双垂球双向控制好钻杆垂直度，合格后方可平稳钻进。钻头刚接触地面时，先关闭钻头封口，下钻速度要慢。

③正常钻进速度可控制在1～1.50m/min，钻进过程中，如遇到卡钻、钻机摇晃、偏移，应停钻查明原因，采取纠正措施后方可继续钻进。

④钻机钻出的土方及时清理，并统一转移到指定的地方堆放。

⑤钻进至设计要求的深度及土层，经现场监理验收方可进行灌注混凝土施工。

(3)混凝土泵送料成桩

①地泵安放位置应合理，输送混凝土的管路尽量减少弯管，以利输送混凝土。

②泵送混凝土应连续进行，地泵料斗内的混凝土高度一般不得低于40cm，防止吸进空气造成堵管。

③气温较高时，宜在输料管上覆盖草袋子，并洒水湿润，防止管内混凝土凝固堵管。

④成桩完成后，及时清除钻杆及软管内残留的混凝土。

⑤长螺旋钻机终孔后，连接软管和地泵的速度要快，初次泵送混凝土时，宜先泵入少量水泥砂浆湿润管路。

⑥提升钻杆接近地面时，放慢提管速度并及时清理孔口渣土，以保证桩头混凝土质量。

(4)钢筋笼的制作

①钢筋的种类、型号及尺寸规格应符合设计要求。

②主筋搭接应符合设计要求，并保证主筋同心度。

(5)下插钢筋笼施工

①混凝土灌注后3min内立即开始插笼，减少时间差，减小插笼难度。

②长螺旋钻机起吊振动锤、钢筋笼，使钢筋笼对准桩位中心，启动振动锤，钢筋受振动向下插入桩孔混凝土中，同时控制钢筋笼顶标高，下笼过程中必须先使用振动锤及钢

筋笼自重进行静力压入,压至无法压入时再启动振动锤,防止由振动锤振动导致的钢筋笼偏移,插入速度宜控制在1.2～1.5m/min。下插到设计位置后关闭振动锤电源,最后摘下钢丝绳。

(6)桩体养护

对成桩后的桩体进行自然养护,必要时桩头浇水及加盖草帘。

4)质量验收标准及检验方法

长螺旋钻孔压灌桩的质量检验标准应符合表1-13的规定。

表1-13　长螺旋钻孔压灌桩的质量检验标准

<table>
<tr><th rowspan="2">项目</th><th rowspan="2">序号</th><th rowspan="2">检 查 项 目</th><th colspan="2">允许值或允许偏差</th><th rowspan="2">检 查 方 法</th></tr>
<tr><th>单位</th><th>数值</th></tr>
<tr><td rowspan="5">主控项目</td><td>1</td><td>承载力</td><td colspan="2">不小于设计值</td><td>静载试验</td></tr>
<tr><td>2</td><td>混凝土强度</td><td colspan="2">不小于设计值</td><td>28d试块强度或钻芯法</td></tr>
<tr><td>3</td><td>桩长</td><td colspan="2">不小于设计值</td><td>施工中量钻杆长度,施工后钻芯法或低应变法检测</td></tr>
<tr><td>4</td><td>桩径</td><td colspan="2">不小于设计值</td><td>用钢尺量</td></tr>
<tr><td>5</td><td>桩身完整性</td><td colspan="2">—</td><td>低应变法</td></tr>
<tr><td rowspan="6">一般项目</td><td>1</td><td>混凝土坍落度</td><td>mm</td><td>160～220</td><td>坍落度仪</td></tr>
<tr><td>2</td><td>混凝土充盈系数</td><td colspan="2">≥1.0</td><td>实际灌注量与理论灌注量的比</td></tr>
<tr><td>3</td><td>垂直度</td><td colspan="2">≤1/100</td><td>经纬仪测量或线锤测量</td></tr>
<tr><td>4</td><td>桩位</td><td colspan="2">GB 50202—2018表5.1.4</td><td>全站仪或用钢尺量</td></tr>
<tr><td>5</td><td>桩顶标高</td><td>mm</td><td>+30
-50</td><td>水准测量</td></tr>
<tr><td>6</td><td>钢筋笼笼顶标高</td><td>mm</td><td>±100</td><td>水准测量</td></tr>
</table>

1.2.6　沉管灌注桩基础

1)强制性条文

灌注桩混凝土强度检验的试件应在施工现场随机抽取。来自同一搅拌站的混凝土,每浇筑50m³必须至少留置1组试件;当混凝土浇筑量不足50m³时,每连续浇筑12h必须至少留置1组试件。对单柱单桩,每根桩应至少留置1组试件。

2)工艺流程

沉管灌注桩基础工艺流程如图1-17所示。

3)作业要点及标准做法

(1)打沉桩机就位时,应垂直、平稳架设在打(沉)桩部位桩锤(振动箱)应对工程桩位同时,在桩架或套管上标出控制深度标记,以便在施工中进行套管深度观测。

(2)采用活瓣式桩尖时,应先将桩尖活瓣用麻绳或铁丝捆紧合拢,活瓣间隙应紧密,当桩尖对准桩基中心,并核查高速套管垂直度后,利用锤击及套管自重将桩尖压入土中。

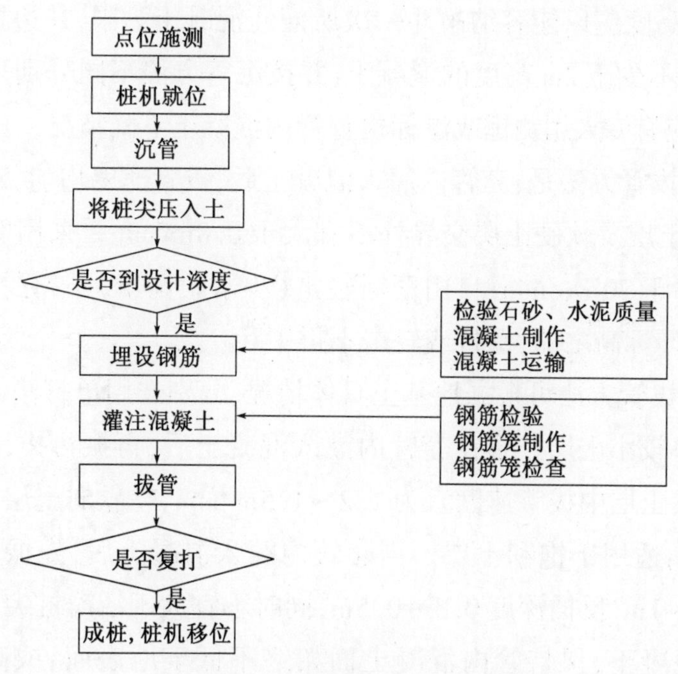

图 1-17　沉管灌注桩基础工艺流程

(3)采用预制混凝土桩尖时,应先在桩基中心预埋好桩尖,在套管下端与桩尖接触处垫好缓冲材料。桩机就位后,吊起套管,对准桩尖,使套管、桩尖、桩锤在一条垂直线上,利用锤重及套管自重将桩尖压入土中。

(4)成桩施工顺序一般从中间开始,向两侧边或四周进行,对于群桩基础或桩的中心距小于或等于 $3.5d$(d 为桩径)时,应间隔施打,中间空出的桩,须待邻桩混凝土达到设计强度的 50% 后,方可施打。

(5)开始沉管时应轻击慢振。锤击沉管时,可用收紧钢绳加压或加配重的方法提高沉管速率。当水或泥浆有可能进入桩管时,应事先在管内灌入 1.5m 左右的封底混凝土。

(6)应按设计要求和试桩情况,严格控制沉管最后贯入度。

(7)钢筋笼的吊放,对通长的钢筋笼在成孔完成后埋设,短钢筋笼可在混凝土灌至设计标高时再埋设,埋设钢筋笼时要对准管孔。垂直缓慢下降。在混凝土桩顶采取构造连接插筋时,必须沿周围对称均匀垂直插入。

(8)每次向套管内灌注混凝土时,如用长套管成孔短桩,则一次灌足,如成孔长桩,则第一次应尽量灌满。混凝土坍落度宜为 6 ~ 8cm,配筋混凝土坍落度宜为 8 ~ 10cm。

(9)灌注时充盈系数(实际灌注混凝土量与理论计算量之比)应不小于 1,一般土质为 1.1,软土为 1.2 ~ 1.3,在施工中可根据不同土质的充盈系数,计算出单桩混凝土需用量,折后成料斗浇灌次数,以核对混凝土实际灌注量。当充盈系数小于 1 时,应采用全桩复打;对于断桩及缩颈桩可局部复打,即复打超出断桩或缩颈桩 1m 以上。

(10)桩顶混凝土一般宜高出设计标高 200mm 左右,待以后施工承台时再凿除。如设计有规定,应按设计要求施工。

(11)每次拔管高度应以能容纳吊斗一次所灌注混凝土为限,并边拔边灌。在任何情况下,套管内应保持不少于 2m 高度的混凝土,并按沉管方法不同分别采取不同的方法拔管,在拔管过程中,应有专人用测锤或浮标检查管内混凝土下降情况,一次不应拔得过高。

(12)锤击沉管拔管方法是:套管内灌入混凝土后,拔管速度均匀,对一般土层不宜大于 1m/min;对软弱土层及软硬土层交界处不宜大于 0.8m/min。采用倒打拔管的打击次数,单动汽锤不得少于 70 次/min;自由落锤轻击(小落距锤击)不得少于 50 次/min。在管底未拔到桩顶设计标高之前,倒打或轻击不得中断。

(13)振动沉管拔管方法可根据地基土具体情况,分别选用单打法或反插法进行。单打法:适用于含水率较小土层。系在套管内灌入混凝土后,再振再拔,如此反复,直至套管全部拔出,在一般土层中拔管速度宜为 1.2 ~ 1.5m/min,在软弱土层中不宜大于 0.8 ~ 1.0m/min。反插法:适用于饱和土层。当套管内灌入混凝土后,先振动再开始拔管,每次拔管高度为 0.5 ~ 1m,反插深度 0.3 ~ 0.5m,同时不宜大于活瓣桩尖长度的 2/3。拔管过程应分段添加混凝土,保持管内混凝土面始终不低于地表面,或高于地下水位 1 ~ 1.5m 以上。拔管速度控制在 0.5m/min 以内。在桩尖接近持力层处约 1.5m 范围内,宜多次反插,以扩大桩底端部面积。当穿对淤泥夹层时,适当放慢拔管速度,减少拔管和反插深度。反插法易使泥浆混入桩内造成夹泥桩,施工中应慎重采用。

(14)套管成孔灌注桩施工时,就随时观测桩顶和地面有无水平位移及隆起,必要时应采取措施进行处理。

(15)桩身混凝土浇筑后有必要复打时,必须在原桩混凝土未初凝前在原桩位上重新安装桩尖,第二次沉管。沉管后每次灌注混凝土应达到自然地面高,不得少灌。拔管过程中应及时清除桩管外壁和地面上的污泥。前后两次沉管的轴线必须重合。

4)质量验收标准及检验方法

沉管灌注桩的质量检验标准应符合表 1-14 的规定。

表 1-14 沉管灌注桩质量检验标准

项目	序号	检查项目	允许值或允许偏差		检查方法
			单位	数值	
主控项目	1	承载力	不小于设计值		静载试验
	2	混凝土强度	不小于设计要求		28d 试块强度或钻芯法
	3	桩身完整性	—		低应变法
	4	桩长	不小于设计值		施工中量钻杆或套管长度,施工后钻芯法或低应变法

续上表

项	序	检查项目	允许值或允许偏差		检查方法
			单位	数值	
一般项目	1	桩径	GB 50202—2018 表5.1.4		用钢尺量
	2	混凝土坍落度	mm	80～100	坍落度仪
	3	垂直度	≤1/100		经纬仪测量
	4	桩位	GB 50202—2018 表5.1.4		全站仪或用钢尺量
	5	拔管速度	m/min	1.2～1.5	用钢尺量及秒表
	6	桩顶标高	mm	+30 −50	水准测量
	7	钢筋笼笼顶标高	mm	±100	水准测量

1.2.7　钢桩基础

1)强制性条文

关于钢桩基础施工暂无强制性标准要求。

2)钢桩基础工艺流程图

钢桩基础工艺流程如图1-18所示。

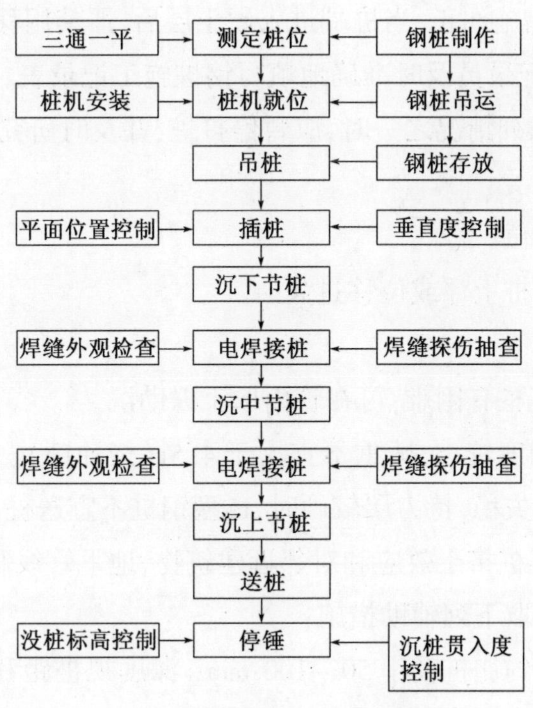

图1-18　钢桩基础工艺流程图

3)作业要点及标准做法

(1)钢桩制作应符合下列规定:

①钢桩制作应在工厂进行,所使用的材料应符合设计要求,并应有出厂合格证。

②钢桩制作的场地应坚实平整,并应有挡风防雨措施。

③钢桩的分段长度应符合下列规定:

a. 应满足桩架的有效高度和钢桩的运输吊装能力。

b. 应避免钢桩的桩端接近或处于持力层中接桩。

c. 桩的单节长度不宜大于15m。

(2)钢桩的施打顺序

①根据桩的密集程度及周围建(构)筑物的关系:

a. 若桩较密集且距周围建(构)筑物较远,施工场地较开阔时,宜从中间向四周进行。

b. 若桩较密集,场地狭长、两端距建(构)筑物较远时,宜从中间向两端进行。

c. 若桩较密集且一侧靠近建(构)筑物时,宜从建(构)筑物一侧由近及远地进行。

②根据桩的入土深度,宜先长后短。

③根据桩的规格,宜先大后小。

(3)打桩时应符合下列规定:

①第一节桩起吊就位插入地面时的垂直度偏差不得大于0.5%,用经纬仪或长条水平尺校正,必要时应拔出重新就位。

②钢桩施打过程中,桩锤、桩帽和桩身的中心线应重合。当桩身倾斜度超过0.8%时,应找出原因并采取措施纠正,当桩端进入硬土层后,严禁用移动桩架的方法纠偏。

③打桩时应有专职记录员及时准确地填写钢桩施工记录表。

(4)打桩过程中遇下列情况之一时,应暂停打桩,并及时研究处理:

①贯入度突变。

②桩身突然倾斜、移位。

③地面明显隆起、邻桩上浮或位移过大。

④桩身不下沉。

(5)钢管桩如锤击沉桩有困难,可在管内取土以助沉。

(6)H型钢桩断面刚度较小,锤重不宜大于4.5t(柴油锤),且在锤击过程中桩架前应有约束装置,防止横向失稳,持力层较硬时,H型钢桩不宜送桩。

(7)为避免或减小沉桩挤土效应和对邻近建筑物、地下管线和已打桩等的影响,施打大面积密集群桩时,可采取下列辅助措施:

①预钻孔沉桩,孔径约比桩径小50~100 mm,深度视桩距和土的密实度、渗透性而定,深度宜为桩长的1/3~1/2,施工时应随钻随打。

②设置袋装砂井或塑料排水板,以消除部分超孔隙水压力,减小挤土现象。袋装砂井直径一般为70~80mm,间距1~1.5m,深度10~12m;塑料排水板的深度和间距与袋装砂井相同。

③设置隔离板桩或地下连续墙。

④开挖地面防振沟可消除部分地面振动，可与其他措施结合使用，沟宽0.5～0.8m，深度按土质情况以边坡能自立为准。

⑤限制打桩速度和日打桩量。

⑥合理确定打桩顺序。

⑦沉桩过程中加强邻近建筑物、地下管线等的观测和监护。

⑧对先打桩按其可能出现的位移变形曲线提前预留位移变形量。

⑨对后打桩施打前，重新复核桩轴线和桩位，以确保桩位准确。

(8)当打桩的振动和噪声受到周边环境条件限制时，可采用静力压桩，静力压桩适用于软弱土层，当存在厚度大于3m的中密以上砂夹层时，不宜采用静力压桩，采用静力压桩时，可采取预钻孔、水冲或管内取土等辅助措施。

(9)焊接接桩应符合现行国家和行业标准的有关规定。

(10)送桩应符合下列规定：

①当桩顶打至接近地面需要送桩时，应测出桩的垂直度并检查桩顶质量，合格后立即送桩。

②送桩时桩身与送桩器的中心线应重合。

③应严格控制送桩深度，以标高控制为主的桩，桩顶标高允许偏差为±50mm，以贯入度控制为主的桩，按设计确定的停锤标准停锤。

(11)停锤标准应按下列规定执行：

①除设计明确规定以桩端标高控制的摩擦桩应保证设计桩长外，其他桩应按设计、监理、施工等单位共同确认的停锤标准收锤。

②停锤标准应根据场地工程地质条件、单桩承载力设计值、桩的规格和长短、锤的大小和落距等因素综合考虑最后贯入度、桩端持力层的岩土类别以及桩端进入持力层的深度等指标。

4)质量验收标准及检验方法

钢桩施工质量检验标准应符合表1-15的规定。

表1-15　钢桩施工质量检验标准

项目	序号	检查项目		允许值或允许偏差		检查方法
				单位	数值	
主控项目	1	承载力		不小于设计值		静载试验、高应变法等
	2	钢桩外径或断面尺寸	桩端	mm	≤0.5%D	用钢尺量
			桩身	mm	≤0.1%D	
	3	桩长		不小于设计值		用钢尺量
	4	矢高		mm	≤1‰l	用钢尺量

续上表

项目	序号	检查项目		允许值或允许偏差		检查方法
				单位	数值	
一般项目	1	桩位		GB 50202—2018 表5.1.2		全站仪或用钢尺量
	2	垂直度		≤1/100		经纬仪测量
	3	端部平整度		mm	≤2 (H型桩≤1)	用水平尺量
	4	H钢桩的方正度		mm	h≥300： $T+T'$≤8	用钢尺量
					h<300： $T+T'$≤6	
	5	端部平面与桩身中心线的倾斜值		mm	≤2	用水平尺量
	6	上下节桩错口	钢管桩外径≥700mm	mm	≤3	用钢尺量
			钢管桩外径<700mm	mm	≤2	用钢尺量
			H型钢桩	mm	≤1	用钢尺量
	7	焊缝	咬边深度	mm	≤0.5	焊缝检查仪
			加强层高度	mm	≤2	焊缝检查仪
			加强层宽度	mm	≤3	焊缝检查仪
	8	焊缝电焊质量外观		无气孔,无焊瘤,无裂缝		目测法
	9	焊缝探伤检验		设计要求		超声波或射线探伤
	10	焊缝结束后停歇时间		min	≥1	用表计时
	11	节点弯曲矢高		mm	<1‰l	用钢尺量
	12	桩顶标高		mm	±50	水准测量
	13	收锤标准		设计要求		用钢尺量或查沉桩记录

1.2.8 锚杆静压桩基础

1)强制性条文

关于锚杆静压桩基础施工暂无强制性标准要求。

2)工艺流程

锚杆静压桩工艺流程如图1-19所示。

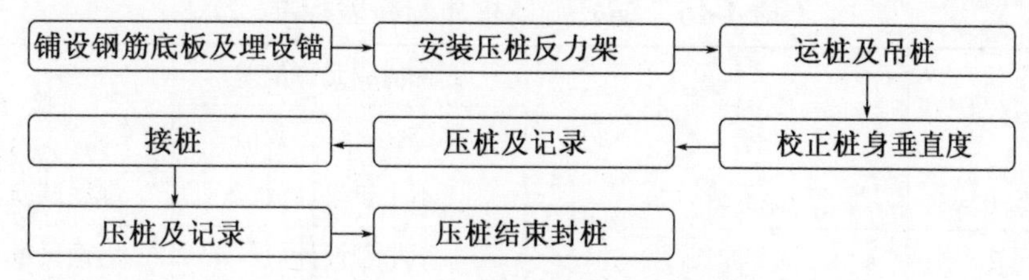

图 1-19　锚杆静压桩工艺流程

3) 作业要点及标准做法

(1) 桩段制作

钢筋混凝土预制桩段严格按配筋设计制作、桩身平直、外形尺寸误差不大于 ±5mm，端部平整；钢管桩段材质、管径、壁厚严格按设计要求选择、焊接坡口面按焊接要求制作。

(2) 桩段连接

桩段连接采用焊接连接。焊接前应再次检查接头部位处理情况及上下节桩是否在同一轴线上、是否垂直、符合要求方可焊接；焊接时两名焊工在桩两侧同时焊接，以保证对称受力，减少变形；焊接后应检查焊接质量，若有漏焊或焊缝高度不够，应及时补焊。

(3) 压桩工艺

①反力架安装要保持垂直应均衡拧紧锚固螺栓、螺帽，在压桩过程中应随时拧紧松动的螺帽；在锚杆受力较大时应使用多个螺帽叠加使用。桩段在压入时垂直度极为重要，因此除了在初始就位时校核垂直度以外在压桩时全程连续控制，每节桩的垂直度应控制在 1/1000 以内；同时应保持千斤顶与桩段轴线在同一垂直线上，千斤顶施加的压力中心与截面形心重合，千斤顶安放偏差不大于 2mm。

②压桩时不宜数台压桩设备在同一承台上施工，施工期间，压桩力总和不得超过该基础及上部结构的自重，防止基础上抬造成结构破坏。压桩应连续进行，尽量减少接桩时间，中途不得长时间停顿，以免土体固结超静水压消散，引起摩阻力剧增。如必须中途停顿时，桩尖应停留在软土层中，且停留时间不宜超过 24h。如遇到压力急剧的增加可能遇碎石障碍物或压入较硬土层，这时液压系统可采用稍压入、持荷、再压入、再持荷，直至达到设计深度或承载力。

(4) 封桩工艺

封桩前，桩顶应按设计和规范要求截断至设计标高：混凝土桩断桩顶应平整无松动混凝土，为加强桩和承台及混凝土底板的连接应将锚杆相互连接起来，以便形成封桩桩帽，清理桩孔内的渣滓积水。

4) 质量验收标准及检验方法

锚杆静压桩质量检验标准应符合表 1-16 的规定。

表1-16 锚杆静压桩质量检验标准

<table>
<tr><th rowspan="2">项目</th><th rowspan="2">序号</th><th rowspan="2" colspan="3">检 查 项 目</th><th colspan="3">允许值或允许偏差</th><th rowspan="2">检 查 方 法</th></tr>
<tr><th>单位</th><th colspan="2">数值</th></tr>
<tr><td rowspan="2">主控项目</td><td>1</td><td colspan="3">承载力</td><td colspan="3">不小于设计值</td><td>静载试验</td></tr>
<tr><td>2</td><td colspan="3">桩长</td><td colspan="3">不小于设计值</td><td>用钢尺量</td></tr>
<tr><td rowspan="13">一般项目</td><td>1</td><td colspan="3">桩位</td><td colspan="3">GB 50202—2018 表5.1.4</td><td>全站仪或用钢尺量</td></tr>
<tr><td>2</td><td colspan="3">垂直度</td><td colspan="3">≤1/100</td><td>经纬仪测量</td></tr>
<tr><td rowspan="3">3</td><td rowspan="3">成品桩质量</td><td rowspan="2">外观、外形尺寸</td><td>钢桩</td><td colspan="3">GB 50202—2018 表5.10.4</td><td rowspan="2">目测法</td></tr>
<tr><td>钢筋混凝土预制桩</td><td colspan="3">GB 50202—2018 表5.5.4-1</td></tr>
<tr><td colspan="2">强度</td><td colspan="3">不小于设计要求</td><td>查产品合格证书或钻芯法</td></tr>
<tr><td rowspan="3">4</td><td rowspan="3">接桩</td><td colspan="2">电焊接桩焊缝质量</td><td colspan="3">GB 50202—2018 表5.10.4</td><td>GB 50202—2018 表5.10.4</td></tr>
<tr><td colspan="2" rowspan="2">焊接结束后停歇时间</td><td rowspan="2">min</td><td>钢桩</td><td>≥1</td><td rowspan="2">用表计时</td></tr>
<tr><td>钢筋混凝土预制桩</td><td>≥6(3)</td></tr>
<tr><td>5</td><td colspan="3">电焊条质量</td><td colspan="3">设计要求</td><td>查产品合格证书</td></tr>
<tr><td>6</td><td colspan="3">压桩压力设计有要求时</td><td>%</td><td colspan="2">±5</td><td>检查压力表读数</td></tr>
<tr><td rowspan="2">7</td><td colspan="3">接桩时上下节平面偏差</td><td>mm</td><td colspan="2">≤10</td><td rowspan="2">用钢尺量</td></tr>
<tr><td colspan="3">接桩时节点弯曲矢高</td><td>mm</td><td colspan="2">≤1‰l</td></tr>
<tr><td>8</td><td colspan="3">桩顶标高</td><td>mm</td><td colspan="2">±50</td><td>水准测量</td></tr>
</table>

1.3 基 坑 支 护

1.3.1 土钉墙支护

1)强制性条文

关于土钉墙支护施工暂无强制性标准要求。

2)工艺流程

土钉墙支护工艺流程如图1-20所示。

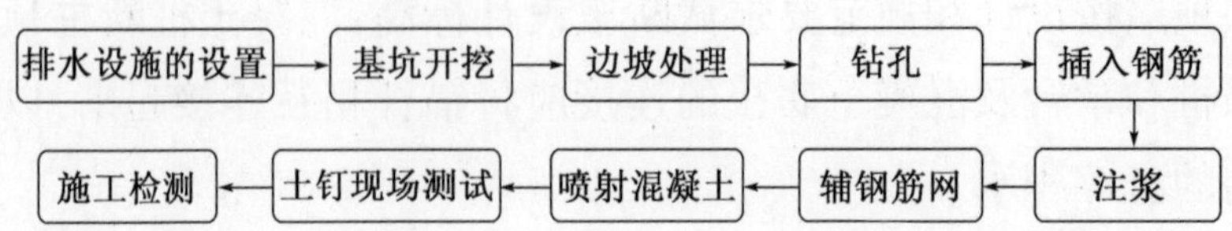

图1-20 土钉墙支护工艺流程

3)作业要点及标准做法

(1)排水措施

①基坑四周地表应加以修整并构筑明沟排水和水泥砂浆或混凝土地面,严防地表水向下渗流。

②基坑边壁有透水层或渗水土层时,混凝土面层上要做泄水孔,按间距1.5~2.0m均匀插设长0.4~0.6m、直径40mm的塑料排水管,外管口略向下倾斜。

③为了排除积聚在基坑内的渗水和雨水,应在坑底设置排水沟和集水井。排水沟应离开坡脚0.5~1.0m,严防冲刷坡脚。排水沟和集水井宜采用砖砌并用砂浆抹面以防止渗漏。坑内积水应及时排除。

(2)基坑开挖

①基坑要按设计要求严格分层分段开挖,在完成上一层作业面土钉与喷射混凝土面层达到设计强度的70%以前,不得进行下一层土层的开挖。每层开挖最大深度取决于在支护投入工作前土壁可以自稳而不发生滑移破坏的能力,实际工程中常取基坑每层挖深与土钉竖向间距相等。每层开挖的水平分段层开挖的水平分段也取决于土壁自稳能力,且与支护施工流程相互衔接,一般多为10~20m长。当基坑面积较大时,允许在距离基坑四周边坡8~10m的基坑中部自由开挖,但应注意与分层作业区的开挖相协调。

②挖土要选用对坡面土体扰动小的挖土设备和方法,严禁边壁出现超挖或造成边壁土体松动。坡面在机械开挖后要采用小型机械或人工进行切削清坡。以使坡度与坡面平整度达到设计要求。

(3)边坡处理

为防止基坑边坡的裸露土体塌陷,对于易塌的土体可采取下列措施:

①对修整后的边坡,立即喷上一层薄的混凝土,强度等级不宜低于C20,凝结后再进行钻孔。

②在作业面上先构筑钢筋网喷射混凝土面层,钢筋保护层厚度不宜小于20mm,面层厚度不宜小于80mm,而后进行钻孔和设置土钉。

③在水平方向上分小段间隔开挖。

④先将作业深度上的边壁做成斜坡,待钻孔并设置土钉后再清坡。

⑤在开挖前,沿开挖面垂直打入钢筋或钢管,或注浆加固土体。

(4)设置土钉

①若土层地质条件较差时,在每步开挖后应尽快做好面层。即对修整后的边壁立即喷上一层薄混凝土或砂浆;若土质较好,可省去该道面层。

②土钉设置通常做法是先在土体上成孔,之后置入土钉钢筋并沿全长注浆,也可以

是采用专门设备将土钉钢筋击入土体。

(5)钻孔

①钻孔前应根据设计要求定出孔位并做出标记和编号,钻孔时要保证位置正确(上下左右及角度),防止高低参差不齐和相互交错。

②钻进时要比设计深度多钻进100~200mm,以防止孔深不够。

③采用的机具应符合土层的特点,满足设计要求,在进钻和抽钻杆过程中不得引起土体坍孔。在易塌孔的土体中钻孔时宜采用套管成孔或挤压成孔。

(6)插入土钉钢筋

插入土钉钢筋前要进行清孔检查,若孔中出现局部渗水、塌孔或掉落松土,应立即处理。土钉钢筋置入孔中前,要先在钢筋上安装对中定位支架,以保证钢筋处于孔位中心且注浆后其保护层厚度不小于25mm。支架沿钉长的间距可为2~3m,支架可为金属或塑料件,以不妨碍浆体自由流动为宜。

(7)注浆

①注浆材料宜选用水泥浆、水泥砂浆。注浆用水泥砂浆的水灰比不宜超过0.4~0.45,当用水泥净浆时水灰比不宜超过0.45~0.5,并宜加入适量的速凝剂等外加剂以促进早凝和控制泌水。

②注浆前要验收土钉钢筋安设质量是否达到设计要求。

③一般可采用重力、低压(0.4~0.6MPa)或高压(1~2MPa)注浆,水平孔应采用低压或高压注浆。压力注浆时应在孔口或规定位置设置止浆塞,注满后保持压力3~5min。重力注浆以满孔为止,但在浆体初凝前需补浆1~2次。

④对于向下倾角的土钉,注浆采用重力或低压注浆时宜采用底部注浆方式,注浆导管底端应插至距孔底250~500mm处,在注浆同时将导管匀速缓慢地拔出。注浆过程中注浆导管口应始终埋在浆体表面以下,以保证孔中气体能全部逸出。

⑤注浆时要采取必要的排气措施。对于水平土钉的钻孔,应用孔口部压力注浆或分段压力注浆,此时需配排气管并与土钉钢筋绑扎牢固,在注浆前与土钉钢筋同时送入孔中。

⑥向孔内注入浆体的充盈系数必须大于1。每次向孔内注浆时,宜预先计算所需的浆体体积并根据注浆泵的冲程数计算出实际向孔内注入的浆体体积,以确认实际注浆量超过孔内容积。

⑦注浆材料应搅拌均匀,随拌随用,一次拌和的水泥浆、水泥砂浆应在初凝前用完。

⑧注浆前应将孔内残留或松动的杂土清除干净。注浆开始或中途停止超过30min时,应用水或稀水泥浆润滑注浆泵及其管路。

⑨为提高土钉抗拔能力，还可采用二次注浆工艺。

(8)铺钢筋网

①在喷混凝土之前，先按设计要求绑扎、固定钢筋网。面层内钢筋网片应牢固固定在边壁上并符合设计规定的保护层厚度要求。钢筋网片可用插入土中的钢筋固定，但在喷射混凝土时不应出现振动。

②钢筋网片可焊接或绑扎而成，网格允许偏差为 ±10mm。铺设钢筋网时每边的搭接长度应不小于一个网格边长或 300mm，如为搭接焊则单面焊接长度不小于网片钢筋直径的 10 倍。网片与坡面间隙不小于 20mm。

③土钉与面层钢筋网的连接可通过垫片、螺帽及土钉端部螺纹杆固定。垫片钢板厚 8 ~ 10mm，尺寸为 200mm × 200mm ~ 300mm × 300mm。垫板下空隙需先用高强水泥砂浆填实，待砂浆达到一定强度后方可旋紧螺帽以固定土钉。土钉钢筋也可通过井字加强钢筋直接焊接在钢筋网上等措施。

④当面层厚度大于 120mm 时宜采用双层钢筋网，第二层钢筋网应在第一层钢筋网被混凝土覆盖后铺设。

(9)喷射面层

①喷射混凝土的配合比应通过试验确定，粗集料最大粒径不宜大于 12mm，水灰比不宜太于 0.45，并应通过外加剂来调节所需工作度和早强时间。当采用干法施工时，应事先对操作人员进行技术考核，以保证喷射混凝土的水灰比和质量达到设计要求。

②喷射混凝土前，应对机械设备、风、水管路和电路进行全面检查和试运转。为保证喷射混凝土厚度达到均匀的设计值，可在边壁上隔一定距离打入垂直短钢筋段作为厚度标志。喷射混凝土的射距宜保持在 0.6 ~ 1.0m 范围内，并使射流垂直于壁面。在有钢筋的部位可先喷钢筋的后方以防止钢筋背面出现空隙。喷射混凝土的路线可从壁面开挖层底部逐渐向上进行，但底部钢筋网搭接长度范围以内先不喷混凝土，待与下层钢筋网搭接绑扎之后再与下层壁面同时喷射混凝土。混凝土面层接缝部分做成 45°角斜面搭接。当设计面层厚度超过 100mm 时，混凝土应分两层喷射，一次喷射厚度不宜小于 40mm。且接缝错开。混凝土接缝在继续喷射混凝土之前应清除浮浆碎屑，并喷少量水润湿。

③面层喷射混凝土终凝后 2h 应喷水养护，养护时间宜在 3 ~ 7d，养护视当地环境条件可采用喷水、覆盖浇水或喷涂养护剂等方法。

④喷射混凝土强度可用边长为 100mm 的立方体试块进行测定。制作试块时，将试模底面紧贴边壁，从侧向喷入混凝土，每批至少留取 3 组(每组 3 块)试件。

(10)土钉现场测试

土钉支护施工必须进行土钉的现场抗拔试验，应在专门设置的非工作钉上进行抗拔试验。

施工开挖过程中应密切加强监测,必要时增用其他支护方法。

4)质量验收标准及检验方法

土钉墙支护质量检验应符合表1-17的规定。

表1-17　土钉墙支护质量检验标准

项目	序号	检查项目	允许值或允许偏差		检查方法
			单位	数值	
主控项目	1	抗拔承载力	不小于设计值		土钉抗拔试验
	2	土钉长度	不小于设计值		用钢尺量
	3	分层开挖厚度	mm	±200	水准测量或用钢尺量
一般项目	1	土钉位置	mm	±100	用钢尺量
	2	土钉直径	不小于设计值		用钢尺量
	3	土钉孔倾斜度	°	≤3	测倾角
	4	水胶比	设计值		实际用水量与水泥等胶凝材料的质量比
	5	注浆量	不小于设计值		查看流量表
	6	注浆压力	设计值		检查压力表读数
	7	浆体强度	不小于设计值		试块强度
	8	钢筋网间距	mm	±30	用钢尺量
	9	土钉面层厚度	mm	±10	用钢尺量
	10	面层混凝土强度	不小于设计值		28d试块强度
	11	预留土墩尺寸及间距	mm	±500	用钢尺量
	12	微型桩桩位	mm	≤50	全站仪或用钢尺量
	13	微型桩垂直度	≤1/200		经纬仪测量

注:第12项和第13项的检测仅适用于微型桩结合土钉的复合土钉墙。

1.3.2　锚杆支护

1)强制性条文

关于锚杆施工暂无强制性标准要求。

2)工艺流程

工艺流程可参阅有关书籍。

3)作业要点及标准做法

(1)锚杆施工前应对钢绞线、锚具、水泥、机械设备等进行检验。

(2)锚杆施工中应对锚杆位置,钻孔直径、长度及角度,锚杆杆体长度,注浆配比、注浆压力及注浆量等进行检验。

(3)锚杆应进行抗拔承载力检验，检验数量不宜少于锚杆总数的5%，且同一土层中的锚杆检验数量不应少于3根。

4)质量验收标准及检验方法

锚杆质量检验应符合表1-18的规定。

表1-18　锚杆质量检验标准

项目	序号	检查项目	允许值或允许偏差		检查方法
			单位	数值	
主控项目	1	抗拔承载力	不小于设计值		锚杆抗拔试验
	2	锚固体强度	不小于设计值		试块强度
	3	预加力	不小于设计值		检查压力表读数
	4	锚杆长度	不小于设计值		用钢尺量
一般项目	1	钻孔孔位	mm	≤100	用钢尺量
	2	锚杆直径	不小于设计值		用钢尺量
	3	钻孔倾斜度	≤3°		测倾角
	4	水胶比(或水泥砂浆配比)	设计值		实际用水量与水泥等胶凝材料的质量比(实际用水、水泥、砂的质量比)
	5	注浆量	不小于设计值		查看流量表
	6	注浆压力	设计值		检查压力表读数
	7	自由段套管长度	mm	±50	用钢尺量

1.3.3　内支撑

1)强制性条文

关于内支撑施工暂无强制性标准要求。

2)施工工艺

施工工艺详见有关书籍。

3)作业要点及标准做法

(1)内支撑施工前，应对放线尺寸、标高进行校核。

(2)施工中应对混凝土支撑下垫层或模板的平整度和标高进行检验。

(3)施工结束后，对应的下层土方开挖前应对水平支撑的尺寸、位置、标高、支撑与围护结构的连接节点、钢支撑的连接节点和钢立柱的施工质量进行检验。

4)质量验收标准及检验方法

钢筋混凝土支撑及钢支撑的质量检验应符合表1-19、表1-20的规定。

表 1-19　钢筋混凝土支撑的质量检验标准

项目	序号	检查项目	允许值或允许偏差		检查方法
			单位	数值	
主控项目	1	混凝土强度	不小于设计值		28d 试块强度
	2	截面宽度	mm	+200	用钢尺量
	3	截面高度	mm	+200	用钢尺量
一般项目	1	标高	mm	±20	水准测量
	2	轴线平面位置	mm	≤20	用钢尺量
	3	支撑与垫层或模板的隔离措施	设计要求		目测法

表 1-20　钢支撑质量检验标准

项目	序号	检查项目	允许值或允许偏差		检查方法
			单位	数值	
主控项目	1	外轮廓尺寸	mm	±5	用钢尺量
	2	预加顶力	kN	±10%	应力监测
一般项目	1	轴线平面位置	mm	≤30	用钢尺量
	2	连接质量	设计要求		超声波或射线探伤

1.4　地下水控制(降排水)

1)强制性条文

关于降排水施工暂无强制性标准要求。

2)工艺流程

降排水工艺流程如图 1-21 所示。

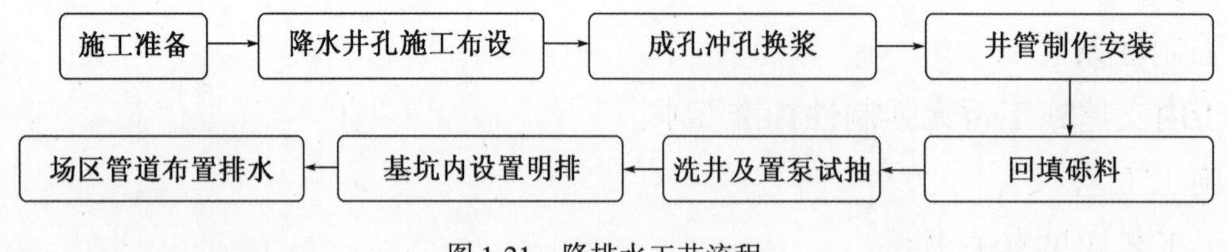

图 1-21　降排水工艺流程

3)作业要点及标准做法

(1)降排水运行前,应检验工程场区的排水系统。排水系统最大排水能力不应小于工程所需最大排量的 1.2 倍。

(2)基坑工程开挖前应验收预降排水时间。预降排水时间应根据基坑面积、开挖深度、工程地质与水文地质条件以及降排水工艺综合确定。减压预降水时间应根据设计要求或减压降水验证试验结果确定。

(3)降排水运行中,应检验基坑降排水效果是否满足设计要求。分层、分块开挖的土质基坑，开挖前潜水水位应控制在土层开挖面以下 0.5～1.0m；承压含水层水位应控制在安全水位埋深以下。岩质基坑开挖施工前，地下水位应控制在边坡坡脚或坑中的软弱结构面以下。

(4)降水井正式施工时应进行试成井。试成井数量不应少于2口(组)，并应根据试成井检验成孔工艺、泥浆配比，复核地层情况等。

(5)降水井施工中应检验成孔垂直度。降水井的成孔垂直度偏差为1/100，井管应居中竖直沉设。

(6)降水井施工完成后应进行试抽水，检验成井质量和降水效果。

(7)降水运行应独立配电。降水运行前，应检验现场用电系统。连续降水的工程项目，尚应检验双路以上独立供电电源或备用发电机的配置情况。

(8)降水运行过程中，应监测和记录降水场区内和周边的地下水位。采用悬挂式帷幕基坑降水的，尚应计量和记录降水井抽水量。

(9)降水运行结束后，应检验降水井封闭的有效性。

4)质量验收标准及检验方法

降排水的质量检验应符合表1-21的规定。

表1-21　降水施工材料质量检验标准

项目	序号	检查项目	允许值或允许偏差		检查方法
			单位	数值	
主控项目	1	井、滤管材质	设计要求		查产品合格证书或按设计要求参数现场检测
	2	滤管孔隙率	设计值		测算单位长度滤管孔隙面积或与等长标准滤管渗透对比法
	3	滤料粒径	$(6\sim12)d_{50}$		筛析法
	4	滤料不均匀系数	≤3		筛析法
一般项目	1	沉淀管长度	mm	+500	用钢尺量
	2	封孔回填土质量	设计要求		现场搓条法检验土性
	3	挡砂网	设计要求		查产品合格证书或现场量测目数

1.5　土　方

1.5.1　土方开挖

1)强制性条文

关于土方开挖施工暂无强制性标准要求。

2)工艺流程

土方开挖工艺流程如图1-22所示。

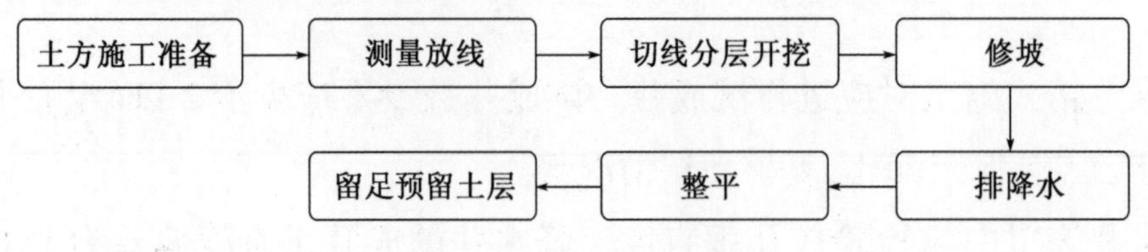

图1-22　土方开挖工艺流程

3)作业要点及标准做法

(1)土方施工准备

根据图纸地质、水文勘察等资料,合理编制施工方案,向施工人员层层进行技术交底,对边坡支护应根据有关规范要求进行设计,边坡支护要有设计计算书,场地内低洼地区的积水必须排除,同时应注意雨水的排除,使场地保持干燥,以利土方施工。

(2)测量放线

根据规划红线或建筑物方格网,按设计总平面图复核建筑物的定位桩。挖土过程中要定期进行复测,校验控制桩的位置和水准点标高。

(3)切线分层开挖

一般根据施工方案应按从上往下分层分段依次进行,随时做成一定的坡势。

(4)排降水

地下水位应保持低于开挖面500mm以下。

(5)修坡

每层0.3m左右,边挖边检查坑底宽度及坡度,不够时及时修整,每3m左右修一次坡,至设计标高,再统一进行一次修坡清底。

(6)整平

检查坑底平面尺寸和标高,要求坑底凹凸不超过2.0cm。

(7)留足预留土层

在接近设计坑底标高或边坡边界时应预留200~300mm厚的土层,用人工开挖和修整,边挖边修坡,以保证不扰动原状土。

4)质量验收标准及检验方法

土方及岩土开挖工程的质量检验标准应符合表1-22、表1-23的规定。

表1-22　土方开挖质量验收标准

项目	序号	检查项目	允许值或允许偏差		检查方法
			单位	数值	
主控项目	1	标高	mm	0 -200	水准测量

续上表

项目	序号	检 查 项 目	允许值或允许偏差		检 查 方 法
			单位	数值	
主控项目	2	长度、宽度(由设计中心线向两边量)	mm	+200 0	全站仪或用钢尺量
	3	坡率	设计值		目测法或用坡度尺检查
一般项目	1	表面平整度	mm	±100	用 2m 靠尺
	2	基底岩(土)质	设计要求		目测法或岩(土)样分析

表 1-23　挖方场地平整岩土开挖工程的质量检验标准

项目	序号	检 查 项 目	允许值或允许偏差		检 查 方 法
			单位	数值	
主控项目	1	标高	mm	+100 -300	水准测量
	2	长度、宽度(由设计中心线向两边量)	mm	+400 -100	全站仪或用钢尺量
	3	坡率	设计值		目测法或用坡度尺检查
一般项目	1	表面平整度	mm	±100	用 2m 靠尺
	2	基底岩(土)质	设计要求		目测法或岩(土)样分析

1.5.2　土方回填

1)强制性条文

关于土方回填施工暂无强制性标准要求。

2)工艺流程

土方回填工艺流程如图 1-23 所示。

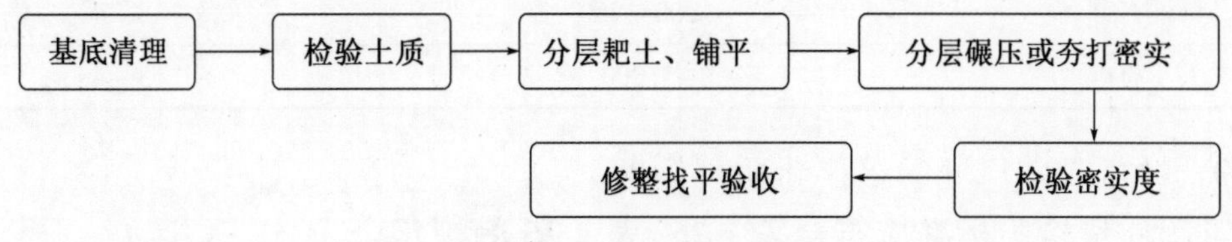

图 1-23　土方回填工艺流程

3)作业要点及标准做法

(1)基坑清理

回填前,应将基础底面标高上的垃圾清除干净,排除坑穴中积水、淤泥和杂物等,基础结构与防水施工经验收,同意进入下道工序施工。

(2)检验土质

检验回填土料的种类、粒径,有无杂物,是否符合规定;土料的含水率是否在控制范围内。土料含水率一般以手握成团,落地开花为适宜。

(3)分层铺土、耙平

根据土质、密实度要求和机具性能确定每层铺土厚度,保证其均匀性。

(4)分层辗压或夯打密实

填土时,应从场地最低部分开始,由一端向另一端自下而上分层铺填;深浅坑(槽)相连时,应先填深坑(槽),相平后与浅坑全面分层填夯。如采取分段填筑,交接处应填成阶梯形;墙基及管道回填应在两侧用细土同时均匀回填、夯实,防止墙基及管道中心线位移。

(5)检验密实度

每层压实后,应按规范进行试验检测取样,测出干土的质量密度,达到设计要求后,再进行上一层的铺土。

(6)修整找平验收

回填完成后,表面应进行拉线找平,凡超过标准标高的地方,及时依线铲平;凡低于标准标高的地方,应补土找平夯实。

4)质量验收标准及检验方法

施工中应检查排水系统,每层填筑厚度、辗迹重叠程度、含水率控制、回填土有机质含量、压实系数等。回填施工的压实系数应满足设计要求。当采用分层回填时,应在下层的压实系数经试验合格后进行上层施工。填筑厚度及压实遍数应根据土质、压实系数及压实机具确定。无试验依据时,应符合表1-24的规定。

表1-24　填土施工时的分层厚度及压实遍数

压实机具	分层厚度(mm)	每层压实遍数
平辗	250～300	6～8
振动压实机	250～350	3～4
柴油打夯	200～250	3～4
人工打夯	<200	3～4

施工结束后,应进行标高及压实系数检验。

填方工程质量检验标准应符合表1-25、表1-26的规定。

表1-25　柱基、基坑、基槽、管沟、地(路)面基础层填方工程质量检验标准

项目	序号	检查项目	允许值或允许偏差		检查方法
			单位	数值	
主控项目	1	标高	mm	0 -50	水准测量
	2	分层压实系数	不小于设计值		环刀法、灌水法、灌砂法

续上表

项目	序号	检 查 项 目	允许值或允许偏差		检 查 方 法
			单位	数值	
一般项目	1	回填土料	设计要求		取样检查或直接鉴别
	2	分层厚度	设计值		水准测量及抽样检查
	3	含水率	最佳含水率±2%		烘干法
	4	表面平整度	mm	±20	用2m靠尺
	5	有机质含量	≤5%		灼烧减量法
	6	辗迹重叠长度	mm	500～1000	用钢尺量

表1-26　场地平整填方工程质量检验标准

项目	序号	检 查 项 目	允许值或允许偏差			检 查 方 法
			单位	数值		
主控项目	1	标高	mm	人工	±30	水准测量
				机械	±50	
	2	分层压实系数	不小于设计值			环刀法、灌水法、灌砂法
一般项目	1	回填土料	设计要求			取样检查或直接鉴别
	2	分层厚度	设计值			水准测量及抽样检查
	3	含水率	最佳含水率±4%			烘干法
	4	表面平整度	mm	人工	±20	用2m靠尺
				机械	±30	
	5	有机质含量	≤5%			灼烧减量法
	6	辗迹重叠长度	mm	500～1000		用钢尺量

1.6　地 下 防 水

1.6.1　防水混凝土

1）强制性条文

关于防水混凝土施工暂无强制性标准要求。

2）工艺流程

防水混凝土工艺流程如图1-24所示。

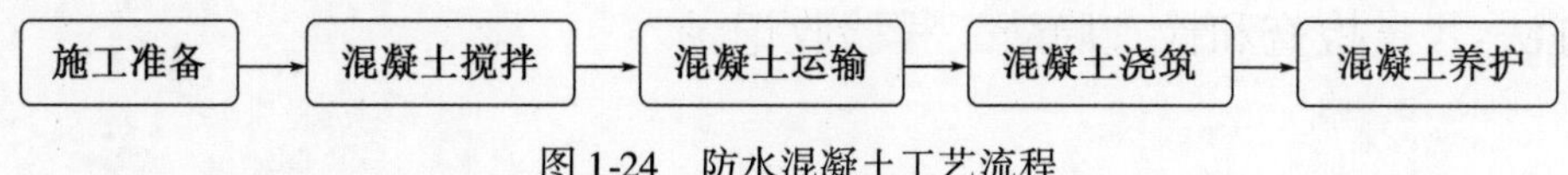

图1-24　防水混凝土工艺流程

3）作业要点及标准做法

防水混凝土适用于抗渗等级不小于P6的地下混凝土结构，不适用于环境温度高于80℃的地下工程。处于侵蚀性介质中，防水混凝土的耐侵蚀性要求应符合现行国家标准

《工业建筑防腐蚀设计规范》(GB 50046—2018)和《混凝土结构耐久性设计规范》(GB 50476—2008)的有关规定。

(1)防水混凝土采用预拌混凝土时,入泵坍落度宜控制在120~160mm,坍落度每小时损失不应大于20mm,坍落度总损失值不应大于40mm。

(2)混凝土拌制和浇筑过程控制应符合下列规定:

拌制混凝土所用材料的品种、规格和用量,每工作班检查不应少于2次。每盘混凝土组成材料计量结果的允许偏差应符合表1-27的规定。

表1-27　混凝土组成材料计量结果的允许偏差(%)

混凝土组成材料	每盘计量	累计计量
水泥、掺合料	±2	±1
粗、细集料	±3	±2
水、外加剂	±2	±1

4)质量验收标准及检验方法

(1)主控项目

①防水混凝土的原材料、配合比及坍落度必须符合设计要求。检验方法:检查产品合格证、产品性能检测报告、计量措施和材料进场检验报告。

②防水混凝土的抗压强度和抗渗性能必须符合设计要求。

检验方法:检查混凝土抗压强度、抗渗性能检验报告。

③防水混凝土结构的施工缝、变形缝、后浇带、穿墙管、埋设件等设置和构造必须符合设计要求。

检验方法:观察检查和检查隐蔽工程验收记录。

(2)一般项目

①防水混凝土结构表面应坚实、平整,不得有露筋、蜂窝等缺陷;埋设件位置应准确。

检验方法:观察检查。

②防水混凝土结构表面的裂缝宽度不应大于0.2mm,且不得贯通。

检验方法;用刻度放大镜检查。

③防水混凝土结构厚度不应小于250mm,其允许偏差应为+8mm、-5mm;主体结构迎水面钢筋保护层厚度不应小于50mm,其允许偏差应为±5mm。

检验方法:尺量检查和检查隐蔽工程验收记录。

1.6.2　水泥砂浆防水层

1)强制性条文

关于水泥砂浆防水层施工暂无强制性标准要求。

2)工艺流程

水泥砂浆防水层工艺流程如图1-25所示。

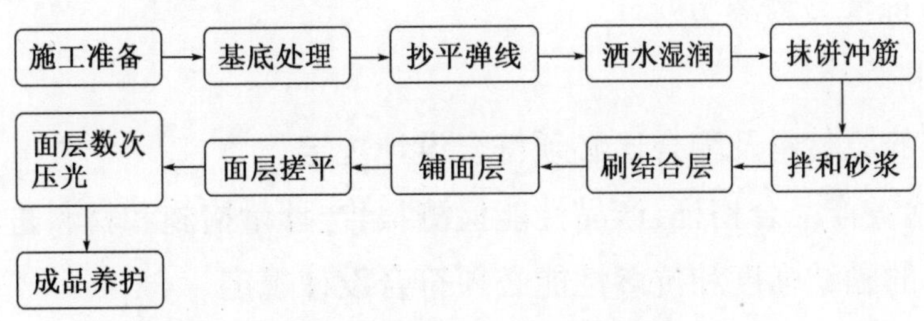

图1-25　水泥砂浆防水层工艺流程

3)作业要点及标准做法

(1)水泥砂浆防水层适用于地下工程主体结构的迎水面或背水面。不适用于受持续振动或环境温度高于80℃的地下工程。

(2)水泥砂浆防水层应采用聚合物水泥防水砂浆、掺外加剂或掺合料的防水砂浆。

(3)水泥砂浆防水层所用的材料应符合下列规定:

①水泥应使用普通硅酸盐水泥、硅酸盐水泥或特种水泥,不得使用过期或受潮结块的水泥。

②砂宜采用中砂,含泥量不应大于1.0%,硫化物及硫酸盐含量不应大于1.0%。

③用于拌制水泥砂浆的水,应采用不含有害物质的洁净水。

④聚合物乳液的外观为均匀液体,无杂质、无沉淀、不分层。

⑤外加剂的技术性能应符合现行国家或行业有关标准的质量要求。

(4)水泥砂浆防水层的基层质量应符合下列规定:

①基层表面应平整、坚实、清洁,并应充分湿润、无明水。

②基层表面的孔洞、缝隙,应采用与防水层相同的水泥砂浆堵塞并抹平。

③施工前应将埋设件、穿墙管预留凹槽内嵌填密封材料后,再进行水泥砂浆防水层施工。

(5)水泥砂浆防水层施工应符合下列规定:

①水泥砂浆的配制,应按所掺材料的技术要求准确计量。

②分层铺抹或喷涂,铺抹时应压实、抹平,最后一层表面应提浆压光。

③防水层各层应紧密黏合,每层宜连续施工;必须留设施工缝时,应采用阶梯坡形槎,但与阴阳角处的距离不得小于200mm。

④水泥砂浆终凝后应及时进行养护,养护温度不宜低于5℃,并应保持砂浆表面湿润,养护时间不得少于14d;聚合物水泥防水砂浆未达到硬化状态时,不得浇水养护或直接受雨水冲刷,硬化后应采用干湿交替的养护方法。潮湿环境中,可在自然条件下养护。

(6)水泥砂浆防水层分项工程检验批的抽样检验数量,应按施工面积每100m^2抽查1处,每处10m^2,且不得少于3处。

4)质量验收标准及检验方法

(1)主控项目

①防水砂浆的原材料及配合比必须符合设计规定。

检验方法:检查产品合格证、产品性能检测报告、计量措施和材料进场检验报告。

②防水砂浆的黏结强度和抗渗性能必须符合设计规定。

检验方法:检查砂浆黏结强度、抗渗性能检验报告。

③水泥砂浆防水层与基层之间应结合牢固,无空鼓现象。

检验方法:观察和用小锤轻击检查。

(2)一般项目

①水泥砂浆防水层表面应密实、平整,不得有裂纹、起砂、麻面等缺陷。

检验方法:观察检查。

②水泥砂浆防水层施工缝留槎位置应正确,接槎应按层次顺序操作,层层搭接紧密。

检验方法:观察检查和检查隐蔽工程验收记录。

③水泥砂浆防水层的平均厚度应符合设计要求,最小厚度不得小于设计厚度的85%。

检验方法:用针测法检查。

④水泥砂浆防水层表面平整度的允许偏差应为5mm。

检验方法:用2m靠尺和楔形塞尺检查。

1.6.3 涂料防水层

1)强制性条文

关于涂料防水层施工暂无强制性标准要求。

2)工艺流程

涂料防水层工艺流程如图1-26所示。

图1-26 涂料防水层工艺流程

3)作业要点及标准做法

(1)涂料防水层适用于受侵蚀性介质作用或受振动作用的地下工程。

(2)涂料防水层的施工应符合下列规定:

①多组分涂料应按配合比准确计量,搅拌均匀,并应根据有效时间确定每次配制的

用量。

②涂料应分层涂刷或喷涂，涂层应均匀，涂刷应待前遍涂层干燥成膜后进行。每遍涂刷时应交替改变涂层的涂刷方向，同层涂膜的先后搭压宽度宜为 30 ~ 50mm。

③涂料防水层的甩槎处接槎宽度不应小于 100mm，接涂前应将其甩槎表面处理干净。

④采用有机防水涂料时，基层阴阳角处应做成圆弧；在转角处、变形缝、施工缝、穿墙管等部位应增加胎体增强材料和增涂防水涂料，宽度不应小于 500mm。

⑤胎体增强材料的搭接宽度不应小于 100mm。上下两层和相邻两幅胎体的接缝应错开 1/3 幅宽，且上下两层胎体不得相互垂直铺贴。

(3)涂料防水层完工并经验收合格后应及时做保护层。保护层应符合 GB 50208—2011 规范第 4.3.13 条的规定。

(4)涂料防水层分项工程检验批的抽样检验数量，应按涂层面积每 $100m^2$ 抽查 1 处，每处 $10m^2$，且不得少于 3 处。

4)质量验收标准及检验方法

(1)主控项目

①涂料防水层所用的材料及配合比必须符合设计要求。

检验方法：检查产品合格证、产品性能检测报告、计量措施和材料进场检验报告。

②涂料防水层的平均厚度应符合设计要求，最小厚度不得小于设计厚度的 90%。

检验方法：用针测法检查。

③涂料防水层在转角处、变形缝、施工缝、穿墙管等部位做法必须符合设计要求。

检验方法：观察检查和检查隐蔽工程验收记录。

(2)一般项目

①涂料防水层应与基层黏结牢固，涂刷均匀，不得流淌、鼓泡、露槎。

检验方法：观察检查。

②涂层间夹铺胎体增强材料时，应使防水涂料浸透胎体覆盖完全，不得有胎体外露现象。

检验方法：观察检查。

③侧墙涂料防水层的保护层与防水层应结合紧密，保护层厚度应符合设计要求。

检验方法：观察检查。

1.6.4　卷材防水层

1)强制性条文

关于卷材防水层施工暂无强制性标准要求。

2)工艺流程

卷材防水层工艺流程如图1-27所示。

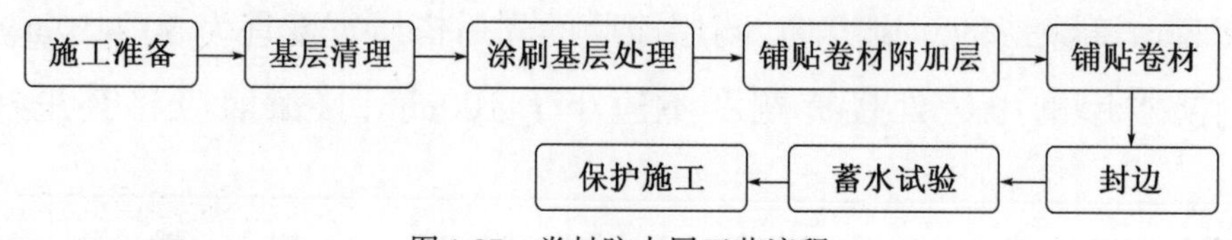

图1-27 卷材防水层工艺流程

3)作业要点及标准做法

(1)卷材防水层适用于受侵蚀性介质作用或受振动作用的地下工程;卷材防水层应铺设在主体结构的迎水面。

(2)卷材防水层应采用高聚物改性沥青类防水卷材和合成高分子类防水卷材。所选用的基层处理剂、胶粘剂、密封材料等均应与铺贴的卷材相匹配。

(3)在进场材料检验的同时,防水卷材接缝黏结质量检验应按GB 50208—2011规范附录D执行。

(4)铺贴防水卷材前,基面应干净、干燥,并应涂刷基层处理剂;当基面潮湿时,应涂刷湿固化型胶粘剂或潮湿界面隔离剂。

(5)基层阴阳角应做成圆弧或45°坡角,其尺寸应根据卷材品种确定;在转角处、变形缝、施工缝,穿墙管等部位应铺贴卷材加强层,加强层宽度不应小于500mm。

(6)防水卷材的搭接宽度应符合表1-28的要求。铺贴双层卷材时,上下两层和相邻两幅卷材的接缝应错开1/3~1/2幅宽,且两层卷材不得相互垂直铺贴。

表1-28 防水卷材的搭接宽度

卷 材 品 种	搭接宽度(mm)
弹性体改性沥青防水卷材	100
改性沥青聚乙烯胎防水卷材	100
自粘聚合物改性沥青防水卷材	80
三元乙丙橡胶防水卷材	100/60(单面焊、双面焊)
聚氯乙烯防水卷材	60/80(单面焊、双面焊)
	100(胶结剂)
聚乙烯丙纶复合防水卷材	100(胶结剂)
高分子自粘胶膜防水卷材	70/80(自粘胶/胶结带)

4)质量验收标准及检验方法

(1)主控项目

①卷材防水层所用卷材及其配套材料必须符合设计要求。

检验方法:检查产品合格证、产品性能检测报告和材料进场检验报告。

②卷材防水层在转角处、变形缝、施工缝、穿墙管等部位做法必须符合设计要求。

检验方法:观察检查和检查隐蔽工程验收记录。

(2)一般项目

①卷材防水层的搭接缝应粘贴或焊接牢固,密封严密,不得有扭曲、折皱、翘边和起泡等缺陷。

检验方法:观察检查。

②采用外防外贴法铺贴卷材防水层时,立面卷材接槎的搭接宽度,高聚物改性沥青类卷材应为150mm,合成高分子类卷材应为100mm,且上层卷材应盖过下层卷材。

检验方法:观察和尺量检查。

③侧墙卷材防水层的保护层与防水层应结合紧密,保护层厚度应符合设计要求。

检验方法:观察和尺量检查。

④卷材搭接宽度的允许偏差应为-10mm。

检验方法:观察和尺量检查。

第2章　主 体 结 构

2.1　混凝土结构

2.1.1　模板

1)强制性条文

关于混凝土施工的强制性标准有《混凝土结构工程施工质量验收规范》(GB 50204—2015)。

模板及支架应根据安装、使用和拆除工况进行设计,并应满足承载力、刚度和整体稳定性要求。

2)工艺流程

(1)柱模板工程

柱模板工程工艺流程如图2-1所示。

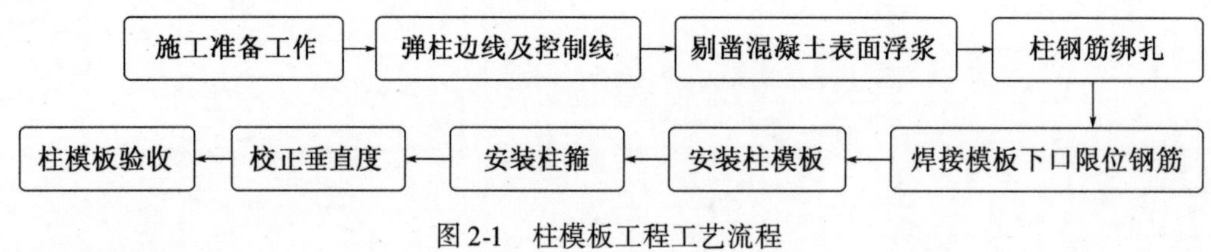

图2-1　柱模板工程工艺流程

(2)梁模板工程

梁模板工程工艺流程如图2-2所示。

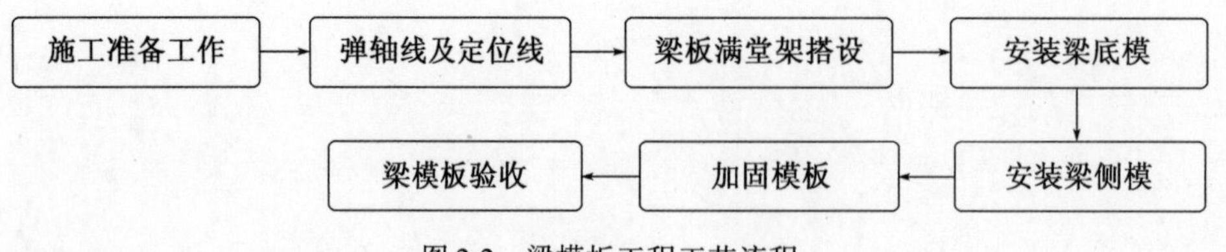

图2-2　梁模板工程工艺流程

(3)楼(板)面模板工程

楼(板)模板工程工艺流程如图2-3所示。

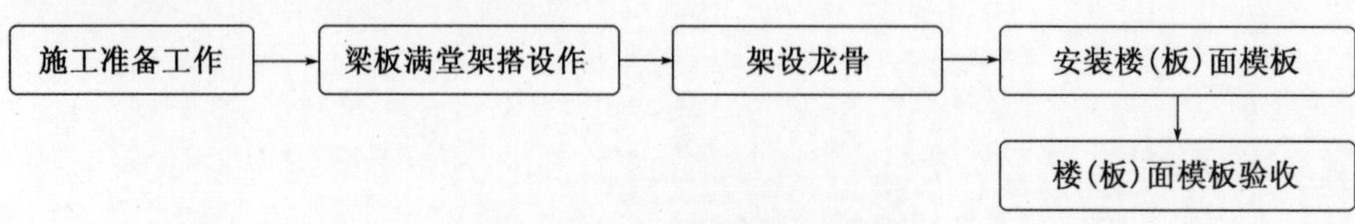

图2-3　楼(板)模板工程工艺流程

3)作业要点及标准做法

(1)柱模板

①施工准备工作

模板施工方案及配模计划齐全,并进行交底;模板按照放样尺寸制作;使用材料必须满足方案及规范要求,模板应涂刷脱模剂,分类堆放,并清理干净;使用机具准备到位。

②弹柱边线及控制线

按图纸要求在每根柱子周边放线画出轴线、柱子边线及控制线;柱轴线部位采用红色边长50mm的"△"标记,标记轴线二字;柱边线采用墨线沿设计柱边位置弹注;柱边线向外偏移500mm处用墨线平行于柱边线弹柱控制线。

③剔凿混凝土表面浮浆

柱根凿毛,首先剔除柱边线范围内的混凝土浮浆,直至露出均匀的石子;凿毛深度不小于5mm,应将剔凿点间距控制在20~30mm以内,凿毛应覆盖柱边线内全部范围;剔除的浮浆残渣及时清理,并用水冲洗干净。

④焊接模板下口限位钢筋

按放出的柱边线焊接内截面控制筋,每个方向两根。

⑤安装柱模板

按放线位置先订好压脚板再安装柱模板;柱子两垂直向加斜拉顶撑;柱根部封堵到位,采用砂浆或海绵条等形式;相邻两模板表面高低差控制在2mm以内,柱子截面内部尺寸控制在+4、-5mm以内。

⑥安装柱箍

柱箍材料选择应根据模板施工方案进行确定;柱箍间距应符合方案设计要求、并订牢固;柱箍安装应保证其水平,对拉螺栓直径应通过计算确定,螺杆扭矩值符合方案要求。

⑦校正垂直度、柱模板验收

模板拼缝严密,相邻两模板表面高低差控制在2mm以内;层高≤5m时垂直度偏差控制在6mm以内,层高>5m时,垂直度控制在8mm以内;模板柱箍和对拉螺杆符合设计要求;柱根部封堵符合要求。

(2)梁模板

①施工准备工作(弹轴线及定位线)

模板施工方案及配模计划齐全,并进行交底;模板按照放样尺寸制作;使用材料必须满足方案及规范要求,模板应涂刷脱模剂,分类堆放,并清理干净;使用机具准备到位。在柱子上弹出轴线、梁位置及水平线,轴线允许偏差5mm,梁尺寸线允许偏差+4mm、-5mm。

②梁板满堂架搭设

架体搭设应符合规范要求;梁下支柱支承在基土面上时,应对基土平整夯实,满足承载力要求,并加木垫板或混凝土垫板等有效措施,确保混凝土在浇筑过程中不会发生支撑下沉。

③安装梁底模

根据图纸计算出梁底小横杆标高,并固定牢固;梁底模安装前先钉柱头模板,底模安装时需拉线找平,梁跨度≥4m 时,应按设计起拱,主次梁相交时,先主梁起拱再次梁起拱;模板支设完成后,应对梁底模板标高进行复核。

④安装梁侧模

梁侧模制作高度应根据梁高及楼板厚度确定;支模应遵循边模包底模的原则;梁侧模板须拉线安装。

⑤侧模加固

梁高超过 750mm 时,梁侧模宜加穿梁螺栓加固;梁侧模必须有压脚板、斜撑,拉线通直后将梁侧钉牢。

⑥梁模板验收

梁侧模板应垂直,梁内截面尺寸偏差应控制在 +4, -5mm 内;梁模板加固方式符合模板施工方案。

(3)楼(板)面模板

①施工准备工作

模板施工方案及配模计划齐全,并进行交底;模板按照放样尺寸制作;使用材料必须满足方案及规范要求,模板应涂刷脱模剂,分类堆放,并清理干净,钢管、扣件等符合方案要求;使用机具准备到位。

②梁板满堂架搭设

架体搭设应符合规范要求,所有立杆底部均应设置垫脚板。支柱间距需根据楼板混凝土质量级施工荷载的大小确定;支柱应垂直,各层支柱间拉杆及剪刀撑应符合规范要求。

③架设龙骨

根据模板施工方案排设支柱与龙骨;通线调节支柱的高度,将大龙骨找平,架设小龙骨;木料要有足够的强度和刚度,面要平整。

④安装楼面(板)模板

铺模板时从四周铺起,在中间收口;楼板模板压在梁侧模时,角位模板应通线钉固;楼面(板)模板应按照规定起拱;相邻两模板表面高低差控制在 2mm 以内。

⑤楼面(板)模板验收

应认真检查支架是否牢固;模板梁面、板面应清扫干净。模板支架及梁加固应全数检查,并符合方案设计要求;每块板按照500mm标高带对角线检查模板面标高及平整度符合规范要求。

(4)模板拆除

①施工准备工作(混凝土养护)

混凝土浇筑完毕后,应在12h以内加以覆盖和浇水,浇水次数应能保持混凝土有足够的湿润状态,养护期一般不少于7昼夜。

②混凝土强度检测

将相应留置同条件养护试块送检,检测其抗压强度;试块抗压强度达到拆模部位规范要求后,填写模板拆除申请表,由项目技术负责人签发后方可实施;拆模时间应按结构特点和混凝土所达到的强度来确定。

③拆除不承重模板(拆除侧向支撑)、拆除承重模板(拆除竖向支撑)

模板拆除的顺序和方法,应遵循先支后拆,后支先拆;先拆不承重的模板,后拆承重部分的模板;自上而下,先拆侧向支撑,后拆竖向支撑等原则;梁模加设拉杆螺杆时,应先拆掉拉杆和背楞之后,再拆除侧模和底模;模板工程作业组织,应遵循支模与拆模统一由一个作业班组进行作业;模板的拆除工作应设专人指挥,作业区应设围栏,下部不得有其他工种作业,并应设专人负责监护。拆下的模板、零配件严禁抛掷;在提前拆除互相搭连并涉及其他后拆模板的支撑时,应补设临时支撑。拆模时,应逐块拆卸,不得成片撬落或拉倒;拆除的模板与支架宜分散堆放,并及时清运。

4)质量验收标准及检验方法

(1)模板及其支架应根据工程结构形式、荷载大小、地基土类别、施工设备和材料供应等条件进行设计。模板及其支架应具有足够的承载能力、刚度和稳定性,能可靠地承受浇筑混凝土的重量、侧压力以及施工荷载。

(2)在浇筑混凝土之前应对模板工程进行验收。模板安装和浇筑混凝土时,应对模板及其支架进行观察和维护。发生异常情况时,应按施工技术方案及时进行处理。

(3)模板及其支架拆除的顺序及安全措施应按施工技术方案执行。

2.1.2　钢筋

1)强制性条文

关于钢筋施工的强制性标准有《混凝土结构工程施工质量验收规范》(GB 50204—2015)。

2)工艺流程

(1)柱钢筋

柱钢筋工程工艺流程如图2-4所示。

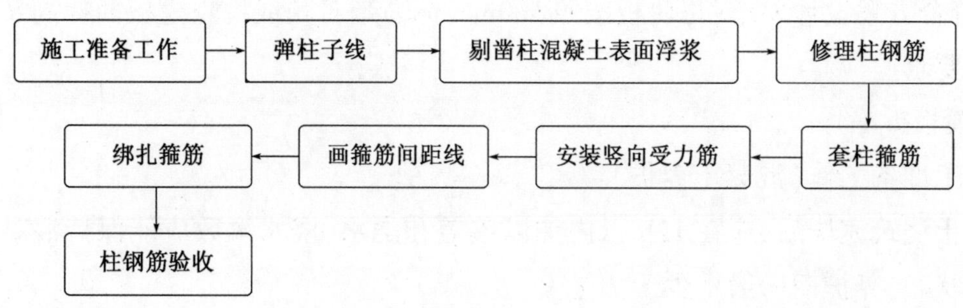

图 2-4　柱钢筋工程工艺流程

(2)梁钢筋

梁钢筋工程工艺流程如图 2-5 所示。

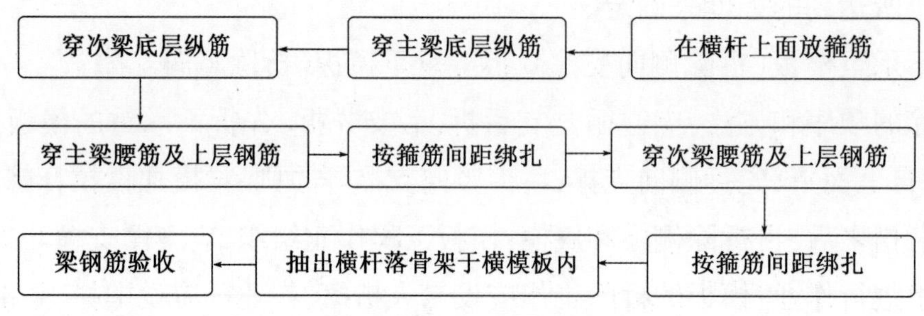

图 2-5　梁钢筋工程工艺流程

(3)楼(板)面钢筋

楼(板)面钢筋工程工艺流程如图 2-6 所示。

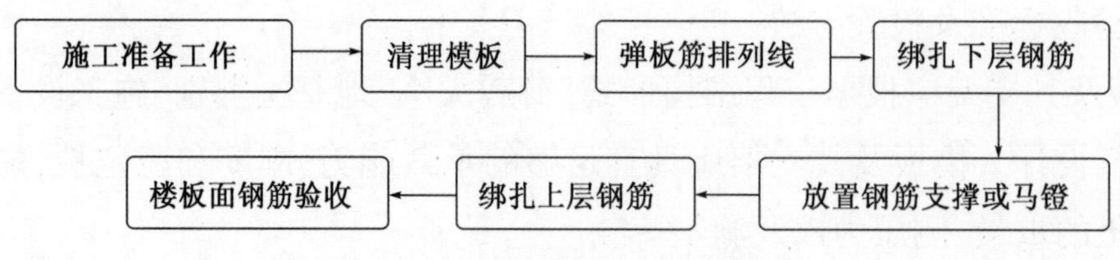

图 2-6　楼(板)钢筋工程工艺流程

(4)楼梯钢筋

楼梯钢筋工程工艺流程如图 2-7 所示。

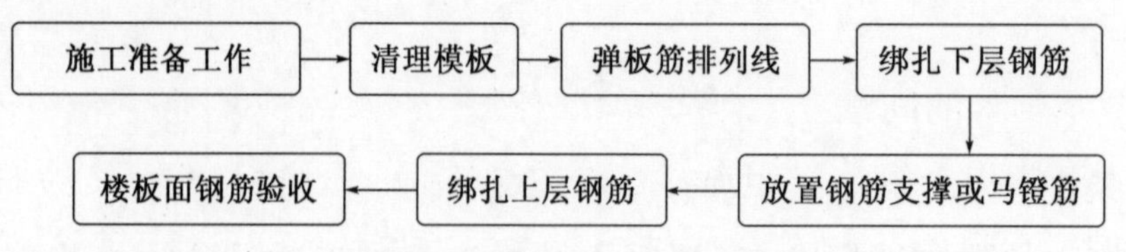

图 2-7　楼梯钢筋工程工艺流程

3)作业要点及标准做法

(1)柱钢筋

①施工准备工作

按图纸和操作工艺标准向班组进行交底,对钢筋绑扎安装顺序予以明确规定;材料准备:成型钢筋、钢丝、垫块等到位;主要机具准备到位。

②修理柱钢筋

下层伸出的柱纵向筋或插筋上的混凝土、油渍、锈斑和其他污物应清理干净;复核柱主筋定位情况,确保柱主筋保护层厚度满足设计要求,主筋均匀排布。

③套柱箍筋

按图纸要求间距计算好每根柱箍筋数量;按照箍筋定位线套箍筋,箍筋弯钩叠合处沿柱四角错开摆放;先将箍筋套在下层伸出的钢筋上;箍筋的端头应弯成135°,平直部分长度不小于 $10d$;柱主筋间距定位准确。

④安装竖向受力筋

柱竖向钢筋连接方式一般为机械、焊接连接和绑扎连接;当受力钢筋采用机械连接接头或焊接接头时设置在同一构件内的接头宜相互错开,连接区段的长度为 $35d$ 倍(d 为纵向受力钢筋的较大直径)且不小于 500mm;同一构件中相邻纵向受力钢筋的绑扎搭接接头宜相互错开,接头连接区段的长度 $1.3L$;接头宜避开柱端箍筋加密区;机械连接和焊接接头符合规程要求。

⑤画箍筋间距线(或立皮数杆)

在柱对角纵向钢筋上划箍筋定位线,且柱第一道箍筋的位置离板面 50mm;箍筋间距控制线偏差控制在 20mm 以内;柱底部箍筋的加密高度不应小于柱的长边尺寸和所在楼层柱净高度的 1/6,且不应小于 500mm;柱顶部箍筋的加密高度不应小于"柱底部箍筋加密区高度 + 柱顶部截面最大的梁的截面高度"。

⑥绑扎箍筋

箍筋一般由上往下绑扎,采用缠扣绑扎;箍筋与主筋要垂直,箍筋转角处与主筋交点均要绑扎,主筋与箍筋非转角部分的相交点成梅花交错绑扎;箍筋的弯钩叠合处应沿柱子竖筋交错布置,并绑扎牢固;设计要求箍筋设拉筋时,拉筋应钩住箍筋外面;柱筋保护层厚度:垫块(水泥垫块、塑料垫块)应绑在柱竖筋外皮上,间距一般为 1000mm。

(2)梁钢筋

①画箍筋间距线

按照设计图纸要求的间距在梁侧模板上划箍筋定位线,箍筋间距控制线偏差控制在 20mm 以内;梁端部第一个箍筋应距离柱节点边缘 50mm 处;梁端部箍筋的加密长度及箍筋间距均应满足设计要求。

②在主次梁模板上口铺横杆数根

横杆间距控制在 1.5m 以内;横杆一般采用 Φ48mm 钢管。

③在横杆上面放箍筋

按照箍筋定位线放箍筋,箍筋封闭口摆放在梁顶两侧边,左右间隔摆放。

④穿主梁、次梁下层纵筋

钢筋搭接:梁的受力钢筋直径 <22mm 时,可采用绑扎接头,当钢筋直径 ≥ 22mm 时,根据施工图设计采用焊接或机械连接接头。搭接长度应符合设计和规范要求,搭接长度末端与钢筋弯折处的距离不得小于 $10d$;下部纵筋伸入中间节点的锚固长度及伸过中心线的长度应符合设计要求,在端部节点内的锚固长度也要符合设计要求;接头应互相错开,受拉区搭接接头任一区域内有接头的受力钢筋截面面积占受力钢筋总截面面积不得大于 50%。

⑤穿主梁、次梁腰筋及上层钢筋

框架梁上部纵筋应贯穿中间节点;纵向钢筋在端节点内的锚固长度应符合设计要求;接头形式及接头要求符合要求。

⑥按箍筋间距绑扎

箍筋与主筋要垂直,箍筋转角处与主筋交点均要绑扎,主筋与箍筋非转角部分的相交点成梅花交错绑扎;箍筋的弯钩叠合处应沿梁水平筋交错布置,并绑扎牢固;箍筋的端头应弯成 135°,平直部分长度不小于 $10d$,如做成封闭箍,单面焊缝长度 $5d$;梁上部纵向钢筋的箍筋,宜采用套扣法。

⑦抽出横杆落骨架于模板内

抽横杆之前,确保垫块位置及间距满足要求;箍筋与主筋应相互垂直;两侧保护层均匀,且符合保护层厚度要求。

(3)楼(板)面钢筋

①清理模板

将模板上的混凝土、油渍、木屑及其他杂物清理干净。

②弹板筋排列线

按照设计图纸要求的间距在板模上画出主筋及分布筋排列线,排列线偏差控制在 10mm 以内;画线时,一般情况下,距离梁构件外边缘间距为板筋间距的一半。

③绑板下层钢筋

在模板上按照间距 1.5m 垫好垫块,垫块厚度等于保护层厚度,应满足设计要求;根据已画好的排列线,在模板先摆放主筋,再摆放分布筋;绑扎板筋时用顺扣或八字扣,除外围两根钢筋的相交点应全部绑扎外,其余各点可交错绑扎(双向板相交点需全部绑扎);现浇板中有板带梁时,应先绑板带梁钢筋。底筋绑扎过程中,预埋件、电线管、预留孔等及时配合安装,并且不得切断或移动钢筋。

④放置钢筋支撑或马镫筋

面筋及底筋之间应按照设计间距放置钢筋支撑或马镫筋,并与板筋绑扎牢靠。

⑤绑扎板上层钢筋

面层钢筋纵横向的先后顺序应符合设计要求;上层钢筋间距同底层钢筋间距;负弯

矩钢筋每个交点均要绑扎，其余与底筋相同；绑扎板筋时用顺扣或八字扣。

（4）楼梯钢筋

①画楼梯主筋和分布筋排列线

按照设计图纸要求在楼梯模板上画出主筋及分布筋排列线，排列线偏差控制在10mm以内。

②绑扎主筋

先绑扎主筋后绑扎分布筋，每个交点均应绑扎；如有楼梯梁时，先绑扎梁后绑扎板筋，板筋要锚固到梁内。

③绑扎分布筋

先绑扎主筋后绑扎分布筋，每个交点均应绑扎；如有楼梯梁时，先绑扎梁后绑扎板筋，板筋要锚固到梁内。绑扎负弯矩筋，并加设马镫筋与垫块。

4）质量验收标准及检验方法

（1）主控项目

①钢筋进场时，应按国家现行标准的规定抽取试件作屈服强度、抗拉强度、伸长率、弯曲性能和质量偏差检验，检验结果应符合相应标准的规定。

检查数量：按进场批次和产品的抽样检验方案确定。

检验方法：检查质量证明文件和抽样检验报告。

②对按一、二、三级抗震等级设计的框架和斜撑构件（含梯段）中的纵向受力普通钢筋应采用HRB335E、HRB400E、HRB500E、HRBF335E、HRBF400E或HRBF500E钢筋，其强度和最大力下总伸长率的实测值应符合下列规定：

a. 抗拉强度实测值与屈服强度实测值的比值不应小于1.25。

b. 屈服强度实测值与屈服强度标准值的比值不应大于1.30。

c. 最大力下总伸长率不应小于9%。

检查数量：按进场的批次和产品的抽样检验方案确定。

检验方法：检查抽样检验报告。

③钢筋安装：钢筋安装时，受力钢筋的牌号、规格和数量必须符合设计要求。

检查数量：全数检查。

检验方法：观察，尺量。

④在混凝土浇筑前，应进行钢筋隐蔽工程验收，其内容包括：

a. 纵向受力钢筋的品种、规格、数量、位置等。

b. 钢筋的连接方式、接头位置、接头数量、接头面积百分率等。

c. 箍筋、横向钢筋的品种、规格、数量、间距等。

d. 预埋件的规格、数量、位置等。

(2)一般项目

①柱钢筋验收

钢筋的品种和质量必须符合设计要求和有关标准的规定;钢筋的表面必须清洁;钢筋规格、形状、尺寸、数量、间距、锚固长度、接头位置,必须符合设计要求和施工规范的规定;钢筋焊接或机械连接接头的机械性能结果,必须符合钢筋焊接及机械连接验收的专门规定;钢筋保护层厚度措施到位。

②梁钢筋验收

钢筋的品种和质量必须符合设计要求和有关标准的规定;钢筋的表面必须清洁;钢筋规格、形状、尺寸、数量、间距、锚固长度、接头位置,必须符合设计要求和施工规范的规定;钢筋保护层厚度措施到位。

③板钢筋验收

钢筋的品种和质量必须符合设计要求和有关标准的规定;钢筋的表面必须清洁;钢筋规格、形状、尺寸、数量、间距、锚固长度、接头位置,必须符合设计要求和施工规范的规定;钢筋保护层厚度措施到位;搭设规范的马道,注意成品保护。

④楼梯钢筋验收

钢筋的品种和质量必须符合设计要求和有关标准的规定;钢筋的表面必须清洁;钢筋规格、形状、尺寸、数量、间距、锚固长度、接头位置,必须符合设计要求和施工规范的规定;钢筋保护层厚度措施到位。

2.1.3 混凝土

1)强制性条文

关于混凝土施工的强制性标准有《混凝土结构工程施工质量验收规范》(GB 50204—2015)。

2)工艺流程

混凝土工程工艺流程如图2-8所示。

图2-8 混凝土工程工艺流程

3)作业要点及标准做法

(1)施工准备工作

已进行技术交底,标高、轴线、模板等已进行技术复核;商品混凝土准备到位,保证不间断浇筑;主要施工机具准备到位;在浇筑混凝土前,木模板应浇水湿润,但模板内不应有积水;完成钢筋隐蔽验收和安装预留预埋等相关工作;并已办理浇筑申请表和配合比。

(2)混凝土搅拌

严格按照确定混凝土设计配合比进行生产搅拌;不定期去搅拌站检查原材料、根据配合比下料及自控情况。

(3)混凝土运输

混凝土运输车装料前应将拌筒内、车斗内的积水排净;运输途中拌桶应保持3~5转/分的慢速转动,混凝土应以最少的转载次数和最短时间,从搅拌地点运到浇筑地点,混凝土的延续时间见表2-1。

表2-1 混凝土的运输时间(min)

混凝土强度等级	气温	
	不高于25℃	高于25℃
≤C30	120	90
>C30	90	60

(4)混凝土进场验收

检查预拌混凝土出厂合格证(收料单);混凝土外观检查(色泽是否异常、是否有离析等);坍落度检测;根据混凝土试块留置试验方案要求留置混凝土试块。

(5)柱混凝土浇筑与振捣

柱浇筑前底部应先填以50~100cm厚与混凝土配合比相同减石子砂浆,混凝土应分层振捣,一般情况下分层厚度不超过300~500mm,振捣器插入下一层混凝土不小于100mm,振捣器不得触动钢筋和预埋件。派专人"看模":模板和支撑变形监测、混凝土振捣密实程度检查和混凝土辅助振捣;柱高超过3m时,应采取措施用串桶或在模板侧面开门子洞安装斜溜槽分段浇筑;柱混凝土应一次浇筑完毕,如需留施工缝时应留在主梁下面。无梁楼板应留在柱帽下面。

(6)剪力墙混凝土浇筑与振捣

同上。

(7)梁板混凝土浇筑与振捣

梁板应同时浇筑,浇筑方法应由一端开始用"赶浆法",即先浇筑梁,根据梁高分层浇筑成阶梯形,当达到板底位置时再与板的混凝土一起浇筑,随着阶梯形不断延伸,梁板混凝土浇筑连续向前进行;和板连成整体高度大于1m的梁,允许单独浇筑,其施工缝应留在板底以下2~3cm处。浇捣时,浇筑与振捣必须紧密配合,第一层下料慢些,梁底充分振实后再下料,梁底及梁侧部位要注意振实,振捣时不得触动钢筋及预埋件;施工缝位置:宜沿次梁方向浇筑楼板,施工缝应留置在次梁跨度的中间1/3范围内。施工缝表面应与梁轴线或板面垂直,不得留斜搓。施工缝宜用木板或钢丝网挡牢。

(8)楼梯混凝土浇筑与振捣

楼梯段混凝土自下而上浇筑,先振实底板混凝土,达到踏步位置时再与踏步混凝土一起浇捣,不断连续向上推进,并随时用木抹子(或塑料抹子)将踏步上表面抹平;施工缝位置:楼梯混凝土宜连续浇筑完,多层楼梯的施工缝应留置在楼梯段1/3部位且不得少于3步。

(9)混凝土养护

混凝土浇筑完毕后,应在12h以内加以覆盖和浇水,浇水次数应能保持混凝土有足够的湿润状态,一般混凝土养护期不少于7昼夜;当温度低于5℃时,不得浇水养护混凝土,应采取加热保温养护或延长混凝土养护时间;冬期施工的混凝土拆模后混凝土的表面温度与环境温度差大于15℃时,应对混凝土采用保温材料覆盖养护。

4)质量验收标准及检验方法

(1)主控项目

①水泥进场时应对其品种、级别、包装或散装仓号、出厂日期等进行检查,并应对其强度、安定性及其他必要的性能指标进行复验,其质量必须符合现行国家标准《硅酸盐水泥普通硅酸盐水泥》(GB 175)等的规定。当在使用中对水泥质量有怀疑或水泥出厂超过三个月(快硬硅酸盐水泥超过一个月)时,应进行复验,并按复验结果使用。

检查数量:按同一厂家、同一品种、同一代号、同一强度等级、同一批号且连续进场的水泥,袋装不超过200t为一批,散装不超过500t为一批,每批抽样数量不应少于一次。

检验方法:检查质量证明文件和抽样检验报告。

②混凝土中掺用外加剂的质量及应用技术应符合现行国家标准《混凝土外加剂》(GB 8076—2008)《混凝土外加剂应用技术规范》(GB 50119—2013)等和有关环境保护的规定。

③结构混凝土的强度等级必须符合设计要求。用于检查结构构件混凝土强度的试件,应在混凝土的浇筑地点随机抽取。取样与试件留置应符合下列规定:

a. 每拌制100盘且不超过100m^3的同配合比的混凝土,取样不得少于一次。

b. 每工作班拌制的同一配合比的混凝土不足100盘时,取样不得少于一次。

c. 当一次连续浇筑超过1000m^3时,同一配合比的混凝土每200m^3取样不得少于一次。

d. 每一楼层、同一配合比的混凝土,取样不得少于一次。

e. 每次取样应至少留置一组标准养护试件,同条件养护试件的留置组数应根据实际需要确定。

④现浇结构的外观质量不应有严重缺陷。对已经出现的严重缺陷,应由施工单位提

出技术处理方案,并经监理(建设)单位认可后进行处理。对经处理的部位,应重新检查验收。

(2)一般项目

模板拆除后及时对混凝土外观质量进行验收,并检测其混凝土强度和碳化值;若存在混凝土外观一般质量缺陷,应及时进行处理;应对墙、柱、楼梯阳角部位设置护角,防止损害。

2.2 砌体结构

1)强制性条文

关于砌体施工的强制性标准有《砌体结构工程施工规范》(GB 50924—2014)。

2)工艺流程

砌体工程工艺流程如图2-9所示。

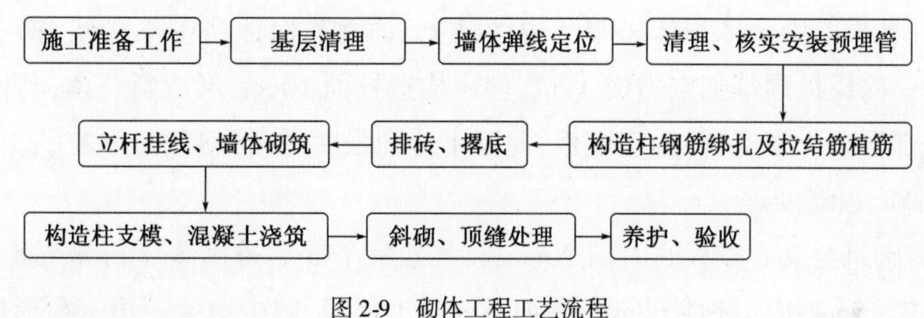

图2-9 砌体工程工艺流程

3)作业要点及标准做法

(1)施工准备工作

主体结构尺寸偏差交接工作(安装工程的预留预埋等);砌体工程施工方案及技术交底。

使用材料必须满足设计和施工技术规范的要求;主要机具准备到位。

(2)基层处理

楼层进行清理,将基层上的浮灰清扫干净并浇水湿润,以保证黏结牢固。

(3)墙体弹线定位

在结构墙柱上弹好标高控制线,在楼地面上弹好墙身线、门洞口线、构造柱定位线;在结构墙上、框架柱上弹好填充墙立边线、过梁位置线等位置线。

(4)清理、核实安装预埋管

机电管线在墙内时,由安装施工人员将原结构中的预埋管清理干净、破坏的维修到位,核实预埋管的定位位置,并做好保护;水电安装提前提供出穿墙的管道、管线位置,以便砌筑时预留孔洞。

(5)构造柱钢筋绑扎及墙体拉结筋植筋

砌筑前,按照图纸中构造柱的设置要求及钢筋配置情况,绑扎构造柱钢筋;内外墙按照图纸设计的构造要求,在框架柱、剪力墙等原结构上进行打孔植筋,设置墙体拉结筋,并在拉结筋端头绑扎扎丝以便砌筑完毕后可检查结筋长度。拉结筋深入墙体不小于700mm。

(6)墙体排砖、摞底

将墙体按照层高进行画出排版图,并张贴于墙柱上;部分楼、地面凹凸不平,在砌筑前用1:3水泥砂浆摞底找平。

(7)立杆挂线、墙体砌筑

墙体挂线,设置皮数杆砌筑。皮数杆标注出门洞口、过梁、圈梁等标高。将皮数杆竖立于墙的转角处和交接处;每层开始砌筑时,应从转角处或定位砌块处开始砌起;有构造柱的墙体砌筑时,从构造柱开始向两侧进行。

(8)构造柱支模、混凝土浇筑

构造柱支模前沿砌体马牙槎凹凸边缘贴上双面胶,保证严密不漏浆;构造柱模板一侧满封,另一侧模板顶端临空做成V口,伸出构造柱面10cm,形成斜三角,与构造柱一起浇筑,使顶部混凝土密实,待拆完模板,混凝土达到强度后,将斜三角剔凿平。

(9)斜砌、顶缝处理

填充墙砌筑至梁底或板底时留20cm,待砌筑完14d后采用蒸压粉煤灰砖按60°补齐挤紧;或留3~5cm用干硬性C25膨胀细石混凝土填塞;墙中填塞等边三角形加气混凝土块或预制混凝土块,两端填塞直角三角形块加气混凝土块或混预制凝土块。

(10)窗台压顶

砌筑至窗台板处即浇筑窗台板,达到一定强度后继续砌筑,严禁工序倒置。现浇窗台板≥200mm,不足200mm按通长设置,窗台板厚度≥100mm。过梁设置≥250mm且满足设计要求。

(11)门洞过梁

模版采用定型模板、定型卡具,安装牢固,支模板前对导墙部位进行凿毛处理,同时完成管线预埋。

(12)砌筑要求

①砖、水泥、钢筋、预拌砂浆、专用砌筑砂浆、复合夹心墙的保温材料、外加剂等原材料进场时,应检查其质量合格证明;对有复检要求的原材料应送检,检验结果应满足设计及相应国家现行标准要求。

②砖的质量检查,应包括其品种、规格、尺寸、外观质量及强度等级,符合设计及产品标准要求后方可使用。

③砖砌体工程施工过程中,应对拉结钢筋及复合夹心墙拉结件进行隐蔽前的检查。

④要求墙面应整洁,灰缝横平竖直、厚薄均匀、饱满;砌体组砌方法正确,上下错缝,转角、丁字接头部位搭接正确;构造柱混凝土外光内实,马牙槎先退后进,尺寸一致。

4)质量验收标准及检验方法

(1)主控项目

砖强度等级、砂浆强度等级、斜槎留置、转角、交接处砌筑、直槎拉结钢筋及接槎处理、砂浆饱满度。

(2)一般项目

轴线位移、每层及全高的墙面垂直度、组砌方式、水平灰缝厚度、竖向灰缝宽度、基础、墙、柱顶面标高、表面平整度、后塞口的门窗洞口尺寸、窗口偏移、水平灰缝平直度、清水墙游丁走缝。

2.3　钢　结　构

2.3.1　钢结构焊接

1)强制性条文

关于钢结构施工的强制性标准有《钢结构工程施工质量验收规范》(GB 50205—2001)。

2)工艺流程

(1)手工电弧焊、埋弧自动焊、熔嘴电渣焊

手工电弧焊、埋弧自动焊、熔嘴电渣焊工艺流程如图2-10所示。

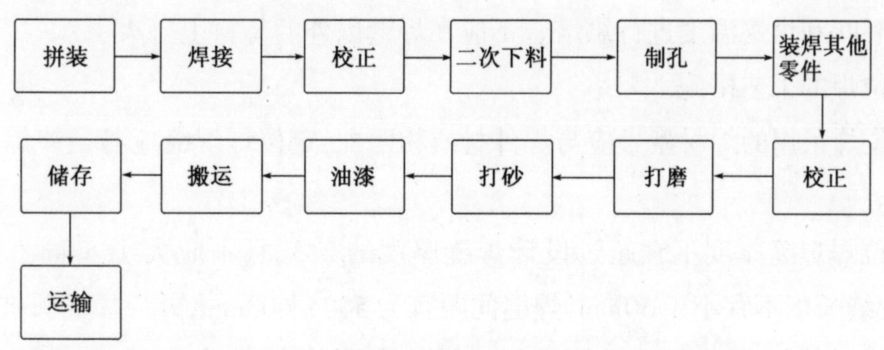

图2-10　手工电弧焊、埋弧自动焊、熔嘴电渣焊工艺流程

(2)栓钉焊接

栓钉焊接工艺流程如图2-11所示。

3)作业要点及标准做法

(1)手工电弧焊

①施焊前,必须对不同材质、不同规格、不同厂家、不同批号生产的钢材,采用不同型

号的焊机及焊枪进行严格的与现场同条件的工艺参数试验,同时出具焊接工艺报告,确定合适的电压、电流及焊条直径等工艺参数。

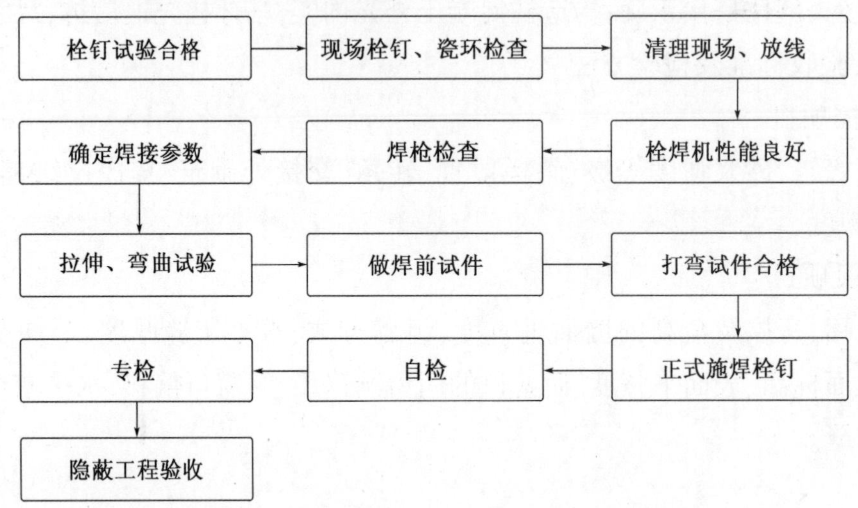

图 2-11　栓钉焊接工艺流程

②施焊前,应复核焊接件的接头质量和焊接区域的坡口、间隙、钝边等的处理情况。当发现有不符合要求时,应修整合格后方可施焊。焊接时不得使用药皮脱落或焊芯生锈的焊条。

③T 型接头、十字接头、角接头和对接接头主焊缝两端,必须配置引弧板和熄弧板,其材质和坡口形式应与焊件相同。引弧和熄弧板应采用气割的方法切除,并修磨平整,不得用锤击落。

④焊接区应保持干燥,不得有油、锈和其他污物。焊条在使用前应按产品说明书规定的烘焙时间和烘焙温度进行烘焙。不应在焊缝以外的母材上打火引弧。

⑤定位焊的工艺措施

a. 定位焊采用的焊材型号应与焊件材质相匹配,定位焊焊缝应与最终焊缝有相同的质量要求。

b. 定位焊焊缝厚度不宜超过设计焊缝厚度的 2/3,且不应大于 6mm。长焊缝焊接时,定位焊缝长度不宜小于 50mm,焊缝间距宜为 500 ~ 600mm,并应填满弧坑。

c. 定位焊的位置应布置在焊道以内。如遇到焊缝交叉时,定位焊缝应离交叉处 50mm 以上。

d. 定位焊缝的余高不应过高,定位焊缝的两端应与母材平缓过渡,以防止正式焊接时产生未焊透等缺陷。

e. 如定位焊缝开裂,必须将裂纹处的焊缝铲除后重新定位焊。在定位焊之后,如出现接口不齐,应进行校正,之后才能正式焊接。

f. 定位焊缝不得有裂纹、夹渣、焊瘤等缺陷。焊前必须清除焊接区的有害物。

g. 定位焊预热温度应高于正式焊接温度。

h. 当定位焊焊缝上有气孔或裂纹时,必须清除后重新进行焊接。

⑥厚板多层焊时应连续施焊,每一焊道焊接完成后应及时清理焊渣及表面飞溅物,发现影响焊接质量的缺陷时,应清除后方可再焊。在连续焊接过程中应控制焊接区母材温度,使层次温度上、下限符合工艺文件要求;遇有中断施焊的情况,应采取适当的后热、保温措施,再次焊接时重新预热温度应高于初始预热温度。

⑦坡口底层焊道采用焊条直径应不大于 ϕ4mm,焊条底层根部焊道的最小尺寸应适宜,但最大厚度不应超过 6mm。

(2)埋弧自动焊

①施焊前,必须对不同材质、不同规格、不同厂家、不同批号生产的钢材,采用不同型号的焊机及焊枪进行严格的与现场同条件的工艺参数试验同时具焊接工艺报告,确定合适的电压、电流及焊条直径等工艺参数。

②厚度 12mm 以下板材,可不开坡口,采用双面焊,正面焊电流稍大,熔深达 65% ~ 70%,反面达 40% ~55%。厚度大于 12 ~20mm 的板材,单面焊后,背面清根,再进行焊接。厚度较大的板,开坡口焊,一般采用手工打底焊。

③多层焊时,一般每层焊高为 4 ~5mm,多道焊时,焊丝离坡口面 3 ~4mm 处焊。填充层总厚度低于母材表面 1 ~2mm,稍凹,不得熔化坡口边。盖面层使焊缝对坡口熔宽每边 3 ±1mm,调整焊速,使余高为 0 ~3mm。

④焊道两端加引弧板和熄弧板,引弧和熄弧焊缝长度应大于或等于 80mm。引弧和熄弧板长度应大于或等于 150mm。引弧和熄弧板应采用气割的方法切除,并修磨平整,不得用锤击落。

⑤埋弧焊每道焊缝熔敷金属横截面的成型系数(宽度:深度)应大于 1。施焊前,焊工应复核焊接件的接头质量和焊接区域的坡口、间隙、钝边等的处理情况。当发现有不符合要求时,应修整合格后方可施焊。不应在焊缝以外的母材上打火引弧。

⑥对于非密闭的隐蔽部位,应按施工图的要求进行涂层处理后,方可进行组装;对刨平顶紧的部位,必须经质量部门检验合格后才能施焊。

⑦在组装好的构件上施焊,应严格按焊接工艺规定的参数以及焊接程序进行,以控制焊后构件变形。因焊接而变形的构件,可用机械(冷矫)或在严格控制温度的条件下加热(热矫)的方法进行矫正。

(3)熔嘴电渣焊

①施焊前,必须对不同材质、不同规格、不同厂家、不同批号生产的钢材,采用不同型号的焊机及焊枪进行严格的与现场同条件的工艺参数试验,同时出具焊接工艺报告,确

定合适的电压、电流及焊条直径等工艺参数。

②焊接过程中,应随时检查熔嘴是否在焊道的中心位置上,严禁熔嘴和焊丝过偏。焊接过程中注意随时检查焊件的炽热状态,一般约在800℃(樱红色)以上时熔合良好。当不足800℃时,应适当调整焊接工艺参数,适当增加渣池内总热量。

③当焊件厚度低于16mm时,应在焊件外部安装铜散热板或循环水散热器。焊缝收尾时应适当减小焊接电压,并断续送进焊丝,将焊缝引到熄弧板上收尾。

④熔嘴电渣焊不作焊前预热和焊后热处理,只是引弧前对引弧器加热100℃左右。

⑤因焊接而变形的构件,可用机械或在严格控制温度的条件下加热进行矫正。

(4)栓钉焊接

①施焊前,必须对不同材质、不同规格、不同厂家、不同批号生产的钢材,采用不同型号的焊机及焊枪进行严格的与现场同条件的工艺参数试验同时具焊接工艺报告,确定合适的电压、电流及焊条直径等工艺参数。

②焊枪要与工件四周呈90°,瓷环就位,焊枪夹住栓钉放入瓷环压实。

③扳动焊枪开关,电流通过引弧剂产生电弧,在控制时间内栓钉融化,随枪下压,回弹、弧断,焊接完成,稍后用小锤敲掉瓷环。

④穿透焊采用以下几种方法施工:

不镀锌的板可直接焊接;镀锌板用乙炔氧焰在栓钉焊位置烘烤,敲击后双面除锌;采用螺旋钻开孔。

4)质量验收标准及检验方法

(1)主控项目

①钢材、钢铸件的品种、规格、性能等应符合现行国家产品标准和设计要求。进口钢材产品的质量应符合设计和合同规定标准的要求。

检查数量:全数检查。

检验方法:检查质量合格证明文件、中文标志及检验报告等。

②焊接材料的品种、规格、性能等应符合现行国家产品标准和设计要求。

检查数量:全数检查。

检验方法:检查焊接材料的质量合格证明文件、中文标志及检验报告等。

③重要钢结构采用的焊接材料应进行抽样复验,复验结果应符合现行国家产品标准和设计要求。

检查数量:全数检查。

检验方法:检查复验报告。

④焊工必须经考试合格并取得合格证书。持证焊工必须在其考试合格项目及其认可范围内施焊。

检查数量:全数检查。

检验方法:检查焊工合格证及其认可范围、有效期。

⑤施工单位对其首次采用的钢材、焊接材料、焊接方法、焊后热处理等,应进行焊接工艺评定,并应根据评定报告确定焊接工艺。

检查数量:全数检查。

检验方法:检查焊接工艺评定报告。

⑥设计要求全焊透的一、二级焊缝应采用超声波探伤进行内部缺陷的检验,超声波探伤不能对缺陷作出判断时,应采用射线探伤,其内部缺陷分级及探伤方法应符合现行国家标准《钢焊缝手工超声波探伤方法和探伤结果分级》(GB 11345—89)或《钢熔化焊对接接头射线结照相和质量分级》(GB 3323)的规定。

⑦焊接球节点网架焊缝、螺栓球节点网架焊缝及圆管 T、K、Y 形点相贯线焊缝,其内部缺陷分级及探伤方法应分别符合国家现行标准《焊接球节点钢网架焊缝超声波探伤方法及质量分级法》(JG/T 3034.1)《螺栓球节点钢网架焊缝超声波探伤方法及质量分级法》(JG/T 3034.2)《建筑钢结构焊接技术规程》(JGG 81)的规定。一级、二级焊缝的质量等级及缺陷分级应符合表 2-2 的规定。

检查数量:全数检查。

检验方法:检查超声波或射线探伤记录。

表 2-2 一、二级焊缝质量等级及缺陷分级

焊缝质量等级		一级	二级
内部缺陷超声波探伤	评定等级	Ⅱ	Ⅱ
	检验等级	B 级	B 级
	探伤比例	100%	20%
内部缺陷射线探伤	评定等级	Ⅱ	Ⅱ
	检验等级	AB 级	AB 级
	探伤比例	100%	20%

注:探伤比例的计数方法应按以下原则确定:a. 对工厂制作焊缝,应按每条焊缝计算百分比,且探伤长度应不小于 200mm,当焊缝长度不足 200mm 时,应对整条焊缝进行探伤;b. 对现场安装焊缝,应按同一类型、同一施焊条件的焊缝条数计算百分比,探伤长度应不小于 200mm,并应不少于 1 条焊缝。

(2)一般项目

①焊条外观不应有药皮脱落、焊芯生锈等缺陷;焊剂不应受潮结块。

检查数量:按量抽查 1%,且不应少于 10 包。

检验方法:观察检查。

②对于需要进行焊前预热或焊后热处理的焊缝,其预热温度或后热温度应符国家现行有关标准的规定或通过工艺试验确定。预热区在焊道两侧,每侧宽度均应大于焊件厚度的 1.5 倍以上,且不应小于 100mm;后热处理应在焊后立即进行,保温时间应根据板厚按每 25mm 板厚 1h 确定。

检查数量:全数检查。

检验方法:检查预、后热施工记录和工艺试验报告。

③二级、三级焊缝外质量标准应符合规范(GB 50205—2001)附录A中表A.0.1的规定。三级对接缝应按二级焊缝标准进行外观质量检验。

检查数量:每批同类构件抽查10%,且不应少于3件;被抽查构件中,每一类型焊缝按条数抽查5%,且不应少于1条;每条检查1条,总抽查数不应少于10条。

检验方法:观察检查或使用放大镜、焊缝量规和钢尺检查。

④焊缝尺寸允许偏差应符合规范(GB 50205—2001)附录A中表A.0.2的规定。

检查数量:每批同类构件抽查10%,且不应少于3件;被抽查构件中,每种焊缝按条数各抽查5%,但不应少于1条;每条检查1条,总抽查数不应少于10处。

检验方法:用焊缝量规检查。

⑤焊出凹形的角焊缝,焊缝金属与母材间应平缓过渡;加工成凹形的角焊缝,不得在其表面留下切痕。

检查数量:每批同类构件抽查10%,且不应少于3件。

检验方法:观察检查。

⑥焊缝感观应达到:外形均匀、成型较好,焊道与焊道、焊道与基本金属间过渡较平滑,焊渣和飞溅物基本清除干净。

检查数量:每批同类构件抽查10%,且不应少于3件;被抽查构件中,每种焊缝按数量各抽查5%,总抽查处不应少于5处。

检验方法:观察检查。

2.3.2 紧固件连接

1)强制性条文

关于紧固件连接施工的强制性标准有《钢结构工程施工质量验收规范》(GB 50205—2001)。

2)工艺流程

(1)大六角高强度螺栓连接

大六角高强度螺栓连接工艺流程如图2-12所示。

(2)扭剪型高强螺栓连接

扭剪型高强螺栓连接工艺流程如图2-13所示。

3)作业要点及标准做法

(1)接头组装

对摩擦面进行清理,对板不平直的,应在平直达到要求以后才能组装。摩擦面不能有油漆、污泥，孔的周围不应有毛刺，应对待装摩擦面用钢丝刷清理，其刷子方向应与摩擦受力方向垂直；遇到安装孔有问题时，不得用氧—乙炔扩孔，应用扩孔钻床扩孔，扩孔后应重新清理孔周围毛刺；高强度螺栓连接面板间应紧密贴实。

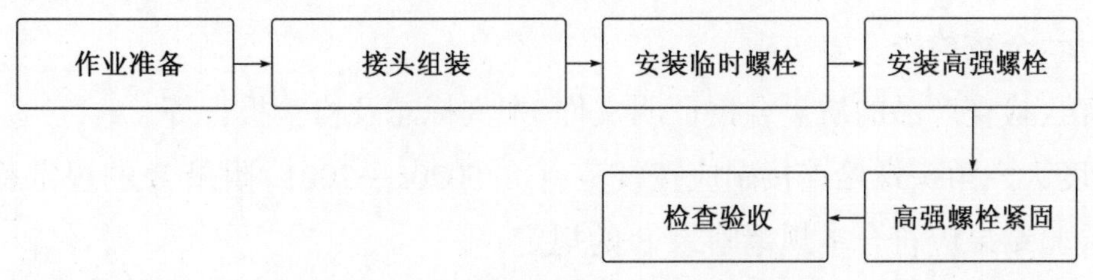

图 2-12　大六角高强度螺栓连接工艺流程

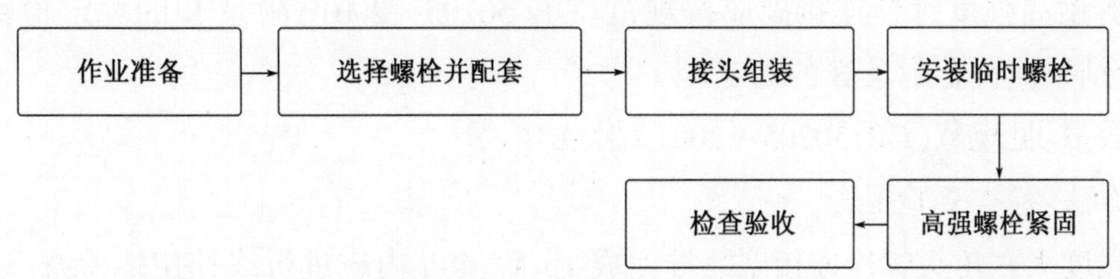

图 2-13　扭剪型高强螺栓连接工艺流程

(2)安装临时螺栓

钢构件组装时应先安装临时螺栓，临时安装螺栓不能用高强度螺栓代替，临时安装螺栓的数量一般应占连接板组孔群中的 1/3，不能少于 2 个；少量孔位不正，位移量又较少时，可以用冲钉打入定位，之后再上安装螺栓。板上孔位不正，位移较大时应用绞刀扩孔。个别孔位位移较大时，应补焊后重新打孔。

(3)安装高强度螺栓

高强度螺栓应自由穿入孔内，严禁用锤子将高强度螺栓强行打入孔内。高强度螺栓的穿入方向应该一致，局部受结构阻碍时可以除外。不得在下雨天安装高强度螺栓。高强度螺栓垫圈位置应该一致，安装时应注意垫圈正、反面方向。

(4)高强度螺栓的紧固

大六角头高强度螺栓全部安装就位后，可以开始紧固，一般应从接头刚度大的地方向不受拘束的自由端顺序进行；或者从栓群中心向四周扩散方向进行；当拧紧螺栓时，只可在螺母上施加扭矩，不可在螺杆上施加扭矩，防止扭矩系数发生变化。

4)质量验收标准及检验方法

(1)主控项目

①钢结构连接用高强度大六角头螺栓连接副、扭剪型高强度螺栓连接副、钢网架用

高强度螺栓、普通螺栓、铆钉、自攻钉、拉铆钉、射钉、锚栓(机械型和化学试剂型)、地脚锚栓等紧固标准件及螺母、垫圈等标准配件,其品种、规格、性能等应符合现行国家产品标准和设计要求。高强度大六角头螺栓连接副和扭剪型高强度螺栓连接副出厂时应分别随箱带有扭矩系数和紧固轴力(预拉力)的检验报告。

检查数量:全数检查。

检验方法:检查产品的质量合格证明文件、中文标志及检验报告等。

②高强度大六角头螺栓连接副应按规范(GB 50205—2001)附录B的规定检验其扭矩系数,其检验结果应符合本规范附录B的规定。

检查数量:见规范(GB 50205—2001)附录B。

检验方法:检查复验报告。

③扭剪型高强度螺栓连接副应按规范(GB 50205—2001)附录B的规定检验预拉力,其检验结果应符合附录B的规定。

检查数量:见规范(GB 50205—2001)附录B。

检查方法:检查复验报告。

④高强度大六角头螺栓连接副终拧完成1h后、48h内应进行终拧扭矩检查,检查结果应符合规范(GB 50205—2001)附录B的规定。

检查数量:按节点数抽查10%,且不应少于10个;每个被抽查节点接螺栓数抽查10%,且不应少于2个。

检验方法:扭矩法。允许偏差见规范(GB 50205—2011)附录B。

⑤扭剪型高强度螺栓连接终拧后,除因构造原因无法使用专用扳手终拧掉梅花头外,未在终拧中拧掉梅花头的螺栓数不大于该节点螺栓数的5%。对所有梅花头未拧掉的扭剪型高强度螺栓连接副应采用扭矩法或转角法进行终拧并做标记,且按规范(GB 50205—2001)第6.3.2条的规定进行终拧扭矩检查。

检查数量:按节点数抽查10%,但不应少于10个节点,被抽查节点中梅花头未拧掉的扭剪型高强度螺栓连接全数进行终拧扭矩检查。

检验方法:观察检查及规范(GB 50205—2001)附录B。

⑥钢结构制作和安装单位应按规范(GB 50205—2001)附录B的规定分别进行高强度螺栓连接摩擦面的抗滑移系数试验和复验,现场处理的构件摩擦面应单独进行摩擦面抗滑移系数试验,其结构应符合设计要求。

检查数量:见规范(GB 50205—2001)附录B。

检验方法:检查摩擦面抗滑移系数试验报告和复验报告。

(2)一般项目

①高强度螺栓连接副,应按包装箱配套供货,包装箱上应标明批号、规格、数量及生

产日期。螺栓、螺母、垫圈外观表面应涂油保护，不应出现生锈和沾染脏物，螺纹不应损伤。

检查数量：按包装箱数抽查5%，且不应少于3箱。

检验方法：观察检查。

②对建筑结构安全等级为一级，跨度40m及以上的螺栓球节点钢网架结构，其连接高强度螺栓应进行表面硬度试验，对8.8级的高强度螺栓其硬度应为HRC21~29；10.9级高强度螺栓其硬度应为HRC32~36，且不得有裂纹或损伤。

检查数量，按规格抽查8只。

检验方法：硬度计、10倍放大镜或磁粉探伤。

2.3.3 钢零部件加工

1）强制性条文

关于钢零部件施工暂无强制性标准要求。

2）工艺流程

钢零部件加工工艺流程如图2-14所示。

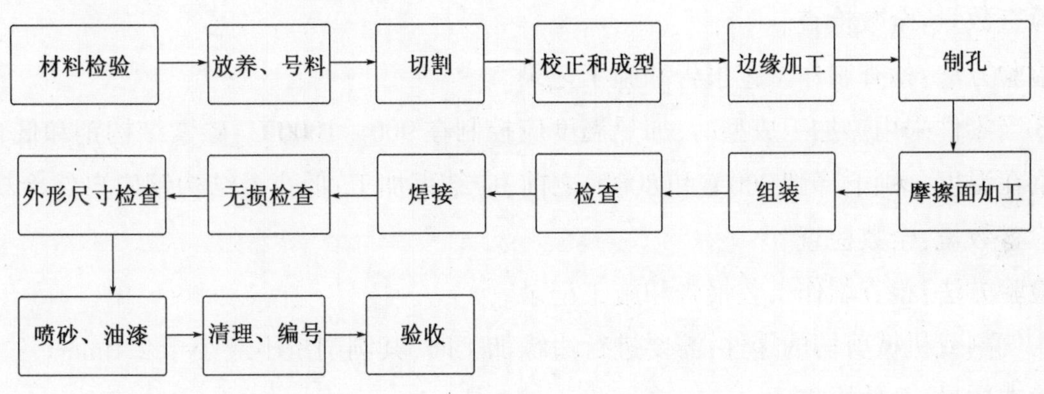

图2-14 钢零部件加工工艺流程

3）作业要点及标准做法

（1）根据施工图中的具体技术要求，按照1∶1的比例尺寸和基准画线以及正投影的作图步骤，画出构件相互之间的尺寸及真实图形。产品放样经检查无误后，采用0.5~1mm的薄钢板或油毡纸等材料，以实样尺寸为依据，制出零件的样杆、样板，用样杆和样板进行号料。用油毡等材料作样板时，应注意温度和湿度影响所产生的误差。

（2）切割时，首先检查工作场地是否符合安全要求，之后将工件垫平。

（3）当钢材产生不同程度的弯曲波浪变形，且变形值超过规范的允许值时，必须予以矫正。

（4）钢吊车梁翼缘板的边缘、钢柱脚和肩梁承压支承面以及其他要求刨平顶紧的部位、焊接对接口、焊接坡口的边缘、尺寸要求严格的加劲板、隔板、腹板和有孔眼的节点板,以及由于切割下料产生硬化的边缘或采用气割、等离子弧切割方法切割下料产生的有害组织的热影响区,一般均需边缘加工进行刨边、刨平或刨坡口。

(5)采用高强度螺栓连接时,应对构件摩擦面进行加工处理。

(6)螺栓球成型后,不应有裂纹、褶皱、过烧,焊接球其对接坡口应采用机械加工,对接焊缝表面应打磨平整。

4)质量验收标准及检验方法

(1)主控项目

①钢材切割面或剪切面应无裂纹、夹渣、分层和大于1mm的缺棱。

检查数量:全数检查。

检验方法:观察或用放大镜及百分尺检查,有疑义时做渗透、磁粉或超声波探伤检查。

②碳素结构钢在环境温度低于-16℃、低合金结构钢在环境温度低于-12℃时,不应进行冷矫正和冷弯曲。碳素结构钢和低合金结构钢在加热矫正时,加热温度不应超过900℃。低合金结构钢在加热矫正后应自然冷却。

检查数量:全数检查。

检验方法:检查制作工艺报告和施工记录。

③当零件采用热加工成型时,加热温度应控制在900~1000℃;碳素结构钢和低合金结构钢在温度分别下降到700℃和800℃之前,应结束加工;低合金结构钢应自然冷却。

检查数量:全数检查。

检验方法:检查制作工艺报告和施工记录。

④气割或机械剪切的零件,需要进行边缘加工时,其刨削量不应小于2.0mm。

检查数量:全数检查。

检验方法:检查工艺报告和施工记录。

⑤螺栓球成型后,不应有裂纹、裙皱、过烧。

检查数量:每种规格抽查10%,且不应少于5个。

检验方法:10倍放大镜观察检查或表面探伤。

⑥钢板压成半圆球后,表面不应有裂纹、褶皱;焊接球其对接坡口应采用机械加工,对接焊缝表面应打磨平整。

检查数量:每种规格检查10%,且不应少于5个。

检验方法:10倍放大镜观察检查或表面探伤。

(2)一般项目

①螺栓球加工的允许偏差应符合表2-3的规定。

表 2-3 螺栓球加工的允许偏差(mm)

项目		允许偏差	检验方法
圆度	$d \leq 120$	1.5	用卡尺和游标卡尺检查
	$d > 120$	2.5	
同一轴线上两铣平面平行度	$d \leq 120$	0.2	用百分表V形块检查
	$d > 120$	0.3	
铣平面距球中心距离		±0.2	用游标卡尺检查
相邻两螺栓孔中心线夹角		±30′	用分度头检查
两铣平面与螺栓轴线直度		$0.005t$	用百分表检查
球毛坯直径	$d \leq 120$	+2.0 -1.0	用卡尺和游标卡尺检查
	$d > 120$	+3.0 -1.5	

②焊接球加工的允许偏差应符合表2-4的规定。

表 2-4 焊接球加工的允许偏差(mm)

项目	允许偏差	检验方法
直径	$\pm 0.005d$ ±2.5	用卡尺和游标卡尺检查
圆度	2.5	用卡尺和游标卡尺检查
壁厚减薄量	$0.13t$,且不应大于1.5	用卡尺和测厚仪检查
两半球对口错边	1.0	用套模和游标卡尺检查

③钢网架(桁架)用钢管杆件加工的允许偏差应符合表2-5的规定。

表 2-5 钢网架(桁架)用钢管杆件加工的允许偏差(mm)

项目	允许偏差	检验方法
长度	±1.0	用钢尺和百分表检查
端面对管轴的垂直度	$0.005t$	用百分表V形块检查
管口曲线	1.0	用套模和游标卡尺检查

2.3.4 钢结构、网架结构组装及预拼装

1)强制性条文

关于钢结构、网架结构组装及预拼装施工的强制性标准有:

①钢材的抽样复验应符合现行国家标准《钢结构工程施工质量验收规范》(GB 50205—2001)的规定。

②预埋件、预埋锚栓的施工偏差应符合现行国家标准《钢结构工程施工质量验收规

范》(GB 50205—2001)的规定。

2)工艺流程

(1)钢网架高空散装法

钢网架高空散装法工艺流程如图2-15所示。

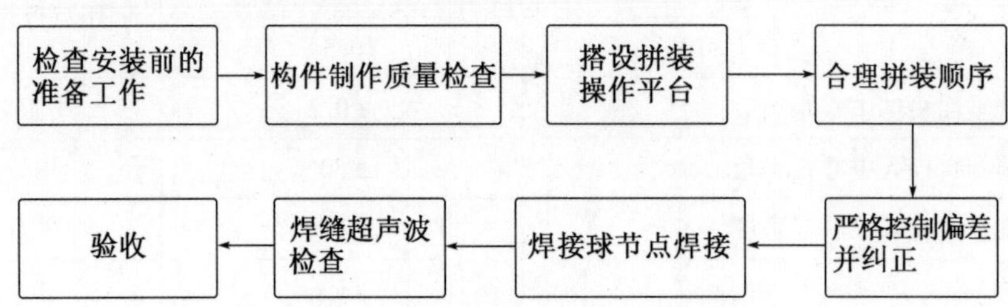

图2-15 钢网架高空散装法工艺流程

(2)钢网架分条或分块安装法

钢网架分条或分块安装法工艺流程如图2-16所示。

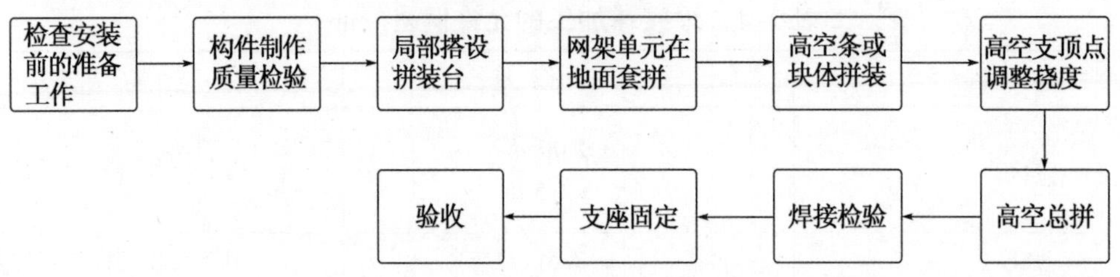

图2-16 钢网架分条或分块安装法工艺流程

(3)钢网架整体吊装法

钢网架整体吊装法工艺流程如图2-17所示。

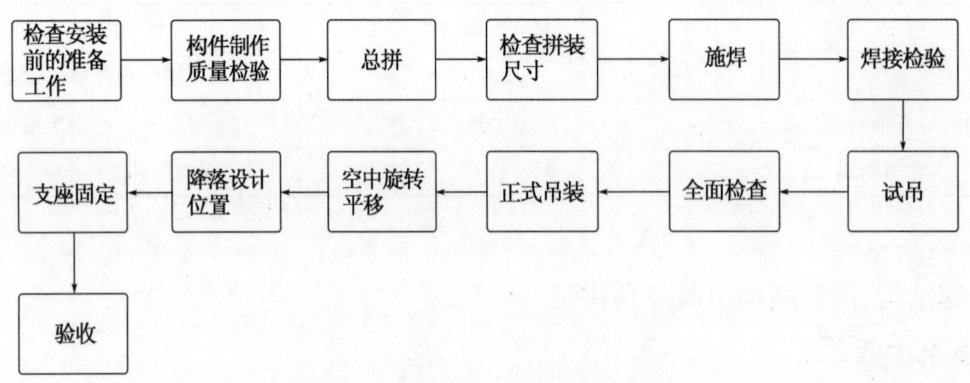

图2-17 钢网架整体吊装法工艺流程

(4)钢网架整体提升法

钢网架整体提升法工艺流程如图2-18所示。

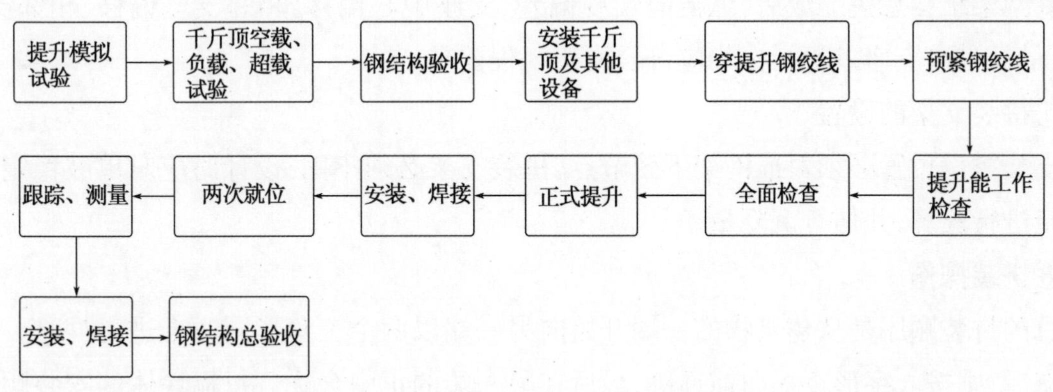

图 2-18 钢网架整体提升法工艺流程

3)作业要点及标准做法

(1)组装

①钢结构构件组装是将零件按要求装配成部件或构件。组装应按工艺规定的组装次序进行。为减少大件组装焊接的变形,一般应先采取小件组焊,经校正后,再整体大部件组装。当有隐蔽焊缝时,必须先施焊,经检验合格方可覆盖。

②钢结构构件组装方法的选择,必须根据构件的结构特性和技术要求,结合制作厂的加工能力、机械设备等情况,选择能有效控制组装的质量、生产效率高的方法进行。

(2)预拼装

部件或构件在进行拼装之前进行预拼装。应根据网架形式、支承类型、结构受力特征、杆件小拼单元,临时稳定的边界条件、施工机械设备的性能和施工场地情况等诸多因素综合确定安装顺序。

(3)钢网架高空散装法

①小拼单元的划分与拼装

把网架根据实际情况合理地分割成各种单主体:直接由单根杆件、单个节点、一球一杆、两球一杆总拼成网架;由小拼单元一球四杆(四角锥体)、一球三杆(三角锥体)总拼成网架;由小拼单元一中拼单元一总拼成网架。

②划分小拼单元时,应考虑网架结构的类型及施工方案等条件。小拼单元一般可分为平面桁架型和锥体型2种。斜放四角锥型网架小拼单元划分成平面桁架型小拼单元时,该桁架缺少上弦,需要加设临时上弦。

③网架安装过程中,应对网架支座轴线、支承面标高(或网架下弦标高、网架屋脊线、檐口线位置和标高)进行跟踪控制。发现误差应及时纠正。

④采用网片和小拼单元进行拼装时,要严格控制网片和小拼单元的定位线和垂直度。

⑤各杆件与节点连接时中心线应汇交于一点;螺栓球、焊接球应汇交于球心。

⑥网架结构总拼完成后,纵横向长度偏差、支座中心偏移、相邻支座偏移、相邻支座高差、最低最高支座差等指标均应符合网架规程要求。

⑦拼装支架的设置

支架搭设位置必须对准网架下弦节点,拼装支架必须牢固,设计时应对单肢稳定、整体稳定进行验算,并估算沉降量。

⑧拼装操作

总的拼装顺序是从建筑物的一端开始向另一端以两个三角形同时推进,待两个三角形相交后,则按人字形逐榀向前推进,最后在另一端的正中合拢。每榀块体的安装顺序,在开始两个三角形部分是由屋脊部分开始分别向两边拼装,两个三角形相交后,则由交点开始同时向两边拼装。

⑨焊接

在钢管球节点的网架结构中,钢管厚度大于6mm时,必须开坡口。在要求钢管与球全焊透连接时,钢管与球壁之间必须留有1~2mm的间隙并加衬管,以保证焊缝与钢管的等强连接,如将坡口(不留根)钢管直接与环壁顶紧后焊接,则必须用单面焊接双面成型的焊接工艺。

⑩支承点的拆除

a.拼装支承点(临时支座)拆除必须遵循“变形协调,卸载均衡”的原则,否则会造成临时支座超载失稳,或者网架结构局部甚至整体受损。

b.临时支座拆除顺序和方法:按中央、中间和边缘三个区分阶段按比例下降。由中间向四周,中心对称进行。为防止个别支承点集中受力,宜根据各支承点的结构自重挠度值,采用分区分阶段按2:1~5:1的比例下降或用每步不大于10mm等下降法拆除临时支承点。

⑪螺栓球节点网架总拼

a.螺栓球节点网架拼装时,一般是先拼下弦,将下弦的标高和轴线调整好后,全部拧紧螺栓,起定位作用。

b.开始连接腹杆,螺栓不宜拧紧,但必须使其与下弦连接端的螺栓共同受力,如不能共同受力,在周围螺栓都拧紧后,该螺栓就可能偏歪(因锥头或封板的孔较大),导致无法拧紧。

c.连接上弦时,开始不能拧紧。当分条拼装时,安装好三行上弦球后,即可将前两行抄到中轴线,这时可通过调整下弦球的垫块高低进行,之后固定第一排锥体的两端支座,同时将第一排锥体的螺栓拧紧。

⑫下面的拼装按以上各条循环进行。

a.在整个网架拼装完成后,必须进行一次全面检查,检查螺栓是否拧紧。

b. 高空拼装时,一般从一端开始,以一个网格为一排,逐排递进。

拼装顺序为:下弦节点→下弦杆→腹杆及上弦节点→上弦杆→校正→全部拧紧螺栓。

校正前的各个工序螺栓均不拧紧。

(4)空心球节点网架总拼

①为保证网架在总拼过程中具有较少的焊接应力和便于调整尺寸,合理的总拼顺序宜从中间向两边或从中间向四周发展。

②焊接网架结构严禁形成封闭圈,固定在封田圈中焊接会产生很大的收缩应力。

③为确保安装精度,在操作平台上选一个适当位置进行一组试拼,检查无误,开始正式拼装。网架焊接时一般先焊下弦,使下弦收缩而略向上拱,之后焊接腹杆及上弦。

④为防止网架在拼装过程中(因网架自重和支架网度较差)出现挠度,可预先设施工起拱,起拱度一般在10~15mm。

(5)钢网架分条或分块安装法

①条状单元组合体的划分。

条状单元组合体的划分是沿着屋盖长方向切割。通常条状单元的划分有以下几种形式:

a. 网架单元相互靠紧,把下弦双角钢分在两个单元上,此法可用于正放四角锥网架。

b. 网架单元相互靠紧,单元间上弦用剖分式安装节点连接。此法可用于斜放四角锥网架。

c. 单元之间空一节间,该节间在网架单元吊装后再在高空拼装,可用于两向正交正放网架。

②块状单元组合体的划分。

块状单元组合体的分块一般是在网架平面的两个方向均匀切割,其大小视起重机的起重能力而定,切割后的块状单元体大多是两邻边或一边有支承,一角点或两角点要增设临时顶撑予以支承。也有将边网格切除的块状单元体,在现场地面对准设计轴线组装,边网格在垂直吊升后再拼装成整体网架。

③拼装操作。

吊装有单机跨内吊装和双机跨外抬吊两种方法。在跨中下部设可调立柱、钢顶撑,以调节网架跨中挠度。吊上后即可将半圆球节点焊接和安设下弦杆件,待全部作业完成后,拧紧支座螺栓,最后拆除网架,下立柱。

④安装和焊接的顺序。

应由中间向两端安装,或从中间向四周发展。

⑤网架挠度控制。

网架条状单元在吊装就位过程中的受力状态属平面结构体系,而网架结构是按空间结构设计的,因而条状单元在总拼前的挠度要比网架形成整体后该处的挠度低,故在总拼前必须在合拢处用支撑顶起,调整挠度使与整体网架挠度符合。块状单元在制作后,应模拟高空支承条件,拆除全部地面支承后观察施工挠度,必要时也应调整其挠度。

⑥网架尺寸控制。

a. 根据网架结构形式和起重设备能力决定分条或分块网架尺寸的划分,在地面胎具上拼装好。

b. 分条(块)网架单元尺寸必须准确,以保证高空总拼时节点吻合和减少偏差,一般可采用预拼法或套拼的办法进行尺寸控制,尽量减少中间转运,如需运输,应用特制专用车辆,防止网架单元变形。

(6)钢网架整体吊装法

①多机吊装作业。

适用于跨度60m左右,高度25m左右质量不很大的中、小型网架屋盖的吊装。安装前先在地面上对网架进行错位拼装(即拼装位置与安装轴线错开一定距离,以避开柱子的位置)。之后用多台起重机(多为履带式起重机或汽车式起重机)将拼装好的网架整体提升到柱顶以上,在空中移位后落下就位固定。

如网架质量较轻,或四台起重机的起重量均能满足要求时,宜将四台起重机布置在网架的两侧,待四台起重机将网架垂直吊升超过柱顶后,旋转一小角度,即可完成网架空中移位要求。

当网架提到比柱顶高30cm时,进行空中移位,网架支座中心线对准柱子中心时,四台起重机同时落钩,并通过设在网架四角的拉索和倒链拉动网架进行对线,将网架落到柱顶就位。

②单根抱杆吊装作业。

a. 通过试吊检验起重设备的安全可靠性能、吊点对网架整体刚度的影响及起吊、缆风、溜绳和卷扬机等操作的统一配合。

b. 整体起吊。利用数台电动卷扬机同时起吊网架,关键要做到起吊同步。

c. 网架横移就位。当网架提升越过柱顶安装标高0.5m(若支承柱有外包小柱时应越过小柱顶0.5m)时,应停止提升。调整缆风绳和滑轮组、溜绳,将网架横移到柱顶或围柱内,再进行下降0.5m/次(指支承柱设有外包小柱时)或0.1m/次的降差调整,直至网架就位到设计位置。

d. 支座固定。网架就位后各支座总有偏差,可用千斤顶和填板调整,进行支座固定。

e. 抱杆拆除及外装预留杆件。抱杆可用“依附式抱杆”逐节进行拆除。最后,补装因预留抱杆位置而未组装的杆件或檩条等构件。

③多根抱杆吊装作业。

此法采用抱杆集群悬挂多组复式滑轮组(目的是减低速度、减少牵引力)与网架各吊点吊索相连接,由多台卷扬机组合牵引各滑轮组,带动网架同步上升的方法。

a. 空中位移是多根抱杆整体吊装网架法的关键。

b. 缆风绳与地锚。缆风绳是由斜缆风绳和平缆风绳构成的整体。斜缆风绳与地面夹角应不大于30°,每根斜缆风绳用一个地锚固定。

c. 卷扬机的选择。卷扬机应尽量选用工作性能(工作参数)相同的慢速卷扬机。

d. 基础处理要求。确保抱杆基础以下的地基在抱杆自重、缆风绳对抱杆垂直度、抱杆的计算荷载和基础自重等荷载的最不利效应组合作用下,不能产生较大的沉陷。

e. 在网架整体吊装时,应保证各吊点在起升及下降过程中同时同步。

f. 抱杆的拆除。网架结构整体安装固定后,抱杆可采用倒拆法拆除。

(7)钢网架整体提升法

①提升设备布置与负荷能力。

网架整体提升,一般采用小机群(如电动螺杆升降机、压滑模千斤顶等),其布置原则是:

a. 网架提升时受力情况应尽量与设计受力情况接近。

b. 每个提升设备所受荷载尽可能接近。

c. 每个提升设备所受荷载能力应按额定能力乘以折减系数,电动螺杆升降机的折减系数为0.7～0.8;穿心式液压千斤顶的折减系数为0.5～0.66。该类千斤顶的冲程非恒值,负荷大时冲程减小,负荷小时冲程就大,故使用时应注意使各千斤顶负荷接近,以利于同步提升。

②网架提升的同步控制。

网架提升过程中,各吊点间的同步差将影响升板机等提升设备和网架杆件的受力状况,测定和控制提升中的同步差是保证施工质量和安全的关键措施。网架规程中规定当用升降机时,允许升差值为相邻提升点距离的1/400,且不大于15mm;用穿心式液压千斤顶时,为相邻提升点距离的1/250,且不大于25mm。

③柱的稳定问题。

当网架采用整体提升法施工时,应使下部结构在网架提升前形成稳定的框架体系,否则应对独立柱进行稳定性验算,如稳定性不够,则应采取措施加固。一般可采取下列措施:

a. 网架四角沿轴线方向每角拉两根缆风绳,以承受风力,减少柱子的水平荷载。缆风绳应以能抗7级风设计,当风力超过5级时拉紧。

b. 各柱间设置两道水平支撑与设计中的柱间支撑连接,以减少柱的计算长度。当采用升网滑摸法施工时,当滑出模板的混凝土强度达到C10级以上后立即安装水平支撑,以确保柱子的稳定性。

(8)液压穿心式千斤顶整体提升施工

可参考相关书籍。

(9)液压千斤顶爬升法施工

可参考相关书籍。

(10)升网滑模施工

可参考相关书籍。

4)质量验收标准及检验方法

(1)主控项目

①吊车梁和吊车桁架不应下挠。

检查数量:全数检查。

检验方法:构件直立,在两端支承后,用水准仪和钢尺检查。

②钢构件外形尺寸主控项目的允许偏差应符合表2-6的规定。

表2-6 钢构件外形尺寸主控项目的允许偏差(mm)

项目	允许偏差
单层柱、梁、桁架受力支托(支承面)表面至第一个安装孔距离	±1.0
多节柱铣平面至第一个安装孔距离	±1.0
实腹梁两端最外侧安装孔距离	±3.0
构件连接处的截面几何尺寸	±3.0
柱、梁连接处的腹板中心线偏移	2.0
受压构件(杆件)弯曲矢高	l/1000,且不应大于10.0

检查数量:全数检查。

检验方法:用钢尺检查。

③高强度螺栓和普通螺栓连接的多层板叠,应采用试孔器进行检查,并应符合下列规定:

a.当采用比孔公称直径小1.0mm的试孔器检查时,每组孔的通过率不应小于85%。

b.当采用比螺栓公称直径大0.3mm的试孔器检查时,通过率应为100%。

检查数量:按预拼装单元全数检查。

检验方法:采用试孔器检查。

④端部铣平的允许偏差应符合表2-7的规定。

检查数量:按铣平面数量抽查10%,且不应少于3个。

检验方法:用钢尺、角尺、塞尺等检查。

表 2-7 端部铣平的允许偏差(mm)

项　目	允许偏差	项　目	允许偏差
两端铣平时构件长度	±2.0	铣平面的平面度	0.3
两端铣平时零件长度	±0.5	铣平面对轴线的垂直度	l/1500

(2)一般项目

①焊接 H 型钢的翼缘板拼接缝和腹板拼接缝的间距不应小于 200mm。翼缘板拼接长度不应小于 2 倍板宽;腹板拼接宽度不应小于 300mm,长度不应小于 600mm。

检查数量:全数检查。

检验方法:观察和用钢尺检查。

②焊接 H 型钢的允许偏差应符合《钢结构工程施工质量验收规范》(GB 50205—2001)附录 C 中表 C.0.1 的规定。

检查数量:按钢构件数抽查 10%,宜不应少于 3 件。

检验方法:用钢尺、角尺、塞尺等检查。

③焊接连接组装的允许偏差应符合《钢结构工程施工质量验收规范》(GB 50205—2001)附录 C 中表 C.0.2 的规定。

检查数量:按构件数抽查 10%,且不应少于 3 件。

检验方法:用钢尺检验。

④顶紧接触面应有 75% 以上的面积紧贴。

检查数量:按接触面的数量抽查 10%,且不应少于 10 个。

检验方法:用 0.3mm 塞尺检查,其塞入面积应小于 25%,边缘间隙不应大于 0.8mm。

⑤桁架结构杆件轴线交点错位的允许偏差不得大于 3.0mm。

检查数量:按构件数抽查 10%,且不应少于 3 个,每个抽查构件按节点数抽查 10%,且不应少于 3 个节点。

检验方法:尺量检查。

⑥安装焊缝坡口的允许偏差应符合表 2-8 的规定。

表 2-8 安装焊缝坡口的允许偏差

项　目	允许偏差	项　目	允许偏差
坡口角度	±5°	钝边	±1.0mm

检查数量:按坡口数量抽查 10%,且不应少于 3 条。

检验方法:用焊缝量规检查。

⑦外露铣平面应防锈保护。

检查数量:全数检查。

检验方法:观察检查。

⑧钢构件外形尺寸一般项目的允许偏差应符合《钢结构工程施工质量验收规范》(GB 50205—2001)附录C中表C.0.3～表C.0.9的规定。

检查数量:按构件数量抽查10%,且不应少于3件。

检验方法:见《钢结构工程施工质量验收规范》(GB 50205—2001)附录C中表C.0.3～表C.0.9。

⑨预拼装的允许偏差应符合《钢结构工程施工质量验收规范》(GB 50205—2001)。

检查数量:按预拼装单元全数检查。

检验方法:见《钢结构工程施工质量验收规范》(GB 50205—2001)。

2.3.5 压型金属板

1)强制性条文

关于压型金属板施工暂无强制性标准要求。

2)工艺流程

压型金属板工艺流程如图2-19所示。

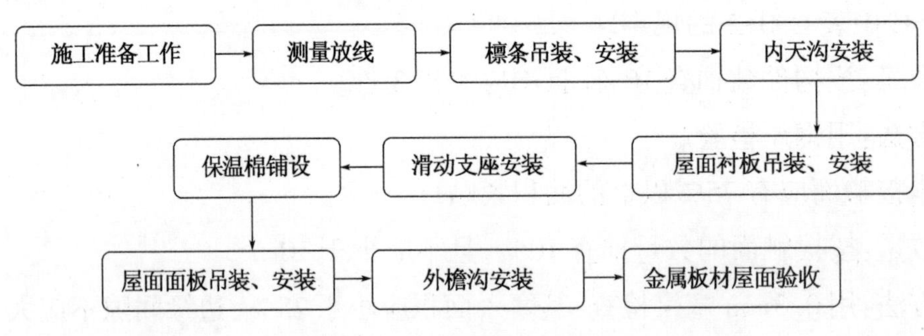

图2-19 压型金属板工艺流程

3)作业要点及标准做法

(1)依据屋面面板板型、制作卡模,采用垂直运输设备逐块吊装。

(2)铺设压型钢板屋面时,相邻两块板应顺年最大频率风向搭接,可避免刮风时冷空气灌入室内。

(3)屋面板端部通过板上的与檩条预钻孔相配就位和排列。

(4)压型板应采用带防水垫圈的镀锌自钻螺钉固定,固定点应设在波峰上。所有外露的自攻螺钉,均应涂抹密封材料保护。

(5)金属板材屋面与立面墙体及突出屋面结构等交接处,均应做泛水处理。两板间应放置通长密封条;螺栓拧紧后,两板的搭接口处应用密封材料封严。

(6)屋面板与檩条连接:相邻一张板边相应地压在第一张板边上,在每个檩条相应的板材搭接处安装滑动支架,支架与檩条用自攻钉固定之后,支架勾住板边,后一张板压在其上。根据施工季节的不同,板材与滑动支架连接的位置也要相应调整,春秋季节可安放在滑动支架的中间,夏冬季节可安装在滑动支架的任何一侧边缘。

(7)屋面板的搭接:屋面板长度方向的搭接均采用螺栓连接,连接处压密封胶条及打密封胶,防止渗漏,其接缝咬合严密、顺直。屋面板材连接接头置于檩条正上方,相应两条板材长度方向的搭接缝应错开一个檩条距离且均匀布置。压型板与泛水的搭接宽度不小于200mm;压型钢板屋面的泛水板与突出屋面的墙体搭接高度不应小于300mm。安装应平直。

(8)采光板的安装:采光板与屋面面板间连接,采用螺栓、密封胶条。在采光板上部需设不锈钢分水岭。采光板与普通板的接头处必须用密封胶封严。采光板下部的单面胶条不能漏压、挤出。

(9)屋面板锁边:屋面板间侧边的直立拼缝采用锁边机械锁边,操作前,首先用手动咬边机咬0.5m左右长度,之后把电动锁边机垫平放置于已锁完处,辊轮加紧锁紧处,开动锁边机,让其均匀往前锁边。

4)质量验收标准及检验方法

(1)主控项目

①压型金属板成型后,其基板不应有裂纹。

检查数量:按计件数抽查5%,且不应少于10件。

检验方法:观察和用10倍放大镜检查。

②有涂层、镀层压型金属板成型后,涂、镀层不应有肉眼可见的裂纹、剥落和擦痕等缺陷。

检查数量:按计件数抽查5%,且不应少于10件。

检验方法:观察检查。

③压型金属板、泛水板和包角板等应固定可靠、牢固,防腐涂料涂刷和密封材料敷设应完好,连接件数量、间距应符合设计要求和国家现行有关标准规定。

检查数量:全数检查。

检验方法:观察检查及尺量。

④压型金属板应在支承构件上可靠搭接,搭接长度应符合设计要求,且不应小于表2-9所规定的数值。

表2-9 压型金属板搭接长度的规定数值(mm)

项目		搭接长度
截面高度>70		375
截面高度≤70	屋面坡度<1/10	250
	屋面坡度≥1/10	200
墙面		120

检查数量:按搭接部位总长度抽查 10%,且不应少于 10m。

检验方法:观察和用钢尺检查。

⑤组合楼板中压型钢板与主体结构(梁)的锚固支承长度应符合设计要求,且不应小于 50mm,端部锚固件连接应可靠,设置位置应符合设计要求。

检查数量:沿连接纵向长度抽查 10%,且不应少于 10m。

检验方法:观察和用钢尺检查。

(2)一般项目

①压型金属板的尺寸允许偏差应符合表 2-10 的规定。

表 2-10 压型金属板尺寸允许偏差(mm)

项目			允许偏差
波距			±2.0
波高	压型钢板	截面高度≤70	±1.5
		截面高度>70	±2.0
侧向弯曲	在测量长度 l_1 的范围内	20.0	

注:l_1 为测量长度,指板长扣除两端各 0.5m 后的实际长度(小于 10m)或扣除后任选的 10m 长度。

检查数量:按计件数抽查 5%,且不应少于 10 件。

检验方法:用拉线和钢尺检查。

②压型金属板成型后,表面干净,不应有明显凹凸和皱褶。

检查数量:按计件数抽查 5%,且不应少于 10 件。

检验方法:观察检查。

③压型金属板施工现场制作的允许偏差应符合表 2-11 的规定。

表 2-11 压型金属板施工现场制作的允许偏差(mm)

项目		允许偏差
压型金属板的覆盖宽度	截面高度≤70	+10.0,-2.0
	截面高度>70	+6.0,-2.0
板长		±9.0
横向剪切偏差		6.0
泛水板、包角板尺寸	板长	±6.0
	折弯面宽度	±3.0
	折弯面夹角	2°

检查数量:按计件数抽查 5%,且不应少于 10 件。

检验方法:用钢尺、角尺检查。

④压型金属板安装应平整、顺直,板面不应有施工残留物和污物。檐口和墙面下端应呈直线,不应有未经处理的错钻孔洞。

检查数量:按面积抽查10%,且不应少于10m²。

检验方法:观察检查。

⑤压型金属板安装的允许偏差应符合表2-12的规定。

表2-12 压型金属板安装的允许偏差(mm)

项目		允许偏差
屋面	檐口与屋脊的平行度	12.0
	压型金属板波纹线对屋脊的垂直度	$L/800$,且不应大于25.0
	檐口相邻两块压型金属板端部错位	6.0
	压型金属板卷边板件最大波浪高	4.0
墙面	墙板波纹线的垂直度	$H/800$,且不应大于25.0
	墙板包角板的垂直度	$H/800$,且不应大于25.0
	相邻两块压型金属板的下端错位	6.0

注:1. L为屋面半坡或单坡长度;
2. H为墙面高度。

检查数量:檐口与屋脊的平行度:按长度抽查10%,且不应少于10m。其他项目:每20m长度应抽查1处,不应少于2处。

检验方法:用拉线、吊线和钢尺检查。

2.3.6 防腐涂料

1)强制性条文

关于防腐涂料施工强制性标准有《钢结构工程施工质量验收规范》(GB 50205—2001)。

2)工艺流程

防腐涂料工艺流程如图2-20所示。

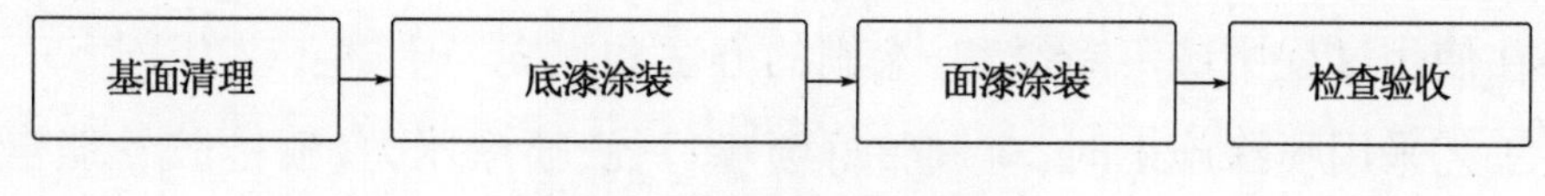

图2-20 防腐涂料工艺流程

3)作业要点及标准做法

(1)建筑钢结构工程防腐材料的选用应符合设计要求。防腐蚀材料有底漆、面漆和稀料等。建筑钢结构工程防腐底漆有红丹油性防锈漆、钼铬红环氧酯防锈漆等;建筑钢结构防腐面漆有各色醇酸磁漆和各色醇酸调和漆等。各种防腐材料应符合国家有关技术指标的规定,且应有产品出厂合格证。

(2)防腐涂装作业场地应有安全防护措施,有防火和通风措施,防止发生火灾和人员中毒事故。

(3)露天防腐施工作业应选择适当的天气,大风、遇雨、严寒等均不应作业。

(4)涂料、稀释剂和固化剂等品种、型号和质量,应符合设计要求和国家现行有关标准的规定。

(5)涂装前钢材表面除锈应符合设计要求和国家现行有关标准的规定:经化学除锈的钢材表面应露出金属色泽。处理后的钢材表面应无焊渣、焊疤、灰尘、油污、水和毛刺等。

(6)建筑钢结构工程的油漆涂装应在钢结构安装验收合格后进行。油漆涂刷前,应将需涂装部位的铁锈、焊缝药皮、焊接飞溅物、油污、尘土等杂物清理干净。

(7)底漆涂装

①调和红丹防锈漆,控制油漆的黏度、稠度、稀度,兑制时应充分的搅拌,使油漆色泽、黏度均匀一致。

②刷第一层底漆时涂刷方向应该一致,接槎整齐。

③刷漆时应采用勤沾、短刷的原则,防止刷子带漆太多而流坠。

④待第一遍刷完后,应保持一定的时间间隙,防止第一遍未干就上第二遍导致的漆液流坠发皱及质量下降。

⑤待第一遍干燥后,再刷第二遍,第二遍涂刷方向应与第一遍涂刷方向垂直,保证漆膜厚度均匀一致。

⑥底漆涂装后起码需4~8h后才能达到表干,表干前不应涂装面漆。

(8)面漆涂装

①建筑钢结构涂装底漆与面漆一般中间间隙时间较长。钢构件涂装防锈漆后送到工地去组装,组装结束后统一涂装面漆。在涂装面漆前需对钢结构表面进行清理,清除安装焊缝焊药,对掉漆的构件,应事先补漆。

②面漆的调制应选择颜色完全一致的面漆,兑制的稀料应合适,面漆使用前应充分搅拌,保持色泽均匀。其工作黏度、稠度应保证涂装时不流坠,不显刷纹。

③面漆在使用过程中应不断搅和,涂刷的方法和方向与上述工艺相同。

④涂装工艺采用喷涂施工时,应调整好喷嘴口径、喷涂压力,喷枪胶管能自由拉伸到作业区域,空气压缩机气压应在0.4~0.7N/mm。

⑤喷涂时应保持好喷嘴与涂层的距离,一般喷枪与作业面距离应在100mm左右,喷枪与钢结构基面角度应该保持垂直,或喷嘴略为上倾为宜。

⑥喷涂时喷嘴应该平行移动,移动时应平稳,速度一致,保持涂层均匀。但是采用喷涂时,一般涂层厚度较薄,故应多喷几遍,每层喷涂时应待上层漆膜完全干燥时进行。

4)质量验收标准及检验方法

(1)主控项目

①钢结构防腐涂料、稀释剂和固化剂等材料的品种、规格、性能等符合现行国家产品

标准和设计要求。

检查数量：全数检查。

检验方法：检查产品的质量合格证明文件、中文标志及检验报告等。

②漆料、涂装遍数、涂层厚度均应符合设计要求。当设计对涂层厚度无要求时，涂层干漆膜总厚度：室外应为15μm，室内应为125μm，其允许偏差－25μm。每遍涂层干漆膜厚度的允许偏差－5μm。

检查数量：按构件数抽查10%，且同类构件不应少于3件。

检验方法：用干漆膜测量厚仪检查。每个构件检测5处，每处的数值为3个相距50mm测点涂层干漆膜厚度的平均值。

(2)一般项目

①构件表面不应误漆、漏涂，涂层不应脱皮和返锈等。涂层应均匀、无明显皱皮、流坠、针眼和气泡等。

检查数量：全数检查。

检验方法：观察检查。

②当钢结构处在有腐蚀介质环境或外露且设计有要求时，应进行涂层附着力测试，在检测处范围内，当涂层完整程度达到70%以上时，涂层附着力达到合格质量标准的要求。

检查数量：按构件数抽查1%，且不应少于3件，每件测3处。

检验方法：按照现行国家标准《漆膜附着力测定法》(GB 1720—1979)或《色漆和清漆、漆膜的划格试验》(GB 9286—1998)执行。

③涂装完成后，构件的标志、标记和编号应清晰完整。

检查数量：全数检查。

检验方法：观察检查。

2.3.7 防火涂料涂装

1)强制性条文

关于防火涂料涂装施工强制性标准有《钢结构工程施工质量验收规范》(GB 50205—2001)。

薄涂型防火涂料的涂层厚度应符合有关耐火极限的设计要求。厚涂型防火涂料涂层的厚度，80%及以上面积应符合有关耐火极限的设计要求，且最薄处厚度不应低于设计要求的85%。

2)工艺流程

防火涂料涂装工艺流程如图2-21所示。

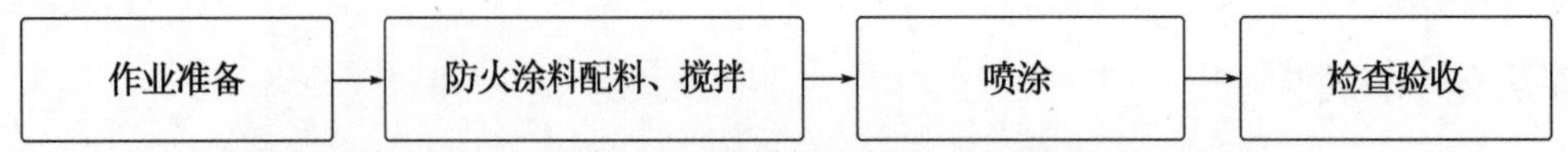

图 2-21　防火涂料涂装工艺流程

3)作业要点及标准做法

(1)防火涂料:需使用经主管部门鉴定合格的材料,使用前检查批准文件,并以 100t 为一批检查出厂合格证,技术性能应满足有关标准的规定。

(2)高强胶黏剂及钢防胶由厂家配套供应,按说明书使用。

(3)应由经批准的施工单位负责施工,检查资质批准文件。基层处理:彻底清除钢构件表面的灰尘、浮锈、油污。

(4)对钢构件碰损或漏刷部位应补刷防锈漆两遍,经检查验收方准许喷涂。

(5)防火涂料的品种和技术性能应符合设计及有关标准的规定,检查生产许可证、质量证明书和检测报告。

(6)涂料与基层及各层间黏结牢固,不空鼓、不脱落。

(7)外观平整、均匀、转角处、异型构件及结合处细部严密。

(8)防止碰撞损坏:防火涂料硬化后强度仍然不高,施工中易碰撞部位应加以临时保护,减少损坏。防污染:喷涂前对半成品做好保护,特别是临近喷涂部位用塑料布包好。

(9)厚薄不匀:喷涂时喷嘴角度应与构件表面垂直,距离适宜,各层喷涂应有一定的时间间隔,不可跟的过紧。

(10)喷涂

①一般设计要求厚度为经耐火试验达到耐火极限厚度的 1.2 倍,以耐火极限为梁 2h,柱 3h,其设计厚度为梁 30mm,柱 35m。第一层厚 1cm 左右,晾干后再喷第二层,第二层厚 1 ~ 1.2cm 为宜,晾干再喷第三层,第三层达到所需厚度为止。

②喷涂时喷枪要垂直于被喷钢构件,距离 6 ~ 10cm 为宜,喷涂气压应保持 0.4 ~ 0.6MPa,喷完后进行自检,厚度不够的部分再补喷一次。

③施工环境温度低于 +5℃时不得施工,应采取外围封闭,加温措施,施工前后 48h 保持 +5℃以上为宜。

(11)检查验收:喷完一个建筑层经自检合格后,用带刻度的钢针抽查厚度,如发现厚度不够,补喷或铲掉重喷。用锤子敲击检查空鼓,发现空鼓应重喷。

4)质量验收标准及检验方法

(1)主控项目

①防火漆料涂装前钢材表面除锈及防锈底漆涂装应符合设计要求和国家现行有关标准的规定。

检查数量:按构件数抽查 10%,且同类构件不应少于 3 件。

检验方法:表面除锈用铲刀检查和用现行国家标准《涂装前钢材表面锈蚀等级和除锈等级》(GB/T 8923—2011)规定的图片对照观察检查。底漆涂装用干漆膜测厚仪检查,每个构件检测5处,每处的数值为3个相距50mm测点涂层干漆膜厚度的平均值。

②薄涂型防火涂料的涂层厚度应符合有关耐火极限的设计要求。厚漆型防火涂料涂层的厚度,80%及以上面积应符合有关耐火极限的设计要求,且最薄处厚度不应低于设计要求的85%。

检查数量:按同类构件数抽查10%,且均不应少于3件。

检验方法:用涂层厚度测量仪、测针和钢尺检查。测量方法应符合国家现行标准《钢结构防火涂料应用技术规程》(CECS 24:90)的规定及《钢结构工程施工质量验收规范》(GB 50205—2001)附录F。

③薄涂型防火漆料漆层表面裂纹宽度不应大于0.5mm;厚涂型防火漆料涂层表面裂宽度不应大于1mm。

检查数量:按同类构件数量抽查10%,且均不应少于3件。

检验方法:观察和用尺量检查。

(2)一般项目

①防火漆料漆装基层不应有油污、灰尘和泥砂等污垢。

检查数量:全数检查。

检验方法:观察检查。

②防火漆料不应有误涂、漏涂、涂层应闭合无脱层、空鼓、明显凹陷、粉化松散和浮浆等外观缺陷,乳突已剔除。

检查数量:全数检查。

检验方法:观察检查。

第3章　建筑装饰装修

3.1　地 面 工 程

1）强制性条文

关于地面工程施工的强制性标准有：

①《建筑地面工程施工质量验收规范》（GB 50209—2010）。

②《建筑地基基础工程施工质量验收标准》（GB 50202—2018）。

③有种植要求的建筑地面，其构造做法应符合设计要求和现行行业标准《种植屋面工程技术规程》（JGJ 155—2013）的有关规定。

④地面辐射供暖系统的设计、施工及验收应符合现行行业标准《地面辐射供暖技术规程》（JGJ 142—2012）的有关规定。

2）工艺流程

地面工程施工工艺流程如图3-1所示。

图3-1　地面工程施工工艺流程

3）作业要点及标准做法

（1）测量放线

根据楼层标高控制点测放建筑1m水平控制线。

（2）基层处理和做灰饼

基层需清理干净，不得有浮浆、垃圾等。第一排灰饼从墙根开始设置，阴阳角均需设置，间距≤1.5m。

（3）防水处理

穿楼板的套管与管道之间缝隙应用阻燃密实材料和防水油膏填实，厨卫间地面管道边做防水附加层，墙身阴阳角做圆弧处理。在管道穿过楼板面四周，防水材料应向上铺涂，并超过套管的上口；在靠近墙面处，应高出面层200～300mm或按设计要求的高度铺涂。阴阳角和管道穿过楼板面的根部应增加铺涂防水附加层。设备管道穿楼板洞处处理严密，增加护口或装饰圈，并用密封胶封严，防止渗水。

(4)面层施工

初凝前,应完成面层抹平、搓打均匀,待混凝土开始凝结即用铁抹子分遍抹压面层,注意不得漏压,并将面层的凹坑、砂眼和脚印压平,在混凝土终凝前需将抹子纹痕抹平压光。在抹平压光过程中,如出现表面泌水或需赶抢时间难以抹光时,宜采用干拌和均匀的水泥和砂,一般用1:2～1:2.5水泥和砂体积比,均匀撒布面层上,待被水吸收后即可抹平压光,但应防止面层起砂、起灰和龟裂等缺陷的发生。

3.1.1　整体面层

3.1.1.1　基层

基层需清理干净,不得有浮浆、垃圾等。第一排灰饼从墙根开始设置,阴阳角均需设置,间距≤1.5m。

3.1.1.2　水泥混凝土面层

1)强制性条文

关于水泥混凝土面层施工强制性标准有《建筑地面工程施工质量验收规范》(GB 50209—2010)。

2)工艺流程

水泥混凝土面层施工工艺流程如图3-2所示。

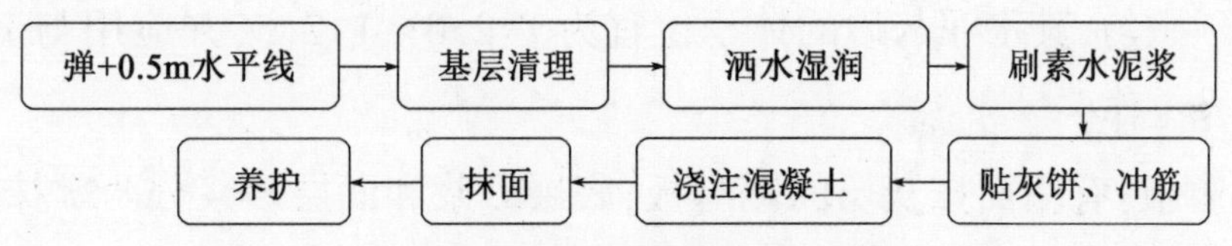

图3-2　水泥混凝土面层施工工艺流程

3)作业要点及标准做法

(1)基层清理:将基层表面的泥土、浮浆块等清理干净,如楼板表面有油污,应用5%～10%浓度的碱溶液清洗干净。

(2)浇筑混凝土的前一天对楼板表面进行浇水湿润,表面积水应清除。

(3)贴灰饼、冲筋,小面积房间在房间四周根据标高线做出灰饼,泛水坡度。冲筋和灰饼均要采用细石混凝土,配合比应按设计要求试配。无设计要求时,强度等级不应小于C20,应用机械搅拌时间不少于3min,要求拌均匀,坍落度不宜大于30mm,混凝土随拌随用。

(4)铺细石混凝土:铺时预先用木板隔成宽大于3m的区段,先在已湿润的基层表面均匀刷一道1:0.4～1:0.45(水泥:水)的素水泥浆,随即分段顺序铺混凝土,随铺随用长杠刮平拍实,表面塌陷处应用细石混凝土补平,再用长刮杠刮一次,之后用木抹子接平。紧接着用长带形板式振动器振捣密实,或用30kg重的铁滚筒纵横交错来回滚压3～5遍直到表面出浆为止,之后用木抹子搓平。

(5)拌砂浆:砂子先过3mm筛子后,用铁锹搅干拌砂浆(水泥:砂子为1:1),均匀地撒在地面上并搓平。在细石混凝土面层灰面吸水后再用长木杠刮平,再用木抹子搓平。

(6)第一遍抹压:用铁抹子轻轻抹压面层,把脚印压平。

(7)第二遍抹压:当面层开始凝结,地面面层上有脚印但不下陷时用铁抹子。进行第二遍抹压,尽量不留波纹。此时要注意不漏压,将面层上的凹坑、砂眼和脚印压平。

(8)第三遍抹压:当地面面层上人有脚印,而抹压不出现抹子纹时,用铁抹子进行第三遍抹压。此时抹压要用力稍大,将抹子纹抹平压光,压光的时间应控制在终凝前完成。

(9)养护:地面成活24h后,及时洒水养护,可用湿润的锯末满铺,或者用其他材料覆盖,每天洒水两次,至少连续养护7d,方能上人。

(10)分格缝压抹:有分格缝的面层,在撒1:1水泥砂浆后,用木杠刮平和木抹子接平,之后应在地面上弹好线,用铁抹子在弹线两侧各200mm宽范围内抹压一遍,再用溜缝抹子开缝;大面积压光时沿分格缝用溜缝抹子抹压两遍方可进行下一道工序。

(11)施工缝处理:细石混凝土面层不应设置施工缝。当施工间歇超过允许时间规定,在继续施工混凝土时,应对已凝结的混凝土接槎处进行处理,刷一道素水泥浆,其水灰比为1:0.4~1:0.5再浇筑混凝土,并应捣实压平,不显接头槎。

(12)垫层或楼板兼面层施工:应用随捣随抹的方法。当面层表面出现泌水时,可加干拌的水泥和砂撒匀,其水泥与砂的体积比宜为1:2.0~1:2.5,并应用与上同样的方法进行抹平和压光工作。

(13)抹踢脚板:有墙面抹灰层的踢脚板,底层砂浆和面层砂浆分两次抹成,无墙面抹灰层的只抹面层砂浆。踢脚板厚度应按设计要求执行,如设计无要求时,踢脚高应为100~150mm,厚度不宜大于8mm。

①踢脚板抹底层水泥砂浆:基层,洒水湿润后,按标高线向下量到踢脚板标高,拉通线确定底灰厚度、套方、贴灰饼、抹1:3水泥砂浆,用刮板刮平、搓平整、扫毛、浇水养护。

②踢脚板抹面层砂浆:底层砂浆抹好、硬化后,拉线贴靠尺板,抹1:2水泥砂浆,抹子上灰,压抹,用角抹子溜直压光。

4)质量验收标准及检测方法

(1)主控项目

①水泥混凝土采用的粗骨料,其最大粒径不应大于面层厚度的2/3,细石混凝土面层采用的石子粒径不应大于15mm。

②面层的强度等级应符合设计要求,且水泥混凝土面层强度等级不应小于C20;水泥混凝土垫层兼面层强度等级不应小于C15。

③面层与下一层的结合必须牢固,无空鼓、裂纹。

(2)一般项目

①面层表面密实光洁,无裂纹、脱皮、麻面、起砂等缺陷。

②面层表面的坡度应符合设计要求,不得有倒泛水和积水现象。

③水泥砂浆踢脚线与墙面应紧密结合,高度一致,出墙厚度均匀。

④楼梯踏步的宽度、高度应符合设计要求。楼层梯段相邻踏步高度差不应大于10mm,每踏步两端宽度差不应大于10mm;旋转楼梯梯段的每踏步两端宽度的允许偏差为5mm。楼梯踏步的齿角应整齐,防滑条应顺直。

(3)关键控制点的控制

水泥混凝土面层的允许偏差和检验方法应符合表3-1的规定。

表3-1　水泥混凝土面层的允许偏差和检验方法

项　目	允许偏差(mm)	检 验 方 法
表面平整度	5	用2m靠尺和楔形塞尺检查
踢脚线上口平直	4	拉5m线和用钢尺检查
缝格平直	3	拉5m线和用钢尺检查

3.1.1.3　水泥砂浆面层

同3.1.1.2。

3.1.1.4　防油渗面层

1)强制性条文

关于防油渗面层施工强制性标准有《建筑地面工程施工质量验收规范》(GB 50209—2010)。

2)工艺流程

防油渗面层施工工艺流程如图3-3所示。

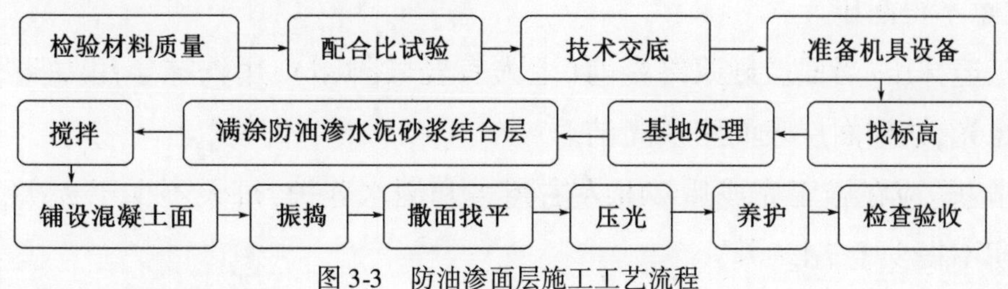

图3-3　防油渗面层施工工艺流程

3)作业要点及标准做法

(1)找标高:根据水平标准线和设计厚度,在四周墙、柱上弹出面层的上平标高控制线。

(2)按线拉水平线找平墩(60×60mm见方,与面层同一标高,用同种混凝土),间距双向不大于2m。有坡度要求的房间应按设计坡度要求拉线,抹出坡度墩。

(3)面积较大的房间为保证房间地面平整度,需要做冲筋,以做好的灰饼为标准抹条形冲筋,高度与灰饼同高,形成控制标高的"田"字格,用刮尺刮平,作为混凝土面层厚度控制的标准。

(4)基层处理:把沾在基层上的浮浆、落地灰等用錾子或钢丝刷清理掉,再用扫帚将浮土清扫干净;湿润后,刷素水泥浆或界面处理剂,随刷随铺设混凝土,避免间隔时间过长风干形成空鼓。

(5)搅拌

①混凝土的配合比应根据设计要求通过试验确定。

②投料必须严格准确,精确控制配合比。每盘投料顺序为石子、水泥、砂子、水。应严格控制用水量,搅拌要均匀,搅拌时间不少于90s。

③按照有关规范要求制作留制试块。

(6)铺设:铺设前基层表面必须平整、洁净,并在基底上满涂防油渗水泥砂浆结合层,将搅拌均匀的混凝土,从房间内退着往外铺设。

(7)振捣:用铁锹铺混凝土,厚度略高于找平墩,随即用平板振捣器振捣。厚度超过200mm时,应采用插入式振捣器,其移动距离不大于作用半径的1.5倍,做到不漏振,确保混凝土密实。振捣以混凝土表面出现泌水现象为宜。

(8)撒面找平:混凝土振捣密实后,以墙柱上的水平控制线和找平墩为标志,检查平整度,高处部分铲掉,凹处补平。撒一层干拌水泥砂(水泥:砂=1:1),用水平刮杠刮平。有坡度要求的,应按设计要求的坡度做。

(9)压光

①当面层灰面吸水后,用木抹子用力搓打、抹平,将干拌水泥砂拌和料与混凝土的浆混合,使面层达到紧密结合。

②第一遍抹压:用铁抹子轻轻抹压一遍直到出浆为止。

③第二遍抹压:当面层砂浆初凝后(上人有脚印但不下陷),用铁抹子把凹坑、砂眼填实抹平,注意不得漏压。

④第三遍抹压:当面层砂浆终凝前(上人有轻微脚印),用铁抹子用力抹压。把所有抹纹压平压光,达到面层表面密实光洁。

(10)养护:应在施工完成后24h左右覆盖和洒水养护,每天不少于2次,严禁上人,一般养护期不得少于7d。

(11)冬季施工时,环境温度不应低于5℃。如果在负温下施工时,所掺抗冻剂必须经过试验室试验合格后方可使用。不宜采用氯盐、氨等作为抗冻剂,必须使用时掺量必须严格按照规范规定的控制量和配合比通知单的要求加入。

4)质量验收标准及检测方法

(1)主控项目

①水、砂、石子和外加剂、抗渗剂应符合施工工艺标准流程的要求。

检验方法:观察检查和检查材质合格证明文件及检测报告。

②防油渗混凝土的强度等级和抗渗性能必须符合设计要求,且强度等级不应小于C30。防油渗涂料抗拉黏结强度不应小于0.3MPa。

检验方法:检查配合比通知单和检测报告。

③防油渗混凝土面层与下一层应结合牢固,无空鼓。

检验方法:用小锤轻击检查。

④防油渗涂料面层与基层应黏结牢固,严禁有起皮、开裂、漏涂等缺陷。

检验方法:观察检查。

(2)一般项目

①防油渗面层表面的坡度应符合设计要求,不得有倒泛水和积水现象。

检验方法:观察、泼水检查。

②防油渗面层表面不应有裂纹、脱皮、麻面、起砂等现象。

检验方法:观察检查。

③踢脚线与墙面应紧密结合,高度一致,出墙厚度均匀。

检验方法:用小锤轻击、钢尺量测和观察检查。

④防油渗面层表面的允许偏差应符合《建筑地面工程施工工艺标准总要求》(GB-CNCEC J030101—2004)的规定。

检验方法:用《建筑地面工程施工工艺标准总要求》(GB-CNCEC J030101—2004)中的检验方法检验。

(3)关键控制点的控制关键控制点的控制方法见表3-2。

表3-2　关键控制点的控制

序号	关键控制点	主要控制方法
1	原材料材质	水泥必须采用大厂生产的42.5级普通硅酸盐水泥,砂、石必须洁净
2	外加剂、防油渗剂、防油渗胶泥、聚氨酯类涂膜的性能	采用知名厂家生产的优质产品。使用前抽样送检,复查结果必须符合产品质量标准,否则不允许使用
3	配合比	取现场水泥、砂、石子、外加剂经试验确定。试验室配合报告未出时不允许混凝土的施工
4	区段分割缝	分隔缝应设纵、横缝,纵缝间距3~6m,横缝间距6~9m,并应与建筑轴线对齐。缝深度为面层总厚度,上下贯通,其宽度为15~20mm 弹线支设分隔缝模板,并注意找好标高
5	细部处理	凡露出面层的电线管、接线盒、预埋套管和地脚螺栓等,均应采用防油渗胶泥进行处理,与墙、柱、变形缝、孔洞等连接处均应做泛水

3.1.1.5　不发火(防爆)面层

1)强制性条文

关于不发火(防爆)面层施工强制性标准有《建筑地面工程施工质量验收规范》(GB

50209—2010)。

2)工艺流程

不发火(防爆)面层施工工艺流程如图3-4所示。

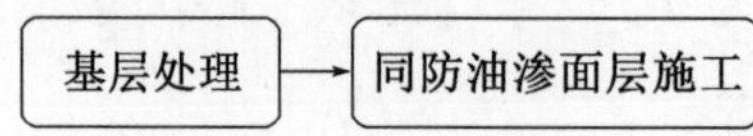

图3-4 不发火(防爆)面层施工工艺流程

3)作业要点及标准做法

(1)基层处理:在面层施工前,对基层进行清理,剔除各种凸起物、砂浆灰渣等,将灰皮等处理干净。并根据面层材料要求涂刷基层界面处理剂。

(2)面层施工:同3.1.1.4。

4)质量验收标准及检测方法

(1)主控项目

①不发火(防爆的)面层采用的碎石应选用大理石、白云石或其他石料加工而成,并以金属或石料撞击时不发生火花为合格;砂应质地坚硬、表面粗糙,其粒径宜为0.15~5mm,含泥量不应大于3%,有机物含量不应大于0.59%;水泥应采用普通硅酸盐水泥,其强度等级不应小于32.5,面层分格的嵌条应采用不发生火花的材料配制,配制时应随时检查,不得混入金属或其他易发生火花的杂质。

②不发火(防爆的)面层的试件,必须检验合格。

(2)一般项目

①面层表面应密实,无裂缝、蜂窝、麻面等缺陷。

②踢脚线与墙面应紧密结合、高度一致、出墙厚度均匀。

(3)关键控制点的控制整体面层的允许偏差和检验方法如表3-3所示。

表3-3 整体面层的允许偏差和检验方法

项次	项 目	允许偏差(mm)	检验方法
		不发火(防爆的)面层	
1	表面平整度	5	用2m靠尺和楔形塞尺检查
2	踢脚线上口平直	4	拉5m线和用钢尺检查
3	缝格平直	3	

3.1.1.6 室外散水

1)强制性条文

关于室外散水施工强制性标准有《建筑工程地面验收规范》(GB 50209—2010)。

2)工艺流程

室外散水施工工艺流程如图3-5所示。

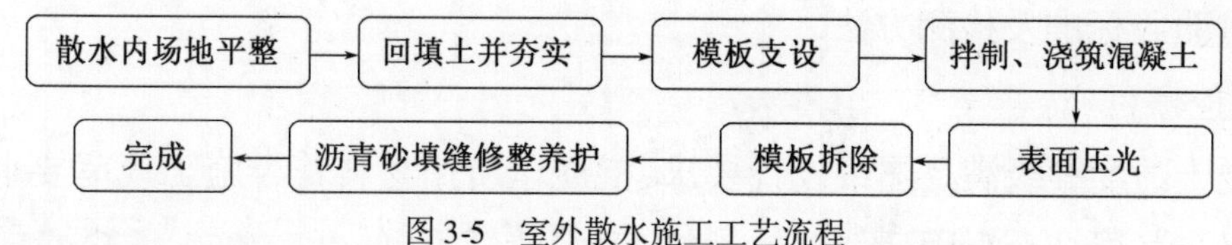

图3-5　室外散水施工工艺流程

3)作业要点及标准做法

(1)平整场地

根据散水基底标高钉好水平控制桩,在散水垫层宽度加200mm范围内,拉线用平锹将地铲平,如土质松软,应先夯实不少于3遍。

(2)灰土垫层施工

灰土垫层一般采用3:7灰土垫层(或依据施工图纸)按规定夯实至设计干密度。

(3)支模板

根据散水的外形尺寸支好帮模,放好分隔缝模板,分隔模板用木模时两面应用木刨刨光,支设时要拉通线、抄平、做到通顺、平直、坡向正确,严禁用砌砖代替模板。

(4)散水与建筑物外墙分离,分隔缝宽20mm,沿外墙一周做到整齐一致,纵向6m左右设分隔缝一道,房屋转角处与外墙呈450°,分隔缝宽20mm,分隔缝应避开雨落管,以防雨水从分隔缝内渗入基础。

(5)混凝土的拌制(现场搅拌)

后台要认真按混凝土的配合比投料,每盘投料顺序为石子—水泥—沙子—水,应严格控制坍落度(以3~5cm为宜),搅拌要均匀,搅拌时间不小于90s。

(6)混凝土的浇筑

①清除模板内的杂物,办好隐、预检手续,可适当湿润模板及灰土垫层,但水不可过多,以地面不留积水为宜。

②一般采用平板式振捣器,振实压光,应随打随抹,一次完成,提倡用原浆压光。

(7)当散水有一定强度时(表面仍湿润,但用手轻按已按不出手印),拆除侧模,起出分格条,随即用砂浆抹平压光侧边,并用阳角镥子将散水棱角镥直、压光,包括分格缝处棱角,侧边及分格缝内与散水大面的质量要求相同,也要见光,棱角顺直、整齐。

(8)养护已抹平压光的混凝土应在12h左右用湿锯末覆盖,养护不少于7d。

(9)沥青灌缝

养护期满后,分隔缝内清理干净,用1:2沥青砂浆填塞(宜掺适量滑石粉以便操作)填塞时分隔缝两边粘贴3cm宽美纹纸,既可防止沥青污染散水表面,也可使分隔缝内沥青砂浆平直、美观。分隔缝要勾抹烫压平整,可用$\phi14\sim\phi16$方钢或用$\phi10\sim\phi12$光圆钢筋砸扁做成小镏子,用火烫红后用来烫压分隔缝。在上口留出1.5cm左右用油膏填嵌缝、观感更佳,烫压好后,沥青砂浆应低于散水面3~5mm,使分隔缝处棱角更加突出,更显散水特色(分隔缝处棱角施工务必精工细作,棱角顺直、整齐美观)。

4)质量验收标准及检测方法

(1)主控项目

①混凝土强度等级满足图纸设计要求,混凝土所用材料符合施工规范要求。

②面层与基层结合牢固,无空鼓、裂纹,散水严禁下沉。

(2)一般项目

①面层表面洁净、密实、无裂缝、蜂窝、麻面、脱皮、起砂等缺陷。

②面层表面的坡度符合设计要求,不得有倒泛水和积水现象。

③缝宽窄、深浅均匀一致,缝内填嵌均匀饱满。

3.1.2 板块面层

3.1.2.1 基层

基层需清理干净,不得有浮浆、垃圾等。第一排灰饼从墙根开始设置,阴阳角均需设置,间距≤1.5m。

3.1.2.2 砖面层(陶瓷锦砖、陶瓷地砖、水泥花砖面层)

1)强制性条文

关于砖面层(陶瓷锦砖、陶瓷地砖、水泥花砖面层)施工强制性标准有《建筑地面工程施工质量验收规范》(GB 50209—2010)。

2)工艺流程

板块面层基层施工工艺流程如图3-6所示。

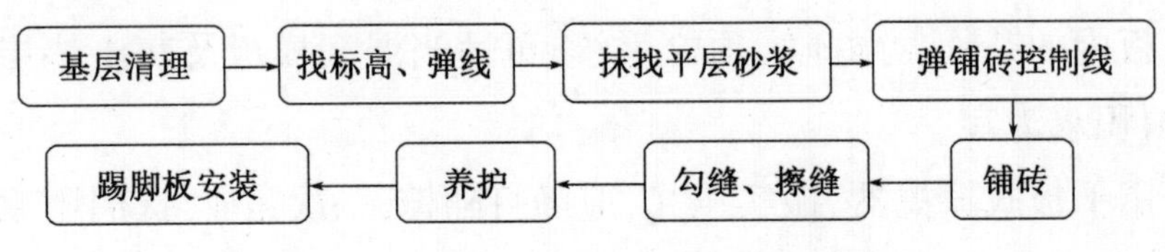

图3-6 板块面层基层施工工艺流程

3)作业要点及标准做法

(1)基层清理

将混凝土基层的杂物清理掉,并用錾子剔掉砂浆落地灰,用钢丝刷刷净浮浆层。如基层有油污时,应用10%火碱水刷净,并用清水及时将其水上的碱液冲净。并应将板面坑内的污物刷干净。

(2)找标高、弹线

根据墙上的+0.5m水平标高线,往下量测出面层标高并弹在墙上。

(3)抹找平层砂浆

①刷素水泥浆一道:在清理好的基层上,浇水浸透,撒素水泥浆用扫帚扫匀。面积大小应根据打底铺灰速度决定,应随扫浆随铺灰。

②冲筋：从已弹好的面层水平线下量至找平层上皮的标高（面层标高减去砖的厚度），抹灰饼，从房间一侧开始，每隔1.0m左右冲筋一道。有地漏的房间，应由四周向地漏方向放射形抹标筋，并找好坡度。冲筋应使用干硬性砂浆，厚度不小于2cm。

③装档：在标筋间装铺水泥砂浆，用1:4水泥砂浆根据冲筋的标高，用小平锹或木抹子将砂浆摊子、拍实，小杠刮平，使其铺设的砂浆与标筋找平，并用大木杠横竖检查其平整度，同时检查其标高和泛水坡度是否正确，用木抹子搓平，24h后浇水养护。

（4）弹铺砖控制线

当找平砂浆抗压强度达到1.2MPa时开始上人弹砖的控制线。在房间正中，从纵、横两个方向排好尺寸，缝宽以不大于10mm为宜，当尺寸不足整砖模数时可裁割用于边角地面上弹纵横控制线（每隔4块砖弹一根控制线），并严格控制好方正。

（5）铺砖

为了找好位置和标高，应从门口开始，纵向先铺2～3行砖，以此为标筋拉纵横向标高线，铺时应从里向外退着操作，人不得踏在刚铺好的砖面上，每块砖应跟线。

（6）勾缝、擦缝

用1:1水泥细砂浆勾缝，缝内深度宜为砖厚的1/3，要求缝内砂浆密实、平整、光滑随勾随将余水泥砂浆清走、擦净。如设计要求不留缝隙，则要求接缝平直，在铺实平整好的砖面层上撒水泥干面，用水壶喷水。用扫帚将水泥浆扫入缝内将其灌满浆，并随之用拍板拍振，使浆铺满振实，最后用干锯末扫净。

（7）养护

地砖铺完48h，陶瓷锦砖铺完24h后，放锯末浇水养护，时间应不少于7d。铺地砖时，最好一次铺设一间或一部位，接槎应放在门口的裁口处。

（8）踢脚板安装

踢脚板用砖，一般采用与地面块材同品种、同规格、同颜色的材料，踢脚板的立缝应与地面缝对齐，铺设时应在房间墙面两端头阴角处各镶一块砖，出墙厚度和高度应符合设计要求，以此砖上楞为标准挂线，开始铺设。砖背面朝上粘贴在墙上，砖上楞要跟线并立即拍实，随之将挤出的砂浆刮掉，将面层清擦干净（在粘贴前，砖块材要浸水晾干，墙面刷水湿润）。

（9）季节性施工

室内操作温度不低于+5℃。室外操作时，应按气温的变化掺防冻剂，但必须试验后才能操作。

4）质量验收标准及检测方法

（1）主控项目

①各种面层所用的板块品种、质量必须符合设计要求。

②面层与下一层的结合(黏结)必须牢固,无空鼓。

(2)一般项目

①砖面层的表面应洁净,图案清晰,色泽一致,接缝平整,深浅一致,周边顺直。板块无裂纹、掉角和缺等现象。

②面层邻接处的镶边用料尺寸符合设计要求,边角整齐、光滑。

③踢脚线表面应洁净、高度一致、结合牢固、出墙厚度一致。

④楼梯踏步和台阶板块的缝隙宽度应一致,齿角整齐,楼层梯段相邻踏步高度差不应大于10mm,防滑条顺直。

⑤面层表面的坡度应符合设计要求,不倒泛水,无积水,与地漏、管道结合处严密牢固,无渗漏。

(3)质量验收标准

砖面层的允许偏差和检验方法如表3-4所示。

表3-4　砖面层的允许偏差和检验方法

项次	项　目	允许偏差(mm)			检 验 方 法
		陶瓷锦砖面层 陶瓷地砖面层	缸砖面层	水泥花砖面层	
1	表面平整度	2.0	4.0	3.0	用2m靠尺和楔形塞尺检查
2	缝格平直	3.0	3.0	3.0	拉5m线和用钢尺检查
3	接缝高低差	0.5	1.5	1.5	用钢尺和楔形塞尺检查
4	踢脚线上口平直	3.0	4.0	—	拉5m线和用钢尺检查
5	板块间隙宽度	2.0	2.0	2.0	用钢尺检查

3.1.2.3　大理石面层和花岗岩面层

1)强制性条文

关于大理石面层和花岗岩面层《建筑地面工程施工质量验收规范》(GB 50209—2010)。

2)工艺流程

大理石面层和花岗岩面层施工工艺流程如图3-7所示。

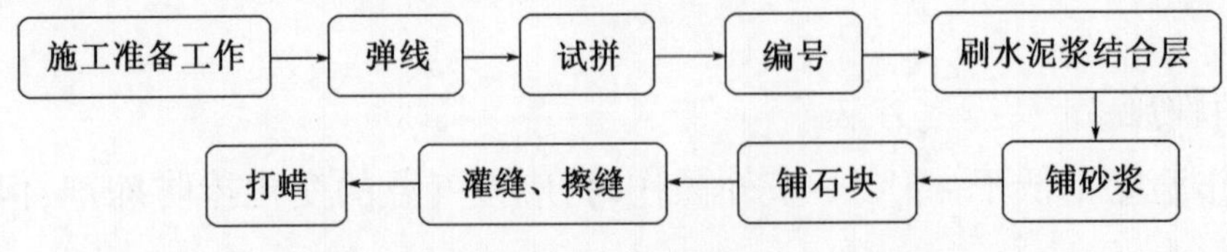

图3-7　大理石面层和花岗岩面层施工工艺流程

3)作业要点及标准做法

(1)准备工作

①熟悉图纸:以施工大样图和加工单为依据,熟悉了解各部位尺寸和做法,弄清洞

口、边角等部位之间的关系。

②基层处理:将地面垫层上的杂物清净,用钢丝刷刷掉黏结在垫层上的砂浆并清扫干净。

(2)弹线:在房间的主要部位弹相互垂直的控制十字线,检查和控制石材板块的位置,十字线可以弹在混凝土垫层上,并引至墙面底部。并依据墙面+50线,找出面层标高在墙上弹好水平线,注意要与楼道面层标高一致。

(3)试拼:在正式铺设前,对每一房间的石材板块,应按图案颜色、纹理试拼,试拼后按两个方向编号排列,之后编号码放整齐。

(4)刷水泥浆结合层:在铺砂浆之前再次将混凝土垫层清扫干净,之后用喷壶洒水湿润,刷一层素水泥浆(水灰比0.5),随刷随铺砂浆。

(5)铺砂浆:根据水平线,定出地面找平层厚度,拉十字控制线,铺1∶3找平层干硬性水泥砂浆(干硬程度以手捏成团不松散为宜)砂浆从里往门口处摊铺,铺好后用大杠刮平,再用抹子拍实找平。找平层厚度宜高出石材底面标高3~4mn。

(6)铺石材板块:一般房间应先里后外沿控制线进行铺设,即先从远离门口的一边开始,按照试拼编号,依次铺砌,逐步退至门口,铺前应将板材预先浸湿阴干后备用,先进行试铺,对好纵横缝,用橡皮锤敲击木垫板,振实砂浆至铺设高度后,将石材掀起移至一旁,检查砂浆上表面与板材之间是否吻合,如发现有空虚之处,应用砂浆填补,之后正式镶铺。先在水泥砂浆找平层上满浇一层水灰比0.5的素水泥浆结合层,再铺石材板块,安放时四角同时往下落,用橡皮锤轻击木垫板,根据水平线用水平尺找平,铺完第一块向侧和后退方向顺序镶铺。

(7)石材板块之间,接缝要严,一般不留缝隙。

(8)擦缝:在铺砌后1~2昼夜进行灌浆擦缝。根据石材颜色,选择相同颜色矿物颜料和水泥拌和均匀调成1∶1稀水泥浆,用浆壶徐徐灌入石材板块之间缝隙(分几次进行),并用长把刮板把流出的水泥浆向缝隙内喂灰。灌浆1~2小时后,用棉丝团蘸原稀水泥浆擦缝与板面擦平,同时将板面上的水泥浆擦净。之后面层加覆盖层保护。

(9)当各工序完工不再上人且水泥砂浆结合层达到强度后(抗压强度达到1.2MPa时)方可进行打蜡,打蜡后面层达到光滑洁净。

4)质量验收标准及检测方法

(1)主控项目

①面层所用板块品种、规格、级别、形状、光洁度、颜色和图案必须符合设计要求。

②面层与基层必须结合牢固,无空鼓。

(2)一般项目

①面层:磨光大理石和花岗石板块面层:板块挤靠严密,无缝隙,接缝通直无错缝表

面平整洁净,图案清晰无划痕,周边顺直方正。

②板块镶贴质量:任何一处独立空间的石板颜色一致,花纹通顺基本一致。石板缝痕与石板颜色一致,擦缝饱满与石板齐平,洁净、美观。

③踢脚板铺设质量:排列有序,挤靠严密不显缝隙,表面洁净,颜色一致,结合牢固,出墙高度、厚度一致,上口平直。

④地面镶边铺设质量:花岗石、大理石板面层用料尺寸准确,边角整齐,拼接严密,接缝顺直。

⑤地漏坡度符合设计要求,不倒泛水,无积水,与地漏结合处严密牢固,无渗漏(有坡度的面层应做泼水检验,并以能排除液体为合格)。

⑥打蜡质量:大理石、花岗石和碎排大理石地面烫硬蜡、擦软蜡,蜡分布均匀不露底,色泽一致、厚薄均匀、图纹清晰、表面洁净。

(3)质量验收标准

大理石(或花岗岩)面层允许偏差和检验方法如表3-5所示。

表3-5　大理石(或花岗岩)面层允许偏差和检验方法

项次	项　目	允许偏差(mm)	检 验 方 法
1	表面平整度	1.0	用2m靠尺和楔形塞尺检查
2	缝格平直	2.0	拉5m线和用钢尺检查
3	接缝高低	0.5	用钢尺和楔形塞尺检查
4	踢脚线上口平直	1.0	拉5m线和用钢尺检查
5	板块间隙宽度	1.0	用钢尺检查

3.1.2.4　料石面层(条石、块石面层)

1)强制性条文

关于料石面层(条石、块石面层)施工强制性标准有《建筑地面工程施工质量验收规范》(GB 50209—2010)。

2)工艺流程

料石面层施工工艺流程如图3-8所示。

图3-8　料石面层(条石、块石面层)施工工艺流程

3)作业要点及标准做法

(1)灰土或砂垫层:在已夯实的基土上进行灰土或砂垫层的分项操作,按设计要求的厚度分层进行,砂垫层厚度不应小于60mm。灰土垫层应均匀密实。灰土垫层应采用熟

化石灰与黏土的拌和料铺设,拌和料的体积比宜为3:7(熟化石灰:黏土),黏土不得含有机杂质,使用前应予过筛,其粒径不得大于15mm。熟化石灰可采用磨细石灰,并按体积比与黏土拌和洒水堆放8h后使用。灰土拌和料应拌和均匀,颜色一致,并保持一定湿度。

(2)找标高、拉线:灰土垫层打完之后,根据建筑物已有标高和设计要求的地面标高,用水准仪抄平后,拉水平线。

(3)铺料石

①对进场的料石进行挑选,将有缺陷的料石剔出,品种不同的料石不得混杂使用。

②拉水平线,根据地面面积大小可分段进行铺砌,先在每段的两端头各铺一排料石,以此作为标准进行码砌,缝隙相互错开。

③铺砌前将灰土垫层清理干净后,铺一层灰土或砂结合层,不得铺的面积过大,料石铺上时略高于面层水平线,之后用橡皮锤将板块敲实,使面层与水平线相平。板块缝隙不宜大于6mm,要及时拉线检查缝格平直度,用2m靠尺检查板块的平整度。

(4)填缝:料石地面铺砌后2d内,应根据设计要求的材料,进行填缝,填实灌满后将面层清理干净,待结合层达到强度后,方可上人行走。夏季施工,面层要洒水养护。

4)质量验收标准及检测方法

(1)主控项目

①面层材质应符合设计要求,条石的强度等级应大于MU60,块石强度等级应大于MU30。

②面层与下一层结合应牢固,无松动。

(2)一般项目

条石面层应组砌合理,无十字缝,铺砌方向和坡度应符合设计要求,块石面层石料缝隙应相互错开,通缝不超过2块石材。

(3)质量验收标准

料石面层允许误差如表3-6所示。

表3-6 料石面层(条石、块石面层)的允许误差

项次	项 目	条石面层(mm)	块石面层(mm)	检验方法
1	表面平整度	10.0	10.0	用2m靠尺和楔形塞尺检查
2	缝格平直	8.0	8.0	拉5m线和用钢尺检查
3	板块间隙宽度	5.0	—	用钢尺检查
4	接缝高低差	2.0	—	用钢尺和楔形塞尺检查

3.1.3 塑料板面层及地毯面层

3.1.3.1 塑料板面层

1)强制性条文

关于塑料板面层施工强制性标准有《建筑地面工程施工质量验收规范》(GB 50209—2010)。

2)工艺流程

塑料板面层施工工艺流程如图3-9所示。

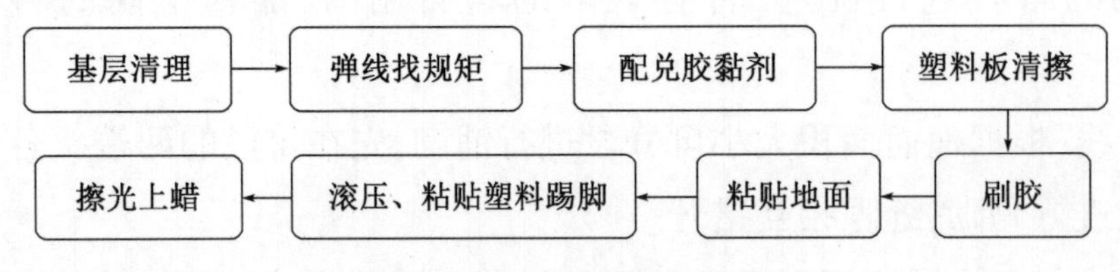

图3-9 塑料板面层施工工艺流程

3)作业要点及标准做法

(1)基层处理:水泥类基层表面应平整、坚硬、干燥、密实、洁净、无油脂及其他杂质,不得有麻面、起砂、裂缝等缺陷。如有麻面宜用水泥腻子修补,补后再涂刷一道乳液水,使其增加整体强度。

(2)弹线找规矩:在房间长、宽方向弹十字中心线(或弹对角斜线),弹的墨线要细而清楚。如塑料板的规格与房间长宽尺寸不成等模数时,应沿地面四周弹出加条边线。图纸如有镶边要求时,应提前弹出镶边位置线。并按样板要求试铺。塑料地面铺贴后,往上反出踢脚板高度,在墙的两端各粘贴一块,以此为起点,拉线铺贴。

(3)配兑胶黏剂:配料前由专人对材料进行检查,如发现胶黏剂中有变色、杂质、过期等现象时不得使用。胶液使用时要随拌随用,存放间隔不应大于1h,在拌和、运输、储存时应用塑料或陶瓷容器,严禁使用铁器,防止发生化学反应,胶液变色。

(4)塑料板的清擦:为保证黏结牢固,刷胶前,对拆去包装的塑料板的背面,应用干净的擦布进行清擦,将塑料板后面的粉尘及滑石粉等清净,以保证黏结效果。

(5)刷胶:刷一道薄而均匀的结合层底胶。

(6)铺贴塑料板:可采用十字铺贴法和对角斜铺法。用胶粘剂贴塑料板时,施工温度不应低于10℃,如低于上述温度施工时,应采用升温措施,以保证粘贴质量。

(7)滚压、铺贴塑料踢脚板:地面铺贴后,弹出踢脚上口线,并分别在房间的两端铺贴踢脚板后,挂线粘贴,应先铺阴阳角,后铺大面,用碾子反复压实。注意踢脚板上口及踢脚板与地面交接的阴角的滚压,以涂刷的胶压出为准并及时将胶痕擦净。

(8)擦光上蜡:铺贴好塑料地面及踢脚后,用抹布擦干净,晾干,之后用白布包裹已配置好的上光软蜡,满涂1~2遍(重量配比为软蜡:汽油=100:20~100:30),另掺1%~

2%同地板同颜色的颜料。稍干后用净布擦拭,直至表面光滑、光亮。

4)质量验收标准及检测方法

(1)主控项目

塑料板面层所用的塑料板块和卷材的品种、规格、颜色、等级应符合设计要求和现行国家标准的规定。面层与下一层的黏结应牢固,不翘边、不脱胶、无溢胶。

(2)一般项目

①塑料板面层应表面洁净,图案清晰,色泽一致,连接严密、美观。拼缝处的图案、花纹吻合,无胶痕,与墙边交接严密,阴阳角收边方正。

②板块的焊接,焊缝应平整、光洁,无焦化变色、斑点、焊瘤和起鳞等缺陷,其允许偏差为±0.6mm。焊接的抗拉强度不得小于塑料板强度的75%。

③镶边用料应尺寸精确、边角整齐、拼接严密、接缝顺直。

(3)质量验收标准

塑料板地面允许偏差值如表3-7所示。

表3-7　塑料板地面允许偏差值

项次	项　目	允许偏差(mm)	检验方法
1	表面平整度	2.0	用2m靠尺和楔形塞尺检查
2	缝格平直	3.0	拉5m线和用钢尺检查
3	接缝高低差	0.5	用钢尺和楔形塞尺检查
4	踢脚板上口平直	2.0	拉5m线和用钢尺检查
5	板块间隙宽度	—	用钢尺检查

3.1.3.2　地毯面层

1)强制性条文

关于地毯面层施工强制性标准有《建筑地面工程施工质量验收规范》(GB 50209—2010)。

2)工艺流程

地毯面层施工工艺流程如图3-10所示。

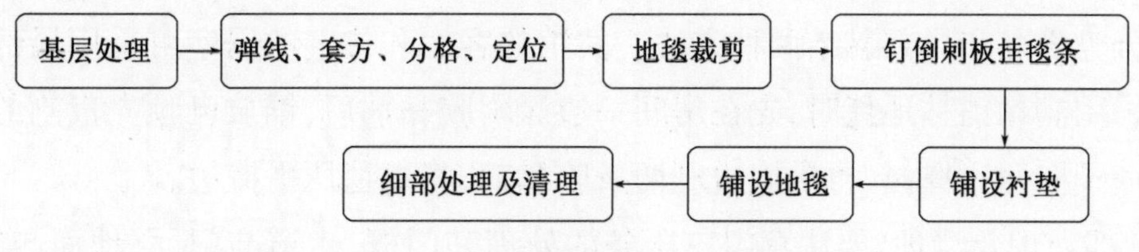

图3-10　地毯面层施工工艺流程

3)作业要点及标准做法

(1)基层处理:铺设地毯的基层,一般是水泥地面,也可以是木地板或其他材质的地面。要求表面平整、光滑、洁净,如有油污,须用丙酮或松脂油擦净。如为水泥地面,应具有一定的强度,含水率不大于8%,表面平整偏差不大于4mn。

(2)弹线、套方、分格、定位:要严格按照设计图纸对各个不同部位和房间的具体要求进行弹线、套方、分格,如图纸有规定和要求时,则严格按图施工。如图纸没具体要求时,应对称找中并弹线,便可定位铺设。

(3)地毯剪裁:地毯裁剪应在比较宽阔的地方集中统一进行。一定要精确测量房间尺寸,并按房间和所用地毯型号逐一登记编号。之后根据房间尺寸、形状用裁边机断下地毯料,每段地毯的长度要比房间长出2cm左右,宽度要以裁去地毯边缘线后的尺寸计算。弹线裁去边缘部分,之后以手推裁刀从毯背裁切,裁好后卷成卷编上号,放入对号房间里,大面积房厅应在施工地点剪裁拼缝。

(4)钉倒刺板挂毯条:沿房间或走道四周踢脚板边缘,用高强水泥钉将倒刺板钉在基层上(钉朝向墙的方向),其间距约40cm左右。倒刺板应离开踢脚板面8~10mm,以便于钉牢倒刺板。

(5)铺设衬垫:将衬垫采用点粘法刷107胶或聚醋酸乙烯乳胶,粘在地面基层上,并要离开倒刺板10mm左右。

(6)铺设地毯

①缝合地毯:将裁好的地毯虚铺在垫层上,之后将地毯卷起,在拼接处缝合,缝合完毕,用塑料胶纸贴于缝合处,保护接缝处不被划破或勾起,之后将地毯平铺用弯钉在接缝处做绒毛密实的缝合。

②拉伸与固定地毯:先将地毯的一条长边固定在倒刺板上,毛边掩到踢脚板下,用地毯掉子拉伸地毯。拉伸时,用手压住地毯,从一边一步步推向另一边。如一遍未能拉平,应重复拉伸,直至拉平为止。之后将地毯固定在另一条倒刺板上,掩好毛边。长出的地毯,用裁割刀割掉。一个方向拉伸完毕,再进行另一个方向的拉伸,直至四个边都固定在倒刺板上。

③用胶黏剂黏结固定地毯:此法一般不放衬垫(多用于化纤地毯),先将地毯拼缝处衬一条10cm宽的麻布带,用胶黏剂粘贴,之后将胶黏剂涂刷在基层上,适时黏结、固定地毯。此法分为满黏和局部黏结两种方法。宾馆的客房和住宅的居室可采用局部黏结,公共场所宜采用满黏铺粘地毯时,先在房间一边涂刷胶黏剂后,铺放已预先裁割的地毯,之后用地毯掉子向两边撑拉,再沿墙边刷两条胶黏剂,将地毯压平掩边。

(7)细部处理及清理:要注意门口压条的处理和门框、走道与门厅,地面与管根暖气罩、槽盒,走道与卫生间门槛,楼梯踏步与过道平台,内门与外门,不同颜色地毯交接处和踢脚板等部位地毯的套副、固定和掩边工作,必须黏结牢固,不应有显露后找补条等破活。地毯铺设完毕,固定收口条后,应用吸尘器清扫干净,并将毯面上脱落的绒毛等彻底清理干净。

4)质量验收标准及检测方法

(1)主控项目

①各种地毯的材质、规格、技术指标必须符合设计要求和施工规范的规定。

②地毯与基层固定必须牢固,无卷边、翻起现象。

(2)一般项目

①地毯表面平整,无打皱、鼓包现象。

②拼缝平整、密实,在视线范围内不显拼缝。

③地毯与其他地面的收回或交接处应顺直。

④地毯的绒毛应理顺,表面干净,无油污杂物等。

(3)质量验收标准

地毯面层允许偏差如表3-8所示。

表3-8　允许偏差

项次	项　　目	允许偏差(mm)	检验方法
1	立面垂直度	2.0	2m垂直检测尺
2	表面平整度	2.0	2m靠尺合塞尺
3	阴阳角方正	2.0	直角检测尺

3.1.4　木竹面层

3.1.4.1　基层

(1)高架木地板基层施工

①地墙或砖墩,用水泥砂浆砌筑地垄墙,在每条地垄墙、内横墙和暖气沟墙留设120mm×120mm的通风洞两个,且需在同一直线上,以利通风。如地垄不易做通风处理,则需在地垄部铺设防潮油毡。

②木格栅与木地板基板接触的表面一定要刨平,木方的连接可用半槽式扣件法。通常在砖墩上预留木方或铁件,之后用螺栓将木格栅连接起来。

(2)架铺地板基层施工。一般架铺地板是在楼面上或已有水泥地坪的地面上进行。

①地面处理,检查地面的平整度,做水泥砂浆找平层,之后在找平层上刷二遍防水涂料或乳化沥青。

②木格栅,直接固定于地面的木格栅所用的木方,可采用截面尺寸为30mm×40mm或40mm×50mm的木方。组成木格栅的木方同一规格,其连接方式通常为半槽扣件,并在两木方的扣件处涂胶加钉打。

③木格栅与地面的固定,木格栅与地面的固定通常采用埋木楔的方法,即用$\phi16$的

冲击电钻在水泥地面或栅板上钻洞,孔洞深40mm左右,钻孔位置应在地面单出的木格栅位置上,两孔间隔0.8m左右之后向空洞内打入木模。固定木方时可用地板专用钉将木格栅固定在打入地面的木楔上。

(3)实铺木地板的基层要求,木地板直接铺贴在地面时,对地面的平整度要求较高,一般地面应采用防水水泥砂浆找平或在平整的水泥砂浆找平层上刷防潮层。

(4)质量验收标准

木、竹面层的允许偏差和检验方法见表3-9。

表3-9 木、竹面层的允许偏差和检验方法

<table>
<tr><th rowspan="3">项次</th><th rowspan="3">项 目</th><th colspan="4">允许偏差(mm)</th><th rowspan="3">检 验 方 法</th></tr>
<tr><th colspan="3">实木地板、实木集成地板、竹地板面层</th><th rowspan="2">浸渍纸层压木质地板、实木复合地板、软木类地板面层</th></tr>
<tr><th>松木地板</th><th>硬木地板、竹地板</th><th>拼花地板</th></tr>
<tr><td>1</td><td>板面缝隙宽度</td><td>1.0</td><td>0.5</td><td>0.2</td><td>0.5</td><td>用钢尺检查</td></tr>
<tr><td>2</td><td>表面平整度</td><td>3.0</td><td>2.0</td><td>2.0</td><td>2.0</td><td>用2m靠尺和楔形塞尺检查</td></tr>
<tr><td>3</td><td>踢脚线上口平齐</td><td>3.0</td><td>3.0</td><td>3.0</td><td>3.0</td><td rowspan="2">拉5m线和用钢尺检查</td></tr>
<tr><td>4</td><td>板面拼缝平直</td><td>3.0</td><td>3.0</td><td>3.0</td><td>3.0</td></tr>
<tr><td>5</td><td>相邻板材高差</td><td>0.5</td><td>0.5</td><td>0.5</td><td>0.5</td><td>用钢尺和楔形塞尺检查</td></tr>
<tr><td>6</td><td>踢脚线与面层的接缝</td><td colspan="4">1.0</td><td>楔形塞尺检查</td></tr>
</table>

3.1.4.2 实木地板面层(条材、块材面层)

1)强制性条文

关于实木地板面层(条材、块材面层)施工强制性标准有《建筑地面工程施工质量验收规范》(GB 50209—2010)。

2)工艺流程

实木地板面层(条材、块材面层)施工工艺流程如图3-11所示。

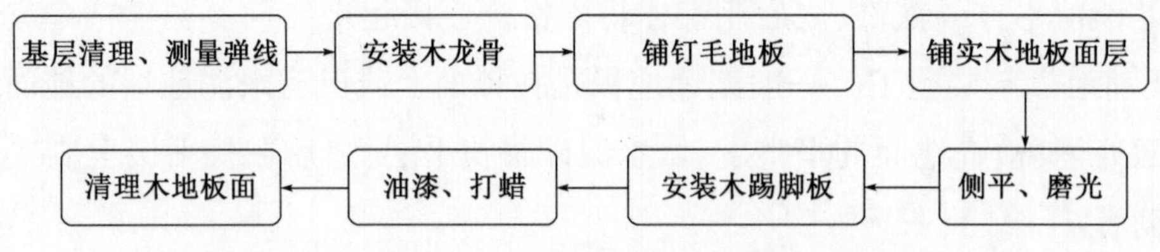

图3-11 实木地板面层(条材、块材面层)施工工艺流程

3)作业要点及标准做法

(1)基层清理、测量弹线:对基层空鼓、麻点、掉皮、起砂、高低偏差等部位先进行返修,并把沾在基层上的浮浆、落地灰等用錾子或钢丝刷清理掉,再用扫帚将浮土清扫干

净。待所有清理工作完成后进行验收,合格后方可弹线。

(2)安装木龙骨

①实铺法:楼层木地板的铺设,通常采用实铺法施工。

②空铺法。

(3)铺钉毛地板:实木地板有单层和双层两种。单层实木地板是将条形实木地板直接钉牢在木龙骨上,条形板与木龙骨垂直铺设。双层是在木龙骨上先钉一层毛地板,再钉实木条板毛地板可采用松、杉木板条,其宽度不宜大于120mm,或按设计要求选用,毛地板的表面应刨平。毛地板与木龙骨成30°或45°角斜向铺钉。毛地板铺设时,木材髓心应向上,其板间缝隙不大于3mm,与墙之间应留10~20mm的缝隙。毛地板用铁钉与龙骨钉紧,宜选用长度为板厚2~2.5倍的铁钉,每块毛地板应在每根龙骨上各钉两个钉子固定,钉帽应砸扁并冲进毛地板表面2mm,毛地板的接头必须设在龙骨中线上,表面要调平,板长不应小于两档木龙骨,相邻板条的接缝要错开。毛地板使用前必须做防腐与防潮处理,并将其上所有垃圾、杂物清理干净,方可执行下一步铺设工作。

(4)铺钉实木地板面层。

(5)刨平、磨光:地板刨光宜采用地板刨光机(或六面),转速在5000r/min以上。长条地板应顺木纹刨,拼花地板应与地板木纹成45°斜刨。刨时不宜走得太快,刨刀吃口不应过深,要多走几遍,地板刨光机不用时应先将机器提起关闭,防止啃伤地面。一次刨厚度应小于1.5m,要求无刨痕。机器刨不到的地方要用手刨,并用细刨净面。地板刨平后,用砂布磨光,所用砂布应先粗后细,砂布应绷紧绷平,磨光方向及角度与刨光方向相同。

(6)安装木踢脚板:实木地板安装完毕后,静放2h后方可拆除木楔子,并安装踢脚板。踢脚板的厚度应以能压住实木地板与墙面的缝隙为准,通常厚度为15mm,以钉固定。木踢脚板应提前刨光,背面开成凹槽,以防翘曲,并每隔1m钻直径6mm的通风孔,在墙上每隔750mm设防腐木砖或在墙上钻孔打入防腐木砖,在防腐木砖外面钉防腐木块,再把踢脚板用钉子钉牢在防腐木块上,钉帽砸扁冲入木板内,踢脚板板面应垂直,上口水平。木踢脚板阴阳角交接处,钉三角木条,以盖住缝隙,木踢脚板阴阳角交角处应切割成45°角拼装,踢脚板的接头也应固定在防腐木块上。安装时注意不要把有明显色差的踢脚板连在一起。

(7)油漆、打蜡:应在房间内所有装饰工程完工后进行。硬木拼花地板花纹明显,应多采用透明的清漆刷涂,此法可透出木纹,增强装饰效果。打蜡可用地板蜡,以增加地板的光洁度,打蜡时均匀喷涂1~2遍,稍干后用净布擦损,直至表面光滑、光亮。面积较大时用机械打蜡,可增加地板的光亮度,使木材固有花纹和色泽最大限度地显示出来。

(8)清理木地板面、交付验收使用,或进行下道工序的施工。

4)质量验收标准及检测方法

(1)主控项目

①实木地板面层所采用的材质和铺设时的木材含水率必须符合设计要求。木龙骨、垫木和毛地板等必须做防腐、防蛀处理。

检验方法:观察检查和检查材质合格证明文件及检测报告。

②木龙骨安装应牢固、平直,其间距和稳固方法必须符合设计要求,粘贴使用的胶必须符合设计环保要求。

检验方法:观察、脚踩检查、胶粘剂的合格证明文件及环保检测报告。

③面层铺设应牢固:粘贴无空鼓。

检验方法:观察、脚踩或用小锤轻击检查。

④木板和拼花板面层平、磨光,无刨痕接茬和毛刺等现象,图案清晰美观,面层颜色均匀一致。

检验方法:观察。

(2)一般项目

①实木地板面层应平、磨光,无明显刨痕和毛刺等现象,图案清晰,颜色均匀一致。

检验方法:观察、手摸和脚踩检查。

②面层缝隙应严密:接头位置应错开、表面洁净。

检验方法:观察检查。

③拼花地板接缝应对齐,粘、钉严密,缝隙宽度均匀一致,表面洁净,胶粘无溢胶。

检验方法:观察检查。

④踢脚线表面应光滑,接缝严密,高度一致。

检验方法:观察和钢尺检查。

(3)质量验收标准

实木地板面层的质量验收标准如表3-10所示。

表3-10　实木地板面层的允许偏差和检验方法

项　目	允许偏差(mm)						检验方法
	松木地板		硬木地板		拼花地板		
	国标、行标	企标	国标、行标	企标	国标、行标	企标	
板面缝隙宽度	1.0	1.0	0.5	0.3	0.2	0.2	用钢尺检查
表面平整度	3.0	2.0	2.0	1.0	2.0	1.0	用2m靠尺和楔形塞尺检查

续上表

<table>
<tr><td rowspan="3">项　目</td><td colspan="6">允许偏差(mm)</td><td rowspan="3">检验方法</td></tr>
<tr><td colspan="2">松木地板</td><td colspan="2">硬木地板</td><td colspan="2">拼花地板</td></tr>
<tr><td>国标、行标</td><td>企标</td><td>国标、行标</td><td>企标</td><td>国标、行标</td><td>企标</td></tr>
<tr><td>踢脚线上口平直</td><td>3.0</td><td>2.0</td><td>3.0</td><td>2.0</td><td>3.0</td><td>2.0</td><td rowspan="2">拉5m线,不足5m拉通线和用钢尺检查</td></tr>
<tr><td>板面拼缝平直</td><td>3.0</td><td>2.0</td><td>3.0</td><td>1.0</td><td>3.0</td><td>1.0</td></tr>
<tr><td>相邻板材高差</td><td>0.5</td><td>0.3</td><td>0.5</td><td>0.3</td><td>0.5</td><td>0.3</td><td>用钢尺和楔形塞尺检查</td></tr>
<tr><td>踢脚线与面层的拼缝</td><td>1.0</td><td>1.0</td><td>1.0</td><td>1.0</td><td>1.0</td><td>1.0</td><td>楔形塞尺检查</td></tr>
</table>

3.1.4.3　实木复合地板面层(条材、块材面层)

同3.1.4.2。

3.1.4.4　中密度(强化)复合地板面层(条材面层)

1)强制性条文

关于中密度(强化)复合地板面层(条材面层)施工强制性标准有《建筑地面工程施工质量验收规范》(GB 50209—2010)。

2)工艺流程

中密度复合地板面层施工工艺流程如图3-12所示。

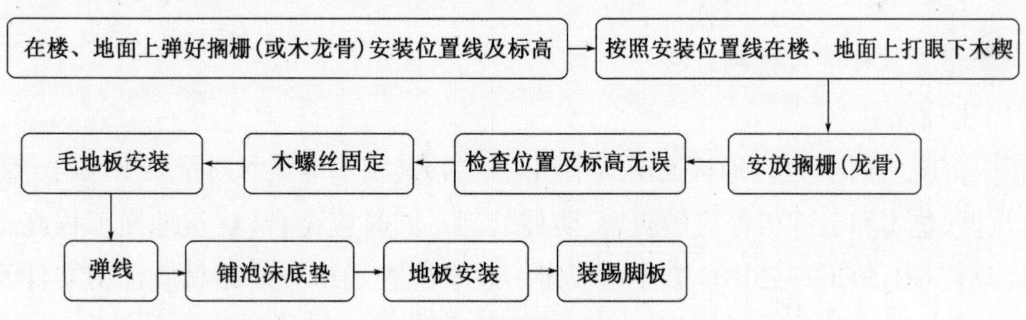

图3-12　中密度(强化)复合地板面层(条材面层)施工工艺流程

3)作业要点及标准做法

(1)木搁栅和垫木的铺设

木搁栅和垫木的树种,宜选用红白松加工制作。搁栅的断面尺寸,不应小于45mm×25mm湿热带和潮湿地区,木搁栅应尽量选用烘干木材并用氟化钠(加水)防腐,木搁栅应打气眼与四边相通,以避免木搁栅吸潮变形,造成面板后期开裂,产生缝隙。施工时先在楼、地面上弹好搁栅(或木龙骨)安装位置线及标高,按安装位置线在楼、地面上打眼下木楔,后安装搁栅(龙骨),木螺丝固定,螺丝长度应为木搁栅高度的2~2.5倍,木螺丝帽应深入搁栅顶面0.5～1m,并用油性腻子刮平整。为了防止木搁栅位移,搁栅间应加钉剪刀撑或在搁栅两侧用水泥砂浆封牢固。搁栅和墙间应留出不小于30m的缝隙。相邻木搁栅中心间距不应大于300mm。搁栅表面应平直,用2m靠尺检查时,靠尺与搁栅间的空隙应不大于3mm。

(2)毛地板铺设

铺装双层木地板的下层毛地板,多采用18mm厚不易腐朽、变形、开裂和干燥的细木工板(大芯板)。铺设前,必须清除毛地板下空间内的刨花等杂物。每块毛地板应在其下的每根木搁栅上用不小于300mm间距的钉固定,钉的长度应为毛地板厚的1倍。板间缝隙应控制在3mm以内。毛地板与墙之间留10～20mm的空隙。

(3)中密度(强化)复合地板铺设。

(4)踢脚板安装

踢脚应为提前在靠墙的一面开成槽的成品,并每隔1m钻直径6mm的通风孔,在墙上应每隔750mm砌入防腐木砖,在防腐木砖外面钉防腐木块(无法下木砖、木块的可在墙面上打眼、下木模),再把踢脚板用明钉钉牢在防腐木块上,钉帽砸扁冲入木板内。踢脚板板面要垂直,上口呈水平线,盖住缝隙。竹踢脚板阴阳角交角处应切割成45°角后再行拼装,踢脚的接头应固定在防腐木块(或木楔上)。

(5)中密度(强化)复合地板亦可直接铺装在木板、水泥砂浆、混凝土、地砖、石材等平整基层上,安装时基层上要铺设一层松软材料,如聚乙烯泡沫薄膜、波纹纸。

4)质量验收标准及检测方法

(1)主控项目

①中密度(强化)复合地板面层所采用的材料,其技术等级和质量要求应符合设计要求、木搁栅、垫木和毛地板等应做防腐、防蛀处理。同时应符合《建筑地面工程施工质量验收规范》(GB 50209—2010)第2条规定。观察检查和检查产品材质证明文件及检测报告。木搁栅的安装应牢固,平直。观察、脚踩检查。

②面层铺设应牢固。观察、脚踩检查。

(2)一般项目

①中密度(强化)复合地板面层图案和颜色应符合设计要求,图案清晰,颜色一致,板面无翘曲,观察、用2m靠尺和楔尺检查。

②面层的接头应错开、缝隙严密、表面清洁,观察检查。

③踢脚线表面应光滑,缝隙严密,高度一致,观察和钢尺检查。

(3)质量验收标准

中密度(强化)复合地板质量验收标准如表3-11所示。

表3-11　中密度(强化)复合地板允许偏差

<table>
<tr><th rowspan="2">项次</th><th rowspan="2">项　　目</th><th colspan="3">允 许 偏 差 (mm)</th><th rowspan="2">检 验 方 法</th></tr>
<tr><th>木搁栅</th><th>毛地板</th><th>中密度(强化)复合地板</th></tr>
<tr><td>1</td><td>板面缝隙宽度</td><td>—</td><td>3</td><td>0.5</td><td>用钢尺检查</td></tr>
<tr><td>2</td><td>表面平整度</td><td>3</td><td>3</td><td>2.0</td><td>用2m靠尺和塞尺检查</td></tr>
<tr><td>3</td><td>踢脚线上口平直</td><td>—</td><td>—</td><td>3.0</td><td>拉5m线,不足5m拉通线和用钢尺检查</td></tr>
<tr><td>4</td><td>板面拼缝平直</td><td>—</td><td>3.0</td><td>3.0</td><td>拉5m线,不足5m拉通线和用钢尺检查</td></tr>
<tr><td>5</td><td>相邻板材高差</td><td>—</td><td>0.5</td><td>0.5</td><td>用钢尺和塞尺检查</td></tr>
<tr><td>6</td><td>踢脚线与面层接缝</td><td>—</td><td>—</td><td>1.0</td><td>楔形塞尺检查</td></tr>
</table>

3.2　抹 灰 工 程

3.2.1　一般抹灰

1)强制性条文

关于一般抹灰施工强制性标准有《建筑装饰装修工程质量验收规范》(GB 50210—2018)。

2)工艺流程

一般抹灰施工工艺流程如图3-13所示。

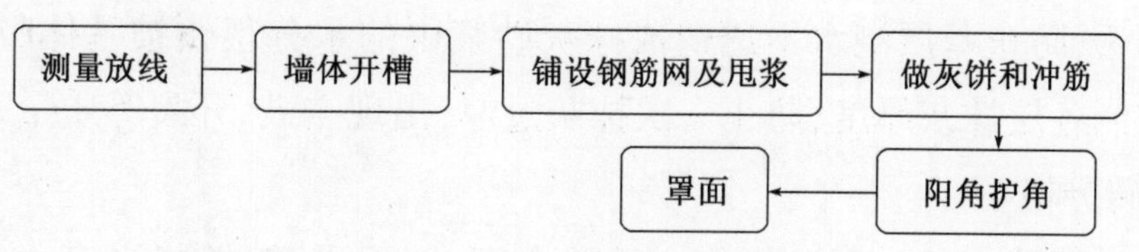

图3-13　一般抹灰施工工艺流程

3)作业要点及标准做法

(1)测量放线

房间面积较大时应先在地上弹出十字中心线,之后按基层面平整度弹出墙角线,随后在距墙阴角100mm处吊垂线并弹出铅垂线,再按地上弹出的墙角线往墙上翻弹出阴角两面墙上的墙面抹灰层厚度控制线;测量引用的控制点或控制线需与主体控制点和控制线相同,楼层四大角、转角及门窗洞等外墙面均要保证有线可查,并保证吊线的准确性。

(2)墙体开槽

墙体开槽前,应先根据控制线在墙面上将部位、尺寸标注清楚,之后用专用工具进行施工,槽宽小于40mm用高标号水泥砂浆分两次补槽,槽宽大于40mm采用细石混凝土补槽,在有条件的情况下,砖墙砌筑时与水电预埋同步施工,即可保证砖墙的稳定、牢固与美观,同时也保护了预埋管线,避免了开槽影响砖墙尤其是半砖墙的整体稳定性。

(3)铺设钢筋网及甩浆

抹灰前在墙面喷界面处理剂。不同材料交界处铺设钢丝网,搭接宽度不小于100mm,防止墙面开裂渗漏。采用20×20mm网眼钢丝网,采用射钉枪固定,射钉间距200mm,抹灰层厚度超过35mm时应增设一道钢丝。

(4)做灰饼和冲筋

根据规方线,拉通线在墙面四周用1:3水泥砂浆做50×50mm的灰饼。灰饼间距根据房间尺寸确定,一般为1.2~1.5m。当灰饼砂浆达到七成干时,即可用与抹灰层相同砂浆冲筋,冲筋根数应根据房间的宽度和高度确定,一般标筋宽度为50mm。两筋间距不大于1.5m。当墙面高度小于3.5m时宜做立筋,大于3.5m时宜做横筋,做横向冲筋时做灰饼的间距不宜大于2m。

(5)阳角护角

墙、柱阳角应在墙、柱面抹灰前用1:2水泥砂浆做护角,护角高度自地面以上2m,每侧宽度不应小于50mm。

(6)罩面

外墙、厨卫间和地下室墙面要采用水泥砂浆,厨卫间墙面要进行拉毛处理。抹灰表面应光滑、洁净、颜色均匀、接槎平整,分格缝清晰。应保证立面垂直度、平整度、阴阳角方正、分格条、墙裙、勒角上口顺直、贴脸突出厚度要符合规范要求。抹灰前应将基层充分浇水均匀润透,防止基层浇水不透造成抹灰砂浆中的水分很快被基体吸收,出现质量问题。严格控制各层抹灰厚度,防止一次抹灰过厚,出现空鼓、开裂等质量问题。

(7)墙面砖分格

排砖、弹线、拼接、勾缝、面砖浸泡。排砖合理、墙面平整、缝格平直,大角顺直、外挑部分坡度、滴水线(槽)符合图纸相关规定。

(8)饰面砖拼缝及阳角

阳角形式、面砖接缝、打胶,阳角垂直、方正,护角固定牢固、与面砖接缝严密,缝隙均匀深浅一致。

(9)涂饰阴阳角

多遍弹线翻线,砂纸细度,线角顺直和清晰度。阴阳角方正2mm、垂直度2mm。阴阳角应清晰、顺直,涂料表面细腻无刷纹。

4)质量验收标准及检测方法

(1)主控项目

①一般抹灰所用材料的品种和性能应符合设计要求及国家现行标准的有关规定。

②抹灰前基层表面的尘土、污垢和油渍等应清除干净，并应洒水润湿或进行界面处理。

③抹灰工程应分层进行。当抹灰总厚度大于或等于35mm时，应采取加强措施。不同材料基层交接处表面的抹灰，应采取防止开裂的加强措施，当采用加强网时，加强网与各基层的搭接宽度不应小于100mm。

④抹灰层与基层之间及各抹灰层之间应黏结牢固，抹灰层应无脱层和空鼓，面层应无爆灰和裂缝。

(2)一般项目

①保温层薄抹灰表面应光滑、洁净、颜色均匀、无抹纹，分格缝和灰线应清晰美观。

②护角、孔洞、槽、盒周围的抹灰表面应整齐、光滑，管道后面的抹灰表面应平整。

③保温层薄抹灰层的总厚度应符合设计要求。

④保温层薄抹灰分格缝的设置应符合设计要求，宽度和深度应均匀，表面应光滑，棱角应整齐。

⑤有排水要求的部位应做滴水线(槽)、滴水线(槽)应整齐顺直，滴水线应内高外低，滴水槽宽度和深度均不应小于10mm。

(3)质量验收标准

一般抹灰的质量验收标准如表3-12所示。

表3-12　一般抹灰的允许偏差和检测方法

项次	项　目	允许偏差(mm)		检验方法
		普通抹灰	高级抹灰	
1	立面垂直度	4	3	用2m垂直检测尺检查
2	表面平整度	4	3	用2m靠尺和塞尺检查
3	阴阳角方正	4	3	用200mm直角检测尺检查
4	分格条(缝)直线度	4	3	拉5m线，不足5m拉通线，用钢直尺检查
5	墙裙、勒脚上口直线度	4	3	拉5m线，不足5m拉通线，用钢直尺检查

3.2.2　装饰抹灰

1)强制性条文

关于装饰抹灰施工强制性标准有《建筑装饰装修工程质量验收规范》(GB 50210—2018)。

2)工艺流程

在1∶3的水泥砂浆底层上洒水湿润,刮水泥浆一层(厚1～1.5mm)作为黏结层,找平后按设计要求布置并固定分格嵌条(铜条、铝条、玻璃条),随后将不同色彩的水泥石子浆[水泥∶石子=1∶(1～1.25)]填入分格中,厚为8mm(比嵌条高出1～2mm),抹平压实。待罩面灰有一定强度(1～2d)后,用磨石机浇水开磨至光滑发亮为止。每次磨光后,用同色水泥浆填补砂眼,视环境温度不同每隔一定时间再磨第二遍、第三遍,要求磨光遍数不少于3遍,补浆2次,此即所谓“二浆三磨”法。最后,要求用草酸擦洗和进行打蜡。

3)作业要点及标准做法

(1)基层处理:清除一切妨碍抹灰层与基层牢固黏结的附着物,洒水润湿。如是光滑的混凝土基面则应凿毛或均匀喷、抹掺有108胶的1∶1水泥砂浆。

(2)规方、吊直、“打墩”:抹灰前应先将房间规方,立线吊直,弹出基准线和踢脚线,并结合墙面平整、垂直程度,确定抹灰厚度,进行弹线“打墩”。

(3)墙面冲筋,砂浆墩硬结后,在上下砂浆墩之间做宽约30～50mm的灰浆带,并以上下砂浆墩为准备用压尺推平,冲筋完成,稍干后,才能进行墙面抹灰作业。

(4)做护角:用方尺规定后,分别在阳角两边吊直和固定好靠尺板,抹出水泥砂浆护角,并用阴角抹子推出小圆角,最后利用靠尺板,在阳角两边50mm以外位置,40°斜角将多余砂浆切除、清净。

(5)抹灰:在墙体湿润情况下打底灰,底灰配比按设计要求,一般厚度为5～7mn,待底灰稍干后,可做中灰层,控制压尺刮平找直,用木磨磨平,要求平整、垂直,阴阳角方正,随后清除余渣。

(6)罩面层:罩面层的材料可根据设计要求选用,配好腻子,在清理好的基层上抹罩面层,罩面层的材料可根据设计要求选用,配好腻子,在清理好的抹灰墙壁面满批满刮一遍。刮第二遍腻子时,应渗入数量约5%的107胶,并适当调稀,边刮边找平。硬结后用02号砂纸打平。

4)质量验收标准及检测方法

(1)主控项目

①装饰抹灰工程所用材料的品种和性能应符合设计要求及国家现行标准的有关规定。

②抹灰前基层表面的尘土、污垢和油渍等应清除干净,并应洒水润湿或进行界面处理。

③抹灰工程应分层进行。当抹灰总厚度大于或等于35mm时,应采取加强措施。不同材料基层交接处表面的抹灰,应采取防止开裂的加强措施,当采用加强网时,加强网与各基层的搭接宽度不应小于100mm。

④各抹灰层之间及抹灰层与基体之间应黏结牢固,抹灰层应无脱层、空鼓和裂缝。

(2)一般项目

①水刷石表面应石粒清晰、分布均匀、紧密平整、色泽一致,应无掉粒和接槎痕迹。

②斩假石表面剁纹应均匀顺直、深浅一致,应无漏剁处;阳角处应横剁并留出宽窄一致的不剁边条,棱角应无损坏。

③干黏石表面应色泽一致、不露浆、不漏粘,石粒应黏结牢固、分布均匀,阳角处应无明显黑边。

④假面砖表面应平整、沟纹清晰、留缝整齐、色泽一致,应无掉角、脱皮和起砂等缺陷。

⑤装饰抹灰分格条(缝)的设置应符合设计要求,宽度和深度应均匀,表面应平整光滑,棱角应整齐。

⑥有排水要求的部位应做滴水线(槽)、滴水线(槽)应整齐顺直,滴水线应内高外低,滴水槽的宽度和深度均不应小于10mm。

(3)质量验收标准

装饰抹灰的质量验收标准如表3-13所示。

表3-13 装饰抹灰的允许偏差和检测方法

项次	项 目	允许偏差(mm)				检验方法
		水刷石	斩假石	干黏石	假面砖	
1	立面垂直度	5	4	5	5	用2m垂直检测尺检查
2	表面平整度	3	3	5	4	用2m靠尺和塞尺检查
3	阳角方正	3	3	4	4	用200mm直角检测尺检查
4	分格条(缝)直线度	3	3	3	3	拉5m线,不足5m拉通线,用钢直尺检查
5	墙裙、勒脚上口直线度	3	3	—	—	拉5m线,不足5m拉通线,用钢直尺检查

3.3 门 窗

3.3.1 木门窗制作与安装

1)强制性条文

关于木门窗制作与安装施工强制性标准有《建筑装饰装修工程质量验收规范》(GB 50210—2018)。

2)工艺流程

木门窗制作与安装施工工艺流程如图3-14所示。

图3-14 木门窗制作与安装施工工艺流程

3)作业要点及标准做法

(1)放样

放样是根据施工图纸上设计好的木制品,按照1:1将木制品构造画出来,做成样板,样板采用松木制作,双面刨光,厚约25cm,宽等于门窗樘子的断面宽,长比门窗高度大200mm左右,经过仔细校核后才能使用,放样是配料和截料、划线的依据,在使用的过程中,注意保持其划线的清晰,不要使其弯曲或折断。

(2)配料、截料

配料是在放样的基础上进行的,因此,要计算出各部件的尺寸和数量,列出配料单,按配料单进行配料。配料时,对原材料要进行选择,有腐朽、斜裂节疤的木料,应尽量躲开不用;不干燥的木料不能使用。长短搭配,先配长料,后配短料:先配框料,后配扇料。门窗樘料有顺弯时,其弯度一般不超过4mm,扭弯者一律不得使用。配料时,要合理的确定加工余量,各部件的毛料尺寸要比净料尺寸加大些,具体加大量可参考如下:

断面尺寸:单面刨光加大11.5mm,双面刨光加大23mm。机械加工时单面刨光加大3mm,双面刨光加大5mm。配料时还要注意木材的缺陷,节疤应躲开榫头的部位,防止凿劈或榫头断掉,起线部位也禁止有节疤。在选配的木料上按毛料尺寸画出截断、锯开线,考虑到锯解木料的损耗,一般留出23mm的损耗量。锯时要注意锯线直,端面平。

(3)刨料

刨料时,宜将纹理清晰的里材作为正面,对于樘子料任选一个窄面为正面,对于门、窗框的梃及冒头可只刨三面,不刨靠墙的一面,门、窗扇的上冒头和梃也可先刨三面,靠樘子的一面待安装时根据缝的大小再进行修刨,刨完后应按同类型、同规格樘扇分别堆放,上、下对齐。每个正面相合,底垛下面要垫实平整。

(4)划线

划线前,应明确图纸要求和样板式样,尺寸、规格必须一致,并先做样品,经审查合格后再正式划线。门窗樘无特殊要求时,可用平肩插。樘梃宽超过80mm时,要画双实榫;门扇梃厚度超过60mm时,要画双头榫。60mm以下画单榫。冒头料宽度大于180mm者,一般画上下双榫。榫眼厚度一般为料厚的1/4~1/3。半榫眼深度一般不大于料断面的1/4,冒头拉肩应和榫吻合。

(5)打眼

打眼之前,应选择等于眼宽的凿刀,凿出的眼,顺木纹两侧要直,不得出错槎。先打全眼,后打半眼。全眼要先打背面,凿到一半时,翻转过来再打正面直到贯穿。眼的正面要留半条里线,反面不留线,但比正面略宽。此法装榫头时可减少冲击,以免挤裂眼口四周。成批生产时,要经常核对,检查眼的位置尺寸,以免发生误差。

(6)开榫、拉肩

拉肩、开榫要留半个墨线,锯出的榫头要方正、平直、挥眼处完整无损,没有被拉肩操作面锯伤。半榫的长度应比半眼的深度少23mm。锯成的榫要求方正,不能伤榫根。楔头倒棱,以防装楔头时将眼背面顶裂。

(7)裁口与倒棱

裁口即刨去框的一个方形角部分,供装玻璃用。用裁口刨子或用歪嘴子刨。快刨到要刨的部分时,用单线刨子刨,去掉木屑,刨到为止。裁好的口要求方正平直,不能起毛,凹凸不平的现象。倒棱也称为倒八字,即沿框刨去一个三角形部分。倒棱要平直、板实,不能过线。裁口也可用电锯切割需留1m再用单线刨子创到需求位置为止。

(8)拼装

拼装前对部件应进行检查,要求部件方正、平直,线脚整齐分明,表面光滑,尺寸规格、式样符合设计要求。并用细刨将遗留墨线刨光门窗框的组装。组装好的门窗、扇用细刨刨平,先刨光面。双扇门窗要配好对,对缝的裁口刨好。安装前,门窗框靠墙的一面,均要刷一道防腐剂,以增强防腐能力。为了防止在运输过程中门窗框变形,在门框下端钉上拉杆。大的门窗框,在中贯档与梃间要钉八字撑杆,外面四个角也要钉八字掉杆。门窗框组装、净面后,应按房间编号,按规格分别码放整齐,堆垛下面要垫木块。不准在露天堆放,要用油布盖好,以防止日晒雨淋。门窗框进场后应尽快刷一道底油防止风裂和污染。

(9)门窗框的安装

①主体结构完工后,复查洞口标高、尺寸及木砖位置。

②将门窗框用木楔临时固定在门窗洞口内相应位置。

③用吊线坠校正框的正、侧面垂直度,用水平尺校正框冒头的水平度。

④用砸扁钉帽的钉子钉牢在木砖上。钉帽要冲入木框内12m,每块木砖要钉2处。

⑤高档硬木门框应用钻打孔木螺丝拧固并拧进木框5m用同等木补孔。

(10)门窗扇的安装

①量出裱口净尺寸,考虑留缝宽度。确定门窗扇的高、宽尺寸,先画出中间缝处的中线,再画出边线,并保证梃宽一致。4边画线。

②若门窗扇高、宽尺寸过大,则刨去多余部分。修刨时应先锯余头,再行修刨。门窗

扇为双扇时,应先作打叠高低缝,并以开启方向的右扇压左扇。

③若门窗扇高、宽尺寸过小,可在下边或装合页边用胶和钉子绑钉刨光的木条。钉帽砸扁,钉入木条内12mm。之后锯掉余头刨平。

④平开扇的底边,中悬扇的上下边,上悬扇的下边,下悬扇的上边等与框接触且容易发生摩擦的边,应刨成1mm斜面。

⑤试装门窗扇时,应先用木楔塞在门窗扇的下边,之后再检查缝隙,并注意窗楞和玻璃芯子平直对齐。合格后画出合页的位置线,剔槽装合页。

(11)门窗小五金的安装

①所有小五金必须用木螺丝固定安装,严禁用钉子代替。使用木螺丝时先用手锤钉入全长的1/3,接着用螺丝刀拧入。当木门窗为硬木时,先钻孔径为木螺丝直径0.9倍的孔,孔深为木螺丝全长的2/3,之后再拧入木螺丝。

②铰链距门窗扇上下两端的距离为扇高的1/10,且避开上下冒头。安好后必须保持灵活。

③门锁距地面约高0.9~1.05m,应错开中冒头和边梃的掉头。

④门窗拉手应位于门窗扇中线以下,窗拉手距地面1.5~1.6m。

⑤窗风钩应装在窗框下冒头与窗扇下冒头夹角处,使窗开启后成90°角,并使上下各层窗扇开启后整齐划一。

⑥门插销位于门拉手下边。装窗插销时应先固定插销底板,再关窗打插销压痕,凿孔,打入插销。

⑦门扇开启后易碰墙的门,为固定门扇应安装门吸。

⑧小五金应安装齐全,位置适宜,固定可靠。

4)质量验收标准及检测方法

(1)主控项目

①木门窗的品种、类型、规格、尺寸、开启方向、安装位置、连接方式及性能应符合设计要求及国家现行标准的有关规定。

②木门窗应采用烘干的木材,含水率及饰面质量应符合国家现行标准的有关规定。

③木门窗的防火、防腐、防虫处理应符合设计要求。

④木门窗框的安装应牢固。预埋木砖的防腐处理、木门窗框固定点的数量、位置和固定方法应符合设计要求。

⑤木门窗扇应安装牢固、开关灵活、关闭严密、无倒翘。

⑥木门窗配件的型号、规格和数量应符合设计要求,安装应牢固,位置应正确,功能应满足使用要求。

(2)一般项目

①木门窗表面应洁净,不得有刨痕和锤印。

②木门窗的割角和拼缝应严密平整,门窗框、扇裁口应顺直,刨面应平整。

③木门窗上的槽和孔应边缘整齐,无毛刺。

④木门窗与墙体间的缝隙应填嵌饱满。严寒和寒冷地区外门窗(或门窗框)与砌体间的空隙应填充保温材料。

⑤木门窗批水、盖口条、压缝条和密封条安装应顺直,与门窗结合应牢固、严密。

(3)质量验收标准

平开木门窗安装的质量验收标准如表3-14所示。

表3-14 平开木门窗安装的留缝限值、允许偏差和检验方法

项次	项 目	留缝限值(mm)	允许偏差(mm)	检 验 方 法
1	门窗框的正、侧面垂直度	—	2	用1m垂直检测尺检查
2	框与扇接缝高低差	—	1	用塞尺检查
	扇与扇接缝高低差		1	
3	门窗扇对口缝	1~4	—	用塞尺检查
4	工业厂房、围墙双扇大门对口缝	2~7	—	
5	门窗扇与上框间留缝	1~3	—	
6	门窗扇与合页侧框间留缝	1~3	—	
7	室外门扇与锁侧框间留缝	1~3	—	
8	门扇与下框间留缝	3~5	—	用塞尺检查
9	窗扇与下框间留缝	1~3	—	
10	双层门窗内外框间距	—	4	用钢直尺检查

3.3.2 金属门窗安装

1)强制性条文

关于金属门窗安装施工强制性标准有《建筑装饰装修工程质量验收规范》(GB 50210—2018)。

2)工艺流程

金属门窗安装施工工艺流程如图3-15所示。

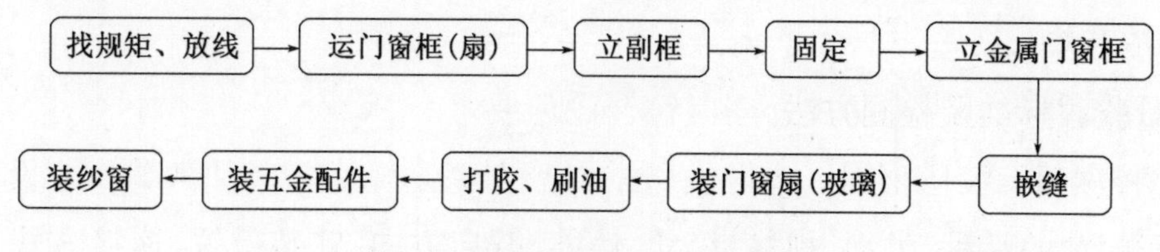

图3-15 金属门窗安装施工工艺流程

3)作业要点及标准做法

(1)找规矩、放线:按设计图纸中门窗安装的位置、尺寸、标高,以窗中线为准往两侧量出窗边缘线,以顶层门官安装位置为准,用大线坠或经纬仪吊线找出各层门窗安装位置线,再以各层50线为准,用水准仪或水平管拉通线确定各层门窗安装标高。

(2)运门窗框(扇):按施工图纸门窗编号的要求,将金属门窗分别运到各安装地点,并靠整牢固,防止门窗变形和翻倒碰人。

(3)立副框:将门窗副框就位,用木楔临时固定,使铁脚插入预留洞找正吊直,且保证位置准确。副框的左右缝隙宽度应一致,距外墙尺寸符合图纸要求。

(4)阳台门联窗,可先拼装好再进行安装,也可分别安装门和窗,现拼现装,但均需进行预装,经过找正、吊直调整到位置准确后,再进行固定。

(5)固定:副框立好后,要进行严格的位置及标高检查,符合要求后,上框铁脚与过梁铁件焊牢,窗两侧铁脚插入预留洞内,并用水将洞内阴湿,用干硬性豆石混凝土填塞牢固,洒水养护,混凝土墙面可用射钉固定。铁脚用镀锌铁片,厚度不小于1.5mm,尾部做燕尾,间距300mm,错开布置。

(6)立门窗框:将门窗框临时就位,调整好各部尺寸和位置后,与副框用螺钉固定牢固。

(7)嵌缝:门窗框固定后,用发泡剂将门窗框边缝塞实,并保证与门窗口之间封闭严密。

(8)装门窗扇(玻璃):门窗框固定牢固后,将门窗扇安装在框上。一般情况下,金属门窗的扇已在工厂安装好,因此,直接可以安装门窗玻璃,玻璃安装后,将各个压条压好。

(9)打胶、刷油:将门窗框边缝的发泡剂清理平整后,在缝两侧的框和墙上贴好美纹纸,之后打密封胶。一般情况下,玻璃周边也应打胶。最后,按设计要求的油漆种类和颜色涂刷罩面漆。

(10)纱扇制作、安装:裁纱时窗纱要比实际长宽尺寸各长50mm,以便于安装。绷纱时应先铺平窗纱,把上压条压好,之后将纱细紧、绷平,再安装下压条,最后边整理边装两侧压条,通常压条均为自攻螺丝或机牙螺丝压紧固定。多余的纱边要切割干净不留纱头。纱扇绷完纱后,即可按要求安装到门窗上。

(11)门窗五金安装:按设计要求选配五金件,按厂家提供的装配图进行组装,按施工图进行定位安装。五金件应待门窗面层油漆完活后再装,若需先装,安装后必须贴膜保护,防止油漆污染。

4)质量验收标准及检测方法

(1)主控项目

①金属门窗的品种、类型、规格、尺寸、性能、开启方向、安装位置、连接方式及门窗的型材壁厚应符合设计要求及国家现行标准的有关规定。金属门窗的防雷、防腐处理及填嵌、密封处理应符合设计要求。

②金属门窗框和附框的安装应牢固。预埋件及锚固件的数量、位置、埋设方式、与框

的连接方式应符合设计要求。

③金属门窗扇应安装牢固、开关灵活、关闭严密、无倒翘。推拉门窗扇应安装防止扇脱落的装置。

④金属门窗配件的型号、规格、数量应符合设计要求，安装应牢固，位置应正确，功能应满足使用要求。

(2)一般项目

①金属门窗表面应洁净、平整、光滑、色泽一致，应无锈蚀、擦伤、划痕和碰伤。漆膜或保护层应连续。型材的表面处理应符合设计要求及国家现行标准的有关规定。

②金属门窗推拉门窗扇开关力不应大于50N。

③金属门窗框与墙体之间的缝隙应填嵌饱满，并应采用密封胶密封。密封胶表面应光滑、顺直、无裂纹。

④金属门窗扇的密封胶条或密封毛条装配应平整、完好，不得脱槽，交角处应平顺。

⑤排水孔应畅通，位置和数量应符合设计要求。

(3)质量验收标准

钢门窗安装的质量验收标准如表3-15所示。

表3-15　钢门窗安装的留缝限值、允许偏差和检验方法

项次	项目		留缝限值(mm)	允许偏差(mm)	检验方法
1	门窗槽口宽度、高度	≤1500mm	—	2	用钢卷尺检查
		>1500mm	—	3	
2	门窗槽口对角线长度差	≤2000mm	—	3	用钢卷尺检查
		>2000mm	—	4	
3	门窗框的正、侧面垂直度		—	3	用1m垂直检测尺检查
4	门窗横框的水平度		—	3	用1m水平尺和塞尺检查
5	门窗横框标高		—	5	用钢卷尺检查
6	门窗竖向偏离中心		—	4	用钢卷尺检查

3.3.3　塑料门窗安装

1)强制性条文

关于塑料门窗安装施工强制性标准有《建筑装饰装修工程质量验收规范》(GB 50210—2018)。

2)工艺流程

塑料门窗安装施工工艺流程如图3-16所示。

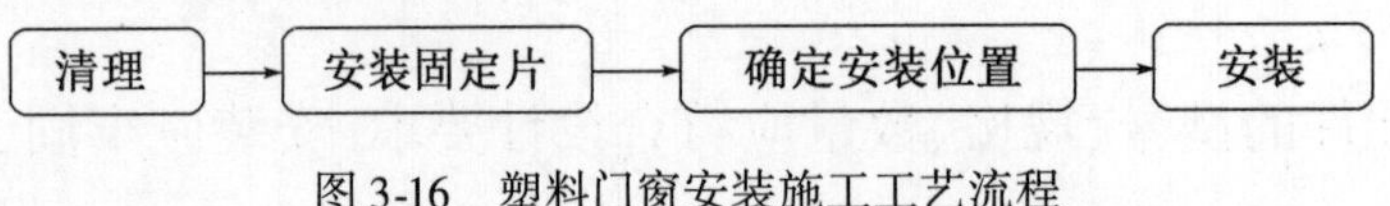

图3-16 塑料门窗安装施工工艺流程

3)作业要点及标准做法

(1)将不同型号、规格的塑料门窗搬到相应的洞口旁竖放。当有保护膜脱落时,应补贴保护膜,并在框上下边划中线。

(2)如果玻璃已安装在门窗上,应卸下玻璃,并做好标记。

(3)在门窗的上框及边框上安装固定片,其安装应符合下列要求:

①检查门窗框上下边的位置及其内外朝向并确认无误后,再安固定片。安装时应先采用直径为3.2mm的钻头钻孔,之后将十字槽盘端头自攻M4×20拧入,严禁直接锤击钉入;

②固定片的位置应距门窗角、中竖框、中横框150~200mm,固定片之间的间距应不大于600mm。不得将固定片直接装在中横框、中竖框的档头上。

(4)根据设计图纸及门窗扇的开启方向,确定门窗框的安装位置并把门窗框装入洞口,并使其上下框中线与洞口中线对齐。安装时应采取防止门窗变形的措施。无下框平开门应使两边框的下脚低于地面标高线30mm。带下框的平开门或推拉门应使下框低于地面标高线10mm。之后将上框的一个固定片固定在墙体上,并应调整门框的水平度、垂直度和直角度,用木楔临时固定。当下框长度大于0.9m时,其中间也用木楔塞紧。之后调整垂直度、水平度及直角度。

(5)当门窗与墙体固定时,应先固定上框,后固定边框。

4)质量验收标准及检测方法

(1)主控项目

①塑料门窗的品种、类型、规格、尺寸、性能、开启方向、安装位置、连接方式和填嵌密封处理应符合设计要求及国家现行标准的有关规定,内衬增强型钢的壁厚及设置应符合现行国家标准《建筑用塑料门》(GB/T 28886—2012)和《建筑用塑料窗》(GB/T 28887—2012)的规定。

②塑料门窗框、附框和扇的安装应牢固。固定片或膨胀螺栓的数量与位置应正确,连接方式应符合设计要求。固定点应距窗角、中横框、中竖框150~200mm,固定点间距不应大于600mm。

③塑料组合门窗使用的拼樘料截面尺寸及内衬增强型钢的形状和壁厚应符合设计要求。承受风荷载的拼樘料应采用与其内腔紧密吻合的增强型钢作为内衬,其两端应与洞口固定牢固。窗框应与拼樘料连接紧密,固定点间距不应大于600mm。

④窗框与洞口之间的伸缩缝内应采用聚氨酯发泡胶填充,发泡胶填充应均匀、密实。

发泡胶成型后不宜切割。表面应采用密封胶密封。密封胶应黏结牢固,表面应光滑、顺直、无裂纹。

⑤滑撑铰链的安装应牢固,紧固螺钉应使用不锈钢材质。螺钉与框扇连接处应进行防水密封处理。

⑥推拉门窗扇应安装防止扇脱落的装置。

⑦门窗扇关闭应严密,开关应灵活。

⑧塑料门窗配件的型号、规格和数量应符合设计要求,安装应牢固,位置应正确,使用应灵活,功能应满足各自使用要求。平开窗扇高度大于900mm时,窗扇锁闭点不应少于2个。

(2)一般项目

①安装后的门窗关闭时,密封面上的密封条应处于压缩状态,密封层数应符合设计要求。密封条应连续完整,装配后应均匀、牢固,应无脱槽、收缩和虚压等现象;密封条接口应严密,且应位于窗的上方。

②塑料门窗扇的开关力应符合:平开门窗扇平铰链的开关力不应大于80N;滑撑铰链的开关力不应大于80N,并不应小于30N,推拉门窗扇的开关力不应大于100N。

③门窗表面应洁净、平整、光滑,颜色应均匀一致。可视面应无划痕、碰伤等缺陷,门窗不得有焊角开裂和型材断裂等现象。

④旋转窗间隙应均匀。

⑤排水孔应畅通,位置和数量应符合设计要求。

(3)质量验收标准

塑料门窗质量验收标准如表3-16所示。

表3-16　塑料门窗安装的允许偏差和检验方法

项次	项　　目		允许偏差(mm)	检 验 方 法
1	门、窗框外形(高、宽)尺寸长度差	≤1500mm	2	用钢卷尺检查
		>1500mm	3	
2	门、窗框两对角线长度差	≤2000mm	3	用钢卷尺检查
		>2000mm	5	
3	门、窗框(含拼樘料)正、侧面垂直度		3	用1m垂直检测尺检查
4	门、窗框(含拼樘料)水平度		3	用1m水平尺和塞尺检查

3.4　吊　　顶

3.4.1　整体面层吊顶

1)强制性条文

关于整体面层吊顶施工强制性标准有《建筑装饰装修工程质量验收规范》(GB

50210—2018)。

2)工艺流程

整体面层吊顶施工工艺流程如图 3-17 所示。

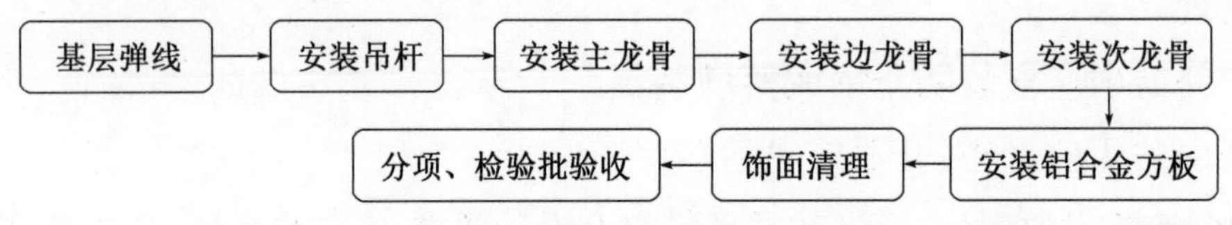

图 3-17 整体面层吊顶施工工艺流程

3)作业要点及标准做法

(1)弹线:根据楼层标高水平线,按照设计标高,沿墙四周弹顶棚标高水平线,并找出房间中心点,并沿顶棚的标高水平线,以房间中心点为中心在墙上画好龙骨分档位置线。

(2)安装主龙骨吊杆:在弹好顶棚标高水平线及龙骨位置线后,确定吊杆下端头的标高,安装预先加工好的吊杆,吊杆安装用 $\phi8$ 膨胀螺栓固定在顶棚上。吊杆选用 $Q8$ 圆钢,吊筋间距控制在 1200mm 范围内。

(3)安装主龙骨:主龙骨一般选用 C38 轻钢龙骨,间距控制在 1200mm 范围内。安装时采用与主龙骨配套的吊件与吊杆连接。

(4)安装边龙骨:按天花净高要求在墙四周用水泥钉固定 25 × 25mm 烤漆龙骨,水泥钉间距不大于 300mm。

(5)安装次龙骨:根据铝扣板的规格尺寸,安装与板配套的次龙骨,次龙骨通过吊挂件吊挂在主龙骨上。当次龙骨长度需多根延续接长时,用次龙骨连接件,在吊挂次龙骨的同时,将相对端头相连接,并先调直后固定。

(6)安装金属板:铝扣板安装时在装配面积的中间位置垂直次龙骨方向拉一条基准线,对齐基准线向两边安装。安装时,轻拿轻放,必须顺着板边部位顺序将方板两边轻压,卡进龙骨后再推紧。

(7)清理:铝扣板安装完后,需用布把板面全部擦拭干净,不得有污物及手印等。

(8)吊顶工程验收时应检查下列文件和记录:

①吊顶工程的施工图、设计说明及其他设计文件。

②材料的产品合格证书、性能检测报告、进场验收记录和复验报告。

③隐蔽工程验收记录。

④施工记录。

4)质量验收标准及检测方法

(1)主控项目

①吊顶标高、尺寸、起拱和造型应符合设计要求。

②面层材料的材质、品种、规格、图案、颜色和性能应符合设计要求及国家现行标准

的有关规定。

③整体面层吊顶工程的吊杆、龙骨和面板的安装应牢固。

④吊杆和龙骨的材质、规格、安装间距及连接方式应符合设计要求。金属吊杆和龙骨应经过表面防腐处理;木龙骨应进行防腐、防火处理。

⑤石膏板、水泥纤维板的接缝应按其施工工艺标准进行板缝防裂处理。安装双层板时,面层板与基层板的接缝应错开,并不得在同一根龙骨上接缝。

(2)一般项目

①面层材料表面应洁净、色泽一致,不得有翘曲、裂缝及缺损。压条应平直、宽窄一致。

②面板上的灯具、烟感器、喷淋头、风口箅子和检修口等设备设施的位置应合理、美观,与面板的交接应吻合、严密。

③金属龙骨的接缝应均匀一致,角缝应吻合,表面应平整,应无翘曲和锤印。木质龙骨应顺直,应无劈裂和变形。

④吊顶内填充吸声材料的品种和铺设厚度应符合设计要求,并应有防散落措施。

(3)质量验收标准

整体面层吊顶工程的质量验收标准如表3-17所示。

表3-17 整体面层吊顶工程安装的允许偏差和检验方法

项次	项目	允许偏差(mm)	检验方法
1	表面平整度	3	用2m靠尺和塞尺检查
2	缝格、凹槽直线度	3	拉5m线,不足5m拉通线,用钢直尺检查

3.4.2 板块面层吊顶

1)强制性条文

关于板块面层吊顶施工强制性标准有《建筑装饰装修工程质量验收规范》(GB 50210—2018)。

2)工艺流程

板块面层吊顶施工工艺流程如图3-18所示。

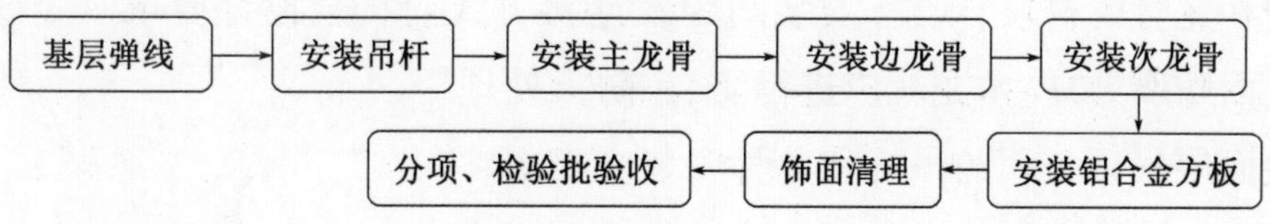

图3-18 板块面层吊顶施工工艺流程

3)作业要点及标准做法

(1)弹线:根据楼层标高水平线,按照设计标高,沿墙四周弹顶棚标高水平线,并找出房间中心点,并沿顶棚的标高水平线,以房间中心点为中心在墙上画好龙骨分档位置线。

(2)安装主龙骨吊杆:在弹好顶棚标高水平线及龙骨位置线后,确定吊杆下端头的标高,安装预先加工好的吊杆,吊杆安装用$\phi8$膨胀螺栓固定在顶棚上。吊杆选用$Q8$圆钢,吊筋间距控制在1200mm范围内。

(3)安装主龙骨:主龙骨一般选用C38轻钢龙骨,间距控制在1200mm范围内。安装时采用与主龙骨配套的吊件与吊杆连接。

(4)安装边龙骨:按天花净高要求在墙四周用水泥钉固定25×25mm烤漆龙骨,水泥钉间距不大于300mm。

(5)安装次龙骨:根据铝扣板的规格尺寸,安装与板配套的次龙骨,次龙骨通过吊挂件吊挂在主龙骨上。当次龙骨长度需多根延续接长时,用次龙骨连接件,在吊挂次龙骨的同时,将相对端头相连接,并先调直后固定。

(6)安装金属板:铝扣板安装时在装配面积的中间位置垂直次龙骨方向拉一条基准线,对齐基准线向两边安装。安装时,轻拿轻放,必须顺着板边部位顺序将方板两边轻压,卡进龙骨后再推紧。

(7)清理:铝扣板安装完后,需用布把板面全部擦拭干净,不得有污物及手印等。

(8)吊顶工程验收时应检查下列文件和记录:

①吊顶工程的施工图、设计说明及其他设计文件。

②材料的产品合格证书、性能检测报告、进场验收记录和复验报告。

③隐蔽工程验收记录。

④施工记录。

4)质量验收标准及检测方法

(1)主控项目

①吊顶标高、尺寸、起拱和造型应符合设计要求。

②面层材料的材质、品种、规格、图案、颜色和性能应符合设计要求及国家现行标准的有关规定。当面层材料为玻璃板时,应使用安全玻璃并采取可靠的安全措施。

③面板的安装应稳固严密。面板与龙骨的搭接宽度应大于龙骨受力面宽度的2/3。

④吊杆和龙骨的材质、规格、安装间距及连接方式应符合设计要求。金属吊杆和龙骨应进行表面防腐处理;木龙骨应进行防腐、防火处理。

⑤板块面层吊顶工程的吊杆和龙骨安装应牢固。

(2)一般项目

①面层材料表面应洁净、色泽一致,不得有翘曲、裂缝及缺损。面板与龙骨的搭接应

平整、吻合，压条应平直、宽窄一致。

②面板上的灯具、烟感器、喷淋头、风口箅子和检修口等设备设施的位置应合理、美观，与面板的交接应吻合、严密。

③金属龙骨的接缝应平整、吻合、颜色一致，不得有划伤和擦伤等表面缺陷。木质龙骨应平整、顺直，应无劈裂。

④吊顶内填充吸声材料的品种和铺设厚度应符合设计要求，并应有防散落措施。

(3)质量验收标准

板块面层吊顶工程安装的质量验收标准如表3-18所示。

表3-18　板块面层吊顶工程安装的允许偏差和检验方法

项次	项　　目	允许偏差(mm)				检验方法
		石膏板	金属板	矿棉板	木板、塑料板、玻璃板、复合板	
1	表面平整度	3	2	3	2	用2m靠尺和塞尺检查
2	接缝直线度	3	2	3	3	拉5m线，不足5m拉通线，用钢直尺检查
3	接缝高低差	1	1	2	1	用钢直尺和塞尺检查

3.4.3　格栅吊顶

1)强制性条文

关于格栅吊顶施工强制性标准有《建筑装饰装修工程质量验收规范》(GB 50210—2018)。

2)工艺流程

格栅吊顶施工工艺流程如图3-19所示。

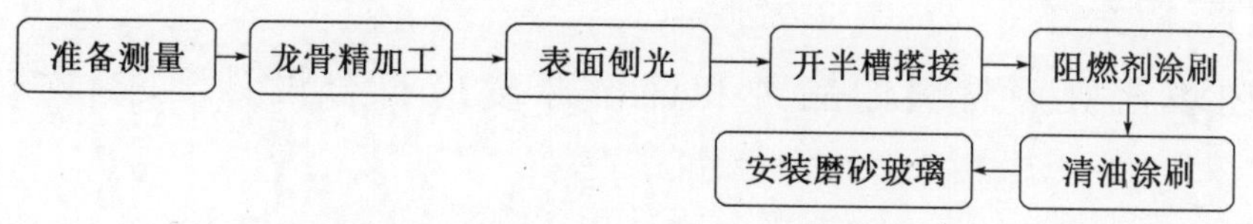

图3-19　格栅吊顶施工工艺流程

3)作业要点及标准做法

(1)吊杆弹吊顶标高线，标高线以上刷黑色涂料，安装水、电、通风管道，安装周圈矿棉板吊顶,金属格栅,初步安装设置吊顶起拱位置和高度,按吊顶起拱线调整消防喷淋头高度,设备调试,按起拱高度调整金属格栅,调直消防喷淋头直顺,安装灯具,细调格栅直顺。

(2)吊顶平面位置找规矩。

(3)格栅吊顶起拱开式及起拱高度。

(4)消防喷淋头的平面位置不能与格栅条重合,且应两个方向都应直顺,对此,可在消防喷淋立管上端制成大于900mm的蹬踏弯,以便调喷淋头的平面位置。

(5)设备检查孔的留置:因格栅吊顶内的各种管道都设有调节阀门,须在相应位置留置检查孔,而检查孔位置又不是纵横成行。对此可采用以下方法:先裁切成孔洞,之后在孔洞四周加设角铝(角铝先涂刷与格栅相同颜色),角铝下皮凹进格栅下皮2mm,最后将裁孔洞下来的格栅条调整拼装好后搁置在角铝上。

(6)吊顶与柱子之间的节点处理。

4)质量验收标准及检测方法

(1)主控项目

①吊顶标高、尺寸、起拱和造型应符合设计要求。

②格栅的材质、品种、规格、图案、颜色和性能应符合设计要求及国家现行标准的有关规定。

③吊杆和龙骨的材质、规格、安装间距及连接方式应符合设计要求。金属吊杆和龙骨应进行表面防腐处理;木龙骨应进行防腐、防火处理。

④格栅吊顶工程的吊杆、龙骨和格栅的安装应牢固。

(2)一般项目

①格栅表面应洁净、色泽一致,不得有翘曲、裂缝及缺损。栅条角度应一致,边缘应整齐,接口应无错位。压条应平直、宽窄一致。

②吊顶的灯具、烟感器、喷淋头、风口箅子和检修口等设备设施的位置应合理、美观,与格栅的套割交接处应吻合、严密。

③金属龙骨的接缝应平整、吻合、颜色一致,不得有划伤和擦伤等表面缺陷。木质龙骨应平整、顺直,应无劈裂。

④吊顶内填充吸声材料的品种和铺设厚度应符合设计要求,并应有防散落措施。

⑤格栅吊顶内楼板、管线设备等表面处理应符合设计要求,吊顶内各种设备管线布置应合理、美观。

(3)质量验收标准

格栅吊顶工程安装的质量验收标准如表3-19所示。

表3-19　格栅吊顶工程安装的允许偏差和检验方法

项次	项　　目	允许偏差(mm)		检 验 方 法
		金属格栅	木格栅、塑料格栅、复合材料格栅	
1	表面平整度	2	3	用2m靠尺和塞尺检查
2	格栅直线度	2	3	拉5m线,不足5m拉通线,用钢直尺检查

3.5　轻 质 隔 墙

3.5.1　板材隔墙

1)强制性条文

关于板材隔墙施工强制性标准有《建筑装饰装修工程质量验收规范》(GB 50210—2018)。

2)工艺流程

板材隔墙施工工艺流程如图3-20所示。

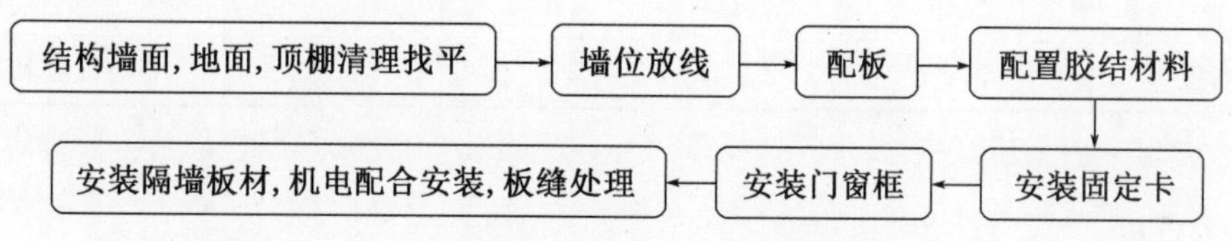

图3-20　板材隔墙施工工艺流程

3)作业要点及标准做法

(1)墙位放线:应按设计要求,沿地,墙,弹出隔墙的中心线和宽度线,宽度应与隔墙厚度一致,弹线清晰,位置应准确。

(2)组装顺序:当有门洞口时,应从门洞口处向两侧依次进行;当无洞口时,应从一端向另一端安装。

(3)配板:板材隔墙饰面板安装前应按品种、规格、颜色等进行分类选配。

(4)安装墙隔板:板材隔墙安装拼接应符合设计和产品构造要求。安装方法主要有刚性连接和柔性连接。板材隔墙所用金属附件应进行防腐处理。板材拼接用的芯材应符合防火要求。

4)质量验收标准及检测方法

(1)主控项目

①隔墙板材的品种、规格、颜色和性能应符合设计要求。有隔声、隔热、阻燃和防潮等特殊要求的工程,板材应有相应性能等级的检验报告。

②安装隔墙板材所需预埋件、连接件的位置、数量及连接方法应符合设计要求。

③隔墙板材安装应牢固。

④隔墙板材所用接缝材料的品种及接缝方法应符合设计要求。

⑤隔墙板材安装应位置正确,板材不应有裂缝或缺损。

(2)一般项目

①板材隔墙表面应光洁、平顺、色泽一致,接缝应均匀、顺直。

②隔墙上的孔洞、槽、盒应位置正确、套割方正、边缘整齐。

(3)质量验收标准

板材隔墙安装的质量验收标准如表3-20所示。

表3-20 板材隔墙安装的允许偏差和检验方法

项次	项　目	允许偏差(mm)				检验方法
		复合轻质墙板		石膏空心板	增强水泥板、混凝土轻质板	
		金属夹芯板	其他复合板			
1	立面垂直度	2	3	3	3	用2m垂直检测尺检查
2	表面平整度	2	3	3	3	用2m靠尺和塞尺检查
3	阴阳角方正	3	3	3	4	用200mm直角检测尺检查
4	接缝高低差	1	2	2	3	用钢直尺和塞尺检查

3.5.2 骨架隔墙

1)强制性条文

关于骨架隔墙施工强制性标准有《建筑装饰装修工程质量验收规范》(GB 50210—2018)。

2)工艺流程

骨架隔墙施工工艺流程如图3-21所示。

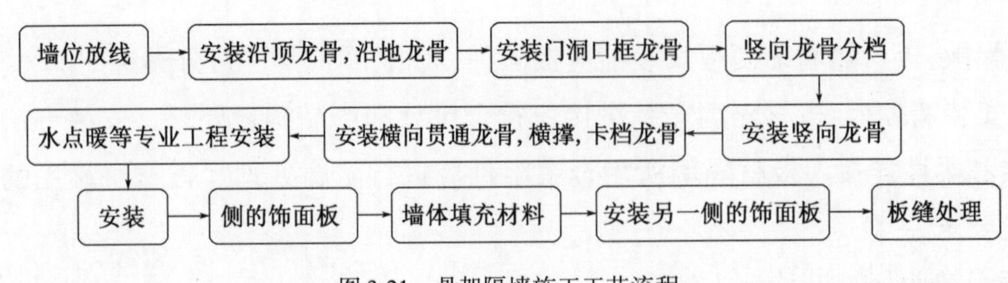

图3-21 骨架隔墙施工工艺流程

3)作业要点及标准做法

(1)隔墙放线:根据设计施工图,在地面上放出隔墙位置线、门窗洞口边框线,并放好顶龙骨位置边线。

(2)地枕基座施工:将地面凿毛、清扫并洒水湿润后作现浇混凝土墙基。厚度一般为100mm,为方便沿地龙骨固定可预先埋入防腐木砖,木砖间距按设计要求般尺寸间距600mm左右。

(3)安装沿顶龙骨和沿地龙骨:按已放好的隔墙位置线,安装顶龙骨和地龙骨,用射钉固定于主体上,射钉间距为600mm。

(4)安装门洞口框龙骨:放线后按设计要求,先将隔墙的门洞口框龙骨安装完毕。

(5)竖龙骨分档:根据隔墙、门洞口位置,在安装顶项、地龙骨后,按罩面板规格板宽确定分档尺寸,如板宽为1200mm时,分档尺寸为400mm。不足模数的分档应避开门洞框边第一块罩面板位置,使破边石膏罩面板不在靠洞框处。

(6)安装竖龙骨:按分档位置安装竖龙骨,竖龙骨上下两端插入沿项龙骨及沿地龙骨,调整垂直及定位准确后,用抽芯铆钉固定:靠墙柱边龙骨用射钉或木螺丝与墙、柱固定,钉距为1000mm。

(7)安装横向贯通龙骨、横档及卡档龙骨:安装横向贯通龙骨。根据设计要求,隔墙高度大于3m时应加横向卡档龙骨,采用抽芯铆钉或螺栓固定。

(8)门窗等特殊节点处骨架安装:对于隔断的转角等特殊部位,应按照图纸使用附加龙骨、斜撑或双根竖向龙骨等进行安装。装饰性木制门框一般可用螺丝与洞口竖龙骨固定,门框横梁与横龙骨以同样方法连接。

(9)安装一侧罩面板(以安装纸面石膏板为例):

①检查龙骨安装质量,门洞口框是否符合设计及构造要求,龙骨间距是否符合石膏板宽度的模数。

②装一侧的纸面石膏板从门口处开始,无门洞口的墙体由墙的一端开始,石膏板一般用自攻螺丝固定,板边钉距不大于200mm,板中间距不大于300mm,螺钉距石膏板边缘的距离不得小于10mm,也不得大于16mm。自攻螺丝紧固时,纸面石膏板必须与龙骨紧靠。

(10)安装墙体内电管、电盒和电箱设备,并进行隐蔽工程检查验收。

(11)安装墙体内防火、隔声、防潮填充材料。

(12)安装另一侧纸面石膏板:安装方法同第一侧纸面石膏板、其接缝应与第一侧面板缝错开。安装双层纸面石膏板:第二层板的固定方法与第一层相同,但第二层板的接缝应与第一层错开,不能与第一层的接缝落在同一龙骨上。

(13)接缝处理纸面石膏板墙接缝做法有三种形式,即平缝、凹缝和压条缝;一般作平缝较多,可按以下程序处理:

①刮嵌缝腻子:刮嵌缝腻子前先将接缝内浮土清除干净,用小刮刀把腻子嵌入板缝,

与板面填实刮平。

②粘贴拉结带:待嵌缝腻子凝固后即行粘贴拉接材料,先在接缝上薄刮层稠度较稀的胶状腻子,厚度为1mm,宽度为拉结带宽,随即粘贴拉接带,用中刮刀从上而下方向一个方向刮平压实,赶出腻子与拉接带之间的气泡。

③刮中层腻子:拉接带粘贴后,立即在上面再刮一层比拉接带宽80mm左右、厚度约1mm的中层腻子,使拉接带埋入这层腻子中。

④找平腻子:用大刮刀将腻子填满楔形槽与板面平。

(14)墙面装饰:进行墙面装饰前,板面钉帽应进行防锈处理。纸面石膏板墙面,根据建筑物的标准,可做各种饰面,如涂刷油漆、喷刷浆、彩色喷涂、贴墙纸等。

4)质量验收标准及检测方法

(1)主控项目

①轻钢龙骨隔墙所用龙骨、配件、墙面板、填充材料及嵌缝材料的品种、规格、性能和木材的含水率应符合设计要求。有隔声、隔热、阻燃、防潮等特殊要求的工程,材料应有相应性能等级的检测报告。

②轻钢龙骨隔墙工程边框龙骨必须与基体结构连接牢固,并应平整、垂直、位置正确。

③轻钢龙骨隔墙中龙骨间距和构造连接方法应符合设计要求。骨架内设备管线的安装、门窗洞口等部位加强龙骨应安装牢固、位置正确,填充材料的设置应符合设计要求。

④轻钢龙骨隔墙的墙面板应安装军固,无脱层、翘曲、折裂及缺损。

⑤固定板面的铁件应做防锈处理。

⑥墙面板所用接缝材料的接缝方法应符合设计要求。

(2)一般项目

①轻钢龙骨隔墙表面应平整光滑、色泽一致、洁净、无裂缝,接缝应均匀、顺直。

②轻钢龙骨隔墙上的空洞、槽、盒应位置正确、套割吻合、边缘整齐。

③轻钢龙骨隔墙的填充材料应干燥,填充应密实、均匀、无下坠。

④轻钢骨架石膏罩面板隔墙的允许偏差和检验方法应符合表3-21的规定。

表3-21 骨架隔墙允许偏差和检验方法

项次	项目	允许偏差(mm)		检验方法
		纸面石膏板	人造木板、水泥纤维板	
1	立面垂直度	3	4	用2m垂直检测尺检查
2	表面平整度	3	3	用2m靠尺和塞尺检查

续上表

项次	项　目	允许偏差(mm)		检验方法
		纸面石膏板	人造木板、水泥纤维板	
3	阴阳角方正	3	3	用200mm直角检测尺检查
4	接缝直线度	—	3	拉5m线,不足5m拉通线,用钢直尺检查

3.5.3　活动隔墙

1)强制性条文

关于活动隔墙施工强制性标准有《建筑装饰装修工程质量验收规范》(GB 50210—2018)。

2)工艺流程

活动隔墙施工工艺流程如图3-22所示。

图3-22　活动隔墙施工工艺流程

3)作业要点及标准做法

(1)定位、弹线

按施工图定位放线,先在楼、地面上弹出隔断墙中心线及边线,之后用线锤上引至顶面和侧面墙或柱上划线,弹出轨道和横梁的安装控制线。

(2)活动隔扇预制

根据设计选用的不同类型活动隔扇分别参照木骨架隔断墙、轻钢龙骨隔断墙、金属隔断或板材隔断的操作工艺预制活动隔扇。

(3)导轨安装

按线固定安装导轨。由于导轨经常受动载影响,故导轨的固定宜采用焊接,导轨连接件与墙、柱、梁下的预埋件焊接固定。

(4)隔扇安装

活动隔扇可分段预制、分段安装后再连接拼合目前较常采用的悬吊导向式固定方式,是在活动隔板的顶面安装滑轮,并与上部悬吊的轨道相连,构成整个上部支承点,滑轮的安装应与隔板的垂直轴保持能自由转动关系,以使隔板能随时调整改变自身的角度。

4)质量验收标准及检测方法

(1)主控项目

①活动隔墙所用墙板、配件等材料的品种、规格、性能和木材的含水率应符合设计要求,有阻燃、防潮等特性要求的工程,材料应有相应性能等级的检测报告。

②活动隔墙轨道必须与基体结构连接牢固,并应位置正确。

③活动隔墙用于组装、推拉和制动的构配件必须安装牢固、位置正确,推拉必须安全、平稳、灵活。

④活动隔墙制作方法、组合方式应符合设计要求。

(2)一般项目

①活动隔墙表面应色泽一致、平整光滑、洁净,线条应顺直、清晰。

②活动隔墙上的孔洞、槽、盒应位置正确、套割吻合、边缘整齐。

③活动隔墙推拉应无噪声。

(3)质量验收标准

活动隔墙安装工程的质量验收标准如表3-22所示。

表3-22　活动隔墙安装的允许偏差和检查方法

项次	项　目	允许偏差(mm)	检 查 方 法
1	立面垂直度	3	用2m垂直检测尺检查
2	表面平整度	2	用2m靠尺和塞尺检查
3	接缝直线度	3	拉5m线,不足5m拉通线,用钢直尺检查
4	接缝高低差	2	用钢直尺和塞尺检查
5	接缝宽度	2	用钢直尺检查

3.5.4　玻璃隔墙

1)强制性条文

关于玻璃隔墙施工强制性标准有《建筑装饰装修工程质量验收规范》(GB 50210—2018)。

2)工艺流程

玻璃隔墙施工工艺流程如图3-23所示。

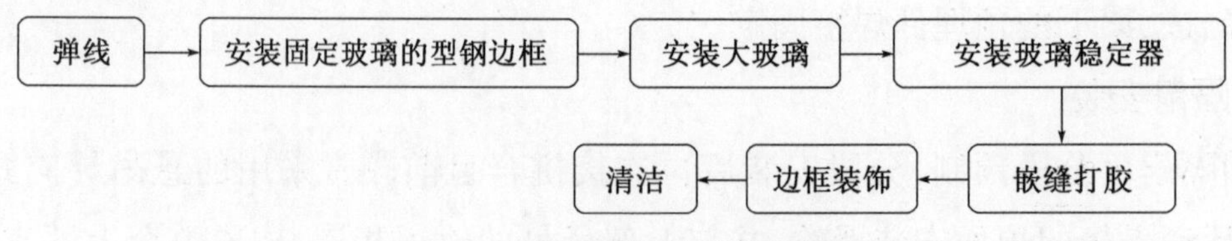

图3-23　玻璃隔墙施工工艺流程

3)作业要点及标准做法

(1)弹线:弹线时注意核对已做好的预埋铁件位置是否正确(如果没有预埋铁件,则应划出金属膨胀螺栓位置）落地无竖框玻璃隔墙应留出地面饰面层厚度（如果有踢脚线，则应考虑踢脚线三个面饰面层厚度）及顶部限位标高（吊顶标高），先弹地面位置线，再弹墙、柱上的位置线。

（2）安装固定玻璃的型钢边框：如果没有预埋铁件，或预埋铁件位置已不符合要求，则应首先设置金属膨胀螺栓。之后将型钢按已弹好的位置线安放好，在检查无误后随即与预埋铁件或金属膨胀螺栓焊牢。型钢材料在安装前应刷好防腐涂料，焊好以后在焊接处应再补刷防锈漆。

（3）当较大面积的玻璃隔墙采用吊挂式安装时应先在建筑结构梁或板下做出吊挂玻璃的支撑架并安好吊挂玻璃的夹具及上框。其上框位置即吊顶标高。

（4）安装大玻璃。

（5）嵌缝打胶：玻璃全部就位后，校正平整度、垂直度，同时用聚苯乙烯泡沫嵌条嵌入槽口内使玻璃与金属槽接合平伏、紧密，之后注入硅酮结构胶。注胶时，一只手托住注胶枪，另一只手均匀用力握挤，将结构胶均匀地注入缝隙中，注满之后随即用塑料片在厚玻璃的两面刮平玻璃胶，并清洁溢到玻璃表面的胶迹。

（6）边框装饰：一般无竖框玻璃隔墙的边框是将边框嵌入墙、柱面和地面的饰面层中，此时只要精细加工墙、柱面和地面的饰面块材并在镶贴或安装时与玻璃衔接好即可。如果边框不能嵌入墙、柱或地面的饰面层时，则应用9mm胶合板做衬板，用不锈钢等金属饰面材料，做成所需的形状，并用胶粘贴于衬板上，而得到表面整齐、光洁的边框。

（7）清洁及成品保护：无竖框玻璃隔断墙安装好后，用棉纱和清洁剂清粘在玻璃表面的胶迹和污痕，之后用粘贴不干胶纸条等办法做出醒目的标志，以防止碰撞玻璃的意外发生。

4）质量验收标准及检测方法

（1）主控项目

①玻璃隔墙工程所用材料的品种、规格、图案、颜色和性能应符合设计要求。玻璃板隔墙应使用安全玻璃。

②玻璃板安装及玻璃砖砌筑方法应符合设计要求。

③有框玻璃板隔墙的受力杆件应与基体结构连接牢固，玻璃板安装橡胶垫位置应正确。玻璃板安装应牢固，受力应均匀。

④无框玻璃板隔墙的受力爪件应与基体结构连接牢固，爪件的数量、位置应正确，爪件与玻璃板的连接应牢固。

⑤玻璃门与玻璃墙板的连接、地弹簧的安装位置应符合设计要求。

⑥玻璃砖隔墙砌筑中埋设的拉结筋应与基体结构连接牢固，数量、位置应正确。

(2)一般项目

①玻璃隔墙表面应色泽一致、平整洁净、清晰美观。

②玻璃隔墙接缝应横平竖直,玻璃应无裂痕、缺损和划痕。

③玻璃板隔墙嵌缝及玻璃砖隔墙勾缝应密实平整、均匀顺直、深浅一致。

(3)质量验收标准

玻璃隔墙安装工程的质量验收标准如表3-23所示。

表3-23 玻璃隔墙安装的允许偏差和检验方法

项次	项 目	允许偏差(mm)		检 验 方 法
		玻璃板	玻璃砖	
1	立面垂直度	2	3	用2m垂直检测尺检查
2	表面平整度	—	3	用2m靠尺和塞尺检查
3	阴阳角方正	2	—	用200mm直角检测尺检查
4	接缝直线度	2	—	拉5m线,不足5m拉通线,用钢直尺检查
5	接缝高低差	2	3	用钢直尺和塞尺检查
6	接缝宽度	1	—	用钢直尺检查

3.6 饰 面 板(砖)

3.6.1 饰面板安装(石板、金属板、塑料板)

1)强制性条文

关于饰面板安装(石板、金属板、塑料板)施工强制性标准有《建筑装饰装修工程质量验收规范》(GB 50210—2018)。

2)工艺流程

饰面板(砖)安装施工工艺流程如图3-24所示。

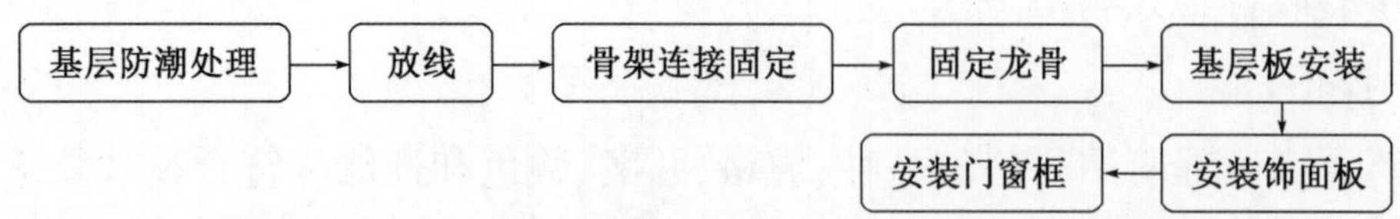

图3-24 饰面板安装(石板、金属板、塑料板)施工工艺流程

3)作业要点及标准做法

(1)基层防潮处理

为了防止墙面的潮气使夹板产生翘曲,墙面应采取防潮措施。其方法有2种:一种在基层上先做防潮砂浆抹灰,干燥后再涂一道防水涂料如1mm涂膜橡胶;另一种是在墙面比较干燥的情况下,采用护墙面板与墙面之间通气,即在罩面板的上下留透气孔,保证墙龙骨、罩面板干燥。本工程采取防潮砂浆抹灰来进行防潮处理,并采取在龙骨、基层板两面刷涂防火涂料来保证木结构基层、龙骨的防火要求。

(2)放线

放线前要检查墙面的质量情况,弹出竖筋和横筋的龙骨装订垂直线和水平线。其墙筋的间距应参照罩面板的长、宽规格尺寸确定,本工程设计要求间距为400mm。

(3)木骨架固定墙体内预埋木砖或嵌入木楔,或者用射钉枪射钉将竖向墙筋钉入墙面上。横竖墙筋的间距按放线钉好。

(4)安装夹板基层龙骨安装完成后,将基层夹板按照龙骨间距并根据基层板的规格进行排版,并用铁钉进行安装固定,要求固定牢固,钉帽要隐入板内不得漏出钉头。要求衬板表面无翘曲、起皮现象,表面平整、清洁。板与板之间缝隙应在竖木筋处。

(5)安装饰面板将饰面夹板好面朝外,按墙筋间距、拼缝要求进行排版,并将加工后的饰面板试铺后,用粘贴、钉、上螺丝等方法固定在墙筋上。所用的钉子钉头应隐入饰面板内不露头。

(6)饰面板接点处理木饰面板安装时的细部接点处理是木装修效果及质量的重要影响因素。通常细部处理有:

①板与板的拼接处理方法,斜缝、平缝、压条等。

②阴阳角处理方法。

(7)夹板基层、镜面玻璃安装

墙面安装玻璃镜施工难度大,因为墙面总有直角接口,这就对镜面的尺寸切割,安装工艺较高,在确认墙面平滑、干燥的前提下,用镜面黏结剂黏结,此法适用于50mm×50mm及小于该尺寸的小规格连续玻璃镜片。小规格片的安装应注意接缝横平竖直。当玻璃镜尺寸规格较大时,可采用双面黏结带与黏合剂结合使用的方法施工,使用双面胶带时,应将胶带贴在距边缘约20mm以内的镜面上。等镜面粘贴后,在镜面周边用玻璃胶沿边挤涂,最后压线收口。大规格的玻璃镜采用上、下端铝材承托、金属压条、木线条固定。墙角玻璃对接处用强力玻璃胶黏结。如果墙面下端墙群是金属饰面,可以采用铝合金型材支托。墙裙是木结构的,则直接将大规格的镜面支托在上群木线上,既美观,又牢固安全。

4)质量验收标准及检测方法

(1)主控项目

①石板安装工程

a.石板的品种、规格、颜色和性能应符合设计要求及国家现行标准的有关规定。

b.石板孔、槽的数量、位置和尺寸应符合设计要求。

c.石板安装工程的预埋件(或后置埋件)、连接件的材质、数量、规格、位置、连接方法和防腐处理应符合设计要求,后置埋件的现场拉拔力应符合设计要求,石板安装应牢固。

d.采用满黏法施工的石板工程,石板与基层之间的黏结料应饱满、无空鼓。石板黏结应牢固。

②金属板安装工程

a. 属板的品种、规格、颜色和性能应符合设计要求及国家现行标准的有关规定。

b. 金属板安装工程的龙骨、连接件的材质、数量、规格、位置、连接方法和防腐处理应符合设计要求。金属板安装应牢固。

c. 墙金属板的防雷装置应与主体结构防雷装置可靠接通。

③塑料板安装工程

a. 塑料板的品种、规格、颜色和性能应符合设计要求及国家现行标准的有关规定,塑料饰面板的燃烧性能等级应符合设计要求。

b. 塑料板安装工程的龙骨、连接件的材质、数量、规格、位置、连接方法和防腐处理应符合设计要求。塑料板安装应牢固。

(2)一般项目

①石板安装工程

a. 表面应平整、洁净、色泽一致,应无裂痕和缺损。石板表面应无泛碱等污染。

b. 石板填缝应密实、平直,宽度和深度应符合设计要求,填缝材料色泽应一致。

c. 采用湿作业法施工的石板安装工程,石板应进行防碱封闭处理。石板与基体之间的灌注材料应饱满、密实。

d. 石板上的孔洞应套割吻合,边缘应整齐。

②金属板安装工程

a. 金属板表面应平整、洁净、色泽一致。

b. 金属板接缝应平直,宽度应符合设计要求。

c. 金属板上的孔洞应套割吻合,边缘应整齐。

③塑料板安装工程

a. 塑料板表面应平整、洁净、色泽一致,应无缺损。

b. 塑料板接缝应平直,宽度应符合设计要求。

c. 塑料板上的孔洞应套割吻合,边缘应整齐。

(3)质量验收标准

饰面板安装的质量验收标准如表 3-24 ~ 表 3-26 所示。

表 3-24　石板安装的允许偏差和检验方法

项次	项　目	允许偏差(mm)			检验方法
		光面	剁斧石	蘑菇石	
1	立面垂直度	2	3	3	用 2m 垂直检测尺检查
2	表面平整度	2	3	—	用 2m 靠尺和塞尺检查

续上表

项次	项　目	允许偏差(mm)			检验方法
		光面	剁斧石	蘑菇石	
3	阴阳角方正	2	4	4	用200mm直角检测尺检查
4	接缝直线度	2	4	4	拉5m线,不足5m拉通线,用钢直尺检查
5	墙裙、勒脚上口直线度	2	3	3	
6	接缝高低差	1	3	—	用钢直尺和塞尺检查
7	接缝宽度	1	2	2	用钢直尺检查

表3-25　金属板安装的允许偏差和检验方法

项次	项　目	允许偏差(mm)	检验方法
1	立面垂直度	2	用2m垂直检测尺检查
2	表面平整度	3	用2m靠尺和塞尺检查
3	阴阳角方正	3	用200mm直角检测尺检查
4	接缝直线度	2	拉5m线,不足5m拉通线,用钢直尺检查
5	墙裙、勒脚上口直线度	2	拉5m线,不足5m拉通线,用钢直尺检查
6	接缝高低差	1	用钢直尺和塞尺检查
7	接缝宽度	1	用钢直尺检查

表3-26　塑料板安装的允许偏差和检验方法

项次	项　目	允许偏差(mm)	检验方法
1	立面垂直度	2	用2m垂直检测尺检查
2	表面平整度	3	用2m靠尺和塞尺检查
3	阴阳角方正	3	用200mm直角检测尺检查
4	接缝直线度	2	拉5m线,不足5m拉通线,用钢直尺检查
5	墙裙、勒脚上口直线度	2	拉5m线,不足5m拉通线,用钢直尺检查
6	接缝高低差	1	用钢直尺和塞尺检查
7	接缝宽度	1	用钢直尺检查

3.6.2　饰面砖粘贴(外墙饰面砖、内墙饰面砖)

1)强制性条文

关于饰面砖粘贴(外墙饰面砖、内墙饰面砖)施工强制性标准有《建筑装饰装修工程质量验收规范》(GB 50210—2018)。

2)工艺流程

饰面砖粘贴施工工艺流程如图3-25所示。

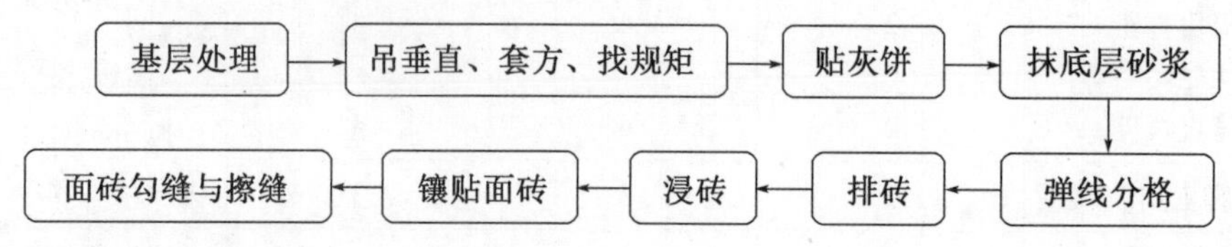

图3-25 饰面砖粘贴(外墙饰面砖、内墙饰面砖)施工工艺流程

3)作业要点及标准做法

(1)基层处理:首先将凸出墙面的混凝土剔平,对大钢模施工的混凝土墙面应凿毛,并用钢丝刷满刷一遍,再浇水湿润。如果基层混凝土表面很光滑时亦可采取如下的“毛化处理”办法,即先将表面尘土、污垢清扫干净,用10%火碱水将板面的油污刷掉,随之用净水将碱液冲净、晾干,之后用1:1水泥细砂浆内掺水重20%的107胶,喷或用笤帚将砂浆甩到墙上,其甩点要均匀,终凝后浇水养护,直至水泥砂浆疙瘩全部黏到混凝土光面上,并有较高的强度(用手掰不动)为止。

(2)吊垂直、套方、找规矩、贴灰饼:外墙面砖粘贴时,若建筑物为高层时,应在四大角和门窗口边用经纬仪打垂直线找直;如果建筑物为多层时,可从顶层开始用特制的大线坠绷铁丝吊垂直,之后根据面砖的规格尺寸分层设点、做灰饼。横线则以楼层为水平基准线交圈控制,竖向线则以四周大角和通天柱或垛子为基准线控制,应全部是整砖。每层打底时则以此灰饼作为基准点进行冲筋,使其底层灰做到横平竖直。同时要注意找好突出檐口、腰线、窗台、雨篷等饰面的流水坡度和滴水线(槽)。

(3)抹底层砂浆:先刷一道掺水重109%的107胶水泥素浆,紧跟着分层分遍抹底层砂浆(采用配合比为1:3水泥砂浆),第一遍厚度宜为5mm,抹后用木抹子搓平,隔天浇水养护,待第一遍六至七成干时,即可抹第二遍,厚度约8~12mm,随即用木杠刮平、木抹子搓毛,隔天浇水养护,若需要抹第三遍时,其操作方法同第二遍,直至把底层砂浆抹平为止。

(4)弹线分格:待基层灰六至七成干时,即可按图纸要求进行分段分格弹线,同时亦可进行面层贴标准点的工作,以控制面层出墙尺寸及垂直、平整。

(5)排砖:根据大样图及墙面尺寸进行横竖向排砖,以保证面砖缝隙均匀,符合设计图纸要求,注意大墙面、通天柱子和垛子要排整砖,以及在同一墙面上的横竖排列,均不得有一行以上的非整砖。非整砖行应排在次要部位,如窗间墙或阴角处等。一定要注意一致和对称。如遇有突出的卡件,应用整砖套割吻合,不得用非整砖随意拼凑镶贴。

(6)浸砖:釉面砖和外墙面砖镶贴前,首先要将面砖清扫干净,放入净水中浸泡2h以上,取出待表面晾干或擦干净后方可使用。

(7)镶贴面砖。

(8)面砖勾缝与擦缝:面砖铺贴拉缝时,用1∶1水泥砂浆勾缝,先勾水平缝再勾竖缝,勾好后要求凹进面砖外表面2～3mm。若横竖缝为干挤缝,或小于3mm者,应用白水泥配颜料进行擦缝处理。面砖缝子勾完后,用布或棉丝蘸稀盐酸擦洗干净。

4)质量验收标准及检测方法

(1)主控项目

①外墙饰面砖粘贴工程

a.外墙饰面砖的品种、规格、图案、颜色和性能应符合设计要求及国家现行标准的有关规定。

b.外墙饰面砖粘贴工程的找平、防水、黏结、填缝材料及施工方法应符合设计要求和现行行业标准《外墙饰面砖工程施工及验收规程》(JGJ 126—2000)的规定。

c.外墙饰面砖粘贴工程的伸缩缝设置应符合设计要求。

d.外墙饰面砖粘贴应牢固。

e.外墙饰面砖工程应无空鼓、裂缝。

②外墙饰面砖粘贴工程

a.内墙饰面砖的品种、规格、图案、颜色和性能应符合设计要求及国家现行标准的有关规定。

b.内墙饰面砖粘贴工程的找平、防水、黏结和填缝材料及施工方法应符合设计要求及国家现行标准的有关规定。

c.内墙饰面砖粘贴应牢固。

d.满粘法施工的内墙饰面砖应无裂缝,大面和阳角应无空鼓。

(2)一般项目

①外墙饰面砖粘贴工程

a.外墙饰面砖表面应平整、洁净、色泽一致,应无裂痕和缺损。

b.饰面砖外墙阴阳角构造应符合设计要求。

c.墙面凸出物周围的外墙饰面砖应整砖套割吻合,边缘应整齐。墙裙、贴脸突出墙面的厚度应一致。

d.外墙饰面砖接缝应平直、光滑,填嵌应连续、密实;宽度和深度应符合设计要求。

e.有排水要求的部位应做滴水线(槽),滴水线(槽)应顺直,流水坡向应正确,坡度应符合设计要求。

②外墙饰面砖粘贴工程

a.内墙饰面砖表面应平整、洁净、色泽一致,应无裂痕和缺损。

b. 内墙面凸出物周围的饰面砖应整砖套割吻合,边缘应整齐,墙裙、贴脸突出墙面的厚度应一致。

c. 内墙饰面砖接缝应平直、光滑,填嵌应连续、密实;宽度和深度应符合设计要求。

(3)质量验收标准

饰面砖粘贴的质量验收标准如表3-27、表3-28所示。

表3-27　外墙饰面砖粘贴的允许偏差和检验方法

项次	项　目	允许偏差(mm)	检验方法
1	立面垂直度	3	用2m垂直检测尺检查
2	表面平整度	4	用2m靠尺和塞尺检查
3	阴阳角方正	3	用200mm直角检测尺检查
4	接缝直线度	3	拉5m线,不足5m拉通线,用钢直尺检查
5	接缝高低差	1	用钢直尺和塞尺检查
6	接缝宽度	1	用钢直尺检查

表3-28　内墙饰面砖粘贴的允许偏差和检验方法

项次	项　目	允许偏差(mm)	检验方法
1	立面垂直度	2	用2m垂直检测尺检查
2	表面平整度	3	用2m靠尺和塞尺检查
3	阴阳角方正	3	用200mm直角检测尺检查
4	接缝直线度	2	拉5m线,不足5m拉通线,用钢直尺检查
5	接缝高低差	1	用钢直尺和塞尺检查
6	接缝宽度	1	用钢直尺检查

3.7　幕　　墙

3.7.1　玻璃幕墙

1)强制性条文

关于玻璃幕墙施工强制性标准有《建筑装饰装修工程质量验收规范》(GB 50210—2018)。

2)工艺流程

玻璃幕墙施工工艺流程如图3-26所示。

3)作业要点及标准做法

(1)测量放线:依据结构复查时的放线标记,及预埋件的十字中心线,确定安装基准线,包括龙骨排布基准及各部分幕墙的水平标高线,为各个不同部位的幕墙确定三个方向的基准。

(2)L 形转接件的安装:根据预埋件的放线标记,将 L 形转接角钢码采用 M16 的螺栓固定在预埋件上,转接角钢码中心线上下偏差应小于 2mm,左右偏差应小于 2mm。L 形转接角钢码与立柱接触边应垂直于幕墙横向面线,且应保持水平,不能因预埋板的倾斜而倾斜。遇到此种情况时,应在角钢码与预埋钢板面之间填塞钢板或圆钢条进行支垫,并应进行满焊。

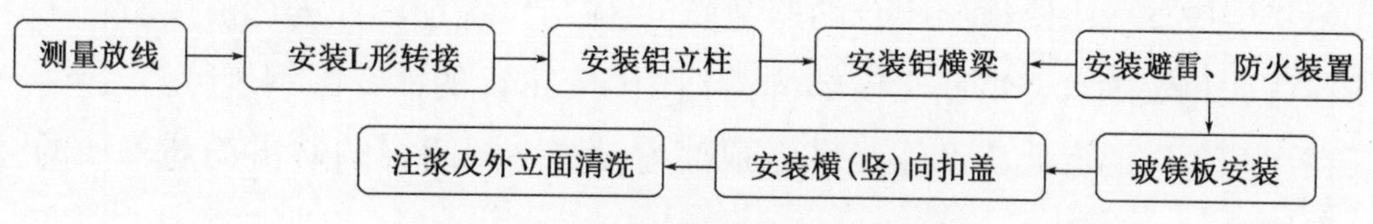

图 3-26　玻璃幕墙施工工艺流程

(3)安装竖向铝立柱

①幕墙竖向铝立柱的安装工作,是从结构的底部由下至上安装,先对照施工图检查主梁的尺寸(长度)加工孔位(L 形转接角钢码安装孔)是否正确。

②将竖向铝立柱用两个 M12 ×140mm 不锈钢螺栓固定在转接角钢码上,角钢码与铝立柱之间用 2mm 厚尼龙垫片隔离,螺栓两端与转接角钢码接触部位各加一块 2mm 厚圆形垫片。

③调整固定:利用转接件上的腰型孔,根据分格尺寸、测量放线的标记,横向、竖向控制钢丝线进行三维调整立柱。

④竖向铝立柱用铝插芯连接,插芯与铝立柱上端依靠固定连接角码的不锈钢螺栓进行连接,两个立柱竖向接缝应符合设计要求,并不小于 20mm,插芯长度不小于 420mm。

⑤偏差要求:立柱安装的垂直度小于 2mm。

⑥调整后进行螺栓加固、拧紧所有螺栓。

⑦对每个锚固点进行隐蔽工程验收,并做好记录。

(4)安装铝横梁

①根据图纸要求的水平分格和土建提供的标高线在竖向立柱上划线确定连接铝件的位置。

②采用 M5 ×35mm 不锈钢自攻钉将连接铝件固定在铝立柱的相应位置。注意横梁与立柱间的接缝间应符合设计要求(加设 2mm 厚橡胶垫),横梁与立柱平面应一致,其表面误差不大于 0.5mm。

③选择相应长度的横梁,采用 M6 ×25mm 不锈钢自攻钉固定在连接铝件上,横梁安装应由下向上进行,当安装一层高度后应进行检查调整,及时拧紧螺栓。

④横梁上下表面与立柱正面应成直角,严禁向下倾斜,若发生此种现象应采用自攻钉将角铝块直接固定在立柱上,以增强横梁抵抗扭矩的能力。

⑤使用耐候密封胶密封立柱间接缝和立柱与横梁的接缝间隙。

(5)避雷节点安装

①按图纸要求选用材料,宜采用直径 ϕ12mm 的镀锌圆钢和 1mm 厚的不锈钢避雷片。

②镀锌圆钢与横向、纵向主体结构预留的避雷点进行搭接,双面焊接的长度不低于 80mm。

③每三层应加设一圈横向闭合的避雷筋,且应与每块预埋件进行搭接。

④在各大角及垂直避雷筋交接部位,均采用 ϕ12mm 的镀锌圆钢进行搭接。

⑤在主楼各层的女儿墙部位及塔楼顶部均设置一圈闭合的避雷筋与幕墙的竖向避雷筋进行搭接。

⑥首层的竖向避雷筋与主体结构的接地扁铁进行搭接,其搭接长度为双面焊 80mm。

⑦在铝立柱与钢立柱的交接部位及各立柱竖向接头的伸缩缝部位,均采用不锈钢避雷片连接。

⑧在避雷片安装时,需将铝型材、镀锌钢材表面的镀膜层使用角磨机磨除干净,以确保避雷片的全面接触,达到导电效果。接触面应平整,采用四颗 M5 ×20mm 自攻钉固定。

(6)层间防火安装

①根据现场结构与玻镁板背面的实际距离,进行镀锌铁皮的裁切加工。

②依据现场结构实际情况确定防火层的高度位置,依据横梁的上口为准弹出镀锌铁皮安装的水平线。

③采用射钉将镀锌铁皮固定在结构面上,射钉的间距应以 300mm 为宜。

④将裁切的镀锌铁皮的另一边直接采用拉铆钉固定在玻璃背面的玻镁板上。

⑤依据现场实际间隙将防火岩棉裁剪后,平铺在镀锌铁皮上面。

⑥在防火棉接缝部位、结构面和玻镁板背面之间,采用防火密封胶进行封堵。

(7)安装玻璃板块

①将玻璃板块按图纸编号送到安装所需的层间和区域;检查玻璃板块的质量、尺寸和规格是否达到设计要求。

②按设计要求将玻璃垫块安放在横梁的相应位置;选择相应的橡胶条穿在型材(玻璃内侧接触部位)槽口内。

③用中空吸盘将玻璃板块运到安装位置,随后将玻璃板块由上向下轻轻放在玻璃垫块上,使板块的左右中心线与分格的中心线保持一致。

④采用临时压板将玻璃压住,防止倾斜坠落,调整玻璃板块的左右位置(从室内注意玻璃边缘分止塞与铝框的关系,其四边应均匀)。

⑤调整完成后,将穿好胶条的压板采用 M5 ×20mm 六角螺栓固定在横梁上(胶条的

自然长度应与框边长度相等,边角接缝严密)。

⑥按设计图样安装幕墙的开启窗,并应符合窗户安装的有关标准规定;玻璃板块由下至上安装,每个楼层由上至下进行安装。

(8)扣盖安装

①选择相应规格、长度的内、外扣盖进行编号。

②将内、外扣盖由上向下挂入压板齿槽内。

4)质量验收标准及检测方法

(1)主控项目

①玻璃幕墙工程所用材料、构件和组件质量。

②玻璃幕墙的造型和立面分格。

③玻璃幕墙主体结构上的埋件。

④玻璃幕墙连接安装质量。

⑤隐框或半隐框玻璃幕墙玻璃托条。

⑥明框玻璃幕墙的玻璃安装质量。

⑦吊挂在主体结构上的全玻璃幕墙吊夹具和玻璃接缝密封。

⑧玻璃幕墙节点、各种变形缝、墙角的连接点。

⑨玻璃幕墙的防火、保温、防潮材料的设置。

⑩玻璃幕墙防水效果。

⑪金属框架和连接件的防腐处理。

⑫玻璃幕墙开启窗的配件安装质量。

⑬玻璃幕墙防雷。

(2)一般项目

①玻璃幕墙表面质量。

②玻璃和铝合金型材的表面质量。

③明框玻璃幕墙的外露框或压条。

④玻璃幕墙拼缝。

⑤玻璃幕墙板缝注胶。

⑥玻璃幕墙隐蔽节点的遮封。

⑦玻璃幕墙安装偏差。

3.7.2　金属幕墙

1)强制性条文

关于金属幕墙施工强制性标准有《建筑装饰装修工程质量验收规范》(GB 50210—

2018)。

2)工艺流程

金属幕墙施工工艺流程如图3-27所示。

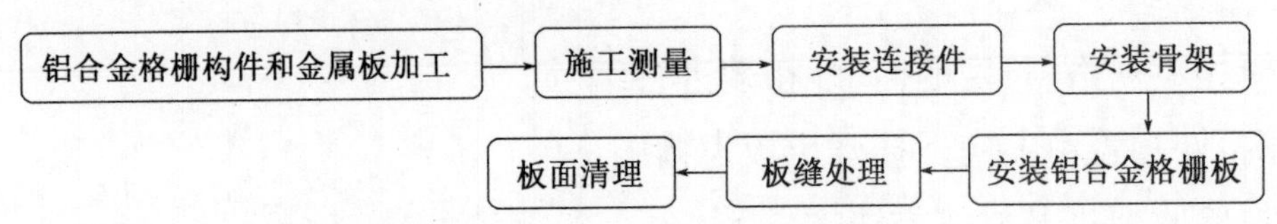

图3-27　金属幕墙施工工艺流程

3)作业要点及标准做法

(1)铝合金格栅板构件加工制作

金属构件加工制作应符合下列规定:铝合金格栅板结构杆件截料前应进行校直调整。铝合金格栅板横梁长度的允许偏差应为±0.5mm,立柱量度的允许偏差应为±1.0mm,端头斜度的允许偏差应为-15′。截料端头不得因加工而变形,并不应有毛刺。孔位的允许偏差应为±0.5mm,孔距的允许偏差应为±0.5mn,累计偏差不得大于±1.0mm。铆钉的通孔尺寸偏差应符合现行国家标准《铆钉用通孔》(GB 152.1—1988)的规定,沉头螺钉的沉孔尺寸偏差应符合现行国家标住《沉头螺钉用沉孔》(GB 152.2—2014)的规定。圆柱头、螺栓的沉孔尺寸应符合现行国家标佳《圆柱头、螺栓用沉孔》(GB 152.3—1988)的规定;螺纹孔的加工应符合设计要求。

(2)施工测量

安装施工测量应与主体结构的测量配合,其误差应及时调整。铝合金格栅板立柱的安装应符合下列规定:立柱安装标高偏差不应大于3mm,轴线前后偏差不应大于2mm,左右偏差不应大于3mm。相邻两根立柱安装标高偏差不应大于3mm,同层立柱的最大标高偏差不应大于5mm,相邻两根立柱的距离偏差不应大于2mm。横梁安装应符合下列规定:应将横梁两端的连接件及垫片安装在立柱的预定位置,并应安装牢固,其接缝应严密。相邻两根横梁的水平标高偏差不应大于3mm。同层标高偏差:当一幅幕墙宽度小于或等于35m时,不应大于5mm;当一幅幕墙宽度大于35m时,不应大于7mm。

(3)安装连接件

将固定立柱和横梁的连接件与主体结构上的预埋件焊接牢固。若主体结构上预埋件漏埋时,应采用植筋或穿墙螺栓补设连接件,不得在主体结构上钻孔安装膨胀螺栓固定连接件。

(4)安装立柱和横梁

按弹线位置立柱和横梁焊接(用螺栓固定)在连接件上,先安装立柱,后安装横梁。安装过程中,应及时使用仪器进行矫正,保证立柱和横梁的标高及轴线误差不超过允许偏差。

(5)安装铝合金格栅板

铝合金格栅板从面墙最下层边部第一块板开始逐排自下而上安装。安装过程中应及时对金属板进行检查、测量、调整;上下、左右的偏差不应大于1.5mm,铝合金板用螺钉(铆钉)固定于骨架上。螺钉(铆钉)间距100~150mm。板缝留10~20mm。铝塑复合板用螺钉将节点型材与骨架进行连接。

(6)板缝处理

板缝按设计要求用橡胶压条压紧或注入硅酮结构密封胶封闭。

(7)板面清理

施工中其表面的黏附物应及时清除。铝合金格栅板安装完毕后,应先对铝合金格栅板表面清理,最后揭除铝合金格栅板表面的保护膜。

4)质量验收标准及检测方法

(1)主控项目

①金属幕墙工程所用材料和配件质量。

②金属幕墙的造型、立面分格、颜色、光泽、花纹和图案。

③金属幕墙主体结构上的埋件。

④金属幕墙连接安装质量。

⑤金属幕墙的防火、保温、防潮材料的设置。

⑥金属框架和连接件的防腐处理。

⑦金属幕墙防雷。

⑧变形缝、墙角的连接节点。

⑨金属幕墙防水效果。

(2)一般项目

①金属幕墙表面质量。

②金属幕墙的压条安装质量。

③金属幕墙板缝注胶。

④金属幕墙流水坡向和滴水线。

⑤金属板表面质量。

⑥金属幕墙安装偏差。

3.7.3 石材幕墙

1)强制性条文

关于石材幕墙施工强制性标准有《建筑装饰装修工程质量验收规范》(GB 50210—2018)。

2)工艺流程

石材幕墙施工工艺流程如图3-28所示。

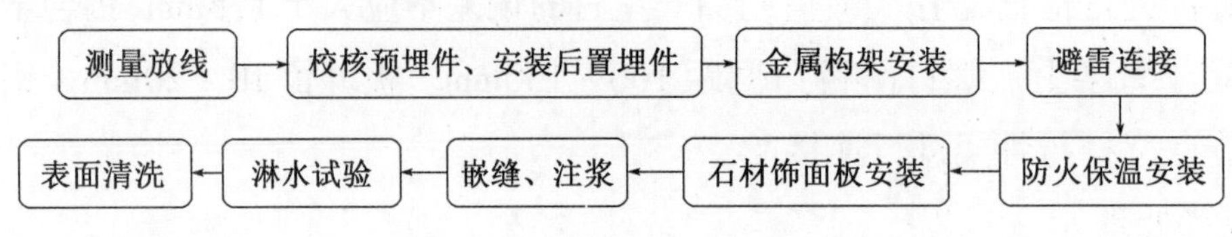

图3-28　石材幕墙施工工艺流程

3)作业要点及标准做法

(1)测量放线

根据结构的标高、轴线等控制点、线重新测设幕墙施工的各条基准控制线。放线时应按设计要求的定位和分格尺寸,先在首层的地、墙面上测设定位控制点、线,之后用经纬仪或激光铅垂仪在幕墙阴阳角、中心向上引垂直控制线和立面中心控制线,用水平仪和钢尺测设各层水平标高控制线。最后按设计大样图和测设的垂直、中心、标高控制线,弹出横、竖骨架的安装位置线。

(2)校核预埋件、安装后置埋件

幕墙施工前应按已弹好的各条控制线对预埋件进行检查和校核,一般位置尺寸允许偏差为±20mm,标高允许偏差为±10mm,对预埋件位置超差、结构施工时漏埋或设计变更未埋的埋件,应按设计要求补做后置埋件,后置埋件一般应选用化学锚栓固定,不宜采用膨胀螺栓,且应做拉拔试验,并做好施工记录。

(3)金属构架安装

构架一般采用铝合金型材或型钢,安装时先安装立柱后安装横梁。按测设好的立柱安装位置线先将同一立面靠两端的立柱,之后拉通线按顺序安装中间立柱。通常先按线把角码固定到预埋件上,再将立柱用2条直径不小于10mm的螺栓与角码固定。立柱安装完后用水平尺将各横梁位置线引至立柱上,之后安装横梁,横梁应与立柱垂直,横梁与立柱不宜直接焊接,应采用螺栓连接或通过角码后用螺钉连接,每处连接点螺栓不得少于2条,螺钉不得少于3个且直径不得小于4mm。各种不同金属材料的接触面应采用绝缘垫片分隔,以防发生电化学反应。

(4)避雷连接

金属构架安装完后,构架体系的非焊接连接处,应按设计要求用导体做可靠的电气连接,使其成为导电通路,并与建筑物的防雷系统做可靠连接。导体与导体、导体与构架的接触面材质不同时,还应采取措施防止电化学反应腐蚀构架材料(一般采取涮锡或加垫过渡垫片等措施)。明敷接地线一般采用$\phi 8$以上的镀锌圆钢或3mm×25mm的镀锌扁钢,也可采用不小于25m^{2}的编织铜线。一般接地线与铝合金构件连接宜使用不小于M8的镀锌螺栓压接,接地圆钢或扁钢与钢埋件、钢构件采用焊接进行连接,圆钢的焊缝长度不小于10倍的圆钢直径，双面焊，扁钢搭接不小于2倍的扁钢宽度，三面焊，焊完后应进行防腐处理。防雷系统的接地干线和暗敷接地线，应采用 $\phi10$ 以上的镀锌圆钢或4mm×40mm以上的镀锌扁钢。防雷系统使用的材料表面应采用热镀锌处理。

(5)防火保温安装

将防火棉填塞于每层楼板、每道防火分区隔墙与石材幕墙之间的空隙中，上、下或左、右两面用镀锌钢板封盖严密并固定后形成防火隔离层，防火棉填塞应连续严密，中间不得有空隙。按设计要求需进行保温材料安装时，一般先将衬板固定于金属骨架后面，再将保温材料填塞于金属骨架内并与骨架进行固定，最后在保温层外表面按设计要求安装防水、防潮层。保温材料填塞应严密无缝隙，与主体结构外表面应有不小于50mm的空隙，防火、保温材料本身及衬板和防水、防潮层应固定牢固可靠。

(6)石材饰面板安装

安装顺序宜先安装大面，在门、窗等洞口四周大面上留下一块面板不装，之后安装洞口周边的镶边石材面板，最后安装大面预留面板大面安装宜按分格进行，在每个分格中宜由下向上分层安装，安装到每个分格标高时，应注意调整误差，不要使误差积累。

(7)嵌缝、注胶

石材板面安装完成后，应按设计要求进行嵌缝，设计无要求时，宜选用中性石材专用嵌缝胶，以免发生渗析污染石材表面。嵌缝时先将板缝清理干净，并确保黏结面洁净干燥的情况下，用带有凸头的刮板将泡沫填充棒条塞入缝中，使胶缝的深度均匀，之后在板缝两侧的石材板面上粘贴纸面胶带，避免嵌缝胶污染石板，最后进行注胶作业。注胶时应边注胶边用专用工具勾缝，使成型后的胶面呈弧形凹面且均匀无流淌，多余的胶液应立即用清洁剂擦净，最后揭去石板表面的纸面胶带。

(8)淋水试验(敞缝幕墙不做)

嵌注的胶完全固化后，对幕墙易渗漏部位进行淋水试验，试验方法和要求应符合现行国家标准《建筑幕墙雨水渗漏性能检测方法》(CB/T 15228—1994)的规定。

(9)表面清洗

淋水试验完成后，用清水或清洁剂将整个石材幕墙表面擦洗干净。必要时按设计要求进行打蜡或涂刷保护剂。

4)质量验收标准及检测方法

(1)主控项目

①石材幕墙工程所用材料质量。

②石材幕墙的造型、立面分格、颜色、光泽、花纹和图案。

③石材孔、槽加工质量。

④石材幕墙主体结构上的埋件。

⑤石材幕墙连接安装质量。

⑥金属框架和连接件的防腐处理。

⑦石材幕墙的防雷。

⑧石材幕墙的防火、保温、防潮材料的设置。

⑨变形缝、墙角的连接节点。

⑩石材表面和板缝的处理。

⑪有防水要求的石材幕墙防水效果。

(2)一般项目

①石材幕墙表面质量。

②石材幕墙的压条安装质量。

③石材接缝、阴阳角、凸凹线、洞口、槽。

④石材幕墙板缝注胶。

⑤石材幕墙流水坡向和滴水线。

⑥石材表面质量。

⑦石材幕墙安装偏差。

3.8 涂　　饰

3.8.1 水性涂料涂饰

1)强制性条文

关于水性涂料涂饰施工强制性标准有《建筑装饰装修工程质量验收规范》(GB 50210—2018)。

2)工艺流程

水性涂料涂饰施工工艺流程如图3-29所示。

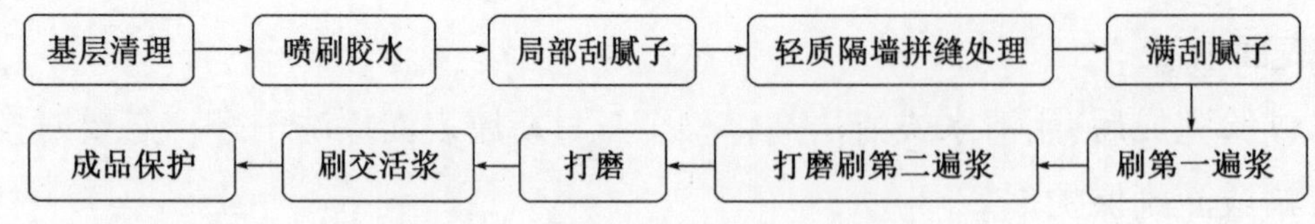

图3-29　水性涂料涂饰施工工艺流程

3)作业要点及标准做法

(1)基层清理并应符合下列要求

①新建筑的混凝土或抹灰基层在涂料涂饰前应刷抗碱封闭底漆。

②旧墙面在涂饰涂料前应清除疏松的旧装修层,并涂刷界面剂。

③混凝土或抹灰基层涂刷乳液型涂料时,含水率不得大于10%。

④基层腻子应平整、坚实、牢固，无粉化、起皮和裂缝；内墙腻子的黏结强度应符合《建筑室内用腻子》(JG/T 3049—1998)的规定。

⑤厨房、卫生间墙面必须使用耐水赋子。

(2)喷、刷胶水

刮腻子之前在混凝土墙面上先喷、刷一道胶水(重量配合比为水:乳液=5:1)，要喷、刷均匀，不得有遗漏。

(3)局部刮腻子

用石膏腻子将缝隙及坑注不平处找平，应将腻子填实补平，并将多余的废腻子收净，腻子干后，用砂纸磨平，并把浮尘扫净。如发现还有腻子塌陷处和凹坑应重新复找腻子使之补平。石膏腻子配合比为石膏粉:乳液:纤维素水溶液=100:45:60，其中纤维素水溶液为3.5%。

(4)石膏墙面拼缝处理

石膏板和轻条板墙上糊一层玻璃网格布或绸布条，用乳液将布条黏在缝上，黏条时应把布条拉直糊平，并刮石膏腻子一道。

(5)满刮腻子

根据墙体基层的不同和浆活等级要求不同，刮腻子的遍数和材料也不同。如混凝土墙应刮二道石膏腻子和1~2道大白腻子；抹灰墙及石膏板墙可以刮二道大白腻子即可达到喷浆的基层要求。刮腻子时应横竖刮，并应注意接槎和接收时腻子要刮净，每道腻子干后，应磨砂纸，将腻子磨平磨完后将浮尘擦净。如面层要涂刷带颜色的浆料时，在腻子中要掺入相同颜色的适量颜料。腻子配合比为乳液:滑石粉(或大白粉):20%纤维素=1:5:3.5(重量比)。

(6)室内刷(喷)浆，根据使用材料、操作工序和质量要求不同，一般分为普通刷浆、中级刷浆和高级刷浆3种。面层均为2遍浆，共3遍成活。

(7)喷(滚、刷)浆次序须先顶棚而后由上而下刷(喷)四面墙壁。

(8)刷浆方法有刷涂、喷涂、滚涂三种，在具体实施中根据工程实际，以上三种方法灵活使用。

(9)刷(喷)浆操作方法，头遍应横着刷，浆宜稠些，晾干后找补腻子(刷石灰水不用)，打磨平，第二和第三遍宜稍稀些，再竖着刷，做到刷轻刷快，每一遍一气呵成。接头处不得重叠，做到颜色均匀，厚度一致，不带刷痕、刷毛，不漏刷、不漏底。喷浆应将门窗用纸盖好。每刷(喷)次检查一遍，漏刷(喷)应补刷(喷)，末遍要均匀。每间要一次做完，干后如不均匀，再找补一次腻子，打磨后再刷一遍。基层表面过干，应适当喷水湿润。冬期每刷一遍须隔3h。

(10)滚涂法刷浆，腻子要干燥，浆黏度不要太高，涂浆厚薄要一致基层不平用短滚子滚涂。第一遍干后再滚涂第二遍,滚涂不到处,再补用排笔刷涂。

4)质量验收标准及检测方法

(1)主控项目

①水性涂料涂饰工程所用涂料的品种、型号和性能应符合设计要求及国家现行标准的有关规定。

②水性涂料涂饰工程的颜色、光泽、图案应符合设计要求。

③水性涂料涂饰工程应涂饰均匀、黏结牢固,不得漏涂、透底、开裂、起皮和掉粉。

④水性涂料涂饰工程的基层处理应符合图纸和相关规范规定。

(2)一般项目

无。

(3)质量验收标准

水性涂料涂饰的质量验收标准如表3-29所示。

表3-29 水性涂料的涂饰质量和检验方法

项次	项目	普通涂饰	高级涂饰	检验方法
1	颜色	均匀一致	均匀一致	观察
2	光泽、光滑	光泽基本均匀,光滑无挡手感	光泽均匀一致,光滑	
3	泛碱、咬色	允许少量轻微	不允许	
4	流坠、疙瘩	允许少量轻微	不允许	
5	砂眼、刷纹	允许少量轻微砂眼、刷纹通顺	无砂眼,无刷纹	

3.8.2 溶剂型涂料涂饰

1)强制性条文

关于溶剂型涂料涂饰施工强制性标准有《建筑装饰装修工程质量验收规范》(GB 50210—2018)。

2)工艺流程

溶剂型涂料涂饰施工工艺流程如图3-30所示。

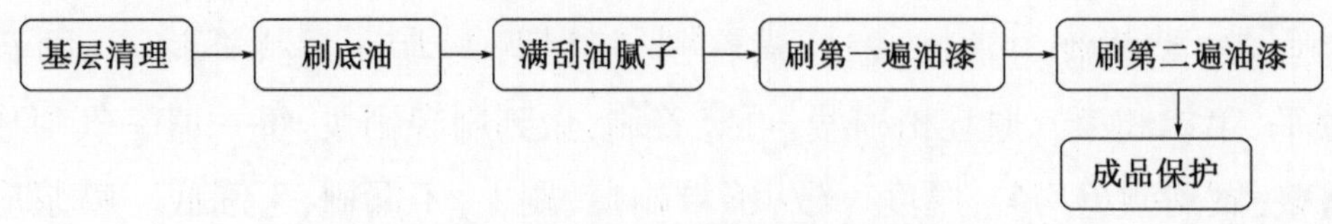

图3-30 溶剂型涂料涂饰施工工艺流程

3)作业要点及标准做法

(1)基层处理

首先将木门框、扇基层面上的灰尘、锈斑、污迹等用刮刀或碎玻璃片刮除干净。注意不要刮出毛刺，之后用1号以上砂纸顺木纹打磨，先磨线角，后磨四口平面，直到光滑为止。木门框、扇基层有小块活翘皮时，可用小刀撕掉。重皮的地方应用小钉子钉牢固，如重皮较大或有烤煳印疤，应由木工修补。

(2)刷底油

刷底油时用清油刷一遍，先从框上部左边开始顺木纹刷，框边涂油时不得碰到墙面上，厚薄均匀，刷门时，先刷门扇的背面，用木楔将门扇固定后再刷门正面，全部刷完后要及时检查，并将小五金上的油漆擦干净。

(3)满刮油腻子

要注意腻子油性不可过大或过小，如油性大，刷时不易浸入木质内，如油性大，刷时不易均匀，颜色不能一致。用开刀或牛角板将腻子刮入钉孔、裂纹、鬃眼内。刮抹时要横抹竖起，如遇接缝或节疤较大时，应用开刀、牛角板将腻子挤入缝内，之后抹平。腻子一定要刮光，不留野腻子。待腻子干透后，用1号砂纸轻轻顺木纹打磨，先磨线角、裁口，后磨四口平面，注意保护棱角，来回打磨至光滑为止。不留野腻子，磨完后用潮布将磨下的粉末擦净。

(4)刷第一遍油漆

先将漆、稀释剂、固化剂等混合在一起，倒在小油桶内，使用时经常搅拌，以免沉淀造成颜色不一致，其稠度以达到不流，不显刷痕为准。刷漆时，应从外至内、从左至右、从上至下进行，顺着木纹涂刷。刷门框时不得碰到墙面上，刷到接头处要轻刷，达到刷纹一致；因油色干燥较快，所以刷油色时动作应敏捷，要求无缕无节，横平竖直，刷油时刷子要轻飘，避免出刷绺。刷完后要上下左右观察检查一下，有无漏刷流坠、裹棱及透底现象，刷完后将门下口用木楔固定。五金上沾染的油色要及时擦净。每一个刷面一定要一次刷好，不留接头，两个刷面交接棱口不要互相沾油，沾油后要及时擦掉，达到颜色一致。

(5)刷第二遍油漆

①待第一遍漆完全干透后，用水砂纸彻底轻轻打磨一遍，将头遍清漆面上的刷痕基本打磨掉，保护好棱角，再用潮布将粉尘擦净。

②修补腻子：使用油性略大的带色腻子，修补残缺不全之处，操作时必须使用牛角板刮抹，不得损伤漆膜，腻子要收刮干净，光滑无腻疤（有腻子疤必须点漆片处理）。

③修色：木材表面上的黑斑、节疤、腻子疤和材色不一致处，应用漆片、酒精加色调配（颜色同样板颜色）或用调和漆（铅油）和稀释剂调配、进行修色。

④磨砂纸：使用细砂纸轻轻往返打磨，之后用潮布擦净粉末。

⑤刷第二遍调和漆时刷法同第一遍，但刷漆动作要敏捷，多刷多理，油漆涂刷行饱满一致、不流不坠、光亮均匀，刷完后再仔细检查一遍，有毛病及时纠正。刷此遍漆时周围环境要整洁，宜暂时禁止通行，最后将木门用木楔固定牢固。

4)质量验收标准及检测方法

(1)主控项目

①溶剂型涂料涂饰工程所选用涂料的品种、型号和性能应符合设计要求及国家现行标准的有关规定。

②溶剂型涂料涂饰工程的颜色、光泽、图案应符合设计要求。

③溶剂型涂料涂饰工程应涂饰均匀、黏结牢固,不得漏涂、透底、开裂、起皮和反锈。

④溶剂型涂料涂饰工程的基层处理应符合相关规范的要求。

(2)一般项目

无。

(3)质量验收标准

溶剂型涂料涂饰质量验收标准如表3-30所示。

表3-30 溶剂型涂料涂饰质量验收标准

项次	项 目	允许偏差(mm)				检验方法
		色漆		清漆		
		普通涂饰	高级涂饰	普通涂饰	高级涂饰	
1	立面垂直度	4	3	3	2	用2m垂直检测尺检查
2	表面平整度	4	3	3	2	用2m靠尺和塞尺检查
3	阴阳角方正	4	3	3	2	用200mm直角检测尺检查
4	装饰线、分色线直线度	2	1	2	1	拉5m线,不足5m拉通线,用钢直尺检查
5	墙裙、勒脚上口直线度	2	1	2	1	拉5m线,不足5m拉通线,用钢直尺检查

3.9 细 部

3.9.1 窗帘盒与窗台板制作与安装

1)强制性条文

关于窗帘盒与窗台板制作与安装施工强制性标准有《建筑装饰装修工程质量验收规范》(GB 50210—2018)。

2)工艺流程

(1)明窗帘盒工艺流程

明窗帘盒工艺流程如图3-31所示。

图3-31　明窗帘盒工艺流程

(2)暗窗帘盒工艺流程

暗窗帘盒工艺流程如图3-32所示。

图3-32　暗窗帘盒工艺流程

(3)窗台板工艺流程

窗台板工艺流程如图3-33所示。

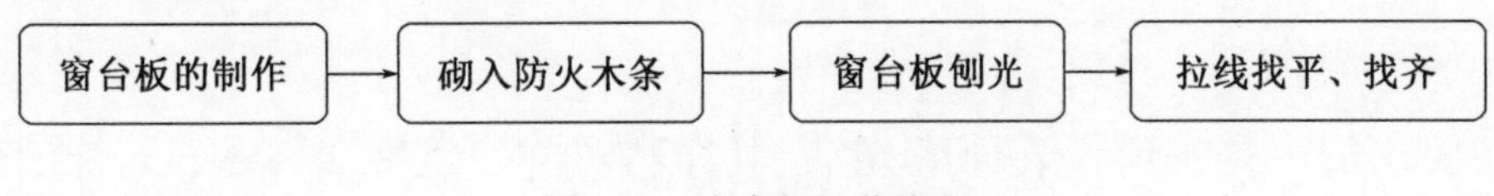

图3-33　窗台板工艺流程

3)作业要点及标准做法

(1)明窗帘盒的制作安装

①下料

按图纸要求下料要长于要求规格30～50mm,厚度、宽度要分别大于3～5mm。

②刨光

刨光时要顺木纹操作,先创削出相邻两个基准面,并做上符合标记,再按规定尺寸加工完另外两个基础面,要求光洁、无错槎。

③制作卯榫

最佳结构方式是采用459全暗燕尾卯榫,也可采用459斜角钉胶结合,但钉帽一定要砸扁后打人木内。上盖面可加工后直接涂胶钉入下框体。

④装配

用直角尺测准暗转角度后把结构敲紧打严,注意格角处不要露缝。

⑤修正砂光

结构固化后可修正砂光。用0号砂纸打磨掉毛刺、棱角、立搓,注意不可逆木纹方向砂光。要顺木纹方向砂光。

(2)暗窗帘盒的制作安装

暗装形式的窗帘盒,主要特点是与吊顶部分结合在一起,常见的有内藏式和外接式。

①内藏式窗帘盒主要形式是在窗顶部位的吊顶处,做出一条四槽,在槽内装好窗帘轨。作为含在吊顶内的窗帘盒,与吊顶施工一起做好。

②外接式窗帘盒是在吊顶平面上,做出一条贯通墙面长度的遮挡板,在遮挡板内吊顶平面上装好窗帘轨。遮挡板可采用木构架双包镶,并把底边做封板边处理。遮挡板与顶棚交接线要用棚角线压住。遮挡板的固定法可采用射钉固定也可采用预埋木楔、圆钉固定,或膨胀螺栓固定。

③窗帘轨安装

窗帘轨道有单、双或三轨道之分。单体窗帘盒一般先安轨道,暗窗帘盒在按轨道时,轨道应保持在一条直线上。轨道型式有工字形、槽形和圆杆形三种。工字形窗帘轨是用与其配套的固定爪来安装,安装时先将固定爪套人工字形窗帘轨上,每米窗帘轨道有三个固定爪安装在墙面上或窗帘盒的木结构上。槽形窗帘轨的安装,可用D55的钻头在槽形轨的底面打出小孔,再用螺丝穿过小孔,将槽形轨固定在窗帘盒内的顶面上。

(3)窗台板的制作安装

①窗台板的制作

按图纸要求加工的木窗台表面应光洁,其净料尺寸厚度在20~30mm,比待安装般要突出窗口60~80mm,台板外沿要倒的窗长240mm,板宽视窗口深度而定棱或起线。台板宽度大于150mm,需要拼接时,背面必须穿暗带防止翘曲,窗台板背面要开卸力槽。

②窗台板的安装

在窗台墙上,预先砌入防腐木砖,木砖间距500mm左右,每樘窗不少于两块,在窗框的下坎裁口或打槽(深12mm,宽10mm)。将窗台板刨光起线后,放在窗台墙顶上居中,里边嵌入下坎槽内。窗台板的长度一般比窗樘宽度长120mm左右,两端伸出的长度应一致。在同一房间内同标高的窗台板应拉线找平、找齐,使其标高一致,突出墙面尺寸一致。应注意,窗台板上表面向室内略有倾斜(泛水),坡度约1%。如果窗台板的宽度大于150mm,拼接时,背面应穿暗带,防止翘曲。用明钉把窗台板与木砖钉牢,顶帽砸扁,顺木纹冲入板的表面,在窗台板的下面与墙交角处,要钉窗台线(三角压条)。窗台线预先刨光,按窗台长度两端刨成弧形线脚,用明钉与窗台板斜向钉牢,顶帽砸扁,冲入板内。

4)质量验收标准及检测方法

(1)主控项目

①窗帘盒和窗台板制作与安装所使用材料的材质、规格、性能、有害物质限量及木材的燃烧性能等级和含水率应符合设计要求及国家现行标准的有关规定。

②窗帘盒和窗台板的造型、规格、尺寸、安装位置和固定方法应符合设计要求。窗帘盒和窗台板的安装应牢固。

③窗帘盒配件的品种、规格应符合设计要求,安装应牢固。

(2)一般项目

①窗帘盒和窗台板表面应平整、洁净、线条顺直、接缝严密、色泽一致,不得有裂缝、

翘曲及损坏。

②窗帘盒和窗台板与墙、窗框的衔接应严密，密封胶缝应顺直、光滑。

(3)质量验收标准

窗帘盒和窗台板安装的质量验收标准如表3-31所示。

表3-31　窗帘盒和窗台板安装的允许偏差和检验方法

项次	项　目	允许偏差(mm)	检 验 方 法
1	水平度	2	用1m水平尺和塞尺检查
2	上口、下口直线度	3	拉5m线，不足5m拉通线，用钢直尺检查
3	两端距离洞口长度差	2	用钢直尺检查
4	两端出墙厚度差	3	用钢直尺检查

3.9.2　门窗套制作与安装

1)强制性条文

关于门窗套制作与安装施工强制性标准有《建筑装饰装修工程质量验收规范》(GB 50210—2018)。

2)工艺流程

门窗制作与安装工艺流程如图3-34所示。

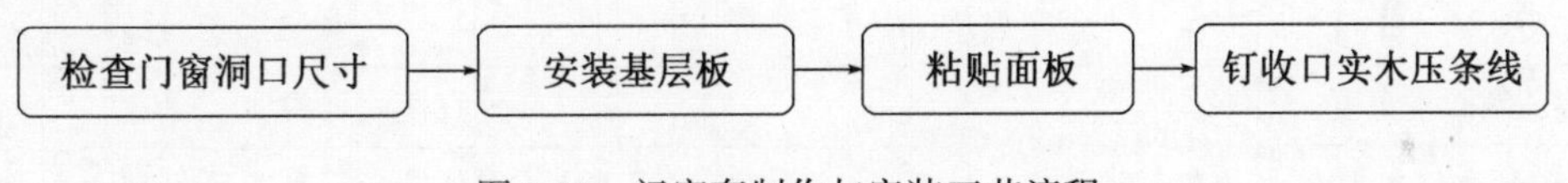

图3-34　门窗套制作与安装工艺流程

3)作业要点及标准做法

(1)检查门窗洞口尺寸

核对门窗洞口的尺寸，木门窗套的洞口尺寸应比门窗樘宽40mm。洞口比门窗樘高出25mm，以便安装。门窗洞口的尺寸与设计不符时可用木方料制成龙骨架进行调整，与墙体牢固连接，不得松动。龙骨架应刷防腐、防火涂料。

(2)安装基层板

般采用胶合板、密度板或细木工板做基层，采用胶钉连接方法与龙骨架固定。板与板间应留5mm缝隙，防止变形。

(3)粘贴面板

①同一房间应挑选木纹和颜色相近的面板。裁板时要略大于基层的实际尺寸，大面净光，小面刮直，木纹根部向下。

②长度方向需要对接时，木纹应顺直。般窗套面板拼缝应在室内地坪2m以上，门套面板拼缝一般距地坪1.2m左右。

③当采用厚木板材(厚度大于10m)时,板背面应沿门窗套方向开出卸力槽,以免板面弯曲,卸力槽一般间距为10mm,槽宽10mm,深度5~8mm。

④用胶黏剂粘贴饰面板,基层板与饰面板背面均需抹胶,涂胶要均匀,不得漏刷或不刷,之后将饰面板贴在基层板上。如用钉子固定饰面板时,钉子的长度为饰面板厚度的3倍,钉帽砸扁冲入饰面板板面0.5~1mm,间距一般为10mm。

(4)钉收口实木压线

根据设计文件要求和样板间的做法,钉收口实木压线。

4)质量验收标准及检测方法

(1)主控项目

①门窗套制作与安装所使用材料的材质、规格、花纹、颜色、性能、有害物质限量及木材的燃烧性能等级和含水率应符合设计要求及国家现行标准的有关规定。

②门窗套的造型、尺寸和固定方法应符合设计要求,安装应牢固。

(2)一般项目

门窗套表面应平整、洁净、线条顺直、接缝严密、色泽一致,不得有裂缝、翘曲及损坏。

(3)质量验收标准

门窗套安装的质量验收标准如表3-32所示。

表3-32 门窗套安装的允许偏差和检验方法

项次	项　目	允许偏差(mm)	检 验 方 法
1	正、侧面垂直度	3	用1m垂直检测尺检查
2	门窗套上口水平度	1	用1m水平检测尺和塞尺检查
3	门窗套上口直线度	3	拉5m线,不足5m拉通线,用钢直尺检查

3.9.3 护栏和扶手制作与安装

1)强制性条文

关于护栏和扶手制作与安装施工强制性标准有《建筑装饰装修工程质量验收规范》(GB 50210—2018)。

2)工艺流程

护栏和扶手制作与安装工艺流程如图3-35所示。

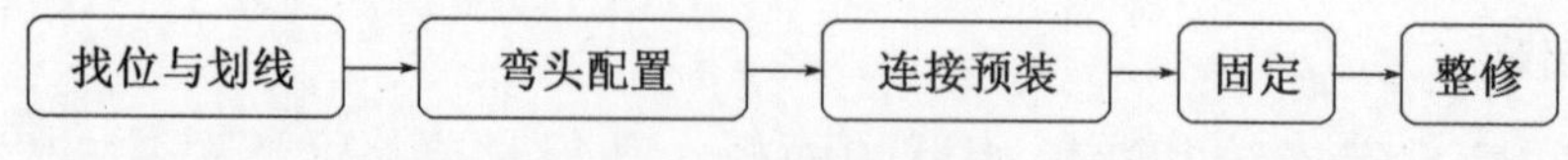

图3-35 护栏和扶手制作与安装工艺流程

3)作业要点及标准做法

(1)找位与划线

安装扶手的固定件:位置、标高、坡度、找位校正后弹出扶手纵向中心线。按设计扶手构造，根据折弯位置、角度、划出折弯或割角线。楼梯栏板和栏杆顶面，划出扶手直线段与弯、折弯段的起点和终点的位置。

(2)弯头配置

按栏板或栏杆顶面的斜度，配好起步弯头，一般木扶手，可用扶手料割配弯头。采用割角对缝粘接，在断块割配区段内最少要考虑用三个螺钉与支撑固定件连接固定。大于70mm断面的扶手接头配置时，除黏结外，还应在下面作暗榫或用铁件结合。

(3)连接预装

预制木扶手须经预装，预装木扶手由下往上进行，先预装起步弯头及连接第跑扶手的折弯弯头，再配上折弯之间的直线扶手料，进行分段预装黏结，黏结时操作环境温度不得低于5℃。

(4)固定

分段预装检查无误，进行扶手与栏杆(栏板)上固定件，用木螺丝拧紧固定，固定间距控制在400mm以内，操作时，应在固定点处先将扶手料钻孔，再将木螺丝拧入。

(5)整修

扶手折弯处如有不平顺，应用细木锉锉平，找顺磨光，使其折角线清晰，坡角合适，弯曲自然，断面一致，最后用木砂纸打光。

4)质量验收标准及检测方法

(1)主控项目

①护栏和扶手制作与安装所使用材料的材质、规格、数量和木材、塑料的燃烧性能等级应符合设计要求。

②护栏和扶手的造型、尺寸及安装位置应符合设计要求。

③护栏和扶手安装预埋件的数量、规格、位置以及护栏与预埋件的连接节点应符合设计要求。

④护栏高度、栏杆间距、安装位置应符合设计要求。护栏安装应牢固。

⑤栏板玻璃的使用应符合设计要求和现行行业标准《建筑玻璃应用技术规程》(JGJ 113—2015)的规定。

(2)一般项目

护栏和扶手转角弧度应符合设计要求，接缝应严密，表面应光滑，色泽应一致，不得有裂缝、翘曲及损坏。

(3)质量验收标准

护栏和扶手安装的质量验收标准如表3-33所示。

表 3-33　护栏和扶手安装的允许偏差和检验方法

项次	项　目	允许偏差(mm)	检验方法
1	护栏垂直度	3	用1m 垂直检测尺检查
2	栏杆间距	0, -6	用钢尺检查
3	扶手直线度	4	拉通线,用钢直尺检查
4	扶手高度	+6,0	用钢尺检查

3.9.4　花饰制作与安装

1)强制性条文

关于花饰制作与安装施工强制性标准有《建筑装饰装修工程质量验收规范》(GB 50210—2018)。

2)工艺流程

花饰制作与安装工艺流程如图 3-36 所示。

图 3-36　花饰制作与安装工艺流程

3)作业要点及标准做法

(1)基层处理,预制花饰安装前应将基层或基体清理干净,处理平整,并检查基底是否符合安装花饰的要求。

(2)对重型花饰,在安装前应检查预埋件或木砖的位置和固定情况是否符合设计要求,必要时做抗拉试验。

(3)预制花饰分块在正式安装前,应对规格、色调进行检验和挑选;按设计图案在平台上组拼,经检验合格后进行编号,作为正式安装的顺序号。

(4)在预制花饰安装前,确定安装位置线,按设计位置由测量配合,弹好花饰位置中心线及分块控制线。

(5)花饰粘贴法安装,一般轻型预制花饰采用此法安装。粘贴材料根据花饰材料的品种选用。水泥砂浆花饰和水泥水刷石花饰,使用水泥砂浆或聚合物水混砂浆粘贴;石膏花饰宜用石灰或水泥浆粘贴;木制花饰和塑料花饰可用胶粘剂粘贴,也可用木螺丝固定的方法金属花饰宜用螺丝固定,根据构造也可选用焊接安装,预制混凝土花格或混凝土花饰制品,应用 1∶2 水泥砂浆砌筑,拼块的相互间用钢销子系固,并与结构连接牢固(刀较重的大型花饰采用螺丝固定法安装)。安装时将花饰预留孔对准结构预埋固定件用铜或镀锌螺丝适量拧紧固定,花饰图案应精确吻合,固定后用 1∶1 水泥砂浆将安装孔眼堵严,表面用同花饰颜色一样的材料修饰,不留痕迹。

(6)重量大、大体型花饰采用螺栓固定法安装。安装时将花饰预留孔对准安装位置的预埋螺栓,按设计要求基层与花饰表面规定的缝隙尺寸,用螺母或垫块板固定,并加临时支撑。花饰图案应清晰,对缝吻合,花饰与墙面间隙的两侧和表面用石膏临时堵住,待石膏凝固后,用1∶2水泥砂浆分层灌入花饰与墙面的缝隙中,由下而上每次灌100mm左右高度,下层终凝后再灌上一层,待灌缝砂浆达到强度后才能拆除支撑,清除周边临时堵缝的石膏,并修饰完整。

(7)大、重型金属花饰采用焊接固定法安装。根据花饰块体的构造,采用临时固挂的方法,按设计要求找正位置,焊接点应受力均匀,焊接质量应满足设计及有关规范要求。

4)质量验收标准及检测方法

(1)主控项目

①花饰制作与安装所使用材料的材质、规格、性能、有害物质限量及木材的燃烧性能等级和含水率应符合设计要求及国家现行标准的有关规定。

②花饰的造型、尺寸应符合设计要求。

③花饰的安装位置和固定方法应符合设计要求,安装应牢固。

(2)一般项目

花饰表面应洁净,接缝应严密吻合,不得有歪斜、裂缝、翘曲及损坏。

(3)质量验收标准

花饰安装的质量验收标准如表3-34所示。

表3-34　花饰安装的允许偏差和检验方法

项次	项　目		允许偏差(mm)		检验方法
			室内	室外	
1	条形花饰的水平度或垂直度	每米	1	3	拉线和用1m垂直检测尺检查
		全长	3	6	
2	单独花饰中心位置偏移		10	15	拉线和用钢直尺检查

第4章　建筑屋面

4.1　基层与保护

4.1.1　找坡层与找平层

1)强制性条文

关于找坡层与找平层施工强制性标准有《屋面工程质量验收规范》(GB 50207—2012)。

2)工艺流程

屋面找坡层与找平层工艺流程如图4-1所示。

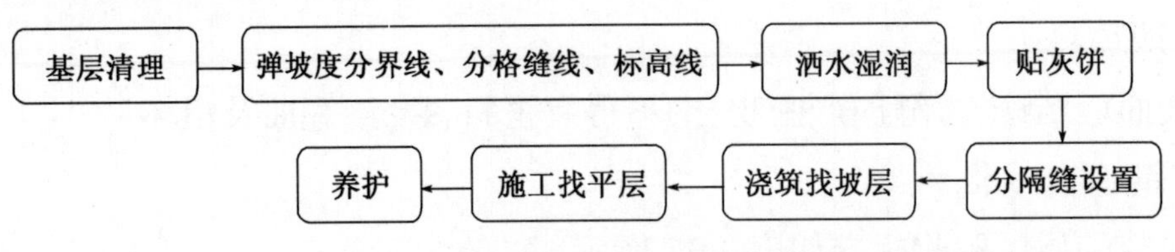

图4-1　屋面找坡层与找平层工艺流程

3)作业要点及标准做法

(1)将屋面结构板上的垃圾、杂物等清理干净。

(2)按照屋面找坡层坡度及排气道平面布置图放坡度分界线及分格缝位置线,将结构标高线引测到女儿墙上。

(3)根据屋面设计排水坡度从标高线测出最高点、最低点及分界线标高点后做灰饼,之后根据排水坡度从各个最高点与最低点间拉线做灰饼,灰饼大小100×100mm,灰饼间距1.5m,灰饼表面平整并粘贴牢固,屋面找坡层最低点厚度不小于30mm。

(4)在分格缝位置线部位放置方木或者聚苯板条,分格材料要固定牢固,位置准确。分格缝纵横缝的间距不大于6mm,缝宽为40mm。

(5)找坡层浇筑完成后取出分格缝板条,待排气管安装完毕后在找坡层分格缝中填充10~30mm碎石。

(6)找平层分格缝与找坡层分格缝间距相同,缝宽为20mm,与女儿墙周边缝宽为30mm。

(7)找平层抹平、压实以后12h以内及时进行洒水养护,养护时间不少于7d。

(8)突出屋面结构(女儿墙、山墙变形缝、出气孔等)的转角处,找平层应做成圆弧形,圆弧半径为50mm。

(9)落水口周围直径500mm范围内坡度不应小于5%。

4)质量验收标准及检测方法

(1)主控项目

①找坡层和找平层所用材料的质量及配合比,应符合设计要求。

②找坡层和找平层的排水坡度,应符合设计要求。

(2)一般项目

①找平层应抹平、压光,不得有松散、起砂、起皮现象。

②卷材防水层的基层与突出屋面结构的交接处,以及基层的转角处,找平层应做成圆弧形,且应整齐平顺。

③找平层分格缝的宽度和间距,均应符合设计要求。

④找坡层表面平整度的允许偏差为7mm,找平层表面平整度的允许偏差为5mm。

4.1.2 隔汽层

1)强制性条文

关于隔汽层施工强制性标准有《屋面工程质量验收规范》(GB 50207—2012)。

2)工艺流程

屋面隔汽层施工工艺流程如图4-2所示。

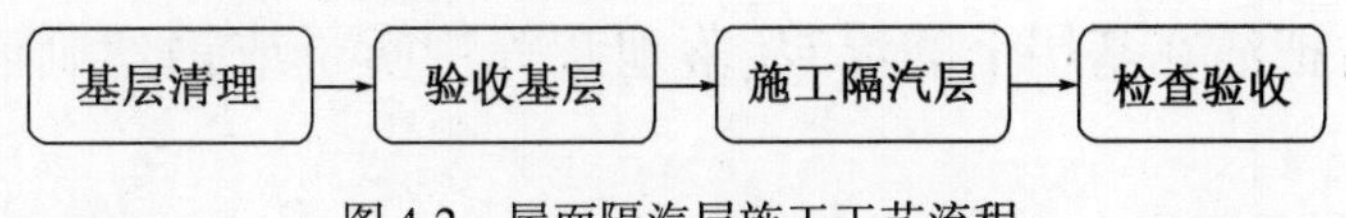

图4-2 屋面隔汽层施工工艺流程

3)作业要点及标准做法

(1)隔汽层的基层应平整、干净、干燥。

(2)隔汽层应设置在结构层与保温层之间;隔汽层应选用气密性、水密性好的材料。

(3)在屋面与墙的连接处,隔汽层应沿墙面向上连续铺设,高出保温层上表面不得小于150mm。

(4)隔汽层采用卷材时宜空铺,卷材搭接缝应满粘,其搭接宽度不应小于80mm;隔汽层采用涂料时,应涂刷均匀。

(5)穿过隔汽层的管线周围应封严,转角处应无折损;隔汽层凡有缺陷或破损的部位,均应进行返修。

4)质量验收标准及检测方法

(1)主控项目

①隔汽层所用材料的质量,应符合设计要求。

②隔汽层不得有破损现象。

(2)一般项目

①卷材隔汽层应铺设平整,卷材搭接缝应黏结牢固,密封应严密,不得有扭曲、皱折和起泡等缺陷。

②涂膜隔汽层应黏结牢固,表面平整,涂布均匀,不得有堆积、起泡和露底等缺陷。

4.1.3 隔离层

1)强制性条文

关于隔离层施工强制性标准有《屋面工程质量验收规范》(GB 50207—2012)。

2)工艺流程

屋面隔离层施工工艺流程如图4-3所示。

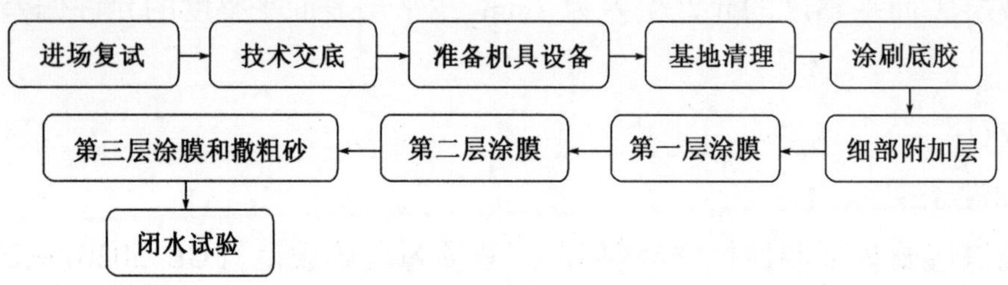

图4-3 屋面隔离层施工工艺流程

3)作业要点及标准做法

(1)基底清理:把沾在基层上的浮浆、落地灰等用錾子或钢丝刷清理掉,再用扫帚将浮土清扫干净。

(2)涂刷底胶:将聚氨酯甲、乙两组分和二甲苯按1:1.5:2的比例(质量比)配合搅拌均匀。用滚动刷或油漆刷蘸底胶均匀地涂刷在基层表面,不得过薄也不得过厚,涂刷量以0.2kg/m^2左右为宜。涂刷后应干燥4h以上,才能进行下一工序的操作。

(3)细部附加层:将聚氨酯甲、乙两组分按1:1.5的比例(质量比)配合搅拌均匀,在管根、阴阳角部位做一布两涂的加强层。加强层的宽度宜大于200mm,实干后方可进行大面积施工。

(4)涂膜:将聚氨酯甲、乙两组分按1:1.5的比例(质量比)配合搅拌均匀,用橡胶刮板均匀涂刷好底胶的基层表面:第一道涂膜实干后涂刷第二道涂膜,涂刷方向与第一道涂膜垂直,第三道涂膜在第二道涂膜实干后涂刷,方向与第二道垂直,随涂随撒粗砂。每两道涂膜间隔时间不宜超过72h。三层涂膜的厚度以1.5~2.0mm为宜,总用量为2.5kg/m^2,分配比例约1:1.5:1为宜。

(5)闭水试验:第三道涂膜实干后进行闭水试验,蓄水高度应超过房间地面找平层最高点20~30mm,蓄水时间不少于24h,无渗漏为合格。

(6)保护:应在施工完成后进行拦挡,严禁上人。

(7)冬季施工时,环境温度不得低于5℃。

4)质量验收标准及检测方法

(1)主控项目

①隔离层所用材料的质量及配合比,应符合设计要求。

②隔离层不得有破损和漏铺现象。

(2)一般项目

①塑料膜、土工布、卷材应铺设平整,其搭接宽度不应小于50mm,不得有皱折。

②低强度等级砂浆表面应压实、平整,不得有起壳、起砂现象。

4.1.4 保护层

1)强制性条文

关于保护层施工强制性标准有《屋面工程质量验收规范》(GB 50207—2012)。

2)工艺流程

屋面保护层施工工艺流程如图4-4所示。

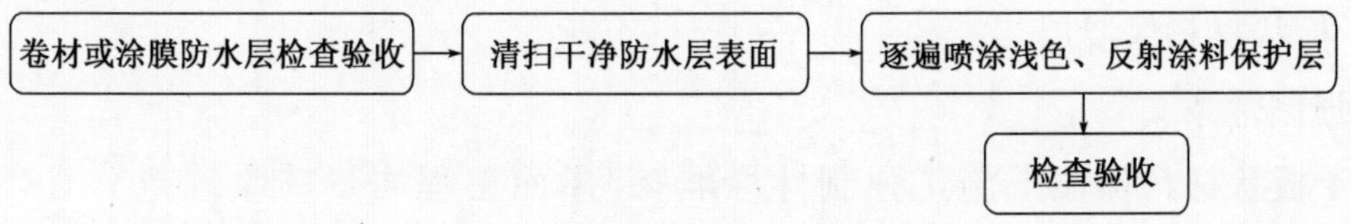

图4-4 屋面保护层施工工艺流程

3)作业要点及标准做法

(1)保护层施工前做好防水层维护,一般卷材防水层应养护2d以上、涂膜防水层7d以上。

(2)用柔软、干净的棉布擦拭、清除防水层表面的浮灰。

(3)按材料说明书要求配制好涂料,顺序、均匀涂刷(或喷)保护层涂料,设计为两道成活时,第二遍应在第一遍涂料干燥成膜后再涂刷,同时两道涂刷方向应相互垂直。

(4)检查验收。

4)质量验收标准及检测方法

(1)主控项目

①保护层所用材料的质量及配合比,应符合设计要求。

②块体材料、水泥砂浆或细石混凝土保护层的强度等级,应符合设计要求。

③保护层的排水坡度,应符合设计要求。

(2)一般项目

①块体材料保护层表面应干净,接缝应平整,周边应顺直,镶嵌应正确,应无空鼓

现象。

②水泥砂浆、细石混凝土保护层不得有裂纹、脱皮、麻面和起砂等现象。

③浅色涂料应与防水层黏结牢固,厚薄应均匀,不得漏涂。

(3)质量验收标准

保护层的允许偏差和检验方法如表4-1所示。

表4-1 保护层的允许偏差和检验方法

项目	允许偏差(mm)			检验方法
	块体材料	水泥砂浆	细石混凝土	
表面平整度	4.0	4.0	5.0	2m靠尺和塞尺检查
缝格平直	3.0	3.0	3.0	拉线和尺量检查
接缝高低差	1.5	—	—	直尺和塞尺检查
板块间隙高度	2.0	—	—	尺量检查
保护层厚度	设计厚度的10%,且不得大于5mm			钢针插入和尺量检查

4.2 保温与隔热

4.2.1 板状材料保温层

1)强制性条文

关于板状材料保温层施工强制性标准有《屋面工程质量验收规范》(GB 50207—2012)。

2)工艺流程

板状材料保温层施工工艺流程如图4-5所示。

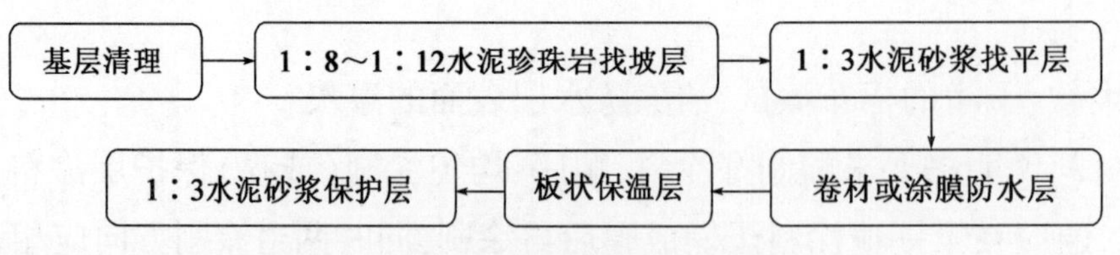

图4-5 屋面板状保温层施工工艺流程

3)作业要点及标准做法

(1)清理基层:应将预制或现浇混凝土基层表面的尘土、杂物等清理干净,使其平整、干燥。

(2)干铺板状保温层:当屋面坡度较小时,板状保温材料可直接铺设在结构层或隔汽层上,紧靠需隔热保温的表面,铺平、垫稳。分层铺设时,上、下两层板块接缝应相互错开,表面两块相邻的板边厚度应一致。当屋面坡度较大时,应用黏结材料粘贴板状保温材料,胶粘剂应视保温材料的性能选用。用沥青胶结材料粘贴时,板状材料相互之间和基层之间,均应满涂热沥青胶结材料,以便相互粘贴牢固。热沥青的温度为160~200℃。用水泥砂浆铺贴板状保温材料时,一般可用1:2(体积比)水泥砂浆粘贴,板间缝隙应用保温砂浆填实并勾缝。保温砂浆配合比一般为水泥:石灰:同类保温材料颗粒(体积比)=1:1:10。保温砂浆中的石灰膏必须经熟化15h以上,石灰膏中严禁含有未熟化的颗粒。

(3)细部处理

①屋面保温层在檐口、天沟处,宜延伸到外坡外侧,按设计要求施工,并同外墙外保温层交圈。

②女儿墙根部与保温层间应设置温度缝,缝宽以15~20mm为宜,并应贯通到结构基层。

4)质量验收标准及检测方法

(1)主控项目

①板状保温材料的质量,应符合设计要求。

②板状材料保温层的厚度应符合设计要求,其正偏差不限,负偏差应为5%,且不得大于4mm。

③屋面热桥部位处理应符合设计要求。

(2)一般项目

①板状保温材料铺设应紧贴基层,应铺平垫稳,拼缝应严密,粘贴应牢固。

②固定件的规格、数量和位置均应符合设计要求;垫片应与保温层表面齐平。

③板状材料保温层表面平整度的允许偏差为5mm。

④板状材料保温层接缝高低差的允许偏差为2mm。

4.2.2 纤维材料保温层

1)强制性条文

关于纤维材料保温层施工强制性标准有《屋面工程质量验收规范》(GB 50207—2012)。

2)工艺流程

屋面纤维材料保温层施工工艺流程如图4-6所示。

图4-6 屋面纤维材料保温层施工工艺流程

3)作业要点及标准做法

(1)纤维保温材料应紧靠在基层表面上,平面接缝应挤紧拼严,上下层接缝应相互错开。

(2)屋面坡度较大时,宜采用金属或塑料专用固定件将纤维保温材料与基层固定。

(3)纤维材料填充后,不得上人踩踏。

(4)装配式骨架纤维保温材料施工时,应先在基层上铺设保温龙骨或金属龙骨,龙骨之间应填充纤维保温材料,再在龙骨上铺钉水泥纤维板。金属龙骨和固定件应经防锈处理,金属龙骨与基层之间应采取隔热断桥措施。

4)质量验收标准及检测方法

(1)主控项目

①纤维保温材料的质量,应符合设计要求。

②纤维材料保温层的厚度应符合设计要求,其正偏差不限,毡不得有负偏差,板的负偏差应为4%,且不得大于3mm。

③屋面热桥部位处理应符合设计要求。

(2)一般项目

①纤维保温材料铺设应紧贴基层,拼缝应严密,表面应平整。

②固定件的规格、数量和位置应符合设计要求;垫片应与保温层表面齐平。

③装配式骨架和水泥纤维板应铺钉牢固,表面应平整;龙骨间距和板材厚度应符合设计要求。

④具有抗水蒸气渗透外覆面的玻璃棉制品,其外覆面应朝向室内,拼缝应用防水密封胶带封严。

4.2.3 喷涂硬泡聚氨酯保温层

1)强制性条文

关于喷涂硬泡聚氨酯保温层施工强制性标准有《屋面工程质量验收规范》(GB 50207—2012)。

2)工艺流程

喷涂硬泡聚氨酯保温层施工工艺流程如图4-7所示。

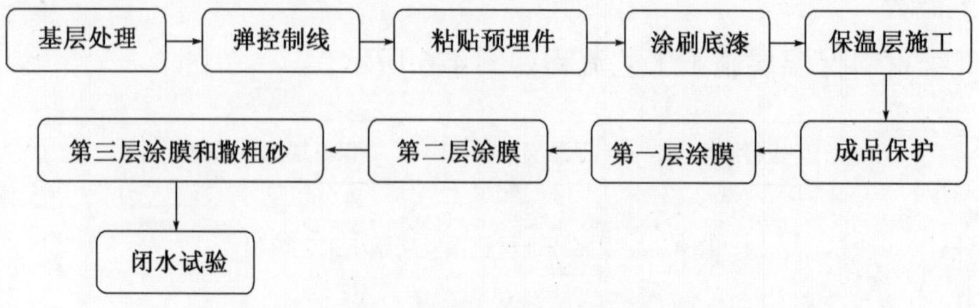

图4-7 屋面喷涂硬泡聚氨酯保温层施工工艺流程

3)作业要点及标准做法

(1)基层处理

墙面应清理干净,清洗油渍、清扫浮灰等。

(2)吊垂直、弹控制线

吊垂直,弹厚度控制线,在建筑外墙大角及其他必要处挂垂直基准钢线。

(3)粘贴、锚固聚氨酯预制件

在阴阳角或门窗口处,粘贴聚氨酯预制件,并达到标准厚度。对于门窗洞口、装饰线角、女儿墙边沿等部位,用聚氨酯预制件沿边口粘贴。墙面宽度不足900mm处不宜喷涂施工,可直接用相应规格尺寸的聚氨酯预制件粘贴,预制件之间应拼接严密,缝宽超出2mm时,用相应厚度的聚氨酯片堵塞。粘贴时用抹子或灰刀沿聚氨酯预制件周边涂抹配制好的黏结剂胶浆,其宽度为50mm左右,厚度为3~5mm,之后在预制块中间部位均匀布置4~6个点,总涂胶面积不小于聚氨酯预埋件面积的30%。要求黏结牢固,无翘起、脱落等现象。聚氨酯预制件粘贴完成24h后,用电锤在聚氨酯预制件表面向内打孔,拧或钉入塑料锚栓,钉头不得超出板面,锚栓有效锚固深度不小于25mm,每个预制件一般2个锚栓。

(4)门窗口等部位的遮挡

聚氨酯预制件黏结完成后喷施硬泡聚氨酯之前,应充分做好遮挡工作,门窗口等一般用塑料布裁成与门窗口面积相当的布块进行遮挡。对于架子管、铁艺等不规则需防护部位,应采用塑料薄膜进行缠绕防护。

(5)喷刷聚氨酯防潮底漆

用喷枪或滚刷将聚氨酯防潮底漆均匀喷刷,无透底现象。

(6)喷涂硬泡聚氨酯保温层

开启聚氨酯喷涂机将硬泡聚氨酯均匀地喷涂于墙面之上,施工喷涂可多遍完成,每次厚度宜控制在10mm以内。喷涂过程中时,用探针或按300mm间距、每平方米梅花状分布插9~10支厚度标杆检测喷涂厚度。

(7)修整硬泡聚氨保温层

喷涂20min后用裁纸刀、手锯等工具清理、修整遮挡部位以及超过保温层总厚度的突出部分。

(8)喷刷聚氨酯界面砂浆

聚氨酯保温层修整完毕并且在喷涂4h之后,用喷斗或滚刷均匀地将聚氨酯界面砂浆喷刷于硬泡聚氨酯保温层表面。

(9)吊垂直线,做标准厚度冲筋

吊胶粉聚苯颗粒找平层垂直厚度控制线,用胶粉聚苯颗粒找平浆料做标准厚度冲筋。

(10)抹胶粉聚苯颗粒浆料

抹胶粉聚苯颗粒浆料进行找平,应分两遍施工,每遍间隔在24h以上。抹头遍浆料应压实,厚度不宜超过10mm。抹第二遍浆料应达到平整度要求,用托线尺检验是否达到验收标准。

(11)做滴水槽

涂料饰面时,找平层施工完成后,根据设计要求拉滴水槽控制线,用壁纸刀沿线划出滴水槽,槽深15mm左右,用抗裂砂浆填满凹槽,将塑料滴水槽(成品)嵌入凹槽与抗裂砂浆黏结牢固。

(12)抗裂砂浆层及饰面层施工

找平层施工完成3~7d且保温层施工质量验收合格以后,即可进行抗裂砂浆层施工。

4)质量验收标准及检测方法

(1)主控项目

①喷涂硬泡聚氨酯所用原材料的质量及配合比,应符合设计要求。

②喷涂硬泡聚氨酯保温层的厚度应符合设计要求,其正偏差不限,不得有负偏差。

③屋面热桥部位处理应符合设计要求。

(2)一般项目

①喷涂硬泡聚氨酯应分遍喷涂,黏结应牢固,表面应平整,找坡应正确。

②喷涂硬泡聚氨酯保温层表面平整度的允许偏差为5mm。

4.2.4 现浇泡沫混凝土保温层

1)强制性条文

关于现浇泡沫混凝土保温层施工强制性标准有《屋面工程质量验收规范》(GB 50207—2012)。

2)工艺流程

现浇泡沫混凝土保温层施工工艺流程如图4-8所示。

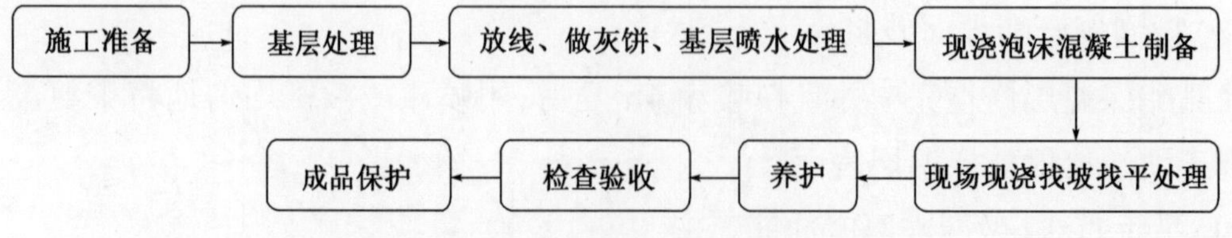

图4-8 屋面现浇泡沫混凝土保温层施工工艺流程

3)作业要点及标准做法

(1)施工准备

施工前进行人、材、机具等的准备工作。原材料进场进行见证取样复验,合格后方可使用。

(2)基层处理

①检查基层是否有裂缝、孔洞等漏浆部位,如有需进行封闭处理。

②清扫浮灰,保持基层浇筑工作面干净、平整、坚固、干燥(含水率小于9%),没有松散浮灰、杂物、油污、积水、起鼓等现象。

③将屋面的管道、通道用塑料橡胶袋封堵密实,防止施工过程中泡沫混凝土流入管道造成管道堵塞。

(3)放线、做灰饼、基层喷水处理

严格按照泡沫混凝土的设计泛水高度和厚度放线,贴灰饼,拉线标筋,以保证屋面的排水及热工性能。如遇天气干燥时应先对基层进行洒水预湿处理,至少洒水两遍,以增加浇筑层与基层的结合力。但基层表面不得有明显积水,以防止基层因吸水过多而造成新拌泡沫混凝土的泡沫破裂。

(4)现浇轻质泡沫混凝土制备

①根据设计要求,试配泡沫混凝土,确定其水泥、发泡剂、水及外加剂的掺量。

②配制泡沫浆体,根据混凝土发泡剂的配合比和生产工艺,通过发泡瓶反应罐稀释后加压配制出发泡浆体。

③拌制水泥浆,按设计要求的泡沫混凝土配合比,先将定量的水加入搅拌机内,再将称量好的水泥浆、外加剂等掺加料投入搅拌机内搅拌,要求浆料均匀,不允许有团块及大颗粒存在,稠度合适,有较好的黏性和分散性。

④将配制好的发泡浆体和水泥浆一起混合,要求混合均匀,上部没有泡沫漂浮,下部没有泥浆块,稠度合适,即可形成泡沫混凝土,进行现场直接泵送浇筑。

(5)卸浆与输送

将配套定制空气压缩机与反应罐进行气阀连接,关闭所有阀门,启动空气压缩机,打开进气阀4~6min后,再打开出料阀门,将泡沫混凝土输送到施工面,进行现场浇筑。空气压缩机要处于工作状态一直到发泡罐内材料用完。关闭空气压缩机须先关闭进气阀,之后打开减气阀放掉所有的空气,再打开进料口进行下一次进料。现场拌好的泡沫混凝土应随制随用,留置时间不宜大于30min。

(6)现场现浇

①轻质泡沫混凝土浇筑,要按顺序操作。出料口离基层不要太高,防止破泡,一般不超过1m。大面积浇筑时,可采用分区浇筑的方法,用模板将施工面分割成若干小块逐块

施工。也可采用分段分层、全面分层的浇筑方法,一次浇筑厚度不宜超过20cm。当浇筑高度超过20cm时,应分层浇筑,以免下部轻质泡沫混凝土浆体承压过大而破泡,待其初凝后,可进行下一层的浇筑。

②当分隔区浇筑达到标定高度后,用铝合金刮杠刮平,有蜂窝的地方反复划动几次,以消除蜂窝,有坑或高度不够的地方可以补浇,之后刮平,控制高度不超过标定高度,保证浇筑面的平整。

③采用分段流水作业推铺泡沫混凝土时,需铺厚度为实际厚度的1.2~1.3倍,之后用铝合金刮杠刮平。

④泡沫混凝土浇筑后也应注意观察浆体下沉速度和高度,并及时采取促凝措施,做好详细记录。

⑤泡沫混凝土浆料浇筑表面应在初凝前进行刮平,同时应检查设计排水坡度及平整度,如有偏差或遇塌陷,需及时补浇。

⑥刮平后,终凝前不得扰动,如有条件,待浆体初凝后,应及时覆盖塑料布,保持浆体水分并防裂。

⑦待轻质泡沫混凝土终凝后,采用切割机切割分格缝作为排气槽,分格缝设在坡顶、墙端处,分格缝的纵横向最大间距为6m×6m,缝宽2~3cm,缝深宜为浇筑厚度的1/3~2/3,排气槽内部及交接处要保持通畅,以利于浇筑面排气、干燥,同时防止浇筑面收缩裂纹产生。在切割前,应弹好墨线,切割完毕将槽内及时清理干净,用粒径不超过16mm的石子填平,槽上覆盖封缝板条,防止找平砂浆渗入缝内。

(7)养护

泡沫混凝土终凝后开始湿养护,夏季施工每天浇水2次,冬季应保温养护。对采用硅酸盐水泥、普通硅酸盐水泥或矿渣水泥拌制的混凝土,养护时间不得少于7d;对掺有外加剂或矿物掺合料的泡沫混凝土,养护时间不得少于14d。养护期内避免人员在上面走动及堆积物品,以免破坏气泡结构,影响隔热效果。养护后及时做好砂浆找平层保护。

4)质量验收标准及检测方法

(1)主控项目

①现浇泡沫混凝土所用原材料的质量及配合比,应符合设计要求。

②现浇泡沫混凝土保温层的厚度应符合设计要求,其正负偏差应为5%,且不得大于5mm。

③屋面热桥部位处理应符合设计要求。

(2)一般项目

①现浇泡沫混凝土应分层施工,黏结应牢固,表面应平整,找坡应正确。

②现浇泡沫混凝土不得有贯通性裂缝及疏松、起砂、起皮现象。

③现浇泡沫混凝土保温层表面平整度的允许偏差为5mm。

4.2.5 架空隔热层

1)强制性条文

关于架空隔热层施工强制性标准有《屋面工程质量验收规范》(GB 50207—2012)。

2)工艺流程

屋面架空隔热层施工工艺流程如图4-9所示。

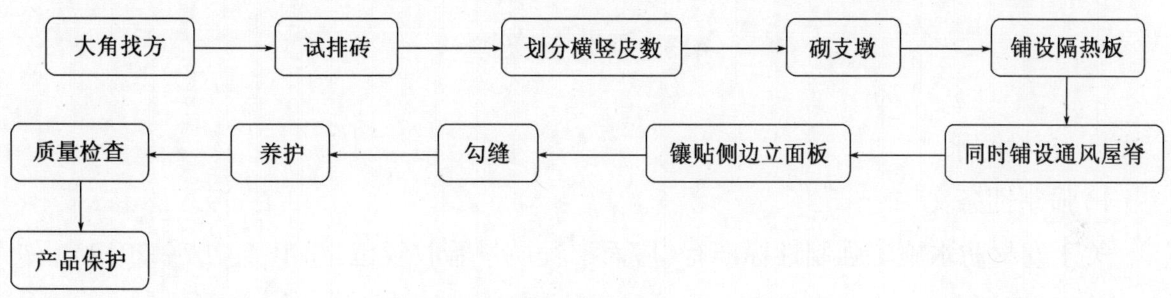

图4-9 屋面架空隔热层施工工艺流程

3)作业要点及标准做法

(1)预制混凝土隔热板的混凝土强度等级不应小于C20,应有出厂质量证明文件,板内应埋设钢丝网片,板厚不小于30mm。

(2)架空板进场时应检查其密实度、厚度、几何尺寸和强度,并与出厂合格证核对无误后,方可入场堆放。

(3)隔热材料抽检数量应按使用的数量确定,同一批材料至少应抽检一次。

(4)板状隔热材料在搬运时应轻放,防止损伤断裂,缺棱掉角;要保证板的外形完整。

(5)架空隔热层施工时,应先将屋面清扫干净,并应根据架空板的尺寸弹出支座中线。

(6)在支座底面的卷材、涂膜防水层应采取加强措施。支座宜采用水泥砂浆砌筑,其强度等级应不低于M65。

(7)铺设架空板时,应将灰浆刮平,随时扫净屋面防水层上的落灰、杂物等,以保证架空隔热层气体畅通。操作时不得损伤已完工的防水层。

(8)架空板的铺设应平整、稳固;缝格采用水泥砂浆勾缝压光,并应按设计要求设置伸缩缝。

(9)架空隔热屋面的架空隔热层高宜为100~300mm。伸缩缝分格后的面积应不大于36m^2。

4)质量验收标准及检测方法

(1)主控项目

①架空隔热制品的质量,应符合设计要求。

②架空隔热制品的铺设应平整、稳固,缝隙勾填应密实。

(2)一般项目

①架空隔热制品距山墙或女儿墙不得小于250mm。

②架空隔热层的高度及通风屋脊、变形缝做法,应符合设计要求。

③架空隔热制品接缝高低差的允许偏差为3mm。

4.3 防水与密封

4.3.1 卷材防水

1)强制性条文

关于卷材防水施工强制性标准有《屋面工程质量验收规范》(GB 50207—2012)。

2)工艺流程

卷材防水施工工艺流程如图4-10所示。

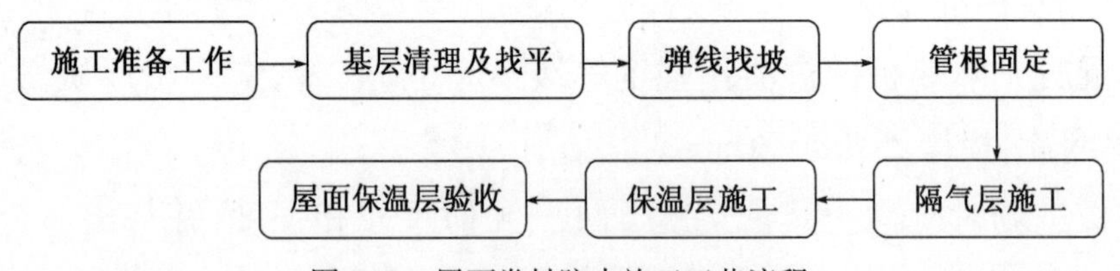

图4-10 屋面卷材防水施工工艺流程

3)作业要点及标准做法

(1)施工准备工作

屋面结构验收,结构自防水验收合格,交接工作(安装工程的预留预埋等),屋面施工方案及技术交底,使用材料必须满足设计和施工技术规范的要求;主要机具准备到位。

(2)基层清理及找平

基层表面应将尘土、杂物等清理干净;基层不平整处,可采用水泥砂浆修补平整。

(3)弹线找坡

按设计坡度及流水方向,找出屋面坡度走向,确定保温层的厚度范围。一般按照1.5~2.0m间距设置灰饼,控制坡度及平整度。找坡层应干燥。当找坡层在未干燥前施作上部隔汽层时,需要在找坡层内安放排汽管并设置相应的排气口与之相连,排气口应纵横向设置且间距一般不大于6m。

(4)管根固定

穿结构的管根在保温层施工前,应用细石混凝土塞堵密实并做试水记录,确保无渗漏。

(5)隔汽层铺设

隔汽层采用单层卷材应满铺,可采取空铺法,其搭接宽度不得小于80mm;隔汽层采用防水涂料时应满涂刷,不得漏刷;封闭式保温层,在屋面与墙的连接处,隔汽层应沿墙向上连续铺设,并高出保温层上表面且不得小于150mm。

(6)保温层铺设

纤维材料保温层铺设时分层滚压,表面应平整,控制虚铺厚度和设计要求的密度,应通过试验,保证保温性能;现喷硬质聚氨酯泡沫塑料保温层应按配比准确计量,发泡厚度均匀一致。喷涂时要连续均匀;板状保温层铺设时,对分层铺设的上下层板块间应相互错开,表面两块相邻的板边厚度应一致,板间缝隙应采用同类材料嵌填密实。

(7)屋面保温层验收

保温层铺平垫稳、压实适当、表面平整、找坡正确;保温层厚度的允许偏差如下:

①纤维材料保温层,其正偏差应不限,负偏差应为4%,且不大于3mm;

②现喷硬质聚氨酯泡沫塑料保温层,其正偏差应不限,不得有负偏差;

③块状材料保温层,其正偏差应不限,负偏差应为5%,且不大于4mm。

4)质量验收标准及检测方法

(1)主控项目

①防水卷材及其配套材料的质量,应符合设计要求。

②卷材防水层不得有渗漏和积水现象。

③卷材防水层在檐口、檐沟、天沟、落水口、泛水、变形缝和伸出屋面管道的防水构造,应符合设计要求。

(2)一般项目

①卷材的搭接缝应黏结或焊接牢固,密封应严密,不得扭曲、皱折和翘边。

②卷材防水层的收头应与基层黏结,钉压应牢固,密封应严密。

③卷材防水层的铺贴方向应正确,卷材搭接宽度的允许偏差为-10mm。

④屋面排汽构造的排汽道应纵横贯通,不得堵塞;排汽管应安装牢固,位置应正确,封闭应严密。

4.3.2 涂膜防水

1)强制性条文

关于涂膜防水施工强制性标准有《屋面工程质量验收规范》(GB 50207—2012)。

2)工艺流程

涂膜防水施工工艺流程如图4-11所示。

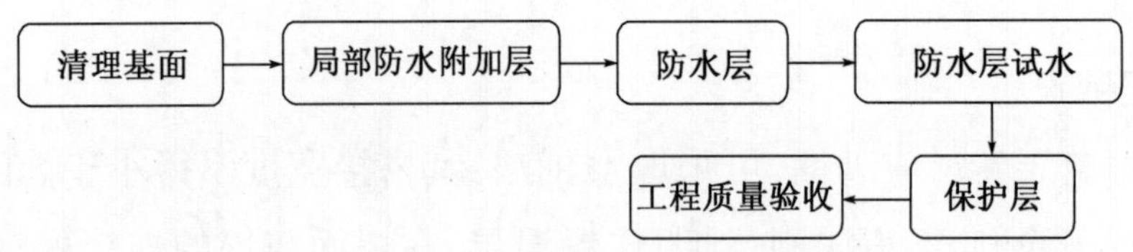

图4-11 屋面涂膜防水施工工艺流程

3)作业要点及标准做法

(1)清理基层

基层必须彻底清理干净,不得有浮尘、杂物、明水等。

(2)涂刷防水层

由专人负责涂刷,涂刷厚度必须满足图纸和设计、规范要求。

(3)局部防水附加层

对易发生漏水的地方,加强防水处理,尤其是阴角的位置。

(4)闭水试验

对已经施工完成的有水房间的防水,必须要经过闭水试验,满足要求才可进行下一道工序。

(5)保护层施工

闭水试验结束后,方可进行保护层和饰面层的施工。

(6)工程质量验收

应组织相关人员进行有水房间最终的验收。

4)质量验收标准及检测方法

(1)主控项目

①防水涂料和胎体增强材料的质量,应符合设计要求。

②涂膜防水层不得有渗漏和积水现象。

③涂膜防水层在檐口、檐沟、天沟、落水口、泛水、变形缝和伸出屋面管道的防水构造应符合设计要求。

④涂膜防水层的平均厚度应符合设计要求,且最小厚度不得小于设计厚度的80%。

(2)一般项目

①涂膜防水层与基层应黏结牢固,表面应平整,涂布应均匀,不得有流淌、皱折、起泡和露胎体等缺陷。

②涂膜防水层的收头应用防水涂料多遍涂刷。

③铺贴胎体增强材料应平整顺直,搭接尺寸应准确,应排除气泡,并应与涂料黏结牢固,胎体增强材料搭接宽度的允许偏差为-10mm。

4.3.3 复合防水层

1)强制性条文

关于复合防水层施工强制性标准有《屋面工程质量验收规范》(GB 50207—2012)。

2)工艺流程

屋面复合防水层施工工艺流程如图4-12所示。

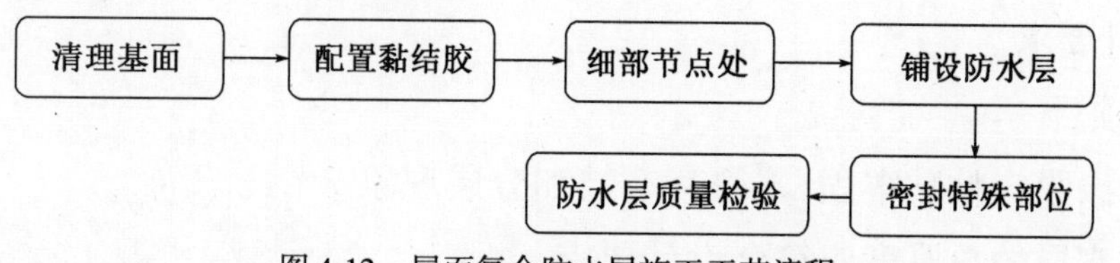

图4-12 屋面复合防水层施工工艺流程

3)作业要点及标准做法

(1)清理基层

基层要求平整,表面无疏松、起砂、裂纹,基层若干燥需先洒水湿润。

(2)配制水泥黏结剂

水泥要选择32.5级以上的普通硅酸盐水泥,胶粉宜选用M-3胶粉——高分子复合防水卷材专用黏结剂。

配料比例按水泥:胶粉:水=50:1:30~50(质量比),可根据具体施工部位增减水量。

配制聚合物防水胶:首先取10kg干水泥与1kg胶粉干混均匀,然后加入30~50kg的水搅拌成水泥浆后,再将剩余的水泥全部加入,用电动搅拌器充分搅拌至无凝块、无沉淀、无气泡的均匀混合物后即可使用。

(3)细部节点处理

在大面积铺贴防水层前,应按节点构造图要求,在需要增加附加层的部位,如雨水口、天沟、阴角、阳角、管道口附近等处先做附加。

(4)密封特殊部位

落水口、排气孔、上下水管道口、地漏等特殊部位用双组分高分子复合防水涂料密封。

(5)防水层质量检验

防水层施工完工后,应认真检查整个工程的各个部位,发现问题及时修补,卷材施工时空鼓面积不得超过15%,且搭接处不得空鼓。若空鼓面积较大,应用裁刀割开,用水泥浆贴实并将裁口处用卷材补上。经检查确认防水层无问题后方可做防护层。有条件做蓄水试验的工程,应做24h蓄水试验,经检查确认不渗漏后,再做防护层。

(6)施工防护层

平面防护层可采用水泥砂浆、细石混凝土或块状防护层。立面防护层可采用水泥砂浆、聚苯板或砖砌体保护。

4)质量验收标准及检测方法

(1)主控项目

①复合防水层所用防水材料及其配套材料的质量,应符合设计要求。

②复合防水层不得有渗漏和积水现象。

③复合防水层在天沟、檐沟、檐口、落水口、泛水、变形缝和伸出屋面管道的防水构造,应符合设计要求。

(2)一般项目

①卷材与涂膜应粘贴牢固,不得有空鼓和分层现象。

②复合防水层的总厚度应符合设计要求。

4.3.4 接缝密封防水

1)强制性条文

关于接缝密封防水施工强制性标准有《屋面工程质量验收规范》(GB 50207—2012)。

2)工艺流程

接缝密封防水施工工艺流程如图4-13所示。

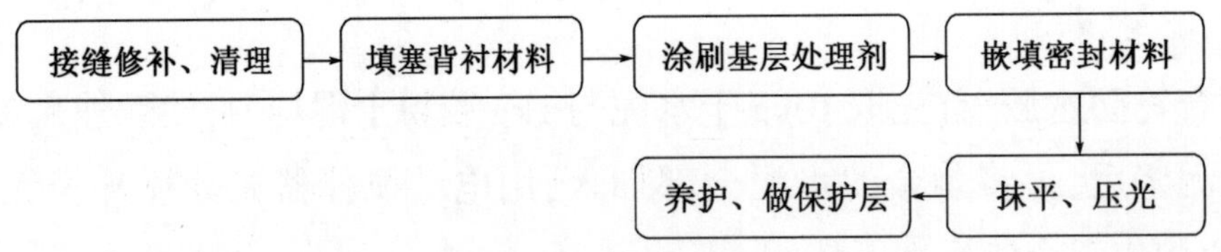

图4-13 屋面接缝密封防水施工工艺流程

3)作业要点及标准做法

(1)基层应牢固,表面应平整、密实,不得有裂缝、蜂窝、麻面、起皮和起砂现象。

(2)基层应清洁、干燥,并应无油污、无灰尘。

(3)嵌入的背衬材料与接缝壁间不得留有空隙。

(4)密封防水部位的基层宜涂刷基层处理剂,涂刷应均匀,不得漏涂。

(5)多组分密封材料应按配合比准确计量,拌和应均匀,并应根据有效时间确定每次配制的数量。

(6)密封材料嵌填完成后,在固化前应避免灰尘、破损及污染,且不得踩踏。

4)质量验收标准及检测方法

(1)主控项目

①密封材料及其配套材料的质量,应符合设计要求。

检验方法:检查出厂合格证、质量检验报告和进场检验报告。

②密封材料嵌填应密实、连续、饱满,黏结牢固,不得有气泡、开裂、脱落等缺陷。

检验方法:观察检查。

(2)一般项目

①密封防水部位的基层应符合相关的规定。

检验方法:观察检查。

②接缝宽度和密封材料的嵌填深度应符合设计要求,接缝宽度的允许偏差为±10%。

检验方法:尺量检查。

③嵌填的密封材料表面应平滑,缝边应顺直,应无明显不平和周边污染现象。

检验方法:观察检查。

4.4 瓦面与板面

4.4.1 烧结瓦铺贴

1)强制性条文

关于烧结瓦铺贴施工强制性标准有《屋面工程质量验收规范》(GB 50207—2012)。

2)工艺流程

烧结瓦铺贴施工工艺流程如图4-14所示。

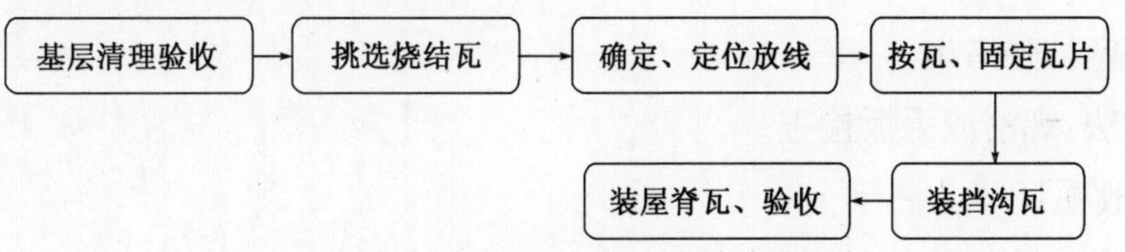

图4-14 屋面烧结瓦铺贴施工工艺流程

3)作业要点及标准做法

(1)基层、顺水条、挂瓦条的铺设应符合下列规定:

①基层应平整、干净、干燥;持钉层厚度应符合设计要求。

②顺水条应垂直正脊方向铺钉在基层上,顺水条表面应平整,其间距不宜大于500mm。

③挂瓦条的间距应根据瓦片尺寸和屋面坡长径计算确定。

④挂瓦条应铺钉平整、牢固,上棱应成一直线。

(2)挂瓦应符合下列规定:

①挂瓦应从两坡的檐口同时对称进行。瓦后爪应与挂瓦条挂牢,并应与邻边、下面两瓦落槽密合。

②檐口瓦、斜天沟瓦应用镀锌铁丝在挂瓦条上拴牢,每片瓦均应与挂瓦条固定牢固。

③整坡瓦面应平整,行列应横平竖直,不得有翘角和张口现象。

④正脊和斜脊应铺平挂直,脊瓦搭盖应顺主导风向和流水方向。

(3)烧结瓦和混凝土瓦铺装的有关尺寸,应符合下列规定:

①瓦屋面檐口挑出墙面的长度不宜小于300mm。

②脊瓦在两坡面瓦上的搭盖宽度,每边不应小于40mm。

③脊瓦下端距坡面瓦的高度不宜大于80mm。

④瓦头伸入檐沟、天沟内的长度宜为50~70mm。

⑤金属檐沟、天沟伸入瓦内的宽度不应小于150mm。

⑥瓦头挑出檐口的长度宜为50~70mm。

⑦突出屋面结构的侧面瓦伸入泛水的宽度不应小于50mm。

4)质量验收标准及检测方法

(1)主控项目

①瓦材及防水垫层的质量,应符合设计要求。

检验方法:检查出厂合格证、质量检验报告和进场检验报告。

②烧结瓦、混凝土瓦屋面不得有渗漏现象。

检验方法:雨后观察或淋水试验。

③瓦片必须铺置牢固。在大风及地震设防地区或屋面坡度大于100%时,应按设计要求采取固定加强措施。

检验方法:观察或手扳检查。

(2)一般项目

①挂瓦条应分档均匀,铺钉应平整、牢固;瓦面应平整,行列应整齐,搭接应紧密,檐口应平直。

检验方法:观察检查。

②脊瓦应搭盖正确,间距应均匀,封固应严密;正脊和斜脊应顺直,应无起伏现象。

检验方法:观察检查。

③泛水做法应符合设计要求,并应顺直整齐、结合严密。

检验方法:观察检查。

④烧结瓦和混凝土瓦铺装的有关尺寸,应符合设计要求。

检验方法:尺量检查。

4.4.2 玻璃采光顶铺装

1)强制性条文

关于玻璃采光顶铺装施工强制性标准有《屋面工程质量验收规范》(GB 50207—

2012)。

2)工艺流程

玻璃采光顶铺装施工工艺流程如图4-15所示。

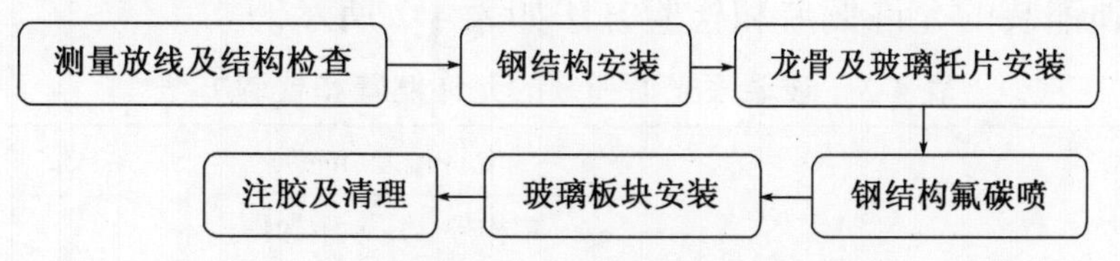

图4-15 屋面玻璃采光顶铺装施工工艺流程

3)作业要点及标准做法

(1)玻璃采光顶的预埋件应位置准确,安装应牢固。

(2)采光顶玻璃及玻璃组件的制作,应符合现行行业标准《建筑玻璃采光顶技术要求》(JG/T 231)的有关规定。

(3)采光顶玻璃表面应平整、洁净,颜色应均匀一致。

(4)玻璃采光顶与周边墙体之间的连接,应符合设计要求。

4)质量验收标准及检测方法

(1)主控项目

①采光顶玻璃及其配套材料的质量,应符合设计要求。

检验方法:检查出厂合格证和质量检验报告。

②玻璃采光顶不得有渗漏现象。

检验方法:雨后观察或淋水试验。

③硅酮耐候密封胶的打注应密实、连续、饱满,黏结应牢固,不得有气泡、开裂、脱落等缺陷。

检验方法:观察检查。

(2)一般项目

①玻璃采光顶铺装应平整、顺直;排水坡度应符合设计要求。

检验方法:观察和坡度尺检查。

②玻璃采光顶的冷凝水收集和排除构造,应符合设计要求。

检验方法:观察检查。

③明框玻璃采光顶的外露金属框或压条应横平竖直,压条安装应牢固;隐框玻璃采光顶的玻璃分格拼缝应横平竖直,均匀一致。

检验方法:观察和手扳检查。

④点支承玻璃采光顶的支承装置应安装牢固,配合应严密;支承装置不得与玻璃直接接触。

检验方法:观察检查。

⑤采光顶玻璃的密封胶缝应横平竖直,深浅应一致,宽窄应均匀,应光滑顺直。

检验方法:观察检查。

(3)质量验收标准

玻璃采光顶铺装的允许偏差和检验方法如表4-2所示。

表4-2 玻璃采光顶铺装的允许偏差和检验方法

<table>
<tr><th colspan="2" rowspan="2">项 目</th><th colspan="2">允许偏差(mm)</th><th rowspan="2">检 验 方 法</th></tr>
<tr><th>铝构件</th><th>钢构件</th></tr>
<tr><td rowspan="5">通长构件水平度
(纵向或横向)</td><td>构件长度≤30m</td><td>10</td><td>15</td><td rowspan="5">水准仪检查</td></tr>
<tr><td>构件长度≤60m</td><td>15</td><td>20</td></tr>
<tr><td>构件长度≤90m</td><td>20</td><td>25</td></tr>
<tr><td>构件长度≤150m</td><td>25</td><td>30</td></tr>
<tr><td>构件长度>150m</td><td>30</td><td>35</td></tr>
<tr><td rowspan="2">单一构件直线度
(纵向或横向)</td><td>构件长度≤2m</td><td>2</td><td>3</td><td rowspan="2">拉线和尺量检查</td></tr>
<tr><td>构件长度>2m</td><td>3</td><td>4</td></tr>
<tr><td colspan="2">相邻构件平面高低差</td><td>1</td><td>2</td><td>直尺和塞尺检查</td></tr>
<tr><td rowspan="2">通长构件直线度
(纵向或横向)</td><td>构件长度≤35m</td><td>5</td><td>7</td><td rowspan="2">经纬仪检查</td></tr>
<tr><td>构件长度>35m</td><td>7</td><td>9</td></tr>
<tr><td rowspan="2">分格框对角线差</td><td>对角线长度≤2m</td><td>3</td><td>4</td><td rowspan="2">尺量检查</td></tr>
<tr><td>对角线长度>2m</td><td>3.5</td><td>5</td></tr>
</table>

4.5 细部构造

4.5.1 檐口

1)强制性条文

关于檐口施工强制性标准有《屋面工程质量验收规范》(GB 50207—2012)。

2)工艺流程

檐口施工工艺流程如图4-16所示。

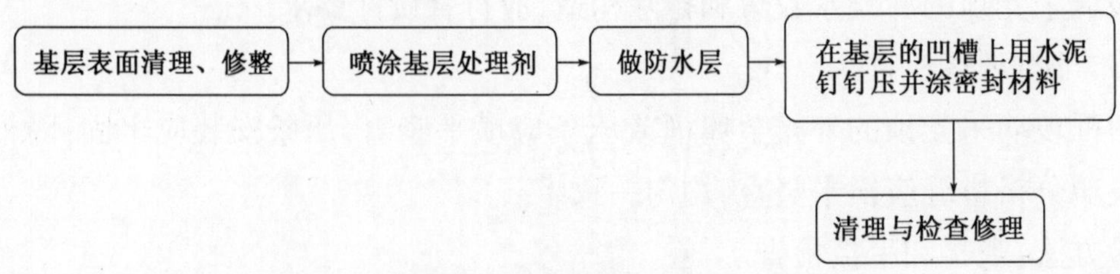

图4-16 檐口施工工艺流程

3)作业要点及标准做法

(1)基层表面清理、修整:检查基层质量是否符合要求,并加以清扫,出现缺陷应及时加以修补。

(2)喷涂基层处理剂:在已干燥的檐口的基层上喷涂处理剂,以便卷材与基层黏结牢固。

(3)做防水层:铺贴檐口800mm范围内的卷材应采取满粘法,卷材收头应压入凹槽内,采用金属压条钉压,并用密封材料封口。若选用涂膜收头应用防水涂料多遍涂刷并用密封材料封压。

(4)清理与检查修理:对已完工的檐口防水卷材进行检查,对不符合要求的部位进行修整,并同时将杂物清理干净。

4)质量验收标准及检测方法

(1)主控项目

①檐口的防水构造应符合设计要求。

检验方法:观察检查。

②檐口的排水坡度应符合设计要求,檐口部位不得有渗漏和积水现象。

检验方法:坡度尺检查和雨后观察或淋水试验。

(2)一般项目

①檐口800mm范围内的卷材应满粘。

检验方法:观察检查。

②卷材收头应在找平层的凹槽内用金属压条钉压固定,并应用密封材料封严。

检验方法:观察检查。

③涂膜收头应用防水涂料多遍涂刷。

检验方法:观察检查。

④檐口端部应抹聚合物水泥砂浆,其下端应做成鹰嘴和滴水槽。

检验方法:观察检查。

4.5.2 檐沟和天沟

1)强制性条文

关于檐沟和天沟施工强制性标准有《屋面工程质量验收规范》(GB 50207—2012)。

2)工艺流程

檐沟和天沟施工工艺流程如图4-17所示。

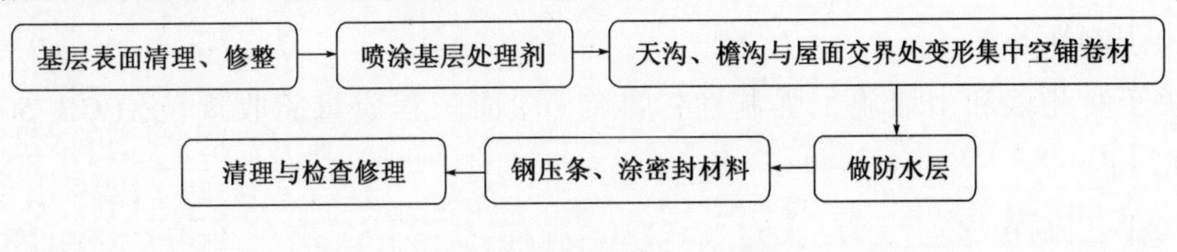

图4-17 檐沟和天沟施工工艺流程

3)作业要点及标准做法

(1)基层表面清理、整修:检查基层质量是否符合要求,并加以清扫,出现缺陷应及时加以修补。

(2)喷涂基层处理剂:在已干燥的天沟、檐沟的基层上喷涂处理剂,以便卷材与基层黏结牢固。

(3)天沟槽沟与屋面交界处变形集中空铺卷材:为增强抗裂能力,沟内附加层在天沟、檐沟与屋面交界处宜空铺,空铺的宽度不应小于200mm。

(4)做防水层:使用卷材时,宜采用防水涂膜增强层。

(5)做钢压条涂密封材料:卷材防水层由沟底翻上至外檐顶部卷材收头,应用钢压条、水泥钉固定,并用密封材料封严。

(6)清理与检查修理:对已完工的天沟、檐沟防水卷材进行检查,对不符合要求的部位进行修整,并同时将杂物清理干净。

4)质量验收标准及检测方法

(1)主控项目

①檐沟、天沟的防水构造应符合设计要求。

检验方法:观察检查。

②檐沟、天沟的排水坡度应符合设计要求;沟内不得有渗漏和积水现象。

检验方法:坡度尺检查和雨后观察或淋水、蓄水试验。

(2)一般项目

①檐沟、天沟附加层铺设应符合设计要求。

检验方法:观察和尺量检查。

②檐沟防水层应由沟底翻上至外侧顶部,卷材收头应用金属压条钉压固定,并应用密封材料封严;涂膜收头应用防水涂料多遍涂刷。

检验方法:观察检查。

③檐沟外侧顶部及侧面均应抹聚合物水泥砂浆,其下端应做成鹰嘴或滴水槽。

检验方法:观察检查。

4.5.3 女儿墙和山墙

1)强制性条文

关于女儿墙和山墙施工强制性标准有《屋面工程质量验收规范》(GB 50207—2012)。

2)工艺流程

女儿墙和山墙施工工艺流程如图4-18所示。

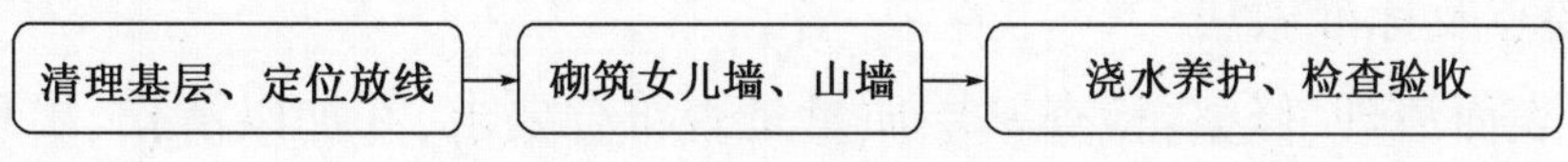

图4-18 女儿墙和山墙施工工艺流程

3)作业要点及标准做法

参见砌体工程内墙砌体施工标准做法。

4)质量验收标准及检测方法

(1)主控项目

①女儿墙和山墙的防水构造应符合设计要求。

检验方法:观察检查。

②女儿墙和山墙的压顶向内排水坡度不应小于5%,压顶内侧下端应做成鹰嘴或滴水槽。

检验方法:观察和坡度尺检查。

③女儿墙和山墙的根部不得有渗漏和积水现象。

检验方法:雨后观察或淋水试验。

(2)一般项目

①女儿墙和山墙的泛水高度及附加层铺设应符合设计要求。

检验方法:观察和尺量检查。

②女儿墙和山墙的卷材应满粘,卷材收头应用金属压条钉压固定,并应用密封材料封严。

检验方法:观察检查。

③女儿墙和山墙的涂膜应直接涂刷至压顶下,涂膜收头应用防水涂料多遍涂刷。

检验方法:观察检查。

4.5.4 落水口

1)强制性条文

关于落水口施工强制性标准有《屋面工程质量验收规范》(GB 50207—2012)。

2)工艺流程

落水口施工工艺流程如图4-19所示。

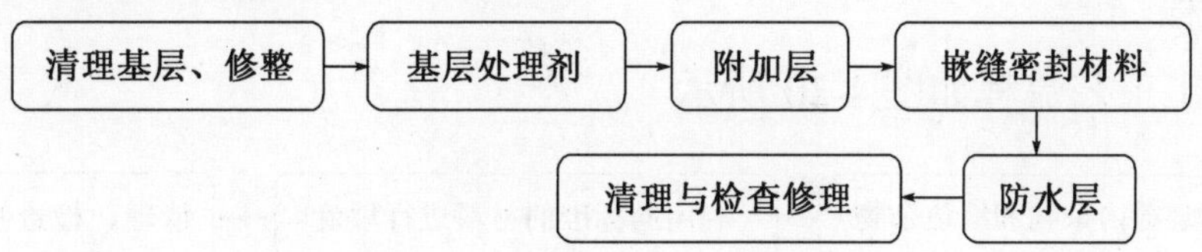

图4-19 落水口施工工艺流程

3)作业要点及标准做法

(1)基层表面清理、修整:检查基层质量是否符合要求,并加以清扫,出现缺陷应及时加以修补。

(2)涂刷基层处理剂:在已干燥的水落口周围的基层上喷涂处理剂,以便卷材与基层黏结牢固。

(3)附加层:考虑落水口设防时增加卷材防水层和柔性密封层。

(4)防水层:铺贴落水口周围得卷材应采用满粘法。

(5)嵌填密封材料:对落水口杯与基层接触处预留20mm、深20m的四槽嵌填密封材料。

(6)清理与检查修理:对已完工的天沟、檐沟防水卷材进行检查,对不符合要求的部位进行修整,并同时将杂物清理干净。

4)质量验收标准及检测方法

(1)主控项目

①落水口的防水构造应符合设计要求。

检验方法:观察检查。

②落水口杯上口应设在沟底的最低处;落水口处不得有渗漏和积水现象。

检验方法:雨后观察或淋水、蓄水试验。

(2)一般项目

①落水口的数量和位置应符合设计要求;落水口杯应安装牢固。

检验方法:观察和手扳检查。

②落水口周围直径500mm范围内坡度不应小于5%,落水口周围的附加层铺设应符合设计要求。

检验方法:观察和尺量检查。

③防水层及附加层伸入落水口杯内不应小于50mm,并应黏结牢固。

检验方法:观察和尺量检查。

4.5.5 变形缝

1)强制性条文

关于变形缝施工强制性标准有《屋面工程质量验收规范》(GB 50207—2012)。

2)工艺流程

变形缝施工工艺流程如图4-20所示。

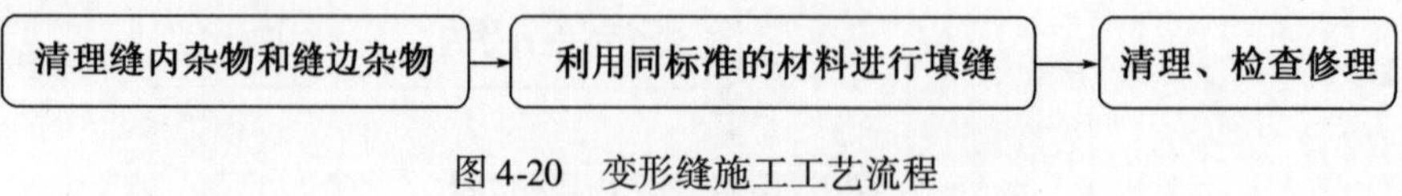

图4-20 变形缝施工工艺流程

3)作业要点及标准做法

伸出屋面管道的防水构造应符合设计要求,变形缝处不得有渗漏和积水现象,变形缝的泛水高度及附加层铺设应符合设计要求,防水层应铺贴或涂刷至泛水墙的顶部,高低跨变形缝在高跨墙面上的防水卷材封盖和金属盖板,应用金属压条钉压固定,并应用密封材料封严,等高变形缝顶部宜加扣混凝土盖板或金属盖板。混凝土盖板的接缝应用密封材料封严;金属盖板应铺钉牢固,搭接缝应顺流水方向,并应做好防锈处理。

4)质量验收标准及检测方法

(1)主控项目

①变形缝的防水构造应符合设计要求。

检验方法:观察检查。

②变形缝处不得有渗漏和积水现象。

检验方法:雨后观察或淋水试验。

(2)一般项目

①变形缝的泛水高度及附加层铺设应符合设计要求。

检验方法:观察和尺量检查。

②防水层应铺贴或涂刷至泛水墙的顶部。

检验方法:观察检查。

③等高变形缝顶部宜加扣混凝土盖板或金属盖板。混凝土盖板的接缝应用密封材料封严,金属盖板应铺钉牢固,搭接缝应顺流水方向,并应做好防锈处理。

检验方法:观察检查。

④高低跨变形缝在高跨墙面上的防水卷材封盖和金属盖板,应用金属压条钉压固定,并应用密封材料封严。

检验方法:观察检查。

4.5.6 伸出屋面管道

1)强制性条文

关于伸出屋面管道施工强制性标准有《屋面工程质量验收规范》(GB 50207—2012)。

2)工艺流程

伸出屋面管道施工工艺流程如图4-21所示。

3)作业要点及标准做法

(1)管道根部500mn范围内,砂浆找平层应抹出高30mm坡向周围的圆锥台,以防根部积水。

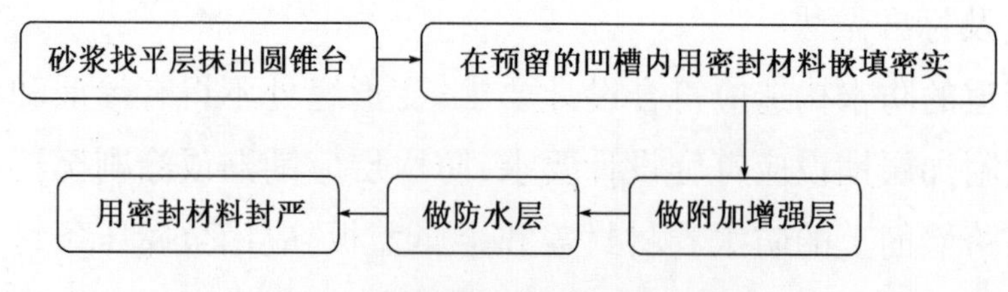

图 4-21　伸出屋面管道施工工艺流程

(2)管道与基层交接处预留 20mm×20mm 的凹槽,槽内用密封材料嵌填密实。

(3)管道根部周围做附加增强层,宽度和高度不小于 300mm。

(4)防水层贴在管道上的高度不应小于 300mm,附加层卷材应剪出切口,上下层切缝粘贴时错开,严密压盖。

(5)附加层及卷材防水层收头处用金属箍箍紧在管道上,并用密封材料封严。

(6)上人屋面出屋面管道高度不小于 2m。

4)质量验收标准及检测方法

(1)主控项目

①伸出屋面管道的防水构造应符合设计要求。

检验方法:观察检查。

②伸出屋面管道根部不得有渗漏和积水现象。

检验方法:雨后观察或淋水试验。

(2)一般项目

①伸出屋面管道的泛水高度及附加层铺设,应符合设计要求。

检验方法:观察和尺量检查。

②伸出屋面管道周围的找平层应抹出高度不小于 30mm 的排水坡。

检验方法:观察和尺量检查。

③卷材防水层收头应用金属箍固定,并应用密封材料封严,涂膜防水层收头应用防水涂料多遍涂刷。

检验方法:观察检查。

第5章　建筑给水、排水及采暖

关于建筑给水、排水及采暖施工的强制性标准有《建筑给水排水及采暖工程施工质量验收规范》(GB 50242—2002)

5.1　室内给水系统

5.1.1　给水管道及配件安装

1)强制性条文

(1)给水管道必须采用与管材相适应的管件。

(2)生活给水系统所涉及的材料必须达到饮用水卫生标准。

(3)生活给水系统管道在交付使用前必须冲洗和消毒,并经有关部门取样检验,符合国家《生活饮用水卫生标准》(GB 5749)方可使用。

2)工艺流程

给水管道及配件安装工艺流程如图5-1所示。

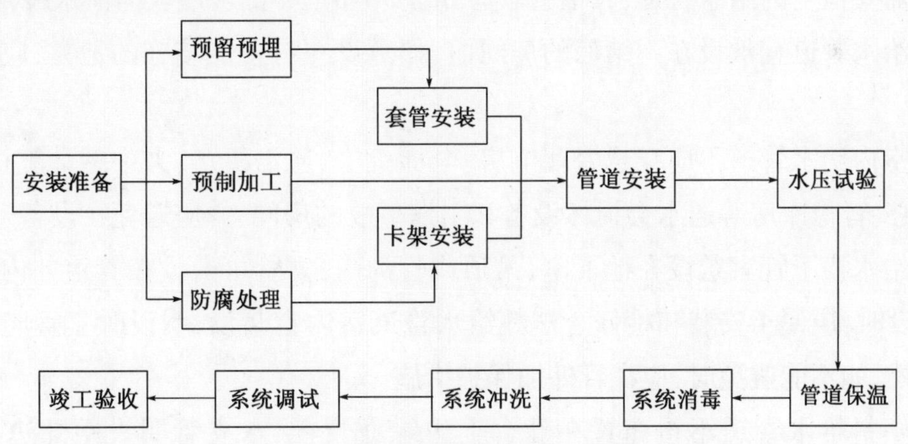

图5-1　给水管道及配件安装工艺流程

3)作业要点及标准做法

(1)给水管道布置力求短而直。

(2)室内给水管网宜采用枝状布置,单向供水。

(3)为充分利用室外给水管网中的水压,给水引入管宜布设在用水量最大处或不允许间断供水处。

(4)室内给水干管宜靠近用水量最大处或不允许间断供水处。

(5)管道应尽量沿墙、梁、柱直线敷设。

(6)为便于检修,管道井应每层设检修设施,每两层应有横向隔断,检修门宜开向走廊。暗设在顶棚或管槽内的管道,在阀门处应留有检修门。管道井当需要进行检修时,其通道宽度不宜小于0.6m。

(7)室内管道安装位置应有足够的空间以利拆换附件。

(8)给水引入管应有不小于0.3%的坡度坡向室外给水管网或坡向阀门井、水表井,以便检修时排放存水。

(9)给水管道的位置不得妨碍生产操作、交通运输和建筑物的使用。管道不得布置在遇水会引起燃烧、爆炸或损坏的原料、产品和设备上面,并应避免在生产设备上面通过。

(10)给水管道不得敷设在烟道、风道内;生活给水管道不得敷设在排水沟内,管道不宜穿过橱窗、壁柜、木装修,并不得穿过大便槽和小便槽。当给水立管距小便槽端部小于或等于0.5m时,应采用建筑隔断措施。

(11)给水引入管与室内排出管管外壁的水平距离不宜小于1.0m。给水引入管过墙:在基础下通过,留洞;穿基础预留洞口,洞口尺寸(DN+200)mm×(DN+200)mm。

(12)建筑物内给水管与排水管之间的最小净距,平行埋设时应为0.5m;交叉埋设时应为0.15m,且给水管宜在排水管的上面。

(13)需要泄空的给水管道,其横管宜有0.2%~0.5%的坡度坡向泄水装置。

(14)给水管道宜敷设在不结冻的房间内,如敷设在有可能结冻的地方,应采取防冻措施。

(15)室内给水管道不应穿越变配电房、电梯机房、通信机房、大中型计算机房、计算机网络中心、音像库房等遇水会损坏设备和引发事故的房间,并应避免在设备上方通过。

(16)给水横干管宜敷设在地下室、吊顶或管沟内,立管可敷设在管道井内。生活给水管道暗设时,应便于安装和检修。塑料给水管道室内宜暗设,明设时立管应布置在不易受撞击处,如不能避免时,应在管外加保护措施。

(17)塑料给水管道不得布置在灶台上边缘,塑料给水立管明设距灶边不得小于0.4m,距燃气热水器边缘不得小于0.2m,达不到此要求必须有保护措施。塑料热水管道不得与水加热器或热水炉直接连接,应有不小于0.4m的过渡段。

(18)生产给水管道应沿墙、柱、桁架明设,当工艺有特殊要求时可暗设,但应便于安装和检修。

(19)给水管道穿过承重墙或基础处应预留洞口,且管顶上部净空不得小于建筑物的沉降量,一般不小于0.1m。

(20)给水管道穿越地下室或地下构筑物外墙时,应采取防水措施。对有严格防水要求的建筑物，必须采用柔性防水套管。

(21)给水管道穿过墙壁和楼板，应设置金属或塑料套管。安装在楼板内的套管，其顶部应高出装饰地面 20mm，安装在卫生间及厨房内的套管，其顶部应高出装饰地面 50mm，底部应与楼板底面相平；安装在墙壁内的套管，其两端与饰面相平，套管直径宜大于管道直径两个规格。

(22)给水管道不宜穿过伸缩缝、沉降缝和抗震缝，管道必须穿过结构伸缩缝、抗震缝及沉降缝敷设时，可采取下列保护措施：

①在墙体两侧采取柔性连接。

②用活动支架法。将沉降缝两侧的支架做成能使管道垂直位移而不能水平横向位移，以适应沉降缝的伸缩应力。

(23)给水立管和装有 3 个或 3 个以上配水点的支管始端，均应安装可拆卸的连接件。

(24)冷、热水管道同时安装应符合下列规定：

①上、下平行安装时热水管应在冷水管上方。

②垂直平行安装时热水管应在冷水管左侧。

(25)明装支管沿墙敷设时，管外皮距墙面应有 20～30mm 的距离。

(26)管与管及与建筑物构件之间的最小净距见表 5-1。

表 5-1　管与管及建筑物构件之间的最小净距

名　称	最小净距(mm)
水平干管	与排水管道的水平净距一般不小于 500 与其他管道的净距不小于 100 与墙、地沟壁的净距不小于 80～100 与柱、梁、设备的净距不小于 50 与排水管的交叉垂直净距不小于 100
立管	不同管径下的距离要求如下： 当 DN≤32，至墙的净距不小于 25 当 DN32～DN50，至墙面的净距不小于 35 当 DN70～DN100，至墙面的净距不小于 50 当 DN125～DN150，至墙面的净距不小于 65
支管	与墙面净距一般为 20～25
引入管	在平面上与排水管道不小于 1000 与排水管水平交叉时，不小于 150

4)质量验收标准及检验方法

(1)主控项目

①室内给水管道的水压试验必须符合设计要求。当设计未注明时，各种材质的给水

管道系统试验压力均为工作压力的1.5倍,但不得小于0.6MPa。

检验方法:金属及复合管给水管道系统在试验压力下观测10min,压力降不应大于0.02MPa,之后降到工作压力进行检查,应不渗不漏;塑料管给水系统应在试验压力下稳压1h,压力降不得超过0.05MPa,之后在工作压力的1.15倍状态下稳压2h,压力降不得超过0.03MPa,同时检查各连接处不得渗漏。

②给水系统交付使用前必须进行通水试验并做好记录。

检验方法:观察和开启阀门、水嘴等放水。

③室内直埋给水管道(塑料管道和复合管道除外)应做防腐处理。埋地管道防腐层材质和结构应符合设计要求。

检验方法:观察或局部解剖检查。

(2)一般项目

①给水引入管与排水排出管的水平净距不得小于1m。室内给水与排水管道平行敷设时,两管间的最小水平净距不得小于0.5m;交叉铺设时,垂直净距不得小于0.15m。给水管应铺在排水管上面,若给水管必须铺在排水管的下面时,给水管应加套管,其长度不得小于排水管管径的3倍。

检查方法:尺量检测。

②管道及管件焊接的焊缝表面质量应符合下列要求:

焊缝外形尺寸应符合图纸和工艺文件的规定,焊缝高度不得低于母材表面,焊缝与母材应圆滑过渡。焊缝及热影响区表面应无裂纹、未熔合、未焊透、夹渣、弧坑和气孔等缺陷。

检验方法:观察检查。

③给水水平管道应有2‰~5‰的坡度坡向泄水装置。

检验方法:水平尺和尺量检查。

④水表应安装在便于检修、不受曝晒、污染和冻结的地方。安装螺翼式水表,表前与阀门应有不小于8倍水表接口直径的直线管段。表外壳距墙表面净距为10~30mm;水表进水口中心标高按设计要求,允许偏差为±10mm。

检验方法:观察和尺量检查。

5.1.2 室内消防系统安装

1)强制性条文

室内消防系统安装完成后,应取屋顶层(或水箱间内)和首层两处消火栓做试射试验,达到设计要求为合格。

2)工艺流程

室内消防系统安装工艺流程如图5-2所示。

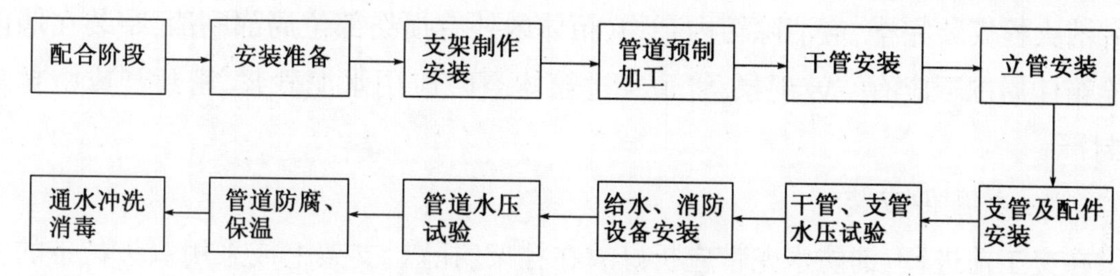

图5-2　室内消防系统安装工艺流程

3)作业要点及标准做法

(1)消火栓箱安装

①消火栓箱体要符合设计要求(其材质有木、铁和铝合金等),栓阀分单出口和双出口等。产品均应有消防部门的制造许可证、合格证及中国强制产品认证(3C)认证报告方可使用。

②安装消火栓支管,以栓阀的坐标、标高定位,甩口。核定后稳固消火栓箱。对于暗装的消火栓箱应先核实预留洞口的位置、尺寸大小,不适合的应进行修正,之后把消火栓箱预放人孔洞内,无误后用专用机具在消火栓箱上管道穿越的地方开孔,如箱体预留有穿越孔则把该孔内铁片敲落,开孔大小合适,且应保证管道居中穿越。位置确定无误后进行稳装。安装好消火栓支管后协调土建填实封闭孔洞。

③对于明装的消火栓箱,先在箱体背面四角适当位置用专用工具开螺栓孔,大小适宜。之后用专用机具在消火栓箱上管道穿越地方开孔,如箱体预留有穿越孔则将铁片敲掉,开孔大小合适。确定消火栓箱位置,保证安装后箱体平正牢固,穿越管道居中。在墙体或支架的对应位置上安装固定螺栓,位置正确、牢固。稳装消火栓箱,消火栓箱体安装在轻质隔墙上时,应有加固措施。

④对于暗装的消火栓箱应先核实预留洞口的位置、尺寸大小,不合适的应进行修正;之后把消火栓箱预放人孔洞内,无误后用专用机具在消火栓箱上管道穿越的地方开孔,如箱体预留有穿越孔则把该孔内铁片敲落,开孔大小合适,且应保证管道居中穿越;确定位置无误后,进行稳装,先用砖石固定消火栓箱,位置准确、箱体平整牢固,安装好消火栓支管后协调土建填实封闭孔洞。

⑤封堵消火栓箱支管穿越箱体处孔洞,与箱体吻合无明显缝隙,平滑、色泽与箱体一致。工程竣工前安装消火栓箱柜、箱门,并安放消火栓配件。箱门开闭灵活,门框接触紧密无明显缝隙,平正牢固。

⑥对单出口的消火栓、水平支管,应从箱的端部经箱底由下而上引入,消火栓中心距地1.1m,栓口朝外。

⑦对双出口的消火栓,其水平支管可从箱底的中部,经箱底由下而上引入,其双栓出口方向与墙角成45°角。

⑧消火栓安装完毕,应清除箱内杂物,箱体内外有损伤部位局部刷漆,暗装在墙内的消火栓箱体周围不应有空鼓现象,管道穿过箱体空院应用水泥砂浆、密封膏或密封盖板(圈)封严。

(2)消火栓配件安装

①在交工前进行:消防水龙带应折好放在挂架、托盘、支架上或采用双头盘带的方式卷实,盘紧放在箱内。

②安装消火栓水龙带,水龙带与水枪和快速接头绑扎好后,应根据箱内构造将水龙带挂放在箱内的挂钉、托盘或支架上。消防水龙带与水枪的连接,一般采用卡箍,并在里侧绑扎两道14号铁丝。消防水枪要竖放在箱体内侧,自救式水枪和软管应放在挂卡上或放在箱底部。

③设有电控按钮时,应注意与电气专业配合施工。

(3)室内消防系统安装完成后,应取屋顶层(或水箱间内)和首层两处消火栓做试射试验,达到设计要求为合格。

4)质量验收标准及检验方法

(1)主控项目

无。

(2)一般项目

安装消火栓水龙带,水龙带与水枪和快速接头绑扎好后,应根据箱内构造将水龙带挂放在箱内的挂钉、托盘成支架上。箱式消火栓的安装应符合下列规定:

①栓口应朝外,并不应安装在门轴侧。

②栓口中心距地面为1.1m,允许偏差±20mm。

③阀门中心距箱侧面为140mm,距箱后内表面为100mm,允许偏差±5mm。

④消火栓箱体安装的垂直度允许偏差为±3mm。

5.1.3 给水设备安装

1)强制性条文

关于给水设备安装暂无强制性标准要求。

2)工艺流程

给水设备安装工艺流程如图5-3所示。

图5-3 给水设备安装工艺流程

3)作业要点及标准做法

(1)给水设备在安装前,应按设计图纸对设备基础的混凝土强度、坐标、标高、几何尺寸和螺栓孔位置要求进行复核或检验,施工时宜采用预留螺栓孔洞的方法,进行二次灌浆。待混凝土达到设计强度后,再进行给水设备的安装。立式水泵的减振装置不得采用弹簧减振器。

(2)给水设备安装完毕后,应按照设备说明书的规定,进行电气测试。设备试运转试验,其轴承温升必须符合设备说明书的规定。给水设备无负荷试验正常后,方可进行带负荷运行。并做好试运行记录,经监理工程师签字为合格。

(3)按包装箱上的标志绑扎牢固,捆绑设备时承力点要高于重心;捆绑位置须根据设备及内部结构选定,支座位置一般选在底座、加强圈或有内支撑的位置,并尽最扩大支垫面积,消除应力集中,以防局部变形。

(4)整个基础平面要修整铲麻面,预留地脚螺栓孔内的杂物清理干净,以保证灌浆的质量。垫铁组位置要铲平,宜用砂轮机打磨,保证水平度不大于 2mm/m,接触面积大于 75% 以上。图纸上有要求的基础,要按其要求施工。

(5)水泵机组隔振方式应采用支承式,当设有惰性块或型钢机座时隔振元件应设置在惰性块或型钢机座的下面。水泵机组的隔振元件应符合下列要求:弹性性能优良,固有频率合适,承载力大,强度高,阻尼比适当,性能稳定,耐久性好,抗酸、碱、油的侵蚀能力较好,维修更换方便。

(6)水泵机组隔振应根据水泵型号、规格、水泵机组转速、系统质量和安装位置荷载值频率比要求等因素选用隔振元件,一般宜选用橡胶隔振垫、阻尼弹簧隔振器和橡胶隔振器,卧式水泵宜采用橡胶隔振垫,安装在楼层时宜采用多层串联迭合的橡胶隔振垫或橡胶隔振器或阻尼弹簧隔振器。立式水泵宜采用橡胶隔振器,水泵机组隔振元件支承点数量应为偶数且不少于 4 个,一台水泵机组的各个支承点的隔振元件其型号规格性能应尽可能保持一致。

(7)在隐蔽工程检查合格、最终找正找平并检查合格后 24h 内进行二次灌浆工作,待强度达到设计要求后,基础表面要抹面处理。一台设备要一次浇筑完成。

4)质量验收标准及检验方法

(1)主控项目

①水泵就位前的基础混凝土强度、坐标、标高、尺寸和螺栓孔位置必须符合设计规定。

检验方法:对照图纸用仪器和尺量检查。

②水泵试运转的轴承温升必须符合设备说明书的规定。

检验方法:温度计实测检查。

③敞口水箱的满水试验和密闭水箱(罐)的水压试验必须符合设计与规范的规定。

检验方法:满水试验静置24h观察,应不渗不漏;水压试验在试验压力下10min压力不降,不渗不漏。

(2)一般项目

①水箱支架或底座安装,其尺寸及位置应符合设计规定,埋设平整牢固。

检验方法:对照图纸,尺量检查。

②水箱溢流管和泄放管应设置在排水地点附近但不得与排水管直接连接。

检验方法:观察检查。

③立式水泵的减振装置不应采用弹簧减振器。

检验方法:观察检查。

5.1.4 防腐与绝热

参考5.8.3室外供热管道做法。

5.1.5 管道冲洗及消毒

可参考相关书籍。

5.1.6 试验与调试

可参考相关书籍。

5.2 室内排水系统

5.2.1 排水管道及配件安装

1)强制性条文

关于建筑排水施工的强制性标准有《建筑给水排水及采暖工程施工质量验收规范》(GB 50242—2002)

2)工艺流程

排水管道及配件安装工艺流程如图5-4所示。

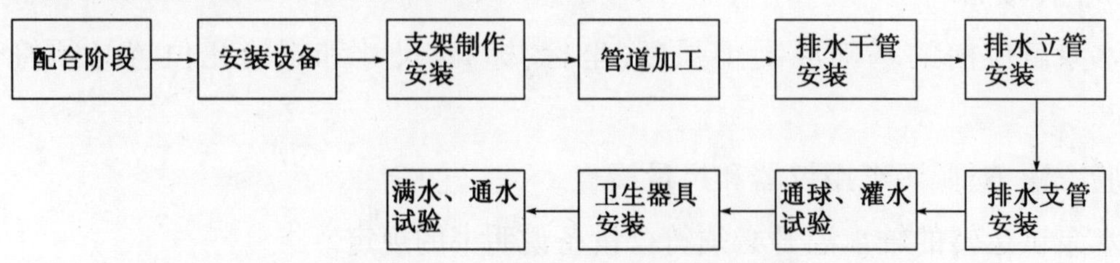

图5-4 排水管道及配件安装工艺流程

3)作业要点及标准做法

(1)同层排水系统卫生器具排水管和排水横支管应与卫生器具同层敷设,不得穿越楼板进入下层空间,排水立管可穿越楼板。

(2)同层排水系统适用于重力作用下的生活排水。同层排水系统宜采用污废水合流系统。同层排水系统在满足卫生和功能要求的前提下,应符合节能、节水和环保的要求。同层排水系统的卫生器具应符合国家要求的节水型产品。除卫生器具自带存水弯外,选用带存水弯的排水附件应具有安装和检修方便的特点。同层排水系统的底层排水支管宜单独排出。同层排水系统采用的管材、管件和配件应满足系统设计使用寿命。同层排水系统的设计不应产生不利影响,不应发生影响用户健康和安全的情况。同层排水系统的排水管道井平面位置宜上、下楼层对准布置。当排水管道井面积较小,难以设置专用通气立管时,宜采用特殊单立管排水系统。同层排水系统中不得采用存水弯串联设置。

(3)立管宜靠近杂质最多、最脏和排水量最大的卫生器具设置,应减少不必要的转折和弯曲,尽量做直线连接。立管不得穿过卧室、病房等对卫生、安静要求较高的房间,也不宜靠近与卧室相邻的内墙;立管宜靠近外墙,以减小埋地管长度,便于清通与维修。立管应设检查口,其间距不大于10m,但底层和首层必须设置。检查口中心距地面为1.0m,并高于该层最高卫生器具上边缘0.15m。塑料立管明设且其管径不小于110mm时,在立管穿越楼层处应采取防止火灾贯穿的措施,设置防火套管或阻火圈。

(4)排水横支管不宜太长,器具不宜太多。横支管不得穿过沉降缝、伸缩缝、烟道、风道,必须穿过时采取相应的技术措施。悬吊横支管不得布置在起居室、食堂及厨房的主副食操作和烹调处的上方,也不能布置在食品储藏间,大厅,图书馆和某些对卫生有特殊要求的车间或房间内,更不能布置在遇水会引起燃烧、爆炸或损坏原料、产品和设备的上方。当横支管悬吊在楼板下,并接有2个及2个以上大便器或3个及3个以上卫生器具时,横支管顶端应升至地面设清扫口;排水管道的横管与横管、横普与立管的连接,宜采用45°斜三(四)通或90°斜三(四)通。

(5)横干管可敷设在设备层、吊顶层中,底层地坪下或地下室的顶棚下等地方,排出管一般敷设在底层地坪下或地下室的屋顶下。为了保证水流畅通,排水横干管应尽量少转弯。

横干管与排出管之间,排出管与其同一检查井的室外排水管之间的水流方向的夹角不得小于90°。当跌落差大于0.3m时,可不受角度的限制。

(6)排出管与室外排水管连接时,其管顶标高不得低于室外排水管管顶标高。排水管穿越承重墙或基础处应预留孔洞,且管顶上部净空高度不得小于房屋的沉降量,不小于0.15m。排出管穿过地下室外墙或地下构筑物的墙壁时,应采取防水措施。

(7)生活污水管道或散发有害气体的生产污水管道,均应设置通气管。通气立管不得接纳污水、废水和雨水,通气管不得与风道或烟道连接。通气管应高出屋面0.3m以上且必须大于该地区最大降雪厚度。屋顶如有人停留,应大于2.0m,并应根据防雷需求设置防雷装置。通气管出口4m以内有门、窗时,通气管应高出门窗顶0.6m或引向无门窗的一侧;通气管顶端应设风帽或网罩。对卫生、安静要求高的建筑物的生活污水管道宜设器具通气管,器具通气管应设在存水弯出口端。环形通气管宜从两个卫生器具间接出并与排水立管呈垂直或45°上升连接。在与通气立管相接时,应在卫生器具上边缘0.15m以上的地方连接,且应有1%的坡度坡向排水支管或存水弯。

4)质量验收标准及检验方法

(1)主控项目

①生活污水铸铁管道的坡度必须符合设计或《建筑给排水及采暖工程施工质量验收规范》(GB 50242—2002)表5.2.2的规定。

检验方法:水平尺、拉线尺量检查。

②生活污水塑料管道的坡度必须符合设计或《建筑给排水及采暖工程施工质量验收规范》(GB 50242—2002)5.2.3的规定。

检验方法:水平尺、拉线尺量检测。

③排水塑料管必须按设计要求及位置装设伸缩节。如设计无要求时,伸缩节间距不得大于4m。

高层建筑中明设排水塑料管道应按设计要求设置阻火圈或防火套管。

检验方法:观察检查。

④排水主立管及水平干管管道均应做通球试验,通球球径不小于排水管道管径的2/3,通球率必须达到100%。

检查方法:通球检查。

(2)一般项目

①在生活污水管道上设置的检查口或清扫口,当设计无要求时应符合下列规定:

在立管上应每隔一层设置一个检查口,但在最底层和有卫生器具的最高层必须设置。如为两层建筑时,可仅在底层设置立管检查口;如有乙字弯管时,则在该层乙字弯管的上部设置检查口。检查口中心高度距操作地面一般为1m,允许偏差±20mm;检查口的朝向应便于检修。暗装立管,在检查口处应安装检修门。

②在连接2个及2个以上大便器或3个及3个以上卫生器具的污水横管土应设置清扫口。当污水管在楼板下悬吊敷设时,可将清扫口设在上一层楼地面上,污水管起点的清扫口与管道相垂直的墙面距离不得小于200mm;若污水管起点设置堵头代替清扫口时,与墙面距离不得小于400mm。在转角小于135°的污水横管上,应设置检查口或清扫

口。污水横管的直线管段，应按设计要求的距离设置检查口或清扫口。

检验方法：观察和尺量检查。

③埋在地下或地板下的排水管道的检查口，应设在检查井内。井底表面标高与检查口的法兰相平，井底表面应有 5% 坡度，坡向检查口。

检验方法：尺量检查。

④金属排水管道上的吊钩或卡箍应固定在承重结构上。固定件间距：横管不大于 2m；立管不大于 3m。楼层高度小于或等于 4m，立管可安装 1 个固定件。立管底部的弯管处应设支墩或采取固定措施。

检验方法：观察和尺量检查。

⑤排水通气管不得与风道或烟道连接，且应符合下列规定：

通气管应高出屋面 300mm，但必须大于最大积雪厚度。在通气管出口 4m 以内有门、窗时，通气管应高出门、窗顶 600mm 或引向无门、窗一侧。在经常有人停留的平屋顶上，通气管应高出屋面 2m，并应根据防雷要求设置防雷装置。屋顶有隔热层应从隔热层板面算起。

检验方法：观察和尺量检查。

⑥安装未经消毒处理的医院含菌污水管道，不得与其他排水管道直接连接。

检验方法：观察检查。

⑦饮食业工艺设备引出的排水管及饮用水水箱的溢流管，不得与污水管道直接连接，并应留出不小于 100mm 的隔断空间。

检验方法：观察和尺量检查。

⑧通向室外的排水管，穿过墙壁或基础必须下返时，应采用 45°弯头连接，并应在垂直管段顶部设置清扫口。

检验方法：观察和尺量检查。

⑨由室内通向室外排水检查井的排水管，井内引入管应高于排出管或两管顶相平，并有不小于 90°的水流转角，如跌落差大于 300mm 可不受角度限制。

检验方法：观察和尺量检查。

⑩用于室内排水的水平管道与水平管道、水平管道与立营的连接，应采用的 45°三通或 45°四通和 90°斜三通或 90°斜四通。立管与排出管端部的连接，应采用两个 45°弯头或曲率半径不小于 4 倍管径的 90°弯头。

检验方法：观察和尺量检查。

5.2.2　雨水管道及配件安装

1）强制性条文

关于雨水管道及配件安装暂无强制性标准要求。

2)工艺流程

可参考相关书籍。

3)作业要点及标准做法

(1)悬吊管可无坡度敷设,管道不宜敷设在建筑的承重结构内。因条件限制管道必须敷设在建筑的承重结构内时,应采取措施避免对建筑的承重结构产生影响。

(2)管道不宜穿越建筑的沉降缝或伸缩缝。当受条件限制必须穿越时,应采取相应的技术措施。管道不宜穿越对安静有较高要求的房间。须穿越时,应采取隔声措施。

(3)当管道表面可能结露时,应采取防结露措施。管道可采用铁管、不锈钢管、衬塑不锈钢管、衬塑钢管、涂塑钢管及高密度聚乙烯(HDPE)管等。当采用HDPE等塑料材质时,应符合国家有关防火标准的规定,管材管件应采用不低于PE80等级的高密度聚乙烯原材料制作。管材纵向回缩率不应大于3%。

(4)过渡段的设置位置应通过计算确定,宜设置在排出管上,并应充分利用系统的动能。

(5)过渡段下游管道应按重力流雨水系统设计,并符合现行国家标准《建筑给水排水设计规范》(GB 50015)的规定。

(6)虹吸式屋面雨水排水系统的最小管径不应小于DN40。

(7)溢流口或溢流系统应设置在溢流时雨水能通畅流达的场所。溢流口或溢流装置的设置高度应根据建筑屋面允许的最高溢流水位等因素确定。最高溢流水位应低于建筑屋面允许的最大积水水深。

(8)雨水管道敷设一般规定

①雨水立管应按设计要求设置检查口,检查口中心宜距地面1.0m.当采用高密度HDPE管时,检查口最大间距不宜大于30m。

②雨水管道按照设计规定的位置安装。

③连接管与悬吊管的连接宜采用45°三通。

④悬吊管与立管、立管与排出管的连接应采用2个45°弯头或半径R不小于$4D$的90°弯头。

⑤高密度聚乙烯HDPE管道穿过墙壁、楼板或有防火要求的部位时,应按设计要求设置阻火圈、防火胶带或防火套管。

⑥雨水管穿过墙壁或楼板时,应设置金属或塑料套管。楼板内套管其顶部应高出装饰地面20mm底部与楼板底面齐平。墙壁内的套管,其两端应与饰面齐平、套管与管道之间的间隙应采用阻燃密封材料填实。在安装过程中,管道和雨水斗敞开口应采取临时封堵措施。

(9)雨水管道安装参照室内给水与排水管道安装相关章节。

(10)悬吊式雨水管道的敷设坡度不得小于5‰;埋地雨水管道的最小坡度,应符合表5-2的规定。

表5-2　悬吊式雨水管道的敷设最小坡度

项次	管径(mm)	最小坡度(‰)	项次	管径(mm)	最小坡度(‰)
1	50	20	4	125	6
2	75	15	5	150	5
3	100	8	6	200~400	4

(11)雨水斗管的连接应固定在屋面承重结构上。雨水斗边缘与屋面相连处应严密不漏。连接管管径应符合设计要求,当设计无要求时,不得小于100mm。

(12)悬吊式雨水管道的检查口或带法兰堵口的三通间距不得大于表5-3的规定。

表5-3　悬吊式雨水管道的检查口或带法兰堵口的三通间距

项次	悬吊管直径(mm)	检查口间距(m)	项次	悬吊管直径(mm)	检查口间距(m)
1	≤150	≤15	2	≥200	≤20

(13)雨水管道如采用塑料管,其伸缩节应符合设计要求。

(14)雨水管道不得与生活污水管道相连接。

(15)为防止屋面雨水在施工期间进入建筑物内,室内雨水系统应在屋面结构层施工验收完毕后的最佳时间内完成。

(16)雨水管道不得与生活污水管相连接。雨水斗的连接应固定在屋面承重结构上。雨水斗边缘与屋面相连接处应严密不漏。连接管径当设计无要求时,不得小于100mm。高层建筑的雨水立管应采用耐压排水塑料管或柔性接口机制排水铸铁管。

4)质量验收标准及检验方法

(1)主控项目

①安装在室内的雨水管道安装后应做灌水试验,灌水高度必须到每根立管上部的雨水斗。

检验方法:灌水试验持续1h,不渗不漏。

②雨水管道如采用塑料管,其伸缩节安装应符合设计要求。

检验方法:对照图纸检查。

③悬吊式雨水管道的敷设坡度不得小于5‰。

检验方法:水平尺、拉线尺量检查。

(2)一般项目

①雨水管道不得与生活污水管道相连接。

检验方法:观察检查。

②雨水斗管的连接应固定在屋面承重结构上。雨水斗边缘与屋面相连处应严密不

漏。连接管管径当设计无要求时,不得小于100mm。

检验方法:观察和尺量检查。

5.3 室内热水供应系统

5.3.1 管道及配件安装

1)强制性条文

关于管道及配件安装暂无强制性标准要求。

2)工艺流程

管道及配件安装工艺流程如图5-5所示。

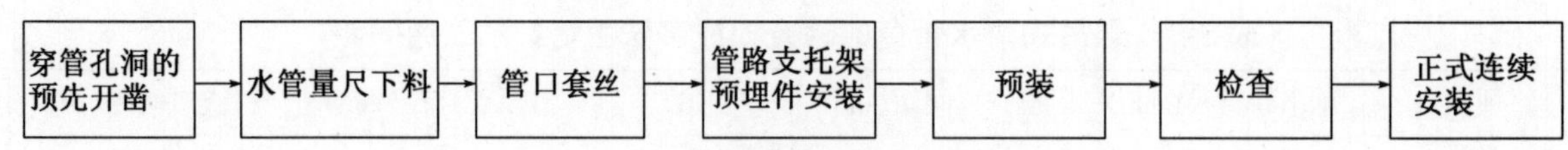

图5-5 管道及配件安装工艺流程图

3)作业要点及标准做法

(1)由于热水供应系统的使用温度高、温差大,所以系统使用的管材管件除应满足室内给水系统的相关要求外,还应满足以下要求和规定:

①热水系统采用的管材和管件,应符合现行产品标准的要求。管道的工作压力和工作温度不得大于产品标准标定的允许工作压力和工作温度。

②热水管道应选用耐腐蚀和安装连接方便可靠的管材。一般可采用薄壁铜管、不锈钢管、塑料热水管、塑料和金属复合热水管等。

(2)当采用塑料热水管和塑料和金属复合热水管材时应符合下列要求:

①管道的工作压力应按相应温度下的允许工作压力选择。

②管件宜采用和管道相同的材质。

③定时供应热水不宜选用塑料热水管。

④设备机房内的管道不宜采用塑料热水。

(3)自动温度调节装置安装

热水供应系统中为实现节能节水、安全供水。在水加热设备的热媒管道上一般装设自动温度调节装置来控制出水温度。自动温度调节装置安装位置要正确,接触紧密。

(4)热水供应系统以蒸汽作热媒时,为保证凝结水及时排放,同时又防止热汽漏失,在用汽设备的凝结水回水管上应每台设备设疏水器,当水加热器的换热设备确保凝结水回水温度不大于80℃时,可不装疏水器。

(5)减压阀

热水供应系统中的加热器以蒸汽为热媒时,若蒸汽管道供应的压力大于水加热器的需求压力，则应设减压阀把蒸汽压力降到需要值，保证设备使用安全。

(6)为排除热水管道系统中热水汽化产生的气体，以保证管内热水通畅，防止管道腐蚀，上行下给式系统的配水干管最高处应设排气阀。

(7)在集中热水供应系统中，冷水被加热后，水的体积膨胀，如果热水系统是密闭的，需要设置膨胀管、安全阀或膨胀罐。

4)质量验收标准及检验方法

(1)主控项目

①热水供应系统安装完毕，管道保温之前应进行水压试验。试验压力应符合设计要求。当设计未注明时，热水供应系统水压试验压力应为系统顶点的工作压力加 0.1MPa，同时在系统顶点的试验压力不小于 0.3MPa。

检验方法：钢管或复合管道系统试验压力下 10min 内压力降不大于 0.02MPa，之后降至工作压力检查，压力应不降，且不渗不漏；塑料管道系统在试验压力下稳压 1h，压力降不得超过 0.05MPa，之后在工作压力 1.15 倍状态下稳压 2h，压力降不得超过 0.03MPa，连接处不得渗漏。

②热水供应管道应尽量利用自然弯补偿热伸缩，直线段过长则应设置补偿器。补偿器型式、规格、位置应符合设计要求，并按有关规定进行预拉伸。

检验方法：对照设计图纸检查。

③热水供应系统竣工后必须进行冲洗。

检验方法：现场观察检查。

(2)一般项目

①管道安装坡度应符合设计规定。

检验方法：水平尺、拉线尺量检查。

②温度控制器及阀门应安装在便于观察和维护的位置。

检验方法：观察检查。

③热水供应管道和阀门安装的允许偏差应符合《建筑给水排水及采暖工程施工质量验收规范》(GB 50242—2002)表 4.2.8 的规定。

④热水供应系统管道应保温(浴室内明装管道除外)，保温材料、厚度、保护壳等应符合设计规定。保温层厚度和平整度的允许偏差应符合《建筑给水排水及采暖工程施工质量验收规范》(GB 50242—2002)表 4.4.8 的规定。

5.3.2　辅助设备安装

1)强制性条文

关于辅助设备安装暂无强制性标准要求。

2)工艺流程

参考给水设备安装相应要求。

3)作业要点及标准做法

(1)设备基础验收及处理

①设备安装前,应对基础进行检查,混凝土基础的外形尺寸、坐标位置及预埋件。应符合设备图纸的要求。

②预埋地脚螺栓的螺纹,应无损坏,锈蚀,且有保护措施。

③滑动端预埋板上表面的标高、纵横向中心线及外形尺寸、地脚螺栓,应符合设计图纸的要求。预埋板表面应光滑平整、不得有挂渣、飞溅及油污。

④在基础验收合格后,在放置垫铁的位置处需凿出麻面。

(2)设备及其附件进场后应进行检验,按照装箱清单,逐一核实设备及零部件的名称、型号和规格。开箱检查完好后必须对设备及其零、部件和专用工具妥善保管、不得使其变形、损坏、锈蚀、错乱或丢失。

(3)设备和备件、附件及技术文件等验收后,应清点登记、并妥善保管,形成验收记录。

(4)换热设备安装

①换热设备安装前,设备上的油污、泥土等杂物均应清除干净。

②根据设计图纸核对设备的管口方位、中心线和重心位置,确认无误后方可就位。设备的找正与找平应按基础上的安装基准线(中心标记、水平标记)对应设备上的基准测点进行调整和测量。设备各支承的底面标高应以基础上的标高基准线为基准。

③整体换热器安装:根据现场条件选择吊装设备,将换热器吊到预先准备好的支架或支座上、同时进行设备定位复核(许多整体换热器都带有支座,直接吊装到位即可)。

(5)设备找平,应采用垫铁或其他调整件进行,严禁采用改变地脚螺栓紧固程度的方法。换热设备安装的允许偏差,应符合规范要求。

(6)卧式换热设备的安装坡度,应按设计图样或技术文件的要求确定。

(7)换热器设备安装合格后应及时紧固地脚螺栓。换热设备的配管完成后,应松动滑动端支座螺母,使其与支座板面间留出1~3mm的间隙,之后再安装一个锁紧螺母。

(8)换热器重叠安装时,应按制造厂的施工图样进行组装。重叠支座间的调整垫板,应在试压合格后焊在下层换热设备的支座上。

(9)对热交换器以最大工作压力的1.5倍做水压试验,蒸汽部分应不低于蒸汽供汽压力加0.3MPa;热水部分应不低于0.4MPa。在试验压力下,保持10min压力不降为合格。

(10)壳管式热交换器的安装,如设计无要求时,其封头与墙壁或屋顶的距离不得小于换热管的长度。

(11)管道连接和仪表安装:各种控制阀门应布置在便于操作和维修的部位。仪表安装位置应便于观察和更换。交换器蒸汽入口处应按要求装设减压装置。交换器上应装压力表和安全阀。回水入口应设置温度计,热水出口设温度计和放气阀。

(12)换热器安装完毕进行保温施工。

(13)太阳能热水器安装

①在安装太阳能集热器玻璃前,应对集热排管和上、下集热管作水压试验,试验压力为工作压力的 1.5 倍。试验压力下 10min 内压力不下降,不渗不漏为合格。制作吸热钢板凹槽时,其圆度应准确,间距应一致,安装集热排管时,应用卡箍和钢丝紧固在钢板凹槽内。

②安装固定式太阳能热水器朝向应正南,如受条件限制时,其偏移角不得大于 15°。集热器的倾角,对于春、夏、秋三个季节使用的,应采用当地纬度为倾角;若以夏季为主,可比当地纬度减少 10°。

③太用能热水器的最低处应安装泄水装置。

(14)电热水器安装

①电热水器不应安装在易燃物堆放或燃气表或电气设备产生影响及有腐蚀性气体和灰尘多的地方。

②电热水器必须带有接地等保证使用安全的装置。

③不同容量壁挂式电热水器的湿重范围为 50 ~ 160kg,通过支架悬挂在墙上,应按不同的墙体承载能力确定安装方法。对承重墙用膨胀螺钉固定支架;对轻质隔墙及墙厚小于 120mm 的砌体,应采用穿透螺栓固定支架;对加气混凝土等非承重砌块用膨胀螺钉固定支架,并加托架支撑热水器。

④落地贮水式电热器应放在室内平整的地面或者高度 50mm 以上的基座上。

⑤热水器的安装位置宜尽量靠近热水使用点,并留有足够空间进行操作维修或更换零件。

⑥贮水式电热水器,给水管道上应设置止回阀;当给水压力超过热水器铭牌上规定的最大压力值时,应在止回阀前设减压阀。

4)质量验收标准及检验方法

(1)主控项目

①在安装太阳能集热器玻璃前,应对集热排管和上、下集管作水压试验,试验压力为工作压力的 1.5 倍。

检验方法:试验压力下 10min 内压力不降,不渗不漏。

②热交换器应以工作压力的 1.5 倍作水压试验。蒸汽部分应不低于蒸汽供汽压力加 0.3MPa;热水部分应不低于 0.4MPa。

检验方法:试验压力下 10min 内压力不降,不渗不漏。

③水泵就位前的基础混凝土强度、坐标、标高、尺寸和螺栓孔位置必须符合设计要求。

检验方法:对照图纸用仪器和尺量检查。

④水泵试运转的轴承温升必须符合设备说明书的规定。

检验方法:温度计实测检查。

⑤敞口水箱的满水试验和密闭水箱(罐)的水压试验必须符合设计与本规范的规定。

检验方法:满水试验静置24h,观察不渗不漏;水压试验在试验压力下10min压力不降,不渗不漏。

(2)一般项目

①安装固定式太阳能热水器,朝向应正南。如受条件限制时,其偏移角不得大于15°。集热器的倾角,对于春、夏、秋3个季节使用的,应采用当地纬度为倾角;若以夏季为主,可比当地纬度减少10°。

检验方法:观察和分度仪检查。

②由集热器上、下集管接往热水箱的循环管道,应有不小于5‰的坡度。

检验方法:尺量检查。

③自然循环的热水箱底部与集热器上集管之间的距离为0.3~1.0m。

检验方法:尺量检查。

④制作吸热钢板凹槽时,其圆度应准确,间距应一致。安装集热排管时,应用卡箍和钢丝紧固在钢板凹槽内。

检验方法:手扳和尺量检查。

⑤太阳能热水器的最低处应安装泄水装置。

检验方法:观察检查。

⑥热水箱及上、下集管等循环管道均应保温。

检验方法:观察检查。

⑦凡以水作介质的太阳能热水器,在0℃以下地区使用,应采取防冻措施。

检验方法:观察检查。

5.3.3 防腐与绝热

参考5.8.3室外供热管道做法。

5.3.4 试验与调试

1)强制性条文

关于试验与调试暂无强制性标准要求。

2)工艺流程

可参考相关书籍。

3)作业要点及标准做法

(1)试验压力应符合设计要求。当设计未注明时,热水供应系统水压试验压力应为系统顶点的工作压力加0.1MPa,同时在系统顶点的试验压力不小于0.3MPa。

(2)钢管或复合管道系统试验压力下10min内压力下降不大于0.02MPa,之后降至工作压力检查,压力应不降,且不渗不漏;塑料管道系统在试验压力下稳压1h,压力降不得超过0.05MPa,之后在工作压力1.15倍状态下稳压2h,压力降不得超过0.03MPa,连接处不得渗漏。

(3)热水供应系统调试前,必须对热水供水、回水及凝结水进行冲洗,以清除管道内的焊渣、锈屑等杂物,一般在管道压力试验合格后进行。

(4)热水供应系统调试前,必须对热水供水、回水及凝结水进行冲洗,以清除管道内的焊渣、锈屑等杂物,一般在管道压力试验合格后进行。对于管道内杂质较多的管道系统,可在压力试验合格前进行。冲洗前,应将阻碍水流流通的调节阀、减压阀及其他可能损坏的温度计等仪表拆除,待冲洗合格后重新装上。如管道分支较多、末端截面较小时,可将干管中的阀门拆掉1~2个,分段进行清洗;如分支管道不多,排水管可以从管道末端接出,排水管截面积不应小于被冲洗管道截面积的60%。排水管应接至排水井或排水沟,并应保证排泄和安全。冲洗时,以系统可能达到的最大压力和流量进行,同时开启设计要求同时开放的最大数量的配水点,直至所有配水点均放出洁净水为合格。

(5)辅助设备要进行单机调试水箱试水合格,水系应进行2h的单机试运转合格,热水锅炉、热水器要调试合格。

(6)系统调试

①系统按照设计要求全部安装完毕、工序检验合格后,开始进行全面、有效地各项调试工作。制定调试人员分工处理紧急情况的各项措施,备好修理、排水、通信及照明等器具。

②调试人员按责任分工,分别检查采暖系统中的泄水阀门是否关闭,立、支管上阀门是否打开。

③向系统内充人热水,打开系统最高点的放气阀门,同时应反复开闭系统的最高点放气阀,直至系统中冷空气排净为止。充水前应先关闭用户人口内的总供水阀门,开启循环管和总回水管的阀门,由回水总干管送热水,以利系统排除空气。待系统的最高点子满水后再打开总供水阀,关闭循环管阀门,使系统正常循环。

④在巡查中如发现问题,先查明原因在最小的范围内关供、回水阀门。及时处理和返修,修好后随即开启阀门。

⑤系统正常运行后,如发现热水不均,应调整各个分路、管和支管上的阀门,使其基本达到平衡。

4)质量验收标准及检验方法

可参考相关书籍。

5.4 卫生器具安装

5.4.1 卫生器具安装

1)强制性条文

关于卫生器具安装暂无强制性标准要求。

2)工艺流程

卫生器具安装工艺流程如图5-6所示。

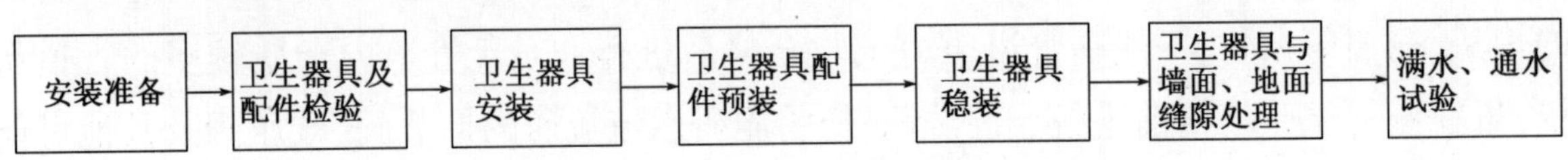

图5-6 卫生器具安装工艺流程

3)作业要点及标准做法

(1)所有与卫生器具连接的管道强度严密性试验、排水管道灌水试验均已完毕,并已办好预检和隐检手续。墙地面装修、隔断均已基本完成,有防水要求的房间均已做好防水。

(2)卫生器具型号已确定,各管道甩口确认无误。根据设计要求和土建确定的基准线,确定好卫生器具的位置、标高。施工现场清理干净,无杂物,且已安好门窗,可以锁闭。

(3)浴盆的稳装应待土建做完防水层及保护层后配合土建进行施工。

(4)蹲式大便器应在其台阶砌筑前安装;坐式大便器应在其台阶地面完成后安装;台式洗脸盆应在台面安装完成,台面上各安装孔洞均已开好,外形规矩,坐标、标高、尺寸等经检查无误后安装。

(5)其他卫生器具应待室内装修基本完成后再进行安装。

(6)卫生器具在安装前应进行检查、验收、清洗。所有器具外表面应光滑,边缘无棱角毛刺,无裂纹,色调一致;卫生器具的配件与卫生器具应配套,规格应标准,外表光滑,螺纹清晰,电镀均匀,锁母松紧适度,无砂眼裂纹等缺陷。部分卫生器具应进行预制再安装。

(7)卫生器具的安装应采用预埋螺栓或膨胀螺栓安装固定。

(8)卫生器具安装高度如无设计要求应符合规定,见表5-4。

表 5-4　卫生器具安装高度

<table>
<tr><th>项次</th><th colspan="3">卫生器具名称</th><th>卫生器具安装高度(mm)</th><th>备　注</th></tr>
<tr><td rowspan="2">1</td><td rowspan="2" colspan="2">污水盆(池)</td><td>架空式</td><td>800</td><td></td></tr>
<tr><td>落地式</td><td>500</td><td></td></tr>
<tr><td>2</td><td colspan="3">洗涤盆(池)</td><td>800</td><td rowspan="4">自地面至器具上边缘</td></tr>
<tr><td>3</td><td colspan="3">洗脸盆、洗手盆</td><td>800</td></tr>
<tr><td>4</td><td colspan="3">盥洗槽</td><td>800</td></tr>
<tr><td>5</td><td colspan="3">浴盆</td><td>≯520</td></tr>
<tr><td rowspan="2">6</td><td rowspan="2" colspan="2">蹲式大便器</td><td>高水箱</td><td>1800</td><td>自台阶至高水箱底</td></tr>
<tr><td>低水箱</td><td>900</td><td>自台阶至低水箱底</td></tr>
<tr><td rowspan="3">7</td><td rowspan="3">坐式大便器</td><td colspan="2">高水箱</td><td>1800</td><td>自台阶至高水箱底</td></tr>
<tr><td rowspan="2">低水箱</td><td>外露排水管式</td><td>510</td><td rowspan="2">自台阶至低水箱底</td></tr>
<tr><td>虹吸喷射式</td><td>470</td></tr>
<tr><td>8</td><td colspan="2">小便器</td><td>挂式</td><td>600</td><td>自地面至下边缘</td></tr>
<tr><td>9</td><td colspan="3">小便槽</td><td>200</td><td>自地面至台阶面</td></tr>
<tr><td>10</td><td colspan="3">大便槽冲洗水箱</td><td>≮2000</td><td>自台阶至水箱底</td></tr>
</table>

(9)卫生器具的支、托架必须防腐良好,安装平整、牢固,与器具接触紧密、平稳。

(10)卫生器具安装的允许偏差应符合表 5-5 的规定。

表 5-5　卫生器具安装的允许偏差和检验方法

<table>
<tr><th>项次</th><th colspan="2">项　目</th><th>允许偏差(mm)</th><th>检 验 方 法</th></tr>
<tr><td rowspan="2">1</td><td rowspan="2">坐标</td><td>单独器具</td><td>10</td><td rowspan="4">拉线、吊线和尺量检查</td></tr>
<tr><td>成排器具</td><td>5</td></tr>
<tr><td rowspan="2">2</td><td rowspan="2">标高</td><td>单独器具</td><td>±15</td></tr>
<tr><td>成排器具</td><td>±10</td></tr>
<tr><td>3</td><td colspan="2">器具水平度</td><td>2</td><td>水平尺和尺量检查</td></tr>
<tr><td>4</td><td colspan="2">器具垂直度</td><td>3</td><td>吊线和尺量检查</td></tr>
</table>

(11)卫生器具安装参照产品说明及相关图集。

(12)所有与卫生器具连接的给水管道强度试验、排水管道灌水试验均已完毕,办好预检或隐检手续。

4)质量验收标准及检验方法

(1)主控项目

①排水栓和地漏的安装应平正、牢固,低于排水表面,周边无渗漏。地漏水封高度不得小于 50mm。

检验方法:试水观察检查。

②卫生器具交工前应做满水和通水试验。

检验方法:满水后各连接件不渗不漏;通水试验给、排水畅通。

(2)一般项目

①有饰面的浴盆,应留有通向浴盆排水口的检修门。

检验方法:观察检查。

②小便槽冲洗管,应采用镀锌钢管或硬质塑料管。冲洗孔应斜向下方安装,冲洗水流向墙面成45°角。镀锌钢管钻孔后应进行二次镀锌。

检验方法:观察检查。

③卫生器具的支、托架必须防腐良好,安装平整、牢固,与器具接触紧密、平稳。

检验方法:观察和手扳检查。

5.4.2 卫生器具给水配件安装

1)强制性条文

关于卫生器具给水配件安装暂无强制性标准要求。

2)工艺流程

参考室内给水配件安装要求。

3)作业要点及标准做法

参考室内给水配件安装要求。

4)质量验收标准及检验方法

(1)主控项目

卫生器具给水配件应完好无损伤,接口严密,启闭部分灵活。

检验方法:观察及手扳检查。

(2)一般项目

浴盆软管淋浴器挂钩的高度,如设计无要求,应距地面1.8m。

检验方法:尺量检查。

5.4.3 卫生器具排水管道安装

1)强制性条文

关于卫生器具排水管道安装暂无强制性标准要求。

2)工艺流程

参考室内给水配件安装要求。

3)作业要点及标准做法

参考室内给水配件安装要求。

4)质量验收标准及检验方法

(1)主控项目

①与排水横管连接的各卫生器具的受水口和立管均应采取妥善可靠的固定措施;管道与楼板的接合部位应采取牢固可靠的防渗、防漏措施。

检验方法:观察和手扳检查。

②连接卫生器具的排水管道接口应紧密不漏,其固定支架、管卡等支撑位置应正确、牢固,与管道的接触应平整。

检验方法:观察及通水检查。

(2)一般项目

①卫生器具排水管道安装的允许偏差应符合《建筑给水排水及采暖工程施工质量验收规范》(GB 50242—2002)表 7.4.3 的规定。

②连接卫生器具的排水管管径和最小坡度,如设计无要求时,应符合《建筑给水排水及采暖工程施工质量验收规范》(GB 50242—2002)表 7.4.4 的规定。

检验方法:用水平尺和尺量检查。

5.4.4　试验与调试

可参考相关书籍。

5.5　室内采暖系统

5.5.1　管道及配件安装

1)强制性条文

(1)管道安装坡度,当设计未注明时,应符合下列规定:气、水同向流动的热水采暖管道和汽、水同向流动的蒸气管道及凝结水管道,坡度应为 3‰,不得小于 2‰;气、水逆向流动的热水采暖管道和汽、水逆向流动的蒸汽管道,坡度不应小于 5‰。

(2)散热器支管的坡度应为 1%,坡向应利于排气和泄水。

2)工艺流程

采暖管道及配件安装工艺流程如图 5-7 所示。

3)作业要点及标准做法

(1)焊接钢管,管径小于或等于 DN32 的采用螺纹连接;管径大于 DN32 的采用焊接或法兰连接。

(2)镀锌钢管,管径小于或等于 100mm 的镀锌钢管采用螺纹连接,套丝时破坏的镀锌层表面及外露螺纹部分做防腐处理;管径大100mm的镀锌钢管采用法兰或卡套式专用管件连接,镀锌钢管与法兰的焊接处进行二次镀锌。

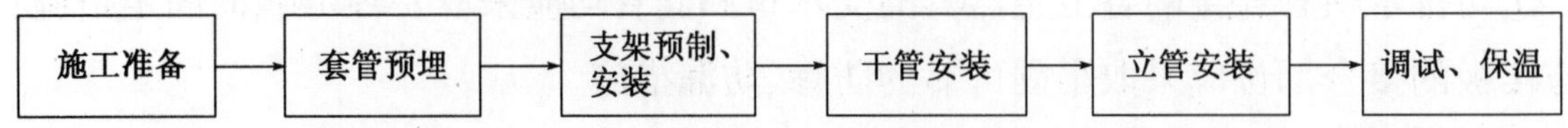

图5-7 采暖管道及配件安装工艺流程

(3)铝塑复合管材、管件一般采用铜管件卡套式连接。

(4)非金属管材、管件:包括交联聚乙烯(PE-X)管,聚丁烯(PB)管,无规共聚聚丙烯(PP-R)管,丙烯腈/丁二烯/苯乙烯共聚物(ABS)管等,采用热熔连接,与阀门连接时可使用丝接或法兰转换管件。

(5)管道支架材料采用金属管道的管托及管卡采用金属制成品,铝塑复合管和非金属管道采用专用的非金属管卡。支架形式、尺寸、规格要符合设计和现场实际要求,支架孔、眼一律使用电钻或冲床加工,其孔径应比管卡或吊杆直径大1~2mm,管卡的尺寸与管子的配合要接触紧密。

(6)对可能要设置到砖墙、空心砌块等轻质墙体上的立管和支管的支架,根据实际情况,预留孔洞,支架安装后,及时填塞C20细石混凝土,并捣固密实,当砌体达到强度的75%时,方可安装管道,否则不允许使用该支架固定管道。

(7)安装滑动支架的管道支座和零件时,考虑到管道的热位移,要向管道膨胀的相反方向偏移该处全部热位移的1/2距离。滑动支架应灵活,滑托与滑槽两侧间应留有3~5mm的间隙,纵向移动量要符合设计要求。

(8)选用吊架安装时,有热位移的管道吊杆要向管道膨胀的相反方向偏移该处全部热位移的1/2距离,注意双管吊架不能同时吊置热位移方向相反的任何两条管道。

(9)立管管卡的安装按下列规定:楼层高度小于或等于5m,每层必须安装一个;楼层高度大于5m,每层不得小于2个;管卡安装高度距离地面为1.5~1.8m,2个以上管卡要匀称安装,同一单位工程中管卡要安装在同高度上。

(10)其他参照室内给水、热水管道支架安装要求。干管安装应从进户或分支路点开始,安装前检查管道内是否干净。按设计要求确定的管道走向和轴线位置,在墙(柱)上弹画出管道安装的定位坡度线。

(11)在管道干管上焊接垂直或水平分支管道时,干管开孔所产生的钢渣及管壁等废弃物不得残留管内,且分支管道在焊接时不得插入干管内。

(12)在干管上变径时,采用偏心异径管,偏心位置应符合如下要求:

①供汽管:汽、水同向流的应管底平,反向流的应管顶平。

②供水管:水、气同向流的,应管顶平,反向流的应管底平。

③回水管：水、气总是反向流的，应管顶平。

(13)架空布置的采暖干管，一般沿墙敷设，遇到墙面有凸出立柱的，管道可移至柱外直线敷设，支架的横梁加长，避免绕柱。

(14)地面上沿墙布置的水平管，在过门地沟处，最低处应安装放水丝堵，地沟上返高处应安装排气阀。

(15)管道的坡度大小应符合设计要求，当设计未注明时，应符合以下要求：

①气、水同向流动的热水采暖管道和汽、水同向流动的蒸汽管道及凝结水管道，坡度均为3‰，不得小于2‰。

②气、水逆向流动的热水采暖管道及汽、水逆向流动的蒸汽管道，坡度不小于5‰。

4)质量验收标准及检验方法

(1)主控项目

①补偿器的型号、安装位置及预拉伸和固定支架的构造及安装位置应符合设计要求。

检验方法：对照图纸，现场观察，并查验预拉伸记录。

②平衡阀及调节阀型号、规格、公称压力及安装位置应符合设计要求。安装完后应根据系统平衡要求进行调试并做出标志。

检验方法：对照图纸查验产品合格证，并现场查看。

③蒸汽减压阀和管道及设备上安全阀的型号、规格、公称压力及安装位置应符合设计要求。安装完毕后应根据系统工作压力进行调试，并做出标志。

检验方法：对照图纸查验产品合格证及调试结果证明书。

④方形补偿器制作时，应用整根无缝钢管煨制，如需要接口，其接口应设在垂直臂的中间位置，且接口必须焊接。

检验方法：观察检查。

⑤方形补偿器应水平安装，并与管道的坡度一致；如其臂长方向垂直安装必须设排气及泄水装置。

检验方法：观察检查。

(2)一般项目

①热量表、疏水器、除污器、过滤器及阀门的型号、规格、公称压力及安装位置应符合设计要求。

检验方法：对照图纸查验产品合格证。

②采暖系统入口装置及分户热计量系统入户装置，应符合设计要求。安装位置应便于检修、维护和观察。

检验方法：现场观察。

③散热器支管长度超过1.5m时,应在支管上安装管卡。

检验方法:尺量和观察检查。

④上供下回式系统的热水干管变径应顶平偏心连接,蒸汽干管变径应底平偏心连接。

检验方法:观察检查。

⑤在管道干管上焊接垂直或水平分支管道时,干管开孔所产生的钢渣及管壁等废弃物不得残留管内,且分支管道在焊接时不得插入干管内。

检验方法:观察检查。

⑥膨胀水箱的膨胀管及循环管上不得安装阀门。

检验方法:观察检查。

⑦当采暖热媒为110~130℃的高温水时,管道可拆卸件应使用法兰,不得使用长丝和活接头。法兰垫料应使用耐热橡胶板。

检验方法:观察和查验进料单。

⑧焊接钢管管径大于32mm的管道转弯,在作为自然补偿时应使用煨弯。塑料管及复合管除必须使用直角弯头的场合外应使用管道直接弯曲转弯。

检验方法:观察检查。

⑨管道、金属支架和设备的防腐和涂漆应附着良好,无脱皮、起泡、流淌和漏涂缺陷。

检验方法:现场观察检查。

5.5.2 辅助设备及散热器安装

1)强制性条文

散热器组对后,以及整组出厂的散热器在安装之前应作水压试验。试验压力如设计无要求时应为工作压力的1.5倍,但不小于0.6MPa。

检验方法:试验时间为2~3min,压力不降且不渗不漏。

2)工艺流程

可参考相关书籍。

3)作业要点及标准做法

(1)铸铁散热器安装

①按图纸设计要求分段分层分规格统计出散热器的组数、每组片数,列成表以便组对和安装时使用。

②组对散热器的垫片应使用成品,垫片的材质当设计无要求时,应采用耐热橡胶制品,组对后的散热器垫片露出颈部不应大于1mm。

③组对片式散热器需用专用钥匙,逐片组对。组散热器少于14片时,应在两端片上

装带腿片；大于或等于15片时，应在中间再增组带腿片。

④现场组装和整组出厂的散热器，安装前应做单组水压试验，试验压力为工作压力的1.5倍，但不得小于0.6MPa，试验压力下2～3min压力不降且不渗不漏为合格。

⑤柱形散热器落地安装时，应首先裁好上部抱卡，根据偶数和奇数片定好抱卡位置，以保持散热器中心线与窗中心线一致。

⑥处于系统顶端的散热器宜在丝堵处设放风阀。

(2)钢制散热器安装

①安装时先将厂家专用支架用膨胀螺栓固定好，再将散热器挂上。

②散热器进出口应安装活接头，便于检修方便。

(3)铝制散热器安装

①铝制散热器不应与钢管直接相连接，应采用铜管件或塑料管件连接。

②铝制散热器进出口处应安装铜质阀门。

③其他安装要求同钢制散热器。

(4)双金属复合散热器安装

主要以铜铝复合或钢铝复合为主，安装方法基本与铝制散热器安装相同。

(5)铸铁或钢制散热器表面的防腐及面漆应附着良好、色泽均匀，无脱落、起泡、流淌和漏涂缺陷。

(6)散热器组对应平直紧密，组对后的平直度应符合表5-6规定。

表5-6　散热器平直度允许偏差

项　次	散热器类型	片数(片)	允许偏差(mm)
1	长翼型	2～4	4
		5～7	6
2	铸铁片式	3～15	4
	钢制片式	16～25	6

(7)散热器背面与装饰后的墙内表面安装距离，应符合设计或产品说明书要求。如设计未注明，应为30mm。

(8)散热器安装高度应一致，底部距楼地面大于或等于150mm，当散热器下有管道通过时，距楼地面高度可以提高，但顶部必须低于窗台50mm。

4)质量验收标准及检验方法

(1)主控项目

散热器组对后，以及整组出厂的散热器在安装之前应做水压试验。试验压力如设计无要求时应为工作压力的1.5倍，但不小于0.6MPa。

检验方法：试验时间为2～3min，压力不降且不渗不漏。

(2)一般项目

①组对散热器垫片应使用成品,组对后垫片外露不应大于1mm。散热器垫片材质当设计无要求时,应采用耐热橡胶。

检验方法:观察和尺量检查。

②散热器支架、托架安装,位置应准确,埋设牢固。散热器支架、托架数量,应符合设计或产品说明书要求。

检验方法:现场清点检查

③散热器背面与装饰后的墙内表面安装距离,应符合设计或产品说明书要求。如设计未注明,应为30mm。

检验方法:尺量检查。

④铸铁或钢制散热器表面的防腐及面漆应附着良好,色泽均匀,无脱落、起泡、流淌和漏涂缺陷。

检验方法:现场观察。

5.5.3 试验及调试

1)强制性条文

采暖系统安装完毕,管道保温之前应进行水压试验。试验压力应符合设计要求。当设计未注明时,应符合下列规定:

①蒸汽、热水采暖系统,应以系统顶点工作压力加0.1MPa作水压试验,同时在系统顶点的试验压力不小于0.3MPa。

②高温热水采暖系统,试验压力应为系统顶点工作压力加0.4MPa。

③使用塑料管及复合管的热水采暖系统,应以系统顶点工作压力加0.2MPa做水压试验,同时在系统顶点的试验压力不小于0.4MPa。

2)工艺流程

采暖管道试验及调试工艺流程图如图5-8所示。

3)作业要点及标准做法

(1)采暖系统安装完毕,管道保温之前应进行水压试验。采暖系统在施工工程中的试压包括两方面,一是过程中所有需要隐蔽的管道和附件在隐蔽前必须进行水压试验的隐蔽性试验;二是系统安装完毕,系统的所有组成部分必须进行系统水压试验的最终试验。室内采暖管道进行强度和严密性试验时,系统工作压力按循环水泵扬程确定,以不超过散热器承压能力为原则。系统试验压力由设计确定。

(2)水冲洗。采暖系统在使用前应进行水冲洗,冲洗水源可位采用自来水或工业纯净水。冲洗前按照前述的准备工作要求进行议直准备,冲洗时,冲洗水以不小于1.5m/s

的流速进行冲洗，冲洗应连续进行，并保证管路畅通无堵塞现象，直到冲洗合格。

(3)蒸汽吹洗。蒸汽采暖系统的吹洗以蒸汽吹扫为宜，也可以采用压缩空气进行。蒸汽吹扫时，应缓慢升温，以恒温 1h 左右进行吹扫为宜，之后降温到室温，再升温、暖管、恒温进行二次吹扫，直至吹扫合格。

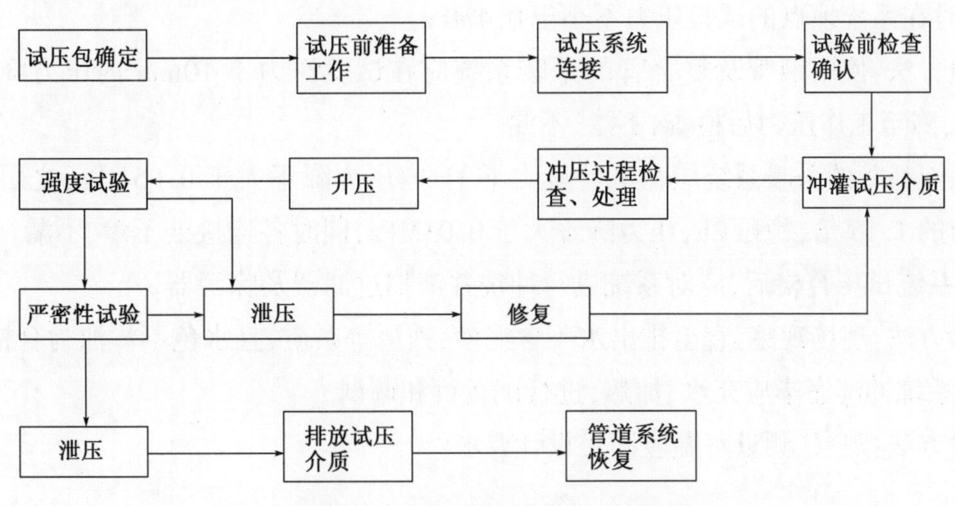

图 5-8　采暖管道试验及调试工艺流程

(4)使用钢管及复合管的采暖系统应在试验压力下 10min 内压力降不大于 0.02MPa，降至工作压力后检查不渗不漏为合格；使用塑料管的采暖系统应在试验压力下 1h 内压力降不大于 0.05MPa，之后降压至工作压力的 1.15 倍，稳压 2h，压力降不大于 0.03MPa，同时各连接处不渗不漏为合格。

(5)采装系统冲洗完毕应充水、加热进行试运行和调试。

(6)系统水冲洗时，现场观察，直至排出水不含泥沙、铁屑等杂质且水色不浑浊为合格。

(7)蒸汽吹洗时，在蒸汽排出口设置一块抛光的木板，上贴干净的白纸，检验时将白纸靠近蒸汽排出口，让排出的蒸汽吹到白纸上，检查白纸上无锈蚀物及脏物为合格。

(8)向系统内充水(以软化水为宜)，开始先打开系统最高点的排气阀，指定专人看管。慢慢打开系统回水干管的阀门，待最高点的排气阀见水后立即关闭；之后开启总进口供水管的阀门，最高点的排气阀须反复开闭数次，直至将系统中冷空气排净。

(9)全系统运行时，遇有不热处要先查明原因。如需冲洗检修，先关闭供、回水阀，泄水后再先后打开供、回水阀门，反复放水冲洗。冲洗完后再按上述程序通暖运行，直到运行正常为止。

4)质量验收标准及检验方法

(1)采暖系统安装完毕，管道保温之前应进行水压试验。试验压力应符合设计要求。当设计未注明时，应符合下列规定：

①蒸汽、热水采暖系统,应以系统顶点工作压力加0.1MPa做水压试验,同时在系统顶点的试验压力不小于0.3MPa。

②高温热水采暖系统,试验压力应为系统顶点工作压力加0.4MPa。

③使用塑料管及复合管的热水采暖系统,应以系统顶点工作压力加0.2MPa做水压试验,同时在系统顶点的试验压力不小于0.4MPa。

检验方法:使用钢管及复合管的采暖系统应在试验压力下10min内压力降不大于0.02MPa,降至工作压力后检查,不渗、不漏。

使用塑料管的采暖系统应在试验压力下1h内压力降不大于0.05MPa,之后降压至工作压力的1.15倍,稳压2h,压力降不大于0.03MPa,同时各连接处不渗、不漏。

(2)系统试压合格后,应对系统进行冲洗并清扫过滤器及除污器。

检验方法:现场观察,直至排出水不含泥沙、铁屑等杂质,且水色不浑浊为合格。

(3)系统冲洗完毕应充水、加热,进行试运行和调试。

检验方法:观察、测量室温应满足设计要求。

5.5.4 防腐与绝热

参考5.8.3室外供热管道做法。

5.6 室外给水管网

5.6.1 给水管道安装

1)强制性条文

给水管道在竣工后,必组对管道进行冲洗,饮用水管道还要在冲洗后进行消毒,满足饮用水卫生要求。

2)工艺流程

室外给水管道安装工艺流程如图5-9所示。

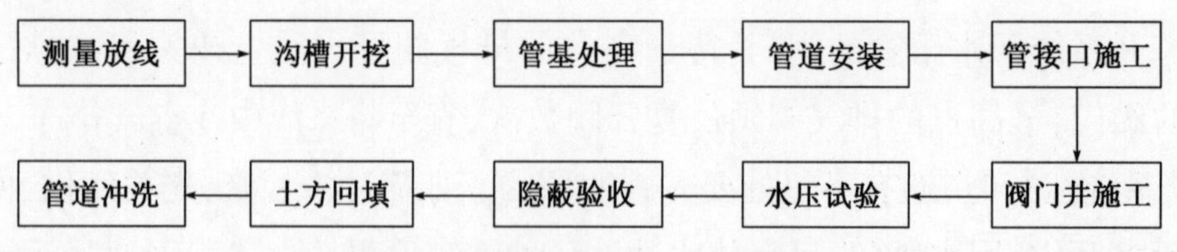

图5-9 室外给水管道安装工艺流程

3)作业要点及标准做法

(1)架空或地沟内管道敷设时其管道安装要求执行室内给水管道的要求,塑料管道不得露天架空安装。

(2)管道应敷设在当地冰冻线以下,如确实需要高于冰冻线敷设的,须有可靠的保温措施。绿化带人行道的管道埋深不低于 0.8m,道路范围内的管道埋深不低于 1.2m。管道穿越道路及墙体时须安装钢套管。

(3)塑料管道上的阀门、水表等附件均应单独设置支墩。管道不得直接敷设在冻土和未经处理的松土上。

(4)当地下水位较高或雨季进行管道施工时,沟槽内应有可靠的降水、排水措施,防止因基层土的扰动而影响土的持力层。

(5)管道法兰与阀门法兰不得加力对正,以免加力不均匀导致密封不严。

(6)水表、阀门安装应设置独立支墩。

4)质量验收标准及检验方法

(1)主控项目

①给水管道在埋地敷设时,应在当地的冰冻线以下,如必须在冰冻线以上铺设时,应做可靠的保温防潮措施。在无冰冻地区,埋地敷设时,管顶的覆土厚度不得小于 500mm,穿越道路部位的埋深不得小于 700mm。

检验方法:现场观察检查。

②给水管道不得直接穿越污水井、化粪池、公共厕所等污染源。

检验方法:观察检查。

③管道接口法兰、卡扣、卡箍等应安装在检查井或地沟内,不应埋在土壤中。

检验方法:观察检查。

④给水系统各种井室内的管道安装,如设计无要求,井壁距法兰或承口的距离:管径小于或等于 450mm 时,不得小于 250mm;管径大于 450mm 时,不得小于 350mm。

检验方法:尺量检查。

⑤管网必须进行水压试验,试验压力为工作压力的 1.5 倍,但不得小于 0.6MPa。

检验方法:管材为钢管、铸铁管时,试验压力下 10min 内压力降不应大于 0.05MPa,之后降至工作压力进行检查,压力应保持不变,不渗不漏;管材为塑料管时,试验压力下,稳压 1h 压力降不大于 0.05MPa,之后降至工作压力进行检查,压力应保持不变,不渗不漏。

(2)一般项目

①管道和金属支架的涂漆应附着良好,无脱皮、起泡、流淌和漏涂等缺陷。

检验方法:现场观察检查。

②管道连接应符合工艺要求,阀门、水表等安装位置应正确。塑料给水管道上的水表、阀门等设施其重量或启闭装置的扭矩不得作用于管道上,当管径不小于 50mm 时必须设独立的支承装置。

检验方法:现场观察检查。

③给水管道与污水管道在不同标高平行敷设,其垂直间距在500mm以内时,给水管管径小于或等于200mm的,管壁水平间距不得小于L5m;管径大于200mm的,不得小于3m。

检验方法:观察和尺量检查。

④捻口用的油麻填料必须清洁,填塞后应捻实,其深度应占整个环型间隙深度的1/3。

检验方法:观察和尺量检查。

⑤捻口用水泥强度应不低于32.5MPa,接口水泥应密实饱满,其接口水泥面凹入承口边缘的深度不得大于2mm。

检验方法:观察和尺量检查。

⑥采用水泥捻口的给水铸铁管,在安装地点有侵蚀性的地下水时,应在接口处涂抹沥青防腐层。

检验方法:观察检查。

⑦采用橡胶圈接口的埋地给水管道,在土壤或地下水对橡胶圈有腐蚀的地段,在回填土前应用沥青胶泥、沥青麻丝或沥青锯末等材料封闭橡胶圈接口。

检验方法:观察和尺量检查。

5.6.2 室外消火栓安装

1)强制性条文

关于室外消火栓安装暂无强制性标准要求。

2)工艺流程

可参考相关书籍。

3)作业要点及标准做法

室外消火栓安装的标准做法如下:

①室外地下式消火栓与主管连接的三通及弯头处应固定在混凝土支墩上,消火栓处应有明显标记。

②消防水泵结合器的安装位置必须符合设计要求,若设计没有要求时,其安装位置应为距人行道边1m处。

③安装于消防水泵结合器上的止回阀、安全阀的位置及方向应正确。

④地下式消防水泵结合器顶部进水口与井盖底面距离不大于400mm,以便于连接。

4)质量验收标准及检验方法

(1)主控项目

①系统必须进行水压试验,试验压力为工作压力的1.5倍,但不得小于0.6MPa。

检验方法：试验压力下，10min内压力降不大于0.05MPa，之后降至工作压力进行检查，压力保持不变，不渗不漏。

②消防管道在竣工前，必须对管道进行冲洗。

检验方法：观察冲洗出水的浊度。

③消防水泵接合器和消火栓的位置标志应明显，栓口的位置应方便操作。消防水泵接合器和室外消火栓当采用墙壁式时，如设计未要求，进、出水栓口的中心安装高度距地面应为1.10m，其上方应设有防坠落物打击的措施。

检验方法：观察和尺量检查。

(2)一般项目

①室外消火栓和消防水泵接合器的各项安装尺寸应符合设计要求，栓口安装高度允许偏差±20mm。

检验方法：尺量检查。

②地下式消防水泵接合器顶部进水口或地下式消火栓的顶部出水口与消防井盖底面的距离不得大于400mm，井内应有足够的操作空间，并设爬梯。寒冷地区井内应做防冻保护。

检验方法：观察和尺量检查。

③消防水泵接合器的安全阀及止回阀安装位置和方向应正确，阀门启闭应灵活。

检验方法：现场观察和手板检查。

5.6.3　管沟与井室

1)强制性条文

关于管沟与井室施工暂无强制性标准要求。

2)工艺流程

可参考相关书籍。

3)作业要点及标准做法

(1)井室砌筑前应进行红砖淋水工作，使砌筑时红砖吸水率不小于35%。

(2)阀门井应在管道和阀门安装完成后开始砌筑，其尺寸应按照设计或设计指定的图集施工，阀门的法兰不得砌在井外或井壁内，为便于维修，阀门的法兰外缘一般距井壁250mm。

(3)砌筑圆筒形井室时，应随时检测直径尺寸，当需要收口若四面收进，每次收进不得大于30mm，若三面收进，则每次收进不得大于50mm。

(4)设在车行道下的井室必须使用重型井盖，人行道下的井室采用轻型井盖，井盖表面与道路相平；绿化带上的井盖可采用轻井盖，井盖上表面高出地平50mm，井口周围设置2%的水泥砂浆护坡。

(5)重型铸铁井盖不得直接安装在井室的砖墙上,应安装在度不小于80mm的混凝土垫圈上。

(6)井室砌筑质量标准:井室的勾缝抹面和防渗层应符合质量要求。阀门的手柄应与井口对中。检查井允许偏差应符合表5-7的要求。

表5-7 井室砌筑质量标准

序号	项目		允许偏差(mm)	检验频率		检验方法
				范围	点数	
1	井深尺寸	长、宽	±20	每座	2	尺量
		直径	±20	每座	2	尺量
2	井盖标高	非路面	±20	每座	1	水准仪
		路面	与道路平	每座	1	水准仪
3	井底标高	$D<1000$mm	±10	每座	1	水准仪
		$D>1000$mm	±15	每座	1	水准仪

5.6.4 试验与调试

可参考相关书籍。

5.7 室外排水管网

5.7.1 排水管道安装

1)强制性条文

排水管道的坡度必须符合设计要求,严禁无坡或倒坡。

2)工艺流程

室外排水管道安装工艺流程如图5-10所示。

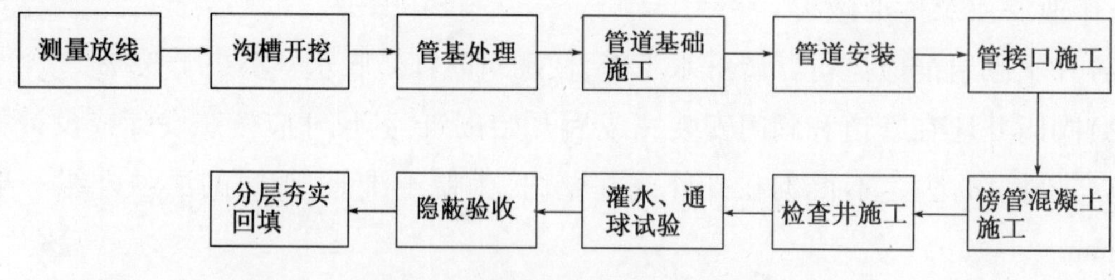

图5-10 室外排水管道安装工艺流程

3)作业要点及标准做法

(1)根据管道坡度控制的要求,每隔20~30m设置一块坡度板。

(2)需检查管材是否符合规范要求,塑料管材内壁应光滑,管身不得有裂缝,管口不得有破损、裂口、变形等缺陷，混凝土管内外表面应无空鼓、解筋、裂纹、缺边等缺陷。

(3)采用沟边布管法，管道承口方向迎着水流方向排布，以减少沟内管道运输量，安装应由下游向上游进行。

(4)沟槽开挖验收合格后，根据所敷设管道管径不同，确定平基宽度后，沿沟槽设置模板，所支设的模板应便于二次烧筑时的模板搭接。

(5)混凝土基础浇筑后应注意维护保养，在混凝土强度达到设计强度的 50% 或抗压强度不小于 5MPa 时方可下管。

(6)下管前平基础表面应清洁，管道铺设后应立刻进行管座的混凝土浇筑工作，混凝土的浇筑应在管道两侧同时进行，以免混凝土将铺设的管道挤偏。

(7)垫块敷管法适用于土质好、大口径管道和工期紧张的情况下使用，保证平基与管座同时浇筑，整体性好，有利于保证管道安装质量。

4)质量验收标准及检验方法

(1)主控项目

管道埋设前必须做灌水试验和通水试验，排水应畅通，无堵塞，管接口无渗漏。

检验方法：按排水检查井分段试验，试验水头应以试验段上游管顶加 1m，时间不少于 30min，逐段观察。

(2)一般项目

①排水铸铁管采用水泥捻口时，油麻填塞应密实，接口水泥应密实饱满，其接口面凹入承口边缘且深度不得大于 2mm。

检验方法：观察和尺量检查。

②排水铸铁管外壁在安装前应除锈，涂两遍石油沥青漆。

检验方法：观察检查。

③承插接口的排水管道安装时，管道和管件的承口应与水流方向相反。

检验方法：观察检查。

5.7.2　排水管道与井池

1)强制性条文

关于排水管道与井池施工暂无强制性标准要求。

2)工艺流程

可参考相关书籍。

3)作业要点及标准做法

(1)砖砌检查井应随砌随检查尺寸，收口时每次收进不大于 30mm，三面收进时每次不大于50mm。

(2)检查井的流槽宜在井壁砌至管顶以上时砌筑。污水管道流槽高度应与所安管道的管顶平,雨水管道流槽应达到所安管道管径的一半。

(3)检查井及雨水井砌筑完毕后应及时浇筑井圈,以便安装井盖。

(4)砖砌式化粪池底均应采用厚度不小于100mm,强度不低于C25的混凝土做底板,无地下水的使用素混凝土,有地下水的采用钢筋混凝土。

(5)大容积化粪池砌筑时在墙体中间部位应设置圈梁,以利于结构的稳定性。

(6)扇形井使用于上下游管道角度为90°、120°、135°、150°的转弯井。

(7)管道跌水水头大于2m的必须设置跌水井,跌水水头为1~2m的宜设跌水井,管道转弯处不宜设置跌水井。

(8)雨水口管及雨水口连接管的敷设、接口、回填等应与雨水管相同,管口与井内墙平。

4)质量验收标准及检验方法

(1)主控项目

①沟基的处理和井池的底板强度必须符合设计要求。

检验方法:现场观察和尺量检查,检查混凝土强度报告。

②排水检查井、化粪池的底板及进、出水管的标高,必须符合设计,其允许偏差为±15mm。

检验方法:用水准仪及尺量检查。

(2)一般项目

①井、池的规格、尺寸和位置应正确,砌筑和抹灰符合要求。

检验方法:观察及尺量检查。

②井盖选用应正确,标志应明显,标高应符合设计要求。

检验方法:观察、尺量检查。

5.7.3 试验与调试

可参考相关书籍。

5.8 室外供热管网

5.8.1 管道及配件安装

1)强制性条文

关于管道及配件安装施工暂无强制性标准要求。

2）工艺流程

室外供暖管道及配件安装工艺流程如图 5-11 所示。

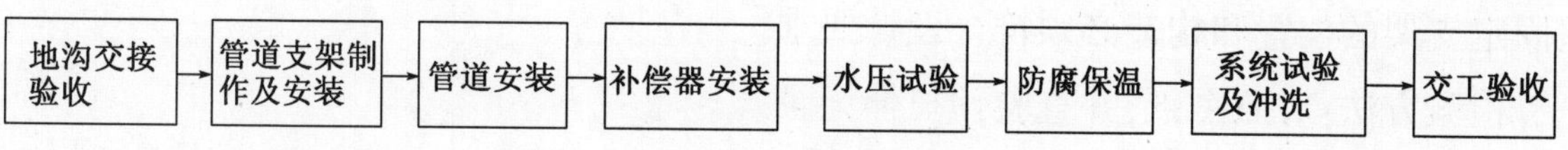

图 5-11　室外供暖管道及配件安装工艺流程

3）作业要点及标准做法

（1）本节内容适用于厂区及民用建筑群（住宅小区）的蒸汽压力不大于 0.7MPa、热水温度不超过 130℃的室外供热管网安装工程的施工及质量检验和验收。具体规定依照《城市供热管网工程施工及验收规范》（CJJ 28—2004）执行。

（2）供热管网的管材应按设计要求，当设计未注明时，应符合下列规定：

①管径小于或等于 40mm 时，应使用焊接钢管。

②管径为 50～200mm 时，应使用焊接钢管或无缝钢管。

③管径大于 200mm 时，应使用螺旋焊接钢管。

（3）室外供热管道连接均应采用焊接连接。

（4）直埋无补偿供热管道预热伸长及三通加固应符合设计要求。回填前应注意检查预制保温层外壳及接口的完好性。回填应按设计要求进行。

（5）补偿器的位置必须符合设计要求，并应按设计要求或产品说明书进行预拉伸。管道固定支架的位置和构造必须符合设计要求。

（6）检查井室、用户入口管道布置应便于操作及维修，支、吊、托架稳固，并满足设计要求。

（7）除污器构造应符合设计要求，安装位置和方向应正确。管官网冲洗后应清除内部污物。

（8）供热管道的供水管或蒸汽管，如设计无规定时，应铺设在载热介质流向方向的右侧或上方。

（9）管道安装固定后方可安装补偿器，补偿器应做好预拉伸，按图纸设计位置固定。

（10）管道焊接时加大预制深度，尽量减少固定焊口数量。

4）质量验收标准及检验方法

（1）主控项目

①平衡阀及调节阀型号、规格及公称压力应符合设计要求。安装后应根据系统要求进行调试，并作出标志。

检验方法：对照设计图纸及产品合格证，并现场观察调试结果。

②直埋无补偿供热管道预热伸长及三通加固应符合设计要求。回填前应注意检查预制保温层外壳及接口的完好性。回填应按设计要求进行。

检验方法:回填应按设计要求进行。

③补偿器的位置必须符合设计要求,并应按设计要求或产品说明书进行预拉伸。管道固定支架的位置和构造必须符合设计要求。

检验方法:对照图纸,并查验预拉伸记录。

④检查井室、用户入口处管道布置应便于操作及维修,支、吊、托架稳固,并满足设计要求。

检验方法:对照图纸,观察检查。

⑤直埋管道的保温应符合设计要求,接口在现场发泡时,接头处厚度应与管道保温层厚度一致,接头处保护层必须与管道保护层成一体,符合防潮防水要求。

检验方法:对照图纸,观察检查。

(2)一般项目

①除污器构造应符合设计要求,安装位置和方向应正确。管网冲洗后应清除内部污物。

检验方法:打开清扫口检查。

②管道及管件焊接的焊缝表面质量应符合下列规定:

焊缝外形尺寸应符合图纸和工艺文件的规定,焊缝高度不得低于母材表面,焊缝与母材应圆滑过渡;焊缝及热影响区表面应无裂纹、未熔合、未焊透、夹渣、弧坑和气孔等缺陷。

检验方法:观察检查。

③架空敷设的供热管道安装高度,如设计无规定时,应符合下列规定(以保温层外表面计算):

人行地区,不小于2.5m。通行车辆地区,不小于4.5m。跨越铁路,距轨顶不小于6m。

检验方法:尺量检查。

5.8.2 系统水压试验及调试

1)强制性条文

管道冲洗完毕应通水、加热,进行试运行和调试。当不具备加热条件时,应延期进行。

2)工艺流程

可参考相关书籍。

3)作业要点及标准做法

参考室内采暖系统。

4)质量验收标准及检验方法

(1)供热管道的水压试验压力应为工作压力的 1.5 倍,但不得小于 0.6MPa。

检验方法:在试验压力下 10min 内压力降不大于 0.05MPa,之后降至工作压力下检查,不渗不漏。

(2)供热管道作水压试验时,试验管道上的阀门应开启,试验管道与非试验管道应隔断。

检验方法:开启和关闭阀门检查。口建筑中水系统及游泳池水系统安装。

5.8.3　防腐、绝热

1)强制性条文

关于防腐、绝热施工暂无强制性标准要求。

2)工艺流程

室外供暖管道防腐、绝热工艺流程如图 5-12 所示。

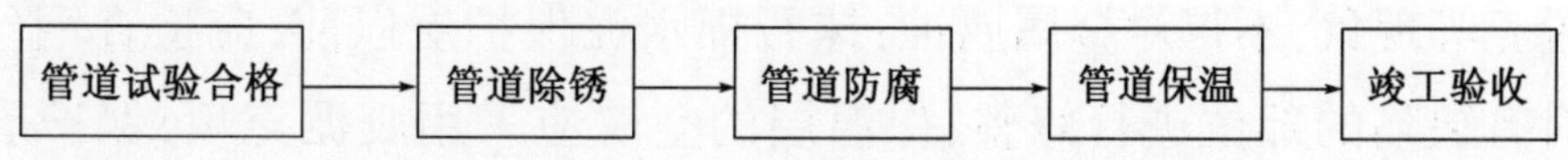

图 5-12　室外供暖管道防腐、绝热工艺流程

3)作业要点及标准做法

(1)室外热力管道防腐

①管道表面处理

为了增加油漆的附着力和防腐效果,在涂刷底漆前,必须将管道或设备表面的锈渍和污物清除干净,并保持干燥。在室外热力程施工中,碳钢管道表面处理方法包括手动工具除锈、电动工具除锈和喷砂或喷丸除锈。

②管道涂漆

根据管道周围腐蚀介质的种类、性质、浓度和温度,选择相适应的涂料。如酸性介质可用酚醛树脂漆;碱性介质应采用环氧树脂漆。根据被涂物表面材质不同,选择相适应的涂料。

(2)管道保温所用材料应符合设计要求,做法可选用涂抹保温法、绑扎保温法、缠包法等,保温完成后经验收合格后进行保护层施工。

①金属保护层施工应符合下列规定:

按设计要求选用镀锌钢板、铝板或不锈钢板等保护层;安装前,金属板两边先压出两道半圆凸缘。对设备保温可在每张金属板对角线上压两条交叉筋线;垂直方向的施工应将相邻两张金属板的半圆凸缘重叠搭接,自下而上顺序施工,上层板压下层板,搭接长度宜为 50mm;水平管道的施工可直接将金属板卷合在保温层外,按管道坡向自下而上顺序施工,两板环向半圆凸缘重叠,纵向搭口向下,搭接处重叠宜为50mm;搭接处应采用铆钉固定,间距不得大于200mm;金属保护层应留出设备及管道运行受热膨胀量,在露天或潮湿环境中保温设备和管道的金属保护层,应按规定嵌填密封剂或在接缝处包缠密封带;在已安装的金属保护层上,严禁踩踏或堆放物品。

②复合材料保护层施工应符合下列规定:

玻璃纤维以螺纹状紧缠在保温层外,前后均搭接50mm,布带两端及每隔300mm用镀锌钢丝或钢带捆扎;对复合铝箔,可直接敷在平整保温层表面上。接缝处用压敏胶带粘贴和铆钉固定,垂直管道及设备的敷设由下向上,成顺水接缝。对玻璃钢材料,保护壳连接处用铆钉固定,纵向搭接尺寸宜为50~60mm,环向搭接宜为40~-50mm,垂直管道及设备敷设由下向上成顺水接缝;对铝塑复合板,可用于软质绝热材料的保护层施工中铝塑复合板正面应朝外,不得损伤其表面,轴向接缝用保温钉固定,间距宜为60~80mm,环向搭接宜为30~40mm,纵向搭接不得小于10mm,垂直管道的敷设由下向上成顺水接缝;抹面保护层的灰浆密度不得大于100kg/m^2,抗压强度不应小于0.8MPa,干燥后不得产生裂缝、脱壳等现象,不得对金属腐蚀;抹石棉水泥保护层以前,应检查钢丝网有无松动部位,并对有缺陷的部位进行修整,保温层的空院应采用胶泥充填,保护层分两次抹成,第一层找平和挤压严实,第一层稍干后再加灰泥压实。

4)质量验收标准及检验方法

可参考相关书籍。

第6章　建筑电气

6.1　室外电气

6.1.1　成套配电柜、控制柜(屏、台)和动力、照明配电箱(盘)及控制柜安装

1)强制性条文

(1)在砌体和混凝土结构上严禁使用木楔、尼龙塞或塑料塞安装固定电气照明装置。

(2)Ⅰ类灯具的不带电的外露可导电部分必须与保护接地线(PE)可靠连接,且应有标识。

(3)质量大于10kg的灯具,其固定装置应按5倍灯具重量的恒定均布载荷全数做强度试验,历时15min,固定装置的部件应无明显变形。

2)质量验收标准及检验方法(主控项目)

(1)柜、台、箱的金属框架及基础型钢应与保护导体可靠连接;对于装有电器的可开启门,门和金属框架的接地端子间应选用截面积不小于$4mm^2$的黄绿色绝缘铜芯软导线连接,并应有标识。

检查数量:全数检查。

检查方法:观察检查。

(2)柜、台、箱、盘等配电装置应有可靠的防电击保护;装置内保护接地导体(PE)排应有裸露的连接外部保护接地导体的端子,并应可靠连接。当设计未做要求时,连接导体最小截面积应符合现行国家标准《低压配电设计规范》(GB 50054—2011)的规定。

检查数量:全数检查。

检查方法:观察检查并采用力矩扳手检查。

(3)手车、抽屉式成套配电柜推拉应灵活,无卡阻碰撞现象。动触头与静触头的中心线应一致,且触头接触应紧密,投入时,接地触头应先于主触头接触;退出时,接地触头应后于主触头脱开。

检查数量:全数检查。

检查方法:观察检查。

(4)照明配电箱(盘)安装应符合下列规定:

①箱(盘)内配线应整齐、无铰接现象;导线连接应紧密、不伤线芯、不断股;垫圈下螺

丝两侧压的导线截面积应相同,同一电器器件端子上的导线连接不应多于2根,防松垫圈等零件应齐全;

②箱(盘)内开关动作应灵活可靠;

③箱(盘)内宜分别设置中性导体(N)和保护接地导体(PE)汇流排,汇流排上同一端子不应连接不同回路的N或PE。

检查数量:按照明配电箱(盘)数量抽查10%,且不得少于1台。

检查方法:观察检查及操作检查,螺丝刀拧紧检查。

(5)送至建筑智能化工程变送器的电量信号精度等级应符合设计要求,状态信号应正确;接收建筑智能化工程的指令应使建筑电气工程的断路器动作符合指令要求,且手动、自动切换功能均应正常。

检查数量:全数检查。

检查方法:模拟试验时观察检查或查阅检查记录。

6.1.2 梯架、支架、托盘和槽盒安装

1)强制性条文

金属梯架、托盘或槽盒本体之间的连接应牢固可靠,与保护导体的连接应符合下列规定:

①梯架、托盘和槽盒全长不大于30m时,不应少于2处与保护导体可靠连接;全长大于30m时,每隔20m~30m应增加一个连接点,起始端和终点端均应可靠接地。

②非镀锌梯架、托盘和槽盒本体之间连接板的两端应跨接保护联结导体,保护联结导体的截面积应符合设计要求。

③镀锌梯架、托盘和槽盒本体之间不跨接保护联结导体肘,连接板每端不应少于2个有防松螺帽或防松垫圈的连接固定螺栓。

检查数量:第1款全数检查,第2款和第3款按每个检验批的梯架或托盘或槽盒的连接点数量各抽查10%,且各不得少于2个点。

检查方法:观察检查并用尺量检查。

2)质量验收标准及检验方法(主控项目)

电缆梯架、托盘和槽盒转弯、分支处宜采用专用连接配件,其弯曲半径不应小于梯架、托盘和槽盒内电缆最小允许弯曲半径,电缆最小允许弯曲半径应符合表6-1的规定。

检查数量:按每个检验批的梯架、托盘或槽盒的弯头数量各抽查10%,且各不得少于1个弯头。

表 6-1 电缆最小允许弯曲半径

<table>
<tr><th colspan="2">电 缆 形 式</th><th>电缆外径(mm)</th><th>多 芯 电 缆</th><th>单 芯 电 缆</th></tr>
<tr><td rowspan="2">塑料绝缘电缆</td><td>无铠装</td><td rowspan="6">—</td><td>15D</td><td>20D</td></tr>
<tr><td>有铠装</td><td>12D</td><td>15D</td></tr>
<tr><td colspan="2">橡皮绝缘电缆</td><td colspan="2">10D</td></tr>
<tr><td rowspan="3">控制电缆</td><td>非铠装型、屏蔽型软电缆</td><td>6D</td><td rowspan="3">—</td></tr>
<tr><td>铠装型、铜屏蔽型</td><td>12D</td></tr>
<tr><td>其他</td><td>10D</td></tr>
<tr><td colspan="2">铝合金导体电力电缆</td><td>—</td><td colspan="2">7D</td></tr>
<tr><td colspan="2" rowspan="4">氧化镁绝缘刚性矿物绝缘电缆</td><td><7</td><td colspan="2">2D</td></tr>
<tr><td>≥7,且<12</td><td colspan="2">3D</td></tr>
<tr><td>≥12,且<15</td><td colspan="2">4D</td></tr>
<tr><td>≥15</td><td colspan="2">6D</td></tr>
<tr><td colspan="2">其他矿物绝缘电缆</td><td>—</td><td colspan="2">15D</td></tr>
</table>

注:D 为电缆外径。

检查方法:观察检查并用尺量检查。

6.1.3 导管敷设

1)强制性条文

钢导管不得采用对口熔焊连接;镀锌钢导管或壁厚小于或等于 2mm 的钢导管,不得采用套管熔焊连接。

检查数量:按每个检验批的钢导管连接头总数抽查 20%,并应能覆盖不同的连接方式,且各不得少于 1 处。

检查方法:施工时观察检查。

2)质量验收标准及检验方法(主控项目)

金属导管应与保护导体可靠连接,并应符合下列规定:

①镀锌钢导管、可弯曲金属导管和金属柔性导管不得熔焊连接;

②当非镀锌钢导管采用螺纹连接时,连接处的两端应熔焊焊接保护联结导体;

③镀锌钢导管、可弯曲金属导管和金属柔性导管连接处的两端宜采用专用接地卡固定保护联结导体;

④机械连接的金属导管,管与管、管与盒(箱)体的连接配件应选用配套部件,其连接应符合产品技术文件要求,当连接处的接触电阻值符合现行国家标准《电气安装用导管系统 第 1 部分:通用要求》(GB/T 20041.1—2005)的相关要求时,连接处可不设置保护联结导体,但导管不应作为保护导体的接续导体;

⑤金属导管与金属梯架、托盘连接时,镀锌材质的连接端宜用专用接地卡固定保护

联结导体,非镀锌材质的连接处应熔焊焊接保护联结导体。

检查数量:按每个检验批的导管连接头总数抽查10%,且各不得少于1处,并应能覆盖不同的检查内容。

检查方法:施工时观察检查并查阅隐蔽工程检查记录。

6.1.4 电缆敷设

1)强制性条文

(1)金属电缆支架必须与保护导体可靠连接。

检查数量:明敷的全数检查,暗敷的按每个检验批抽查20%,且不得少于2处。

检查方法:观察检查并查阅隐蔽工程检查记录。

(2)交流单芯电缆或分相后的每相电缆不得单根独穿于钢导管内,固定用的夹具和支架不应形成闭合磁路。

检查数量:全数检查。

检查方法:核对设计图观察检查。

2)质量验收标准及检验方法(主控项目)

电缆敷设不得存在绞拧、铠装压扁、护层断裂和表面严重划伤等缺陷。

检查数量:全数检查。

检查方法:观察检查。

6.1.5 管内穿线和槽盒内敷线

1)强制性条文

同一交流回路的绝缘导线不应敷设于不同的金属槽盒内或穿于不同金属导管内。

检查数量:按每个检验批的配线总回路数抽查20%,且不得少于1个回路。

检查方法:观察检查。

2)质量验收标准及检验方法(主控项目)

(1)除设计要求以外,不同回路、不同电压等级和交流与直流线路的绝缘导线不应穿于同一导管内。

检查数量:按每个检验批的配线总回路数抽查20%,且不得少于1个回路。

检查方法:观察检查。

(2)绝缘导线接头应设置在专用接线盒(箱)或器具内,不得设置在导管和槽盒内,盒(箱)的设置位置应便于检修。

检查数量:按每个检验批的配线回路总数抽查10%,且不得少于1个回路。

检查方法:观察检查并用尺量检查。

6.1.6 电缆头制作、导线连接和线路绝缘测试

1)强制性条文

关于电缆制作、导线连接和线路绝缘测试施工暂无强制性标准要求。

2)质量验收标准及检验方法(主控项目)

(1)电力电缆通电前应按现行国家标准《电气装置安装工程电气设备交接试验标准》(GB 50150—2016)的规定进行耐压试验,并应合格。

检查数量:全数检查。

检查方法:试验时观察检查并查阅交接试验记录。

(2)低压或特低电压配电线路线间和线对地间的绝缘电阻测试电压及绝缘电阻值不应小于表6-2的规定,矿物绝缘电缆线间和线对地间的绝缘电阻应符合国家现行有关产品标准的规定。

表6-2 低压或特低电压配电线路绝缘电阻测试电压及绝缘电阻最小值

标称回路电压	直流测试电压(V)	绝缘电阻(MΩ)
SELV 和 PELV	250	0.5
500V 及以下,包括 FELV	500	0.5
500V 以上	1000	1.0

检查数量:按每检验批的线路数量抽查20%,且不得少于1条线路,并应覆盖不同型号的电缆或电线。

检查方法:用绝缘电阻测试仪测试并查阅绝缘电阻测试记录。

6.1.7 灯具安装

相关强制性条文如下:

(1)专用灯具的Ⅰ类灯具外露可导电部分必须用铜芯软导线与保护导体可靠连接,连接处应设置接地标识,铜芯软导线的数面积应与进入灯具的电源线数面积相同。

(2)景观照明灯具安装应符合下列规定:

①在人行道等人员来往密集场所安装的落地式灯具,当无围栏防护时,灯具距地面高度应大于2.5m。

②金属构架及金属保护管应分别与保护导体采用焊接或螺栓连接,连接处应设置接地标识。

6.1.8 建筑照明通电试运行

1)强制性条文

关于建筑照明通电施工暂无强制性标准要求。

2)质量验收标准及检验方法(主控项目)

(1)灯具回路控制应符合设计要求,且应与照明控制柜、箱(盘)及回路的标识一致;开关宜与灯具控制顺序相对应,风扇的转向及调速开关应正常。

检查数量:按每检验批的末级照明配电箱数量抽查20%,且不得少于1台配电箱及相应回路。

检查方法:核对技术文件,观察检查并操作检查。

(2)公共建筑照明系统通电连续试运行时间应为24h,住宅照明系统通电连续试运行时间应为8h。所有照明灯具均应同时开启,且应每2h按回路记录运行参数,连续试运行时间内应无故障。

检查数量:按每检验批的末级照明配电箱总数抽查5%,且不得少于1台配电箱及相应回路。

检查方法:试验运行时观察检查或查阅建筑照明通电试运行记录。

(3)对设计有照度测试要求的场所,试运行时应检测照度,并应符合设计要求。

检查数量:全数检查。

检查方法:用照度测试仪测试,并查阅照度测试记录。

6.1.9 接地装置安装

1)强制性条文

关于接地装置安装施工暂无强制性标准要求。

2)质量验收标准及检验方法(主控项目)

(1)接地装置在地面以上的部分,应按设计要求设置测试点,测试点不应被外墙饰面遮蔽,且应有明显标识。

检查数量:全数检查。

检查方法:观察检查。

(2)接地装置的接地电阻值应符合设计要求。

检查数量:全数检查。

检查方法:用接地电阻测试仪测试,并查阅接地电阻测试记录。

(3)接地装置的材料规格、型号应符合设计要求。

检查数量:全数检查。

检查方法:观察检查或查阅材料进场验收记录。

检查数量:全数检查。

检查方法:施工中观察检查,并查阅隐蔽工程检查记录及相关记录。

6.2 供电干线

6.2.1 电气设备试验和试运行

1)强制性条文

关于电气设备试验和试运行施工暂无强制性标准要求。

2)质量验收标准及检验方法(主控项目)

(1)试运行前,相关电气设备和线路应按本规范的规定试验合格。

检查数量:全数检查。

检查方法:试验时观察检查并查阅相关试验、测试记录。

(2)现场单独安装的低压电器交接试验项目应符合规范(GB 50303—2015)附录C的规定。

检查数量:全数检查。

检查方法:试验时观察检查并查阅交接试验检验记录。

(3)电动机应试通电,并应检查转向和机械转动情况,电动机试运行应符合下列规定:

①空载试运行时间宜为2h,机身和轴承的温升、电压和电流等应符合建筑设备或工艺装置的空载状态运行要求,并应记录电流、电压、温度、运行时间等有关数据。

②空载状态下可启动次数及间隔时间应符合产品技术文件的要求;无要求时,连续启动2次的时间间隔不应小于5min,并应在电动机冷却至常温下再次启动。

检查数量:按设备总数抽查10%,且不得少于1台。

检查方法:轴承温度采用测温仪测量,其他参数可在试验时观察检查并查阅电动机空载试运行记录。

6.2.2 母线槽安装

1)强制性条文

母线槽的金属外壳等外露可导电部分应与保护导体可靠连接,并应符合下列规定:

①每段母线槽的金属外壳间应连接可靠,且母线槽全长与保护导体可靠连接不应少于2处。

②分支母线槽的金属外壳末端应与保护导体可靠连接。

③连接导体的材质、截面积应符合设计要求。

检查数量:全数检查。

检查方法:观察检查并用尺量检查。

2)质量验收标准及检验方法(主控项目)

(1)当设计将母线槽的金属外壳作为保护接地导体(PE)时,其外壳导体应具有连续性且应符合现行国家标准《低压成套开关设备和控制设备　第1部分:总则》(GB 7251.1—2005)的规定。

检查数量:全数检查。

检查方法:观察检查并查验材料合格证明文件、CCC型式试验报告和材料进场验收记录。

(2)当母线与母线、母线与电器或设备接线端子采用螺栓搭接连接时,应符合下列规定:

①母线的各类搭接连接的钻孔直径和搭接长度应符合规范(GB 50303—2015)附录D的规定,连接螺栓的力矩值应符合规范(GB 50303—2015)附录E的规定;当一个连接处需要多个螺栓连接时,每个螺栓的拧紧力矩值应一致。

②母线接触面应保持清洁,宜涂抗氧化剂,螺栓孔周边应无毛刺。

③连接螺栓两侧应有平垫圈,相邻垫圈间应有大于3mm的间隙,螺母侧应装有弹簧垫圈或锁紧螺母。

④螺栓受力应均匀,不应使电器或设备的接线端子受额外应力。

检查数量:按每检验批的母线连接端数量抽查20%,且不得少于2个连接端。

检查方法:观察检查并用尺量检查和用力矩测试仪测试紧固度。

(3)母线槽安装应符合下列规定:

①母线槽不宜安装在水管正下方。

②母线应与外壳同心,允许偏差应为±5mm。

③当母线槽段与段连接时,两相邻段母线及外壳宜对准,相序应正确,连接后不应使母线及外壳受额外应力。

④母线的连接方法应符合产品技术文件要求。

⑤母线槽连接用部件的防护等级应与母线槽本体的防护等级一致。

检查数量:第1款全数检查,其余按每检验批的母线连接端数量抽查20%,且不得少于2个连接端。

检查方法:观察检查并用尺量检查,查阅母线槽安装记录。

(4)母线槽通电运行前应进行检验或试验,并应符合下列规定:

①高压母线交流工频耐压试验应按规范规定交接试验合格。

②低压母线绝缘电阻值不应小于0.5MΩ。

③检查分接单元插入时,接地触头应先于相线触头接触,且触头连接紧密,退出时,接地触头应后于相线触头脱开。

④检查母线槽与配电柜、电气设备的接线相序应一致。

检查数量:全数检查。

检查方法:用绝缘电阻测试仪测试,试验时观察检查并查阅交接试验记录、绝缘电阻测试记录。

6.2.3 梯架、支架、托盘和槽盒安装

同6.1.2。

6.2.4 导管敷设

同6.1.3。

6.2.5 电缆敷设

同6.1.4。

6.2.6 管内穿线和槽盒内敷线

同6.1.5。

6.2.7 电缆头制作、导线连接和线路绝缘测试

同6.1.6。

6.2.8 接地干线敷设

1)强制性条文

关于接地干线敷设施工暂无强制性标准要求。

2)质量验收标准及检验方法(主控项目)

(1)变配电室及电气竖井内接地干线是沿墙或沿电气竖井内明敷的接地导体,用于变配电室设备维修和做预防性试验时的接地预留,以及电气竖井内设备的接地。为保证接地系统可靠和电气设备的安全运行,其连接应可靠,连接应采用熔焊连接或螺栓搭接连接,熔焊焊缝应饱满、焊缝无咬肉,螺栓连接应紧固,锁紧装置齐全。

(2)本条是针对目前建筑市场存在的材料规格不符合而特别强调的要求,接地干线的一般面积偏小或材质不符合都将无法保证用电安全。

6.3 电 气 动 力

6.3.1 成套配电柜、控制柜(屏、台)和动力、照明配电箱(盘)及控制柜安装

同6.1.1。

6.3.2 电动机、电加热器及电动执行机构检查接线

1)强制性条文

电动机、电加热器及电动执行机构的外露可导电部分必须与保护导体可靠连接。

检查数量:电动机、电加热器全数检查,电动执行机构按总数抽查10%,且不得少于1台。

检查方法:观察检查并用工具拧紧检查。

2)质量验收标准及检验方法(主控项目)

(1)低压电动机、电加热器及电动执行机构的绝缘电阻值不应小于0.5MΩ。

检查数量:按设备各抽查50%,且各不得少于1台。

检查方法:用绝缘电阻测试仪测试并查阅绝缘电阻测试记录。

(2)高压及100kW以上电动机的交接试验应符合现行国家标准《电气装置安装工程 电气设备交接试验标准》(GB 50150—2006)的规定。

检查数量:全数检查。

检查方法:用仪表测量并查阅相关试验或测量记录。

(3)电气设备试验和试运行

同6.2.1。

(4)梯架、支架、托盘和槽盒安装

同6.1.2。

(5)导管敷设

同6.1.3。

(6)电缆敷设

同6.1.4。

(7)管内穿线和槽盒内敷线

同6.1.5。

(8)电缆头制作、导线连接和线路绝缘测试

同6.1.6。

6.4 电气照明

6.4.1 成套配电柜、控制柜(屏、台)和动力、照明配电箱(盘)及控制柜安装

同6.1.1。

6.4.2 梯架、支架、托盘和槽盒安装

同6.1.2。

6.4.3　导管敷设

同6.1.3。

6.4.4　管内穿线和槽盒内敷线

同6.1.5。

6.4.5　塑料护套线直敷布线

1)强制性条文

塑料护套线严禁直接敷设在建筑物顶棚内、墙体内、抹灰层内、保温层内或装饰面内。

检查数量:全数检查。

检查方法:施工中观察检查。

2)质量验收标准及检验方法(主控项目)

(1)塑料护套线与保护导体或不发热管道等紧贴和交叉处及穿梁、墙、楼板处等易受机械损伤的部位,应采取保护措施。

检查数量:全数检查。

检查方法:观察检查。

(2)塑料护套线在室内沿建筑物表面水平敷设高度距地面不应小于2.5m,垂直敷设时距地面高度1.8m以下的部分应采取保护措施。

检查数量:全数检查。

检查方法:观察检查并用尺量检查。

6.4.6　钢索配线

1)强制性条文

关于钢索配线施工暂无强制性标准要求。

2)质量验收标准及检验方法(主控项目)

(1)钢索配线应采用镀锌钢索,不应采用含油芯的钢索。钢索的钢丝直径应小于0.5mm,钢索不应有扭曲和断股等缺陷。

检查数量:全数检查。

检查方法:尺量检查、观察检查,查验材料证明文件及材料进场验收记录。

(2)钢索与终端拉环套接应采用心形环,固定钢索的线卡不应少于2个,钢索端头应用镀锌铁线绑扎紧密,且应与保护导体可靠连接。

检查数量:全数检查。

检查方法:施工中观察检查并查阅隐蔽工程检查记录。

(3)钢索终端拉环埋件应牢固可靠,并应能承受在钢索全部负荷下的拉力,在挂索前应对拉环做过载试验,过载试验的拉力应为设计承载拉力的3.5倍。

检查数量:全数检查。

检查方法:试验时观察检查并查阅过载试验记录。

(4)当钢索长度小于或等于50m时,应在钢索一端装设索具螺旋扣紧固;当钢索长度大于50m时,应在钢索两端装设索具螺旋扣紧固。

检查数量:全数检查。

检查方法:观察检查。

6.4.7 电缆头制作、导线连接和线路绝缘测试

同6.1.6。

6.4.8 普通灯具和专用灯具安装

1)强制性条文

(1)灯具固定应符合下列规定:

①灯具固定应牢固可靠,在砌体和混凝土结构上严禁使用木楔、尼龙塞或塑料塞固定。

②质量大于10kg的灯具,固定装置及悬吊装置应按灯具重量的5倍恒定均布载荷做强度试验,且持续时间不得少于15min。

检查数量:第1款按每检验批的灯具数量抽查5%,且不得少于1套;第2款全数检查。

检查方法:施工或强度试验时观察检查,查阅灯具固定装置及悬吊装置的载荷强度试验记录。

(2)专用灯具

①建筑物景观照明灯具安装应符合下列规定:

在人行道等人员来往密集场所安装的灯具,无围栏防护时灯具底部距地面高度应在2.5m以上;灯具及其金属构架和金属保护管与保护接地线(PE)应连接可靠,且有标识;灯具的节能分级应符合设计要求。

②插座的接线应符合下列规定:

单相两孔插座,面对插座,右孔或上孔应与相线连接,左孔或下孔应与中性线连接;单相三孔插座,面对插座,右孔应与相线连接,左孔应与中性线连接;单相三孔、三相四孔及三相五孔插座的保护接地线(PE)必须接在上孔。插座的保护接地端子不应与中性线

端子连接。同一场所的三相插座,接线的相序应一致;保护接地线(PE)在插座间不得串联连接;相线与中性线不得利用插座本体的接线端子转接供电。

③景观照明灯具安装应符合下列规定:

在人行道等人员来往密集场所安装的落地式灯具,当无围栏防护时,灯具距地面高度应大于2.5m;金属构架及金属保护管应分别与保护导体采用焊接或螺栓连接,连接处应设置接地标识。

检查数量:全数检查。

检查方法:观察检查并用尺量检查,查阅隐蔽工程检查记录。

2)质量验收标准及检验方法(普通灯具主控项目)

(1)悬吊式灯具安装应符合下列规定:

①带升降器的软线吊灯在吊线展开后,灯具下沿应高于工作台面0.3m。

②质量大于0.5kg的软线吊灯,灯具的电源线不应受力。

③质量大于3kg的悬吊灯具,固定在螺栓或预埋吊钩上,螺栓或预埋吊钩的直径不应小于灯具挂销直径,且不应小于6mm。

④当采用钢管作灯具吊杆时,其内径不应小于10mm,壁厚不应小于1.5mm。

⑤灯具与固定装置及灯具连接件之间采用螺纹连接的,螺纹啮合扣数不应少于5扣。

检查数量:按每检验批的不同灯具型号各抽查5%,且各不得少于1套。

检查方法:观察检查并用尺量检查。

(2)吸顶或墙面上安装的灯具,其固定用的螺栓或螺钉不应少于2个,灯具应紧贴饰面。

检查数量:按每检验批的不同安装形式各抽查5%,且各不得少于1套。

检查方法:观察检查。

(3)由接线盒引至嵌入式灯具或槽灯的绝缘导线应符合下列规定:

①绝缘导线应采用柔性导管保护,不得裸露,且不应在灯槽内明敷。

②柔性导管与灯具壳体应采用专用接头连接。

检查数量:按每检验批的灯具数量抽查5%,且不得少于1套。

检查方法:观察检查。

(4)普通灯具的Ⅰ类灯具外露可导电部分必须采用铜芯软导线与保护导体可靠连接,连接处应设置接地标识,铜芯软导线的截面积应与进入灯具的电源线截面积相同。

检查数量:按每检验批的灯具数量抽查5%,且不得少于1套。

检查方法:尺量检查、工具拧紧和测量检查。

(5)除采用安全电压以外,当设计无要求时,敞开式灯具的灯头对地面距离应大于

2.5m。

检查数量:按每检验批的灯具数量抽查10%,且各不得少于1套。

检查方法:观察检查并用尺量检查。

(6)埋地灯安装应符合下列规定:

埋地灯的防护等级应符合设计要求;埋地灯的接线盒应采用防护等级为IPX7的防水接线盒,盒内绝缘导线接头应做防水绝缘处理。

检查数量:按灯具总数抽查5%,且不得少于1套。

检查方法:观察检查,查阅产品进场验收记录及产品质量合格证明文件。

(7)庭院灯、建筑物附属路灯安装应符合下列规定:

①灯具与基础固定应可靠,地脚螺栓备帽应齐全;灯具接线盒应采用防护等级不小于IPX5的防水接线盒,盒盖防水密封垫应齐全、完整。

②灯具的电器保护装置应齐全,规格应与灯具适配。

③灯杆的检修门应采取防水措施,且闭锁防盗装置完好。

检查数量:按灯具型号各抽查5%,且各不得少于1套。

检查方法:观察检查、工具拧紧及用手感检查,查阅产品进场验收记录及产品质量合格证明文件。

(8)安装在公共场所的大型灯具的玻璃罩,应采取防止玻璃罩向下溅落的措施。

检查数量:全数检查。

检查方法:观察检查。

(9)LED灯具安装应符合下列规定:

①灯具安装应牢固可靠,饰面不应使用胶类粘贴。

②灯具安装位置应有较好的散热条件,且不宜安装在潮湿场所。

③灯具用的金属防水接头密封圈应齐全、完好。

④灯具的驱动电源、电子控制装置室外安装时,应置于金属箱(盒)内;金属箱(盒)的IP防护等级和散热应符合设计要求,驱动电源的极性标记应清晰、完整。

⑤室外灯具配线管路应按明配管敷设,且应具备防雨功能,IP防护等级应符合设计要求。

检查数量:按灯具型号各抽查5%,且各不得少于1套。

检查方法:观察检查,查阅产品进场验收记录及产品质量合格证明文件。

3)质量验收标准及检验方法(专用灯具主控项目)

(1)专用灯具的Ⅰ类灯具外露可导电部分必须用铜芯软导线与保护导体可靠连接,连接处应设置接地标识,铜芯软导线的截面积应与进入灯具的电源线截面积相同。

检查数量:按每检验批的灯具数量抽查5%,且不得少于1套。

检查方法:尺量检查、工具拧紧和测量检查。

(2)应急灯具安装应符合下列规定:

①消防应急照明园路的设置除应符合设计要求外,尚应符合防火分区设置的要求,穿越不同防火分区时应采取防火隔堵措施。

②对于应急灯具、运行中温度大于60℃的灯具,当靠近可燃物时,应采取隔热、散热等防火措施。

③EPS供电的应急灯具安装完毕后,应检验EPS供电运行的最少持续供电时间,并应符合设计要求。

④安全出口指示标志灯设置应符合设计要求。

⑤疏散指示标志灯安装高度及设置部位应符合设计要求。

⑥疏散指示标志灯的设置不应影响正常通行,且不应在其周围设置容易混同疏散标志灯的其他标志牌等。

⑦疏散指示标志灯工作应正常,并应符合设计要求。

⑧消防应急照明线路在非燃烧体内穿钢导管暗敷时,暗敷钢导管保护层厚度不应小于30mm。

检查数量:第2款全数检查;第1款、第3款~第7款按每检验批的灯具型号各抽查10%,且均不得少于1套;第8款按检验批数量抽查10%,且不得少于1个检验批。

检查方法:第1款、第2款、第4款~第7款观察检查,第3款试验检验并核对设计文件,第8款尺量检查、查阅隐蔽工程检查记录。

(3)霓虹灯安装应符合下列规定:

①霓虹灯管应完好、无破裂。

②灯管应采用专用的绝缘支架固定,且牢固可靠;灯管固定后,与建(构)筑物表面的距离不宜小于20mm。

③霓虹灯专用变压器应为双绕组式,所供灯管长度不应大于允许负载长度,露天安装的应采取防雨措施。

④霓虹灯专用变压器的二次侧和灯管间的连接线应采用额定电压大于15kV的高压绝缘导线,导线连接应牢固,防护措施应完好;高压绝缘导线与附着物表面的距离不应小于20mm。

检查数量:全数检查。

检查方法:观察检查并用尺量和手感检查。

(4)高压钠灯、金属卤化物灯安装应符合下列规定:

①光源及附件应与镇流器、触发器和限流器配套使用,触发器与灯具本体的距离应符合产品技术文件的要求。

②电源线应经接线柱连接,不应使电源线靠近灯具表面。

检查数量:按灯具型号各抽查10%,且均不得少于1套。

检查方法:观察检查并用尺量检查,核对产品技术文件。

(5)航空障碍标志灯安装应符合下列规定:

①灯具安装应牢固可靠,且应有维修和更换光源的措施。

②当灯具在烟囱顶上装设时,应安装在低于烟囱口1.5~3m的部位且应呈正三角形水平排列。

③对于安装在屋面接闪器保护范围以外的灯具,当需设置接闪器时,其接闪器应与屋面接闪器可靠连接。

检查数量:全数检查。

检查方法:观察检查,查阅隐蔽工程检查记录。

(6)太阳能灯具安装应符合下列规定:

①太阳能灯具与基础固定应可靠,地脚螺栓有防松措施,灯具接线盒盖的防水密封垫应齐全、完整。

②灯具表面应平整光洁、色泽均匀,不应有明显的裂纹、划痕、缺损、锈蚀及变形等缺陷。

检查数量:按灯具数量抽查10%,且不得少于1套。

检查方法:观察检查和手感检查。

(7)洁净场所灯具嵌入安装时,灯具与顶棚之间的间隙应用密封胶条和衬垫密封,密封胶条和衬垫应平整,不得扭曲、折叠。

检查数量:按灯具数量抽查10%,且不得少于1套。

检查方法:观察检查。

6.4.9 开关、插座、风扇安装

1)强制性条文

插座接线应符合下列规定:

①对于单相两孔插座,面对插座的右孔或上孔应与相线连接,左孔或下孔应与中性导体(N)连接;对于单相三孔插座,面对插座的右孔应与相结连接,左孔应与中性导体(N)连接。

②单相三孔、三相四孔及三相五孔插座的保护接地导体(PE)应接在上孔;插座的保护接地导体端孔不得与中性导体端孔连接;同一场所的三相插座,其接线的相序应一致。

③保护接地导体(PE)在插座之间不得串联连接。

④相线与中性导体(N)不应利用插座本体的接线端子转接供电。

检查数量:按每检验批的插座型号各抽查5%,且均不得少于1套。

检查方法:观察检查并用专用测试工具检查。

2)质量验收标准及检验方法(主控项目)

(1)当交流、直流或不同电压等级的插座安装在同一场所时,应有明显的区别,插座不得互换;配套的插头应按交流、直流或不同电压等级区别使用。

检查数量:按每检验批的插座数量抽查20%,且不得少于1个。

检查方法:观察检查并用插头进行试插检查。

(2)不间断电源插座及应急电源插座应设置标识。

检查数量:按插座总数抽查10%,且不得少于1套。

检查方法:观察检查。

(3)照明开关安装应符合下列规定:

①同一建(构)筑物的开关宜采用同一系列的产品,单控开关的通断位置应一致,且应操作灵活、接触可靠。

②相线应经开关控制。

③紫外线杀菌灯的开关应有明显标识,并应与普通照明开关的位置分开。

检查数量:第3款全数检查,第1款和第2款按每检验批的开关数量抽查5%,且按规格型号各不得少于1套。

检查方法:观察检查、用电笔测试检查和手动开启开关检查。

(4)温控器接线应正确,显示屏指示应正常,安装标高应符合设计要求。

检查数量:按每检验批的数量抽查10%,且不得少于1套。

检查方法:观察检查。

6.4.10　建筑照明通电试运行

1)强制性条文

照度和功率密度值测量如下:

(1)当有照度和功率密度测试要求时,应在无外界光源的情况下,测量并记录被检测区域内的平均照度和功率密度值,每种功能区域检测不少于2处。

(2)照度值不得小于设计值。

(3)功率密度值应符合现行国家标准《建筑照明设计标准》(GB 50034—2013)的规定或设计要求。

2)质量验收标准及检验方法(主控项目)

(1)灯具回路控制应符合设计要求,且应与照明控制柜、箱(盘)及回路的标识一致;

开关宜与灯具控制顺序相对应,风扇的转向及调速开关应正常。

检查数量:按每检验批的末级照明配电箱数量抽查20%,且不得少于1台配电箱及相应回路。

检查方法:核对技术文件,观察检查并操作检查。

(2)公共建筑照明系统通电连续试运行时间应为24h,住宅照明系统通电连续试运行时间应为8h。所有照明灯具均应同时开启,且应每2h按回路记录运行参数,连续试运行时间内应无故障。

检查数量:按每检验批的末级照明配电箱总数抽查5%,且不得少于1台配电箱及相应回路。

检查方法:试验运行时观察检查或查阅建筑照明通电试运行记录。

(3)对设计有照度测试要求的场所,试运行时应检测照度,并应符合设计要求。

检查数量:全数检查。

检查方法:用照度测试仪测试,并查阅照度测试记录。

6.5 备用和不间断电源安装

6.5.1 成套配电柜、控制柜(屏、台)和动力、照明配电箱(盘)安装

同6.1.1。

6.5.2 柴油发电机组安装

1)强制性条文

关于柴油发电机组安装施工暂无强制性标准要求。

2)质量验收标准及检验方法(主控项目)

(1)发电机的试验应符合《建筑电气工程质量验收规范》(GB 50303—2015)附录B的规定。

检查数量:全数检查。

检查方法:试验时观察检查并查阅发电机交接试验记录。

(2)对于发电机组至配电柜供电线路的相间、相对地间的绝缘电阻值,低压供电线路不应小于0.5MΩ,高压供电线路不应小于1MΩ/kV;绝缘电缆供电线路直流耐压试验应符合现行国家标准《电气装置安装工程电气设备交接试验标准》(GB 50150—2016)的规定。

检查数量:全数检查。

检查方法:用绝缘电阻测试仪测试检查,试验时观察检查并查阅测试、试验记录。

(3)柴油发电机馈电线路连接后,两端的相序应与原供电系统的相序一致。

检查数量:全数检查。

检查方法:核相时观察检查并查阅核相记录。

(4)当柴油发电机并列运行时,应保证其电压、频率和相位一致。

检查数量:全数检查。

检查方法:观察检查并查阅运行记录。

(5)发电机的中性点接地连接方式及接地电阻值应符合设计要求,接地螺栓防松零件齐全,且有标识。

检查数量:全数检查。

检查方法:观察检查并用接地电阻测试仪测试。

(6)发电机本体和机械部分的外露可导电部分应分别与保护导体可靠连接,并应有标识。

检查数量:全数检查。

检查方法:观察检查。

(7)燃油系统的设备及管道的防静电接地应符合设计要求。

检查数量:全数检查。

检查方法:观察检查。

6.5.3 不间断电源的其他功能单元安装

1)强制性条文

关于不间断电源的其他功能单元安装施工暂无强制性标准要求。

2)质量验收标准及检验方法(主控项目)

(1)不间断电源UPS及EPS的整流、逆变、静态开关、储能电池或蓄电池组的规格、型号应符合设计要求。内部接线应正确、可靠不松动,紧固件应齐全。

检查数量:全数检查。

检查方法:核对设计图并观察检查。

(2)不间断电源UPS及EPS的极性应正确,输入、输出各级保护系统的动作和输出的电压稳定性、波形畸变系数及频率、相位、静态开关的动作等各项技术性能指标试验调整应符合产品技术文件要求,当以现场的最终试验替代出厂试验时,应根据产品技术文件进行试验调整,且应符合设计文件要求。

检查数量:全数检查。

检查方法:试验调整时观察检查并查阅设计文件和产品技术文件及试验调整记录。

(3)EPS应按设计或产品技术文件的要求进行下列检查:

①核对初装容量,并应符合设计要求。

②核对输入回路断路器的过载和短路电流整定值,并应符合设计要求。

③核对各输出回路的负荷量,且不应超过 EPS 的额定最大输出功率。

④核对蓄电池备用时间及应急电源装置的允许过载能力,并应符合设计要求。

⑤当对电池性能、极性及电源转换时间有异议时,应由制造商负责现场测试,并应符合设计要求。

⑥控制回路的动作试验,并应配合消防联动试验合格。

检查数量:全数检查。

检查方法:按设计或产品技术文件核对相关技术参数,查阅相关试验记录。

(4)UPS 及 EPS 的绝缘电阻值应符合下列规定:

①UPS 的输入端、输出端对地间绝缘电阻值不应小于 2MΩ。

②UPS 及 EPS 连线及出线的线间、线对地间绝缘电阻值不应小于 0.5MΩ。

检查数量:第 1 款全数检查;第 2 款按回路数各抽查 20%,且各不得少于 1 个回路。

检查方法:用绝缘电阻测试仪测试并查阅绝缘电阻测试记录。

(5)UPS 输出端的系统接地连接方式应符合设计要求。

检查数量:全数检查。

检查方法:按设计图核对检查。

6.5.4 母槽线安装

1)强制性条文

关于母槽线安装的强制性标准有《建筑电气工程质量验收规范》(GB 50303—2015)。

母线槽的金属外壳等外露可导电部分应与保护导体可靠连接,并应符合下列规定:

①每段母线槽的金属外壳间应连接可靠,且母线槽全长与保护导体可靠连接不应少于 2 处。

②分支母线槽的金属外壳末端应与保护导体可靠连接。

③连接导体的材质、截面积应符合设计要求。

检查数量:全数检查。

检查方法:观察检查并用尺量检查。

2)质量验收标准及检验方法(主控项目)

同 6.2.2。

6.5.5 导管敷设

同 6.1.3。

6.5.6 管内穿线和槽盒内敷线

同6.1.5。

6.5.7 电缆头制作、导线连接和线路绝缘测试

同6.1.6。

6.5.8 接地装置安装

同6.1.9。

6.6 防雷及接地安装

6.6.1 接地装置安装

同6.1.9。

6.6.2 防雷引下线及接闪器安装

1)强制性条文

接闪器与防雷引下线必须采用焊接或卡接器连接,防雷引下线与接地装置必须采用焊接或螺栓连接。

检查数量:全数检查。

检查方法:观察检查,并采用专用工具拧紧检查。

2)质量验收标准及检验方法(主控项目)

(1)防雷引下线的布置、安装数量和连接方式应符合设计要求。

检查数量:明敷的引下线全数检查,利用建筑结构内钢筋敷设的引下线或抹灰层内的引下线按总数量各抽查5%,且均不得少于2处。

检查方法:明敷的观察检查,暗敷的施工中观察检查并查阅隐蔽工程检查记录。

(2)接闪器的布置、规格及数量应符合设计要求。

检查数量:全数检查。

检查方法:观察检查并用尺量检查,核对设计文件。

(3)当利用建筑物金属屋面或屋顶上旗杆、栏杆、装饰物、铁塔、女儿墙上的盖板等永久性金属物做接闪器时,其材质及截面应符合设计要求,建筑物金属屋面板间的连接、永久性金属物各部件之间的连接应可靠、持久。

检查数量:全数检查。

检查方法:观察检查,核查材质产品质量证明文件和材料进场验收记录,并核对设计文件。

6.6.3 建筑物等电装位连接

1)强制性条文

关于建筑物等电装位连接施工暂无强制性标准要求。

2)质量验收标准及检验方法(主控项目)

(1)建筑物等电位联结的范围、形式、方法、部位及联结导体的材料和截面积应符合设计要求。

检查数量:全数检查。

检查方法:施工中核对设计文件观察检查并查阅隐蔽工程检查记录,核查产品质量证明文件、材料进场验收记录。

(2)需做等电位联结的外露可导电部分或外界可导电部分的连接应可靠。采用焊接时,应符合《建筑电气工程质量验收规范》(GB 50303—2015)第22.2.2条的规定;采用螺栓连接时,应符合《建筑电气工程质量验收规范》(GB 50303—2015)第23.2.1条第2款的规定,其螺栓、垫圈、螺母等应为热镀锌制品,且应连接牢固。

检查数量:按总数抽查10%,且不得少于1处。

检查方法:观察检查。

6.6.4 浪涌保护器安装

1)强制性条文

关于浪涌保护器安装施工暂无强制性标准要求。

2)质量验收标准及检验方法(主控项目)

(1)应将被保护导线和没被保护的导线分开,并与接地线分开。同时,为了避免动力电缆和通信电缆之间的瞬态正交耦合,应进行必要的测量。

(2)SPD接地线径选择

数据线:要求大于$2.5mm^2$;当长度超过0.5米时要求大于$4mm^2$。

电源线:相线截面积$S\leqslant 16mm^2$时,地线用S;相线截面积$16mm^2\leqslant S\leqslant 35mm^2$时,地线用$16mm^2$;相线截面积$S\geqslant 35mm^2$时,地线要求$S/2$。

(3)浪涌保护器的主要参数

①标称电压U_n:被保护系统的额定电压相符,在信息技术系统中此参数表明了应该选用的保护器的类型,它标出交流或直流电压的有效值。

②额定电压U_c:能长久施加在保护器的指定端,而不引起保护器特性变化和激活保护元件的最大电压有效值。

③额定放电电流I_{sn}:给保护器施加波形为8/20μs的标准雷电波冲击10次时,保护器所耐受的最大冲击电流峰值。

④最大放电电流 I_{max}：给保护器施加波形为8/20μs的标准雷电波冲击1次时，保护器所耐受的最大冲击电流峰值。

⑤电压保护级别 U_p：保护器在下列测试中的最大值：1kV/μs斜率的跳火电压；额定放电电流的残压。

⑥响应时间 t_A：主要反映在保护器里的特殊保护元件的动作灵敏度、击穿时间，在一定时间内变化取决于 du/dt 或 di/dt 的斜率。

⑦数据传输速率 V_s：表示在一秒内传输多少比特值，单位：bps；是数据传输系统中正确选用防雷器的参考值，防雷保护器的数据传输速率取决于系统的传输方式。

⑧插入损耗 A_e：在给定频率下保护器插入前和插入后的电压比率。

⑨回波损耗 A_r：表示前沿波在保护设备（反射点）被反射的比例，是直接衡量保护设备同系统阻抗是否兼容的参数。

⑩最大纵向放电电流：指每线对地施加波形为8/20μs的标准雷电波冲击1次时，保护器所耐受的最大冲击电流峰值。

⑪最大横向放电电流：指线与线之间施加波形为8/20μs的标准雷电波冲击1次时，保护器所耐受的最大冲击电流峰值。

⑫在线阻抗：指在标称电压 U_n 下流经保护器的回路阻抗和感抗的和。通常称为“系统阻抗”。

⑬峰值放电电流：分两种：额定放电电流 I_{sn} 和最大放电电流 I_{max}。

⑭漏电流：指在75或80标称电压 U_n 下流经保护器的直流电流。

第7章　节　　能

关于节能施工的强制性标准有《建筑节能工程施工质量验收规范》(GB 50411—2007)《智能建筑工程质量验收规范》(GB 50339—2016)《建筑电气工程施工质量验收规范》(GB 50303—2015)《地面辐射供暖技术规程》(JGJ 142—2004)

7.1　墙体节能

1)工艺流程

墙体节能工艺流程如图7-1所示。

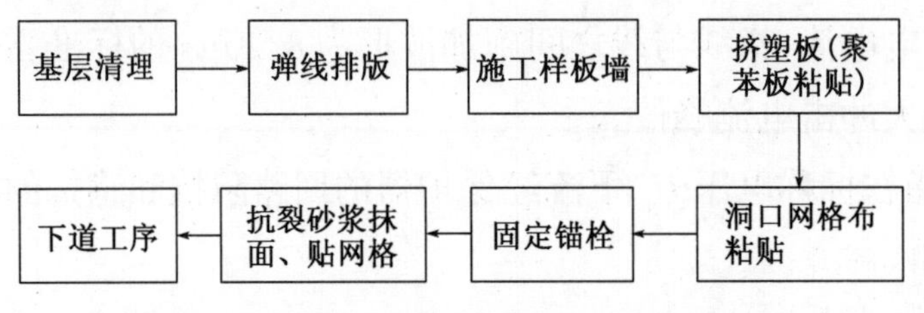

图7-1　墙体节能工艺流程

2)作业要点及标准做法

(1)采用的板材、浆料、块材等保温隔热材料或构件,其规格、性能必须符合节能设计要求及相关标准的规定。

(2)构造合理,特殊部位的措施到位。

(3)外墙热桥部位应按设计要求采取隔断热桥和保温措施。

(4)窗口外侧四周墙面应按设计要求进行保温处理。

(5)机械固定系统的金属锚固件、网片和承托架等,应满足防锈要求。

(6)外墙采用内保温构造时,应按设计要求采取可靠的防潮、防结露措施,热桥部位宜有保温或“断桥”措施。

(7)设计变更不得降低保温隔热墙体的热工性能。

(8)外保温工程应在外墙基层的质量检验合格后方可施工,施工前,应装好门窗框或附框、阳台栏杆和预埋件等,并将墙上的施工孔洞堵塞密实。

(9)聚苯板胶黏剂和抹面砂浆应按配合比要求严格计量,机械搅拌超过可操作时间后严禁使用。

(10)粘贴聚苯板时,基面平整度 <5mm 时宜采用条粘法, >5mm 时宜采用点框法;

当设计饰面为涂料时，黏结面积率不小于40%；设计饰面为面砖时黏结面积率不小于50%；聚苯板应错缝粘贴，板缝拼严。对于XPS板宜采用配套界面剂涂刷后使用。

(11)锚固件数量：当采用涂料饰面时，墙体高度在20～50m时，不宜少于4个/m^2，50m以上时不宜少于6个/m^2；当采用面砖饰面时不宜小于6个/m^2。锚固件安装应在聚苯板粘贴24h后进行，涂料饰面外保温系统安装时锚固件盘片压住聚苯板，面砖饰面盘片压住抹面层的增强网。

(12)增强网：涂料饰面时应采用耐碱玻纤网，面砖饰面时宜采用石热镀锌钢丝网；施工时增强网应绷紧绷平，搭接长度玻纤网不少于70mm，钢丝网不少于50mm，且保证两个完整网格的搭接。

3)质量验收标准及检验方法

(1)主控项目

①用于墙体节能工程的材料、构件等，其品种、规格应符合设计要求和相关标准的规定。

检验方法：观察、尺量检查；核查质量证明文件。

检查数量：按进场批次，每批随机抽取3个试样进行检查；质量证明文件应按照其出厂检验批进行核查。

②墙体节能工程使用的保温隔热材料，其导热系数、密度、抗压强度或压缩强度、燃烧性能应符合设计要求。

检验方法：核查质量证明文件及进场复验报告。

检查数量：全数检查。

③墙体节能工程的施工，应符合下列规定：

a.保温隔热材料的厚度必须符合设计要求。

b.保温板材与基层及各构造层之间的黏结或连接必须牢固。黏结强度和连接方式应符合设计要求。保温板材与基层的黏结强度应做现场拉拔试验。

c.保温浆料应分层施工。当采用保温浆料做外保温时，保温层与基层之间及各层之间的黏结必须牢固，不应脱层、空鼓和开裂。

d.当墙体节能工程的保温层采用预埋或后置锚固件固定时，锚固件数量、位置、锚固深度和拉拢力应符合设计要求。后置锚固件应进行锚固力现场拉拔试验。

检验方法：观察；手扳检查；保温材料厚度采用钢针插入或剖开尺量检查；黏结强度和锚固力核查试验报告；核查隐蔽工程验收记录。

检查数量：每个检验批抽查不少于3处。

e.严寒和寒冷地区外墙热桥部位，应按设计要求采取节能保温等隔断热桥措施。

检验方法：对照设计和施工方案观察检查；核查隐蔽工程验收记录。

检查数量:按不同热桥种类,每种抽查20%,并不少于5处。

(2)一般项目

①当采用加强网作为防止开裂的措施时,加强网的铺贴和搭接应符合设计和施工方案的要求。砂浆抹压应密实,不得空鼓,加强网不得皱褶、外露。

检验方法:观察检查;核查隐蔽工程验收记录。

检查数量:每个检验批抽查不少于5处,每处不少于$2m^2$。

②墙体上容易碰撞的阳角、门窗洞口及不同材料基体的交接处等特殊部位,其保温层应采取防止开裂和破损的加强措施。

检验方法:观察检查;核查隐蔽工程验收记录。

检查数量:按不同部位,每类抽查10%,并不少于5处。

7.2 幕墙节能

1)工艺流程

幕墙节能工艺流程如图7-2所示。

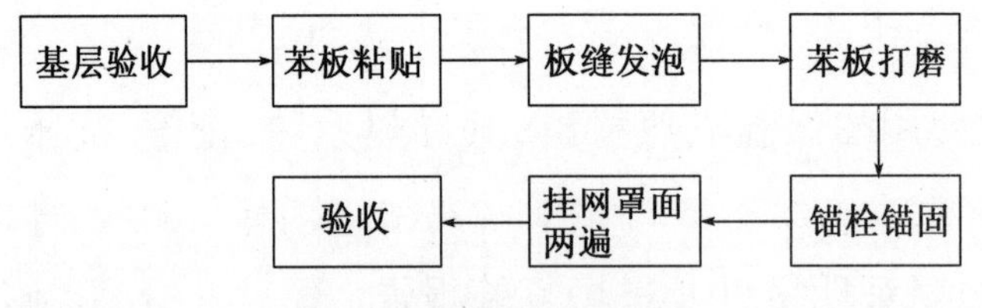

图7-2 幕墙节能工艺流程

2)作业要点及标准做法

(1)幕墙周边与墙体缝隙的密封,幕墙周边与墙体缝隙处、幕墙的构造缝、沉降缝、热桥部位、断热节点等部位,必须按设计要求处理好。

(2)其他通气槽孔及雨水排出口等应按设计要求施工,不得遗漏。

(3)单元式幕墙板块间的接缝构造及单元式幕墙板块间缝隙的密封非常重要,应做好防空气渗漏和雨水渗漏的措施。

(4)封品应按设计要求进行封团处理。

(5)幕墙的通风换气装置,必须按设计要求安装。

(6)附着于主体结构上的隔汽层、保温层应在主体结构工程质量验收合格后施工。施工过程中应及时进行质量检查、隐蔽工程验收和检验批验收,施工完成后应进行幕墙节能分项工程验收。

(7)当幕墙节能工程采用隔热型材时,隔热型材生产厂家应提供型材所使用的隔热材料的力学性能和热变形性能试验报告。

(8)幕墙节能工程施工中应对下列部位或项目进行隐蔽工程验收,并应有详细的文字记录和必要的图像资料：

①被封闭的保温材料厚度和保温材料的固定。

②幕墙周边与墙体的接缝处保温材料的填充。

③构造缝、结构缝。

④隔汽层。

⑤热桥部位、断热节点。

⑥单元式幕墙板块间的接缝构造。

⑦冷凝水收集和排放构造。

⑧幕墙的通风换气装置。

(9)幕墙节能工程使用的保温材料在安装过程中应采取防潮、防水等保护措施。

(10)幕墙节能工程检验批划分，可按照《建筑装饰装修工程质量验收规范》(GB 50210—2001)的规定执行。

3)质量验收标准及检验方法

(1)主控项目

①用于幕墙节能工程的材料、构件等，其品种、规格应符合设计要求和相关标准的规定。

检验方法：观察、尺量检查；核查质量证明文件。

检查数量：按进场批次，每批随机抽取3个试样进行检查；质量证明文件应按照其出厂检验批进行核查。

②幕墙节能工程使用的保温隔热材料，其导热系数、密度、燃烧性能应符合设计要求。幕墙玻璃的传热系数、遮阳系数、可见光透射比、中空玻璃露点应符合设计要求。

检验方法：核查质量证明文件和复验报告。

检查数量：全数核查。

③幕墙的气密性能应符合设计规定的等级要求。当幕墙面积大于3000m^2或建筑外墙面积50%时，应现场抽取材料和配件，在检测试验室安装制作试件进行气密性能检测，检测结果应符合设计规定的等级要求。密封条应镶嵌牢固、位置正确、对接严密。单元幕墙板块之间的密封应符合设计要求。开启扇应关闭严密。

检验方法：观察及启闭检查；核查隐蔽工程验收记录、幕墙气密性能检测报告、见证记录。

(2)一般项目

①墙板块组装应符合下列要求：

a. 密封条：规格正确，长度无负偏差，接缝的搭接符合设计要求。

b. 保温材料：固定牢固，厚度符合设计要求。

c. 隔汽层:密封完整、严密。

d. 冷凝水排水系统通畅,无渗漏。

检验方法:观察检查;手扳检查;尺量;通水试验。

检查数量:每个检验批抽查10%,并不少于5件(处)。

②伸缩缝、沉降缝、抗震缝的保温或密封做法应符合设计要求。

检验方法:对照设计文件观察检查。

检查数量:每个检验批抽查10%,并不少于10件(处)。

7.3 门窗节能

1)工艺流程

门窗工艺流程如图7-3所示。

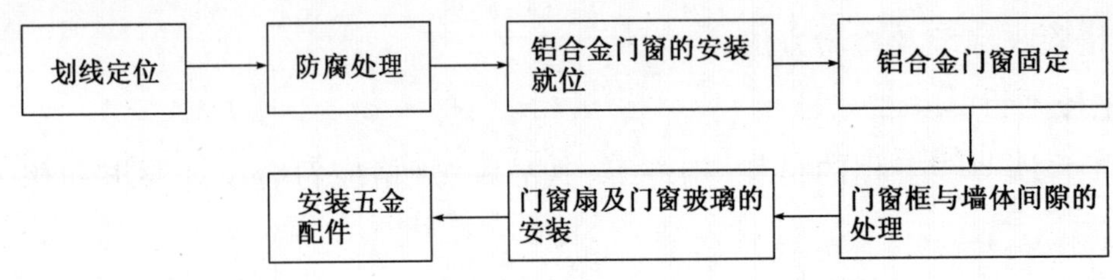

图7-3 门窗工艺流程

2)作业要点及标准做法

(1)建筑门窗进场后,应对其外观、品种、规格及附件等进行检查验收,对质量证明文件进行核查。

(2)建筑外门窗工程施工中,应对门窗框与墙体接缝处的保温填充做法进行隐蔽工程验收,并应有隐蔽工程验收记录和必要的图像资料。

(3)定位划线

①根据设计图纸中门窗的安装位置、尺寸和标高,依据门窗中线向两边量出门窗边线。若为多层或高层建筑时,以顶层门窗边线为准,用线坠或经纬仪将门窗边线下引,并在各层门窗口处划线标记,对个别不直的口边应剔凿处理。

②门窗的水平位置应以楼层室内+50cm的水平线为准向上反量出窗下皮标高,弹线找直。每一层必须保持窗下皮标高一致。

(4)防腐处理

①门窗框四周外表面的防腐处理设计有要求时,按设计要求处理。如果设计没有要求时,可涂刷防腐涂料或粘贴塑料薄膜进行保护,以免水泥砂浆直接与铝合金门窗表面接触,产生电化学反应,腐蚀铝合金门窗。

②安装铝合金门窗时,如果采用连接铁件固定,则连接铁件,固定件等安装用金属零件最好用不锈钢件。否则必须进行防腐处理,以免产生电化学反应,腐蚀铝合金门窗。

(5)铝合金门窗的安装就位根据划好的门窗定位线,安装铝合金门窗框。并及时调整好门窗框的水平、垂直及对角线长度等符合质量标准,之后用木楔临时固定。

(6)铝合金门窗的固定

①当墙体上预埋有铁件时,可直接把铝合金门窗的铁脚直接与墙体上的预埋铁件焊牢,焊接处需做防锈处理。

②当墙体上没有预埋铁件时,可用金属膨胀螺栓或塑料膨胀螺栓将铝合金门窗的铁脚固定到墙上。

③当墙体上没有预埋铁件时,也可用电钻在墙上打80mm深、直径为6mm的孔,用L型80mm×50mm的6mm钢筋。在长的一端粘涂108胶水泥浆,之后打入孔中。待108胶水泥浆终凝后,再将铝合金门窗的铁脚与埋置的6mm钢筋焊牢。

(7)门窗框与墙体间缝隙间的处理

①铝合金门窗安装固定后,应先进行隐蔽工程验收,合格后及时按设计要求处理门窗框与墙体之间的缝隙。

②如果设计未要求时,可采用弹性保温材料或玻璃棉毡条分层填塞缝隙,外表面留5~8mm深槽口填嵌密封胶。

(8)门窗扇及门窗玻璃的安装

①门窗扇和门窗玻璃应在洞口墙体表面装饰完工验收后安装。

②推拉门窗在门窗框安装固定后,将配好玻璃的门窗扇整体安入框内滑槽,调整好与扇的缝隙即可。

③平开门窗在框与扇格架组装上墙、安装固定好后再安玻璃,即先调整好框与扇的缝隙,再将玻璃安入扇并调整好位置,最后镶嵌密封条及密封胶。

④地弹簧门应在门框及地弹簧主机入地安装固定后再安门扇。先将玻璃嵌入门扇格架并一起入框就位,调整好框扇缝隙,最后填嵌门扇玻璃的密封条及密封胶。

(9)安装五金配件

五金配件与门窗连接用镀锌螺钉。安装的五金配件应结实牢固,使用灵活。

3)质量验收标准及检验方法

(1)主控项目

①建筑外门窗的品种、规格应符合设计要求和相关标准的规定。

检验方法:观察、尺量检查;核查质量证明文件。

检查数量:按《建筑节能工程施工质量验收规范》(GB 50411—2007)第6.1.5条执

行;质量证明文件应按照其出厂检验批进行核查。

②建筑外窗的气密性、保温性能、中空玻璃露点、玻璃遮阳系数和可见光透射比应符合设计要求。

检验方法:核查质量证明文件和复验报告。

检查数量:全数核查。

(2)一般项目

①门窗扇密封条和玻璃镶嵌的密封条,其物理性能应符合相关标准的规定。密封条安装位置应正确,镶嵌牢固,不得脱槽,接头处不得开裂。关闭门窗时密封条应接触严密。

检验方法:观察检查。

检查数量:全数检查。

②门窗镀(贴)膜玻璃的安装方向应正确,中空玻璃的均压管应密封处理。

检验方法:观察检查。

检查数量:全数检查。

③外门窗遮阳设施调节应灵活,能调节到位。

检验方法:现场调节试验检查。

检查数量:全数检查。

隔热铝合金型材多腔密封窗安装的质量验收标准如表7-1所示。

表7-1 隔热铝合金型材多腔密封窗安装和允许偏差和检验方法

项次	项目		允许偏差(mm)	检验方法
1	门窗槽口宽度、高度	≤1500mm	1.5	用钢尺检查
		>1500mm	2	
2	门窗槽口对角线长度差	≤2000mm	3	用钢尺检查
		>2000mm	4	
3	门窗框的正、侧面垂直度		2.5	用垂直检测尺检查
4	门窗横框的水平度		2	用1m水平尺和塞尺检查
5	门窗横标高		5	用钢尺检查
6	门窗竖向偏离中心		5	用钢尺检查

7.4 屋面节能

1)工艺流程

屋面节能工艺流程如图7-4所示。

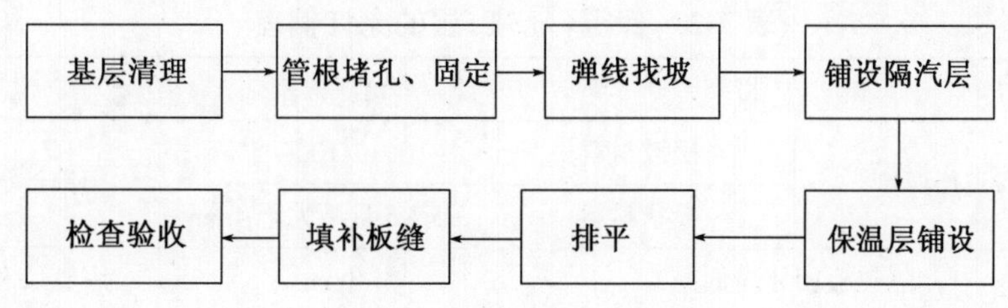

图7-4　屋面节能工艺流程

2)作业要点及标准做法

(1)保温材料的强度、表观密度、导热系数和含水率及配合比,必须符合设计要求和施工规范的规定。

(2)松散的保温材料,分层铺设,压实适当,表面平整,找坡正确。

(3)板状保温材料,应紧贴基层,铺平垫稳,找坡正确,上下层错缝并嵌填密实。

(4)所用材料的密度(kg/m^3)、含水率、导热系数等技术性能必须符合规定的要求,应有质量证明文件。

(5)铺设保温材料的基层施工完成后,将基层表面清除干净,并使之平整、干燥,经检查验收合格后,方可进行下道工序。

(6)有隔汽层要求的屋面,应先将基层清扫干净,按设计要求和施工规范规定,铺设隔汽层。

(7)铺设隔汽层的基层表面,应干燥、平整,不得有松散、开裂、起鼓等缺陷。

(8)穿过屋面和墙面等结构层的管根部位,应用细石混凝土填塞密实,将管根固定。

(9)保温材料的运输、存放应注意防潮,防止损伤和污染,雨季应采取遮盖措施,防止水浸或雨淋。严禁在雨天、雪天进行保温层施工。

(10)应按设计要求或规范规定铺好油毡隔汽层。

(11)松散保温材料主要有膨胀珍珠岩、膨胀蛭石、工业炉渣等,水泥焦渣要加水预焖。

(12)松散保温材料应分层铺设、并进行适当压实。每层铺设的厚度不大于150mm,其压实的程度及厚度应经试验确定,完工后保温层的允许偏差为$+10\%\delta$或$-5\%\delta$(δ指保温层厚度)。

(13)铺设松散保温材料前,应根据设计要求的厚度拉线找出泛水坡;铺设顺序应从一端开始退着向另一端进行,要振捣密实,表面用木杆刮平,用木抹子粗抹一遍。

(14)干铺加气混凝土板或聚苯板块等保温材料,应先将接触面清扫干净,板块应铺平垫稳;分层铺设的板块,其上下两层的接缝应错开;各层板间的缝隙,应用同类材料的碎屑嵌填密实,表面应与相邻两板的高度一致。

(15)允许偏差项目见表7-2。

表 7-2　保温(隔热)层的允许偏差

项　次	项　目		允许偏差	检 验 方 法
1	保温层厚度	松散材料	$+10\%\delta/100-5\%\delta$	用钢针插入和尺量检查
		板状材料	$\pm5\%\delta$ 且不大于 4mm	
2	隔热板相邻高低差		3mm	用直尺和楔形塞尺检查

(16)油毡隔汽层铺设前,应将基层表面的砂粒硬块等杂物清扫干净,防止铺贴时损伤油毡。

(17)在已铺好的松散、板状或整体保温层上不得直接行走、运输小车,行走路线应铺垫脚手板。

(18)保温层施工完成后,应及时铺抹水泥砂浆找平层,以减少受潮和进水,尤其在雨期施工,更要及时采取措施。

(19)屋面保温隔热工程的施工,应在基层质量验收合格后进行。施工过程中应及时进行质量检查、隐蔽工程验收和检验批验收,施工完成后应进行屋面节能分项工程验收。

(20)屋面保温隔热工程应对下列部位进行隐蔽工程验收,并应有详细的文字记录和必要的图像资料:

①基层。

②保温层的敷设方式、厚度;板材缝隙填充质量。

③屋面热桥部位。

④隔汽层。

(21)屋面保温隔热层施工完成后,应及时进行找平层和防水层的施工,避免保温隔热层受潮、浸泡或受损。

3)质量验收标准及检验方法

(1)主控项目

①用于屋面节能工程的保温隔热材料,其品种、规格应符合设计要求和相关标准的规定。

检验方法:观察、尺量检查;核查质量证明文件。

检查数量:按进场批次,每批随机抽取 3 个试样进行检查;质量证明文件应按照其出厂检验批进行核查。

②屋面节能工程使用的保温隔热材料,其导热系数、密度、抗压强度或压缩强度、燃烧性能应符合设计要求。

检验方法:核查质量证明文件及进场复验报告。

检查数量:全数检查。

③屋面节能工程使用的保温隔热材料,进场时应对其导热系数、密度、抗压强度或压

缩强度、燃烧性能进行复验,复验应为见证取样送检。

检验方法:随机抽样送检,核查复验报告。

检查数量:同一厂家同一品种的产品各抽查不少于3组。

④屋面保温隔热层的敷设方式、厚度、缝隙填充质量及屋面热桥部位的保温隔热做法,必须符合设计要求和有关标准的规定。

检验方法:观察、尺量检查。

检查数量:每100m^2抽查一处,每处10m^2,整个屋面抽查不得少于3处。

⑤屋面的通风隔热架空层,其架空高度、安装方式、通风口位置及尺寸应符合设计及有关标准要求。架空层内不得有杂物。架空面层应完整,不得有断裂和露筋等缺陷。

检验方法:观察、尺量检查。

检查数量:每100m^2抽查一处,每处10m^2,整个屋面抽查不得少于3处。

(2)一般项目

①屋面保温隔热层应按施工方案施工,并应符合下列规定:

a. 松散材料应分层敷设、按要求压实、表面平整、坡向正确。

b. 现场采用喷、浇、抹等工艺施工的保温层,其配合比应计量准确,搅拌均匀、分层连续施工,表面平整,坡向正确。

②板材应粘贴牢固、缝隙严密、平整。

检验方法:观察、尺量、称重检查。

检查数量:每100m^2抽查一处,每处10m^2,整个屋面抽查不得少于3处。

③金属板保温夹芯屋面应铺装牢固、接口严密、表面洁净、坡向正确。

检验方法:观察、尺量检查;核查隐蔽工程验收记录。

检查数量:全数检查。

④坡屋面、内架空屋面当采用敷设于屋面内侧的保温材料做保温隔热层时,保温隔热层应有防潮措施,其表面应有保护层,保护层的做法应符合设计要求。

检验方法:观察检查;核查隐蔽工程验收记录。

检查数量:每100m^2抽查一处,每处10m^2,整个屋面抽查不得少于3处。

7.5　地 面 节 能

1)工艺流程

地面节能工艺流程如图7-5所示。

2)作业要点及标准做法

(1)地面节能工程施工前,应对基层进行处理,全数对照设计和施工方案观察检查,使其达到设计和施工方案的要求。

(2)地面保温层、隔离层、保护层等各层的设置和构造做法以及保温层的厚度全数对照设计和施工方案观察检查和尺量检查,应符合设计要求,并应按施工方案施工。

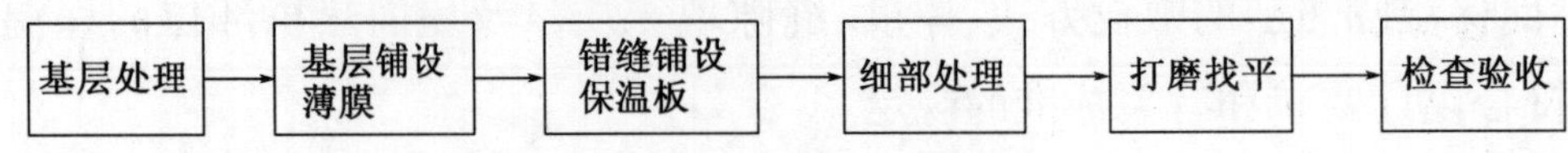

图 7-5　地面节能工艺流程

(3)地面节能工程的施工质量应符合下列规定:

①保温板与基体之间、各构造层之间的黏结应牢固,缝隙应严密。

②保温浆料应分层施工。

③穿越地面直接接触室外空气的各种金属管道应按设计要求,采取隔断热桥的保温措施。

每个检验批抽查 2 处,每处 $10m^2$,穿越地面的金属管道处全数观察检查,并核查隐蔽工程验收记录。

(4)有防水要求的地面

全数用长度 500mm 水平尺检查节能保温做法不得影响地面排水坡度,观察检查保温层面层不得渗漏。

(5)有采暖要求的地面

有采暖要求的地面全数对照设计观察检查,应符合设计要求。

(6)保温层的表面防潮层、保护层

全数观察检查,应符合设计要求。

(7)干铺玻璃布基铝箔贴面聚苯乙烯泡沫塑料保温材料,先将接触面清扫干净,板块应铺平垫稳,板之间的缝隙,应用同类材料的碎屑嵌填密实,表面应与相邻两板的高度一致。

(8)楼地面节能工程应对下列部位进行隐蔽工程验收,并应有详细的文字记录和必要的图像资料:

①基层。

②被封闭的保温材料厚度。

③保温材料黏结。

④隔断热桥部位。

3)质量验收标准及检验方法

(1)主控项目

①用于地面节能工程的保温材料,其品种、规格应符合设计要求和相关标准的规定。

检验方法:观察、尺量或称重检查;核查质量证明文件。

检查数量:按进场批次,每批随机抽取3个试样进行检查;质量证明文件应按照其出厂检验批进行核查。

②地面节能工程使用的保温材料,其导热系数、密度、抗压强度或压缩强度、燃烧性能应符合设计要求。

检验方法:核查质量证明文件和复验报告。

检查数量:全数核查。

③地面节能工程采用的保温材料,进场时应对其导热系数、密度、抗压强度或压缩强度、燃烧性能进行复验,复验应为见证取样送检。

检验方法:随机抽样送检,核查复验报告。

检查数量:同一厂家同一品种的产品各抽查不少于3组。

(2)一般项目

采用地面辐射采暖的工程,其地面节能做法应符合设计要求,并应符合《地面辐射供暖技术规程》(JGJ 142—2012)的规定。

检验方法:观察检查。

检查数量:全数检查。

7.6　采暖节能

1)工艺流程

采暖节能工艺流程如图7-6所示。

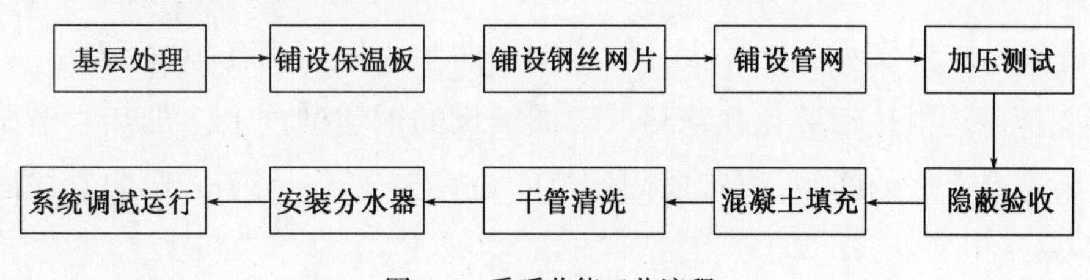

图7-6　采暖节能工艺流程

2)作业要点及标准做法

(1)采暖系统管道竖井施工:采暖系统管道竖井应保证留有保温施工安装及检修的空间。当竖井不能进入时,其中侧须设置能够开启的检修门或活动墙板。

(2)在采暖系统中,散热器的连接应尽量采用上进下出同侧连接方式,既节省管材、方便安装,散热效果也好。下进下出的连接方式散热效果较差,常用于单管水平串联系统中。而下进上出的连接方式散热效果最差,一般不宜采用。

(3)基层处理:基层表面应表面平整,不得有凹凸不平,墙根应清理干净,基层无浮灰、水泥渣。

(4)铺设保温层:在平整、干燥、无杂物的地面铺设3cm厚度聚苯乙烯。

泡沫塑料板,错缝排列铺设,相互间接合紧密,拼缝处采用塑料胶带将沫塑料板黏结连成整体,铺设平整度达到要求。

(5)保温带及伸缩缝的设置

①保温带的设置:在采暖房间的四周墙根均设保温带,保温带采用10mm厚聚苯乙烯泡沫塑料板设置。各房间门口处,边长≥6m或面积≥30m^2设置伸缩缝。

②伸缩缝的设置:伸缩缝中填充的材料用8mm的高发泡聚乙烯泡沫塑料。

(6)铺设无纺布铝箔膜:在铺设好的聚苯乙烯泡沫塑料板,上铺设0.2厚薄空铝聚酯膜满铺,接缝处搭接宽度80mm。

(7)铺设钢丝网片:在铺设好的薄空铝聚酯膜上铺设Φ3@50钢丝网片,网片铺设平整,接头处采用扎丝绑扎。

(8)铺设加热管(按照图纸或设计变更)

①铺设管道时,3人为一个班组,一人做"跑管"工作,即以手为工具,使整盘的管道沿弯曲方向打开,将管道弯曲时所出现的弯曲应力释放出来,以减少盘管弯曲应力造成已铺设的管道反弹、翘起。另一人为主要施工人员,负责对管道走向、长度、间距、位置,按图进行控制;第三个人为助手,负责固定管路,协助进行其他附件的安装。

②加热管切割:采用专用工具,切断的管口应平整,与管轴线垂直,如果不符合要求会影响管道的连接质量,造成渗漏或通过截面减小。

③铺设加热管时应做到自然释放,不允许出现扭曲现象,以免管道处于非正常受力状态,影响加热管的使用寿命。加热管安装施工时的环境温度与弯曲半径有关,弯曲半径过小,会造成机械损伤和弯处死折。管道的弯曲半径应控制在10~12D。

④固定塑料管:用扎带绑扎在绝热层表面铺设的钢丝网片上。加热管弯头两端应设固定卡;加热管固定点的间距,直管段固定点间距宜为0.5~0.7m,弯曲管段固定间距宜为0.2~0.3m。

⑤管道在分、集水器附近以及局部加热管排列比较密集的部位,当管间距小于100mm时,加热管外部加设PVC波纹套管。加热管出地面至分、集水器下部球阀接口之间的明装管段,外部加设PVC波纹套管,套管高出地面装饰面150~200mm。加热管出地面至分水器、集水器连接处,弯管部分不宜露出地面装饰层。

⑥管道在穿越房间中间设置的伸缩缝时,在管道外加设PVC波纹套管,套管超出伸缩缝不小于150mm。

(9)集、分水器安装(采用一体式集、分水器)

①根据图纸确定分、集水器位置,分、集水器中心距地面>300mm。

②分、集水器安装前,应经过打压试验,确保分、集水器自身无渗漏。

③根据确定尺寸，用 $\phi 8$ 金属膨胀螺栓进行固定，固定必须牢固。

④集水器与盘管相接必须用专用管件、专用的卡环、专用工具进行安装。与 PE—RT 塑料管接触的铜质卡环表面必须镀镍。

⑤安装集、分水器时，一般将分水器安装在上，集水器安装在下，分水器安装在集水器之上。

(10)加压测试

①经分、集水器缓慢注水，同时将管道内空气排出。

②采用手动试压泵缓慢升压，升压时间不得少于 15min。

③升压至设计规定的试验压力后(工作压力的 1.5 倍，且不小于 0.6MPa)，观察有无漏水现象。稳压 60min，观察其压力下降，若压降不大于 0.05MPa，则认为合格。

④在再填充层施工过程中管道的压力不得低于 0.6MPa，填充层施工后管道的压力不得低于 0.4MPa。

(11)隐蔽验收，进行隐蔽验收必须符合以下要求：

①绝热层的厚度、材料的物理性及铺设应符合设计要求。

②加热管的材料、规格及敷设间距、弯曲半径等应符合设计要求，并应可靠固定。填充层内加热管不应有接头。

③伸缩缝应按设计要求敷设完毕。

④加热管与分水器、集水器的连接处无渗漏。

(12)施工豆石混凝土填充层

①地埋盘管经中间验收尤其是水压试验合格、隐蔽验收合格后，方可进行豆石混凝土的施工。

②豆石混凝土施工过程中应保证地暖管水压力在 0.6MPa 状态下，豆石混凝土养护过程中应保证地暖管水压力不小于 0.4MPa。

③房间面积 $>30m^2$(或边长 $>6m$)和盘管穿越过门洞处、与墙、柱交接处，应设置 8～10mm 的膨胀缝，膨胀缝采用聚苯板。

④豆石混凝土强度等级为 C15，豆石粒径不大于 12mm。手工铺平、压实混凝土。人工找平，表面做拉毛面。

⑤豆石混凝土施工时，必须做好产品保护，严禁踩踏、重压已铺设好的管路，搞好养护工作。运送豆石混凝土的手推车必须在垫有板材的盘管上行驶(板材上不允许有钉子等尖锐物品)，确保盘管不受任何外力尤其是锐利的碰撞造成破坏。

⑥豆石混凝土施工时，环境温度不得低于 5℃，并保持大于 3 日。

(13)管道冲洗：管道冲洗应在分、集水器以外主供回水管道冲洗合格后，再进行室内供暖系统的冲洗。管道冲洗干净后与分、集水器连接。

(14)系统试压

①立(干)管集、分水器连接完成,混凝土填充层施工21d后,进行系统试压。

②系统试压为工作压力的1.5倍,且不小于0.6MPa,稳压60min,观察其压力下降,若压力下降不大于0.05MPa,则认为合格。

③在有冻结可能的情况下试压时,试压完后应及时将管道内的水吹干净。

(15)系统调试与运行

①地面供热系统未经调试,严禁运行。

②系统运行调试,应在具备正常供热的条件下进行,并且应有建设单位配合。

③供暖系统的初运行应在施工完毕的第一个采暖季前完成,且应在混凝土填充层养护期满后进行。

④系统供暖的试运行应在现浇层施工完成至少21d后进行。初次供暖时,热水升温应平缓,供水温度应控制在比当时环境温度高10℃左右且不超过25℃,在这个温度下连续运行48小时;以后每个24h水温升高3℃,直至达到设计供回水温度。在此温度下应对每组分、集水连接的加热管逐路进行调节,直至温度均匀达到设计要求。

(16)试热和调试合格后应由监理工程师组织施工单位等在"分项工程质量验收表"上签字。

3)质量验收标准及检验方法

(1)主控项目

①采暖系统节能工程采用的散热设备、阀门、仪表、管材、保温材料等产品进场时,应按设计要求对其类型、材质、规格及外观等进行验收,并应经监理工程师(建设单位代表)检查认可,且应形成相应的验收记录。各种产品和设备的质量证明文件和相关技术资料应齐全,并应符合国家现行有关标准和规定。

检验方法:观察检查;核查质量证明文件和相关技术资料。

检查数量:全数检查。

②采暖系统节能工程采用的散热器和保温材料等进场时,应对其下列技术性能参数进行复验,复验应为见证取样送检。

a.散热器的单位散热量、金属热强度。

b.保温材料的导热系数、密度、吸水率。

检验方法:现场随机抽样送检;核查复验报告。

检查数量:同一厂家同一规格的散热器按其数量的1%进行见证取样送检,但不得少于2组;同一厂家同材质的保温材料见证取样送检的次数不得少于2次。

③采暖系统的安装应符合下列规定:

a.采暖系统的制式,应符合设计要求。

b. 散热设备、阀门、过滤器、温度计及仪表应按设计要求安装齐全,不得随意增减和更换。

c. 室内温度调控装置、热计量装置、水力平衡装置以及热力入口装置的安装位置和方向应符合设计要求,并便于观察、操作和调试。

d. 温度调控装置和热计量装置安装后,采暖系统应能实现设计要求的分室(区)温度调控、分栋热计量和分户或分室(区)热量分摊的功能。

检验方法:观察检查。

检查数量:全数检查。

采暖系统安装完毕后,应在采暖期内与热源进行联合试运转和调试。联合试运转和调试结果应符合设计要求,采暖房间温度相对于设计计算温度不得低于2℃,且不高于1℃。

检验方法:检查室内采暖系统试运转和调试记录。

检查数量:全数检查。

(2)一般项目

采暖系统过滤器等配件的保温层应密实、无空隙,且不得影响其操作功能。

检验方法:观察检查。

检查数量:按类别数量抽查10%,且均不得少于2件。

7.7　通风与空气调节节能

1)工艺流程

通风与空调节能工艺流程如图7-7所示。

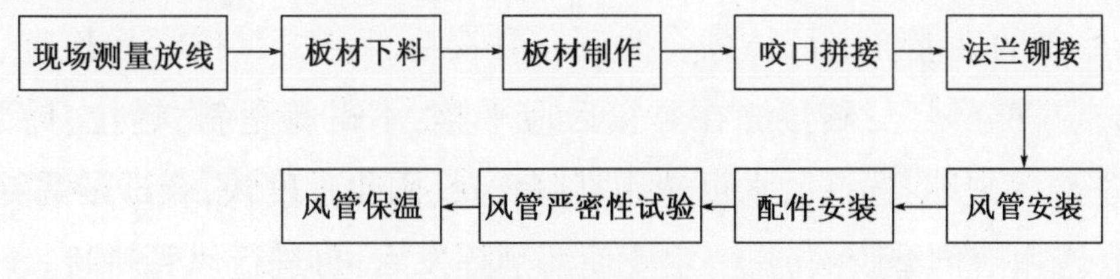

图7-7　通风与空调节能工艺流程

2)作业要点及标准做法

(1)通风与空调节能工程着重控制风机选择、安装;风管安装、检测和风管管道;空调冷媒管道及冷凝水管道保温三个方面。

(2)根据施工图要求,对所用末端设备的冷量、热量、风量、风压、功率及额定热回收效率进行比较,对应厂家设计的产品类型、材质、外观及技术参数、能耗比进行优化选择。

(3)通风机安装要领

①基础验收、放线:根据设计图纸和产品说明,对设备的坐标、标高和几何尺寸进行全面核实,清除基础表面杂物,检查预埋件;根据轴线找出安装基准点,确定设备找正、调平。

②开箱检查:根据图纸要求,会同有关人员对设备的名称、型号、机号、进出风口位置及设备的完好程度等进行检查,并做好记录,各方签字验收;会同设备资料一起存档。

③设备吊装:设备吊装应有专人指挥,使用工具必须符合要求,同时注意对设备的保护,当心落物伤人。

④减震装置安装:设备减震装置应注意各承受压缩量均匀,不得偏心,选用弹簧减震或橡胶减震器,其规格、型号、性能参数应符合要求。

⑤风机安装:风机吊装后,用垫铁找平,同时固定地脚螺栓;调整好风机机轴和叶轮间隙后固定。

(4)内藏风管式空调室内机安装要领

①开箱检查:风机盘管应装有装箱单、说明书、产品质量文件和产品性能检测报告等随机文件,进口设备应有商检证明文件。

②检查每台电机壳体等完好状况,逐台进行通电检查三速试运转情况试验。

③吊架安装平整牢固,位置准确,吊杆不应自由摆动,四角减震器所受压力均匀。

④管道连接:风管、室内机及风口连接处严密、牢固;冷凝水连接前管道反复清洗,无杂物,且连接牢固不渗漏;冷凝水排放方向准确、顺畅。

(5)风管的制作和安装要领

①制作风管时为保证风管制作后的强度,在下料时黏合处有一边要保留 20mm 铝箔做护边;风管在黏合前需预组合,检查拼接缝处是否严密,尺寸是否符合要求根据季节温度、湿度及胶黏剂的性能确定最佳黏合时间。黏接后,用角尺、钢卷尺检查、调整垂直度及对角线偏差应符合规定;黏接缝在黏接后应平整,不得有歪斜,错位、局部开裂,以及 2mm 以上的缝隙等缺陷;选择胶水可选用高固含量,固化程度快,合适酚醛铝箔复合板的专用胶水。在选用溶剂型胶液时,一定要使溶剂挥发后,再进行风管拼接。

②风管不得敷设在楼板或墙内,且风管内不得敷设其他管线。

③风管与设备连接、穿越结构缝时需设置柔性连接,其长度分别为 150 ~ 300mm 为宜或大于变形缝 100mm 以上。

④风管穿越封闭防火墙楼板等区域时,应设置壁厚不小于 1.6mm 预埋管或防护套管,且做好柔性封堵。

⑤风管测定孔设置在便于测量和观察的部位,吊顶内应设活动吊顶板或检修口。

⑥支架间距、长度、规格、防腐符合设计及施工验收规范要求。

⑦防火阀、调节阀、手动密闭阀必须独立设置支吊架。

⑧支架距风口或接口距离分别不应小于200mm、100mm.且主管长度超过20m应设置防止摆动的固定支架,每个系统不得少于1个。

(6)漏光测试方法

①漏光法检测是利用光线对小孔的强穿透力,对系统风管严密性程度进行检测的方法。

②检测应具有一定强度的光源。手持移动光源可采用不低于100W带保护罩的低压照明灯,或其他低压电源。

③系统风管漏光检测时,光源可置于风管内侧或外侧,但其相对侧应为暗黑环境。光源应沿被检测接口部位慢慢移动,在另一侧进行观察,当发现有光源射出,则说明查到有明显漏风处,并记录。

④对系统风管的检测,宜采用分段检测,汇总分析的方法。风管检测以总管和主管为主。

⑤漏光检查中对发现的条缝形漏光,应作密封处理。

(7)漏风量测试方法

漏风量测试装置应采用经检验合格的专用测量仪器或符合《流量测量节流装置》(GB 2624—8)规定的计量元件组成的测量装置;分正压试验和负压试验两类,一般按正压条件下分段测试,其步骤如下:

①测试前,被测风管系统的所有开口处应严密封闭,不得漏风。

②将专用的漏风量测试装置用软管与被测风管连接。

③开启漏风量测试仪的电源,调节变频器的频率,使风管系统内的静压达到设定值后,测出漏风量测试装置上流量调节器的压差值ΔP(m^3/h),或漏风量L/s。

④测出流量调节流器的压差值后,按公式$Q=K\Delta P$,计算流量值,K为固定值,测量仪器上可查得,该流量值Q除以被测风管系统的展开面积F(m^2),即为被测风管系统在试验压力下的漏风量Q($m^3/h\cdot m^2$)。

⑤当被测风管系统的漏风量Q超过设计和施工质量验收规范规定要求时。应在被测风管部位做好记号,并在修补后重新测试,直至合格。

3)质量验收标准及检验方法

(1)主控项目

①通风与空调系统节能工程所使用的设备、管道、阀门、仪表、绝热材料等产品进场时,应按设计要求对其类型、材质、规格及外观等进行验收,并应对下列产品的技术性能参数进行核查。验收与核查的结果应经监理工程师(建设单位代表)检查认可,并应形成相应的验收、核查记录。各种产品和设备的质量证明文件和相关技术资料应齐全,并应

符合有关国家现行标准和规定。

a.组合式空调机组、柜式空调机组、新风机组、单元式空调机组、热回收装置等设备的冷盘、热量、风盘、风压、功率及额定热回收效率。

b.风机的风量、风压、功率及其单位风量耗功率。

c.成品风管的技术性能参数。

d.自控阀门与仪表的技术性能参数。

检验方法:观察检查;技术资料和性能检测报告等质量证明文件与实物核对。

检查数量:全数检查。

②风机盘管机组和绝热材料进场时,应对其下列技术性能参数进行复验,复验应为见证取样送检。

a.风机盘管机组的供冷量、供热量、风量、出口静压、噪声及功率。

b.绝热材料的导热系数、密度、吸水率。

检验方法:现场随机抽样送检;核查复验报告。

检查数量:同一厂家的风机盘管机组按数量复验2%,但不得少于2台;同一厂家同材质的绝热材料复验次数不得少于2次。

③通风与空调节能工程中的送、排风系统及空调风系统、空调水系统的安装,应符合下列规定:

a.各系统的制式,应符合设计要求。

b.各种设备、自控阀门与仪表应按设计要求安装齐全,不得随意增减和更换。

c.水系统各分支管路水力平衡装置、温控装置与仪表的安装位置、方向应符合设计要求,并便于观察、操作和调试。

d.空调系统应能实现设计要求的分室(区)温度调控功能。对设计要求分栋、分区或分户(室)冷、热计量的建筑物,空调系统应能实现相应的计量功能。

检验方法:观察检查。

检查数量:全数检查。

④通风与空调系统安装完毕,应进行通风机和空调机组等设备的单机试运转和调试,并应进行系统的风量平衡调试。单机试运转和调试结果应符合设计要求;系统的总风量与设计风量的允许偏差不应大于10%,风口的风量与设计风量的允许偏差不应大于15%。

检验方法:观察检查;核查试运转和调试记录。

检验数量:全数检查。

(2)一般项目

①空气风幕机的规格、数量、安装位置和方向应正确,纵向垂直度和横向水平度的偏

差均不应大于2/1000。

检验方法:观察检查。

检查数量:按总数量抽查10%,且不得少于1台。

②变风量末端装置与风管连接前宜做动作试验,确认运行正常后再封口。

检验方法:观察检查。

检查数量:按总数量抽查10%,且不得少于2台。

7.8 空调与采暖系统的冷热及管网节能

1)工艺流程

空调与采暖系统的冷热及管网节能工艺流程如图7-8所示。

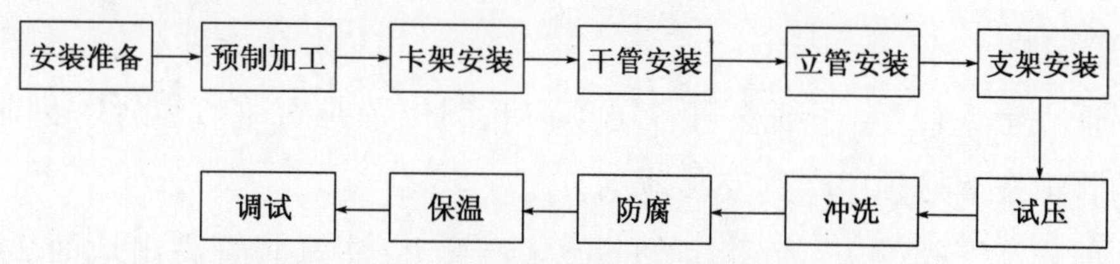

图7-8　空调与采暖系统的冷热及管网节能工艺流程

2)作业要点及标准做法

(1)冷热源系统设备及管网的(主要包括冷热源设备、辅助设备及管网、保温等)的安装符合相关节能技术规范的要求。空调采暖系统中冷热源设备的规格、数量符合设计要求,安装位置连接合理、正确。

(2)绝热材料的安装符合相关节能技术规范的要求;冷热源管道绝热层施工时加强对下列部位的处理:

①冷热源管道绝热层的基层及其表面处理,绝热层的铺设、厚度,黏结或固定,绝热层的接缝、构造节点、热桥部位处理。

②冷热源管道阀门、过滤器、法兰部位绝热层的铺设、厚度。

③冷热源管道与支、吊架的绝热衬垫安装和填缝处理。

④系统调试向空调与采暖系统冷热源和辅助设备及其管道和管网系统安装完毕后,进行空调冷热源和辅助设备的单机试运转及系统调试,并应有详细的文字记录和必要的图像资料。

(3)干管安装

①干管安装按管道定位、画线(或挂线)、支架安装、管子上架、接口连接、立管短管开孔焊接、水压试验、防腐保温等施工顺序进行。按施工草图,进行管段的加工预制,包括断管、套丝、上零件、调直、核对尺寸,按环路分组编号,码放整齐。

②安装卡架,按设计要求或规定间距安装,将在墙上画出的管道定位坡度线按照管中心与墙、柱的距离水平外移,挂线作为卡架安装的基准线。吊环按间距位置套在管上,再把管抬起穿上螺栓拧上螺母,将管固定。安装托架上的管道时,先把管就位在托架上,把第一节管装好U形卡,之后安装第二节管,以后各节管均照此进行,紧固好螺栓。

③干管安装应从进户或分支路点开始,装管前要检查管腔并通过拉扫(钢丝缠布)清理干净。在丝头处涂好铅油缠好麻,一人在末端扶平管道,用管钳咬住前节管件,用另一把管钳转动管至松紧适度,对准调直时的标记,要求丝扣外露2~3扣,并清掉麻头,依此方法装完为止(管道穿过伸缩缝或过沟处,必须先穿好钢套管)。

④制作羊角弯时,应煨两个75°左右的弯头,在连接处锯出坡口,主管锯成鸭嘴形,拼好后即应点焊、找平、找正、找直后,再进行施焊。羊角弯接合部位的口径必须与主管口径相等,其弯曲半径应为管径的2.5倍左右。

(4)立管安装

①为保证立管垂直度,仔细核对各层预留孔洞位置是否垂直,吊线、剔眼、栽卡子。将预制好的管道按编号顺序运到安装地点。

②安装前先卸下阀门盖,有钢套管的先穿到管上,注意套管高出地面2cm(厨卫间5cm),按编号从第一节开始安装。涂铅油缠麻将立管对准接口转动入扣,一把管钳咬住管件,一把管钳拧管,拧到松紧适度,对准调直时的标记要求,丝扣外露2~3扣,预留口正确为止,并清净麻头。

③检查立管的每个预留口标高、方向、半圆弯等是否准确。将事先栽好的管卡子松开,把管放入卡内拧紧螺栓,用吊杆、线坠从第一节管开始找好垂直度,扶正钢套管,最后填堵孔洞,预留口必须安装临时丝堵。

(5)支管安装

①检查散热器安装位置及立管预留口是否准确、坡度是否合适。量出支管尺寸和灯叉弯的大小(散热器中心距墙与立管预留口中心距墙之差)。

②配支管,按量出支管的尺寸,减去灯叉弯的量,之后断管、套丝、煨灯叉弯和调直。将灯叉弯两头抹铅油编麻,装好油任,连接散热器,把麻头清净。

③暗装或半暗装的散热器灯叉弯必须与炉片槽墙角相适应,达到美观。

④用钢尺、水平尺、线坠校对支管的坡度和平行距墙尺寸,并复查立管及散热器有无移动。

⑤立支管变径,不得使用铸铁补芯,应使用变径管箍或焊接法。

⑥安装好的支管不得蹬踩、做支撑。

(6)套管安装

①暖气管道穿墙、穿楼板应设置钢套管或铁皮套管,下料后套管内刷防锈漆一遍,用

于穿楼板套管应在适当部位焊接架铁。

②穿楼板套管根据楼板厚度宜分成两截，两内头套扣，用管箍连接，保证上部出楼板高度以及底部和楼板相平。

(7)试压

①试压分单项试压和系统试压。单项试压：干管敷设后或隐蔽部位的管道安装完毕按设计和规范要求进行水压试验。系统试压：采暖系统安装完毕，管道保温之前应按设计和规范要求进行系统水压试验。

②采暖系统试压程序：

a. 首先检查整个系统中的所有控制阀门是否打开，系统与外管网应隔开，打开集气罐的放气阀或散热器上的手动放风门。

b. 将给水干管、试压泵等临时用的试压管道接在供水总干管上，并向系统内灌水，待系统灌满水并将管道系统内的空气排净后(放风门或放气阀流出水为止)，关闭放气阀。

c. 操作试压泵进行升压，升压过程中应注意检查管道、管件及配件是否有渗漏处，如渗漏严重应停止打压，并且降压后进行修理、换垫、拧紧等工作。

d. 系统无渗漏后，打压并升压到试验压力，停泵检查，并观察压力表，要求10min内压降不超过0.02MPa，即为合格。试验压力应符合设计要求，当设计未注明时，应符合下列规定。

蒸汽、热水采暖系统，应以系统顶点工作压力加0.1MPa作水压试验，同时在系统顶点的试验压力不小于0.3MPa；高温热水采暖系统，试验压力应以系统顶点工作压力加0.4MPa；使用塑料管及复合管的热水采暖系统，应以系统顶点工作压力加0.2MPa作水压试验，同时在系统顶点的试验压力不小于0.4MPa。

(8)冲洗

①系统投入使用前必须冲洗，冲洗前将管道上安装的流量孔板、滤网、温度计、调节阀及恒温阀等拆除，待冲洗合格后再装上。

②热水管道供回水管及凝结水管用清水冲洗，冲洗时以系统能达到的最大压力和流量进行，直到出水口水色和透明度与入水口目测一致为合格。

③冲洗后泄水。

(9)管道防腐和保温

设计无要求时，应达到以下要求：

①管道明装：一丹二银(一遍防锈漆，两遍面漆)。

②暗装：二丹(两遍面漆)。

③潮湿房间明装：二丹二银。

④采暖管道敷设在地沟、吊顶内、易冻的过厅、楼梯间及非采暖间均应做保温。

⑤穿越壁橱、吊柜内采暖管道均应采取保温措施,保温材料由设计确定,不得使用对环境及人体有害的保温材料。

(10)通暖

①先联系好热源,根据供暖面积确定通暖范围,制定通暖人员分工,检查供暖系统中的泄水阀门是否关闭,干、立、支管的阀门是否打开。

②向系统内充软化水,开始先打开系统最高点的放风阀,安排专人看管。慢慢打开系统回水干管的阀门,待最高点的放风阀见水后即关闭放风阀,再开总进口的供水管阀门高点放风阀,反复开放几次,使系统中的冷风排净为止。

③正常运行半小时后,开始检查全系统,遇有不热处应先查明原因,需冲洗检修时,则关闭供回水阀门泄水,之后分先后开关供回水阀门放水冲洗,冲净后再按照上述程序通暖运行,直到正常为止。

④冬季通暖时,必须采取临时取暖措施,使室温保持 +5°以上才可进行。遇有热度不均,应调整各分路立管、支管上的阀门,使其基本达到平衡后,进行正式检查验收,并办理验收手续。

3)质量验收标准及检验方法

(1)主控项目

①空调与采暖系统冷热源设备及其辅助设备、阀门、仪表、绝热材料等产品进场时,应按照设计要求对其类型、规格和外观等进行检查验收,并应对下列产品的技术性能参数进行核查。验收与核查的结果应经监理工程师(建设单位代表)检查认可,并应形成相应的验收、核查记录。各种产品和设备的质量证明文件和相关技术资料应齐全,并应符合国家现行有关标准和规定。

a. 锅炉的单台容量及其额定热效率。

b. 热交换器的单台换热量。

c. 电机驱动压缩机的蒸气压缩循环冷水(热泵)机组的额定制冷量(制热量)、输入功率、性能系数(COP)及综合部分负荷性能系数(IPLV)。

d. 电机驱动压缩机的单元式空气调节机、风管送风式和屋顶式空气调节机组的名义制冷盘、输入功率及能效比(EER)。

e. 蒸汽和热水型溴化锂吸收式机组及直燃型溴化锂吸收式冷(温)水机组的名义制冷量、供热盐、输入功率及性能系数。

f. 集中采暖系统热水循环水泵的流量、扬程、电机功率及耗电输热比(EHR)。

g. 空调冷热水系统循环水泵的流量、扬程、电机功率及输送能效比(ER)。

h. 冷却塔的流量及电机功率。

i. 自控阀门与仪表的技术性能参数。

检验方法:观察检查;技术资料和性能检测报告等质量证明文件与实物核对。

检查数量:全数核查。

②空调与采暖系统冷热源及管网节能工程的绝热管道、绝热材料进场时,应对绝热材料的导热系数、密度、吸水率等技术性能参数进行复验,复验应为见证取样送检。

检验方法:现场随机抽样送检;核查复验报告。

检查数量:同一厂家同材质的绝热材料复验次数不得少于2次。

③空调与采暖系统冷热源设备和辅助设备及其管网系统的安装,应符合下列规定:

a.管道系统的制式,应符合设计要求。

b.各种设备、自控阀门与仪表应按设计要求安装齐全,不得随意增减和更换。

c.空调冷(热)水系统,应能实现设计要求的变流量或定流量运行。

d.供热系统应能根据热负荷及室外温度变化实现设计要求的集中质调节、量调节或质量调节相结合的运行。

检验方法:观察检查。

检查数量:全数检查。

④冷热源侧的电动两通调节阀、水力平衡阀及冷(热)量计量装置等自控阀门与仪表的安装,应符合下列规定:

a.规格、数量应符合设计要求。

b.方向应正确,位置应便于操作和观察。

检验方法:观察检查。

检查数量:全数检查。

⑤空调与采暖系统冷热源和辅助设备及其管道和管网系统安装完毕后,系统试运转及调试必须符合下列规定:

a.冷热源和辅助设备必须进行单机试运转及调试。

b.冷热源和辅助设备必须同建筑物室内空调或采暖系统进行联合试运转及调试。

c.联合试运转及调试结果应符合设计要求,且允许偏差或规定值应符合表7-3的有关规定。当联合试运转及调试不在制冷期或采暖期时,应先对下表中序号2、3、5、6四个项目进行检测,并在第一个制冷期或采暖期内,带冷(热)源补做序号1、4两个项目的检测。

检验方法:观察检查;核查试运转和调试记录。

检验数量:全数检查。

(2)一般项目

调与采暖系统的冷热源设备及其辅助设备、配件的绝热,不得影响其操作功能。

表7-3 联合试运转及调试检测项目与允许偏差或规定值

序 号	检 测 项 目	允许偏差或规定值
1	室内温度	冬季不得低于设计计算温度2℃,且不应高于1℃ 夏季不得高于设计计算温度2℃,且不应低于1℃
2	供热系统室外管网的水力平衡度	0.9~1.2
3	供热系统的补水率	≤0.5%
4	室外管网的热输送效率	≥0.92
5	空调机组的水流量	≤20%
6	空调系统冷热水、冷却水总流量	≤10%

检验方法:观察检查。

检查数量:全数检查。

7.9 配电与照明节能

1)强制条文

(1)本章适用于建筑节能工程配电与照明的施工质量验收。

(2)建筑配电与照明节能工程验收的检验批划分应按《建筑节能工程施工质量验收规范》(GB 50411—2007)第3.4.1条的规定执行。当需要重新划分检验批时,可按照系统、楼层、建筑分区划分为若干个检验批。

(3)建筑配电与照明节能工程的施工质量验收,应符合《建筑节能工程施工质量验收规范》(GB 50411—2007)和《建筑电气工程施工质量验收规范》(GB 50303—2015)的有关规定、已批准的设计图纸、相关技术规定和合同约定内容的要求。

2)工艺流程

配电与照明节能工艺流程如图7-9所示。

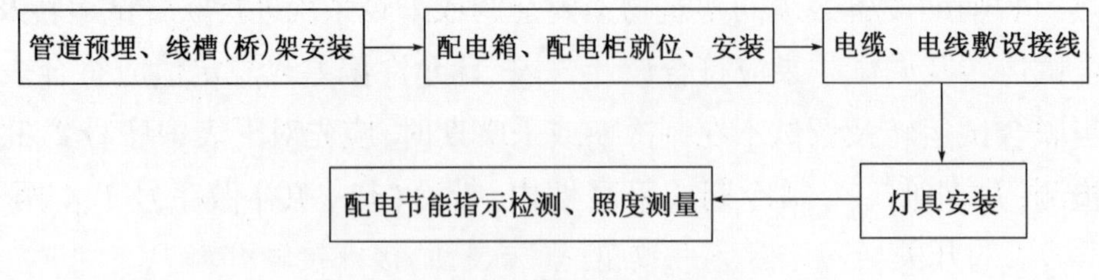

图7-9 配电与照明节能工艺流程

3)作业要点及标准做法

(1)严格执行质量检查程序,每道工序必须先自检、后互检、再进行交接检、隐检等项工作。

(2)严格进货检验和试验工作程序。材料根据有关规定进行检查验收,对有试验要求的进行试验检查,做好验证记录,合格后方可进入安装。

(3)必须按施工方案的要求和基本程序进行检验和试验,未经检验和试验或检、试验不合格的过程,不得转入下道工序。

(4)建筑电气节能工程验收按楼层和系统进行,照明光源、灯具进场进行验收,并由监理工程师验收认可后形成验收记录。

(5)技术资料和性能检测报告等质量证明文件与实物核对,保证一致。

(6)计量检测仪表应做计量检定,保证测量数据的有效性。

(7)电缆、电线进场时应对其截面和每芯导体电阻值进行见证取样送检合格后,方可用在工程上。

(8)母线与母线、母线与电器接线端子搭接,搭接面应按规范处理,特别是不同金属搭接面之间的处理,以保证接触电阻达到要求。单根铜芯之间的连接应搪锡连接。

(9)配电与照明节能工程要求的检测数据应及时拷贝、保存。

(10)灯具安装

塑料盒的安装。将接灯线从塑料盒的出线孔中穿出,将塑料盒紧贴住建筑物表面,其安装孔对准灯头盒螺孔,用机螺丝将塑料台固定牢固。把从塑料盒甩出的导线留出适当维修长度,削出线芯,推入灯盒内,线芯高出塑料盒的台面。用软线在接灯线蕊上缠绕5~7圈,将灯芯折回压紧。用粘塑料带和黑胶布分层包扎紧密。将接头调顺,扣于法兰盘内,法兰盘应与塑料盒的中心找正,用长度小于20mm的木螺丝固定。

(11)吸顶灯安装

吸顶口光灯安装:依设计图确定其位置,紧贴建筑物表面吸顶灯完全遮盖住灯头盒,打好进线孔,找好灯头盒螺孔位置,在其固定好后,将电源接入。

开关安装工艺流程:

①工艺流程:清理→接线→安装。

②清理:用錾子轻轻地将盒子内残存的灰块剔掉,同时将其他杂物一并清出盒外,再用湿布将盒内灰尘擦净。

③接线

一般接线规定如下:

a.同一场所的开关切断位置应一致,且操作灵活,接点接触可靠。

b.电器、灯具的相线应经开关控制。

(12)质量标准

①灯具安装质量标准

a.保证项目

灯具、规格、型号及使用场所必须符合设计要求和施工规范规定;

低于2.4m以下的灯具的外壳金属部分做好接地或接零保护。

b. 基本项目

灯具安装:安装牢固端正,位置正确。

②导线与灯具的连接

导线进入灯具处的绝缘保护良好,留有适当余量。连接牢固紧密,不伤线芯。压板连接时压紧无松动。

③开关安装质量标准

a. 开关,插座的安装位置正确。盒子内清洁,无杂物,表面清洁,不变形,盖板紧贴建筑物的表面。

b. 开关断相线。导线进入器具处绝缘良好,不伤线芯。插座的接地线单独敷设。

④观察和通电检查

允许偏差项目:

明开关,插座的底板和暗装开关,插座的面板并列安装时,开关,插座的高度差允许为0.5mm。

同一场所的高度差为5mm。

面板的垂直允许偏差0.5mm。

4)质量验收标准及检验方法

(1)主控项目

①照明光源、灯具及其附属装置的选择必须符合设计要求,进场验收时应对下列技术性能进行核查,质量证明文件和相关技术资料应齐全,并应符合国家现行有关标准和规定。

a. 荧光灯灯具和高强度气体放电灯灯具的效率不应低于表7-4的规定。

表7-4　荧光灯灯具和高强度气体放电灯灯具的效率允许值(%)

灯具出光口形式	开敞式	保护罩(玻璃或塑料)		格栅	格栅或透光罩
		透明	磨砂、棱镜		
荧光灯灯具	75	65	55	60	—
高强度气体放电灯灯具	75	—	—	60	60

b. 管型荧光灯镇流器能耗限定值应不大于表7-5的规定。

表7-5　镇流器能效限定值

标称功率(W)		18	20	22	30	32	36	40
镇流器能效因数(*BEF*)	电感型	3.154	2.952	2.770	2.232	2.146	2.030	1.992
	电子型	4.778	4.370	3.998	2.870	2.678	2.402	2.270

c. 照明设备谐波含量限值应符合表7-6的规定。

表7-6 照明设备谐波含量的限值

谐波次数 n	基波频率下输入电流百分比数表示的最大允许谐波电流(%)
2	2
3	$30 \times \lambda$
5	10
7	7
9	5
$11 \leqslant n \leqslant 39$(仅有奇次谐波)	3

注:λ是电路功率因数。

检验方法:观察检查;技术资料和性能检测报告等质量证明文件与实物核对。

检查数量:全数核查。

②低压配电系统选择的电缆、电线截面不得低于设计值,进场时应对其截面和每芯导体电阻值进行见证取样送检。每芯导体电阻值应符合表7-7的规定。

表7-7 不同标称截面的电缆、电线每芯导体最大电阻值

标称截面(mm^2)	20℃时导体最大电阻(Ω/km) 圆铜导体(不镀金属)
0.5	36.0
0.75	24.5
1.0	18.1
1.5	12.1
2.5	7.41
4	4.61
6	3.08
10	1.83
16	1.15
25	0.727
35	0.524
50	0.387
70	0.268
95	0.193
120	0.153
150	0.124
185	0.0991
240	0.0754
300	0.0601

检验方法:进场时抽样送检,验收时核查检验报告。

检查数量:同厂家各种规格总数的10%,且不少于2个规格。

(2)一般项目

①母线与母线或母线与电器接线端子,当采用螺栓搭接连接时,应采用力矩扳手拧紧,制作应符合《建筑电气工程施工质量验收规范》(GB 50303—2015)标准中有关规定。

检验方法:使用力矩扳手对压接螺栓进行力矩检测。

检查数量:母线按检验批抽查10%。

②交流单芯电缆或分相后的每相电缆宜晶字形(三叶形)敷设,且不得形成闭合铁磁回路。

检验方法:观察检查。

检查数量:全数检查。

③三相照明配电干线的各相负荷宜分配平衡,其最大相负荷不宜超过三相负荷平均值的115%,最小相负荷不宜小于三相负荷平均值的85%。

检验方法:在建筑物照明通电试运行时开启全部照明负荷,使用三相功率计检测各相负载电流、电压和功率。

检查数量:全部检查。

7.10 监测与控制系统节能

1)工艺流程

监测与控制系统节能工艺流程如图7-10所示。

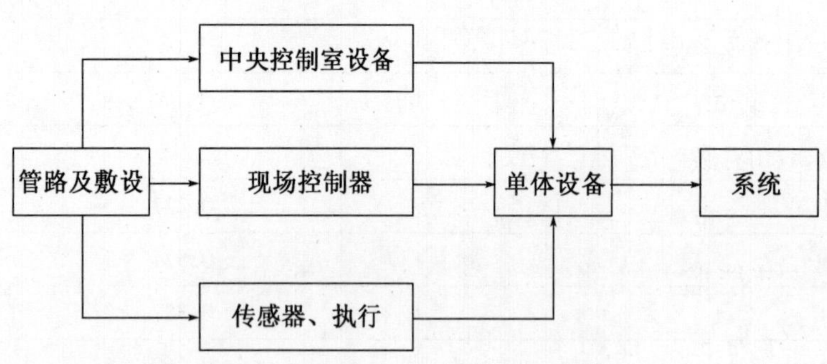

图7-10 监测与控制系统节能工艺流程

2)作业要点及标准做法

(1)监测与控制系统施工质量的检测验收执行《智能建筑工程质量验收规范》(GB 50339—2016)和《建筑节能工程施工质量验收规范》(GB 50411—2007)的相关规定。

(2)监测与控制系统的验收分为工程实施和系统检测两个阶段。

①工程实施由施工单位和监理单位随工程实施过程进行,分别对施工质量管理文

件、设计符合性、产品质量、安装质量进行检查，及时对隐蔽工程和相关接口进行检查，同时，应有详细的文字和图像资料，并对监测与控制系统进行不少于168h的不间断试运行。工程实施过程检查为逐项检查。

②系统检测由具备相应资质的专业检测机构检测。检测内容应包括对工程实施文件和系统自检文件进行复核，对监测与控制系统的安装质量、系统优化监控功能、能源计量及建筑能源管理等进行检查和检测。系统检测内容分为主控项目和一般项目，系统检测结果是监测与控制系统验收依据。

(3)对不具备试运行条件的项目，应在审核调试记录的基础上进行模拟检测，以检测监测与控制系统的节能监控功能。

(4)监测与控制系统施工质量的验收应执行《智能建筑工程质量验收规范》(GB 50339—2016)相关章节的规定和《建筑节能工程施工质量验收规范》(GB 50411—2007)的规定。

(5)监测与控制系统验收的主要对象应为采暖、通风与空气调节和配电与照明所采用的监测与控制系统，能耗计量系统以及建筑能源管理系统。

(6)建筑节能工程所涉及的可再生能源利用、建筑冷热电联供系统、能源回收利用以及其他与节能有关的建筑设备监控部分的验收，应参照本章的相关规定执行。

(7)监测与控制系统的施工单位应依据国家相关标准的规定，对施工图设计进行复核。当复核结果不能满足节能要求时，应向设计单位提出修改建议，由设计单位进行设计变更，并经原节能设计审查机构批准。

(8)施工单位应依据设计文件制定系统控制流程图和节能工程施工验收大纲。

(9)监测与控制系统的验收分为工程实施和系统检测两个阶段。

(10)工程实施由施工单位和监理单位随工程实施过程进行，分别对施工质量管理文件、设计符合性、产品质量、安装质量进行检查，及时对隐蔽工程和相关接口进行检查，同时，应有详细的文字和图像资料，并对监测与控制系统进行不少于168h的不间断试运行。

(11)系统检测内容应包括对工程实施文件和系统自检文件的复核，对监测与控制系统的安装质量、系统节能监控功能、能源计量及建筑能源管理等进行检查和检测。

系统检测内容分为主控项目和般项目，系统检测结果是监测与控制系统的验收依据。

(12)对不具备试运行条件的项目，应在审核调试记录的基础上进行模拟检测，以检测监测与控制系统的节能监控功能。

3)质量验收标准及检验方法

(1)主控项目

①监测与控制系统采用的设备、材料及附属产品进场时，应按照设计要求对其品种、

规格、型号、外观和性能等进行检查验收,且应形成相应的质量记录。各种设备、材料和产品附带的质量证明文件和相关技术资料应齐全,并应符合国家现行有关标准和规定。

检验方法:进行外观检查;对照设计要求核查质量证明文件和相关技术资料。

检查数量:全数检查。

②通风与空调监测控制系统的控制功能及故障报警功能应符合设计要求。

检验方法:在中央工作站使用检测系统软件,或采用在直接数字控制器或通风与空调系统自带控制器上改变参数设定值和输入参数值,检测控制系统的投入情况及控制功能;在工作站或现场模拟故障,检测故障监视、记录和报警功能。

检查数量:按总数的20%抽样检测,不足5台全部检测。

(2)一般项目

①检测监测与控制系统的可括性、实时性、可维护性等系统性能,主要包括下列内容:

a.控制设备的有效性,执行器动作应与控制系统的指令一致,控制系统性能稳定符合设计要求。

b.控制系统的采样速度、操作响应时间、报警反应速度应符合设计要求。

c.冗余设备的故障检测正确性及其切换时间和切换功能应符合设计要求。

d.应用软件的在线编程(组态)、参数修改、下载功能、设备及网络故障自检测功能应符合设计要求。

e.控制器的数据存储能力和所占存储容量应符合设计要求。

f.故障检测与诊断系统的报警和显示功能应符合设计要求。

g.设备启动和停止功能及状态显示应正确。

h.被控设备的顺序控制和连锁功能应可靠。

i.应具备自动控制/远程控制/现场控制模式下的命令冲突检测功能。

j.人机界面及可视化检查。

检验方法:分别在中央工作站、现场控制器和现场利用参数设定、程序下载、故障设定、数据修改和事件设定等方法,通过与设定的显示要求对照,进行上述系统的性能检测。

检查数量:全部检测。

参 考 文 献

[1] 中华人民共和国国家标准. 建筑地基基础工程施工质量验收标准:GB 50202—2018[S]. 北京:中国计划出版社,2018.

[2] 中华人民共和国国家标准. 土工试验方法标准:GB/T 50123—1999[S]. 北京:中国计划出版社,1999.

[3] 中华人民共和国国家标准. 建筑地基基础工程施工规范:GB 51004—2015[S]. 北京:中国计划出版社,2015.

[4] 中华人民共和国国家标准. 工业建筑防腐蚀设计规范:GB 50046—2008[S]. 北京:中国计划出版社,2008.

[5] 中华人民共和国国家标准. 混凝土结构耐久性设计规范:GB 50476—2008[S]. 北京:中国计划出版社,2008.

[6] 中华人民共和国国家标准. 混凝土结构工程施工质量验收规范:GB 50204—2015[S]. 北京:中国建筑工业出版社,2015.

[7] 中华人民共和国国家标准. 砌体结构工程施工规范:GB 50924—2014[S]. 北京:中国建筑工业出版社,2014.

[8] 中华人民共和国国家标准. 钢结构工程施工质量验收规范:GB 50205—2001[S]. 北京:中国计划出版社,2001.

[9] 中华人民共和国行业标准. 钢结构超声波探伤及质量分级法:JG/T 203—2007[S]. 北京:中国标准出版社,2007.

[10] 中华人民共和国国家标准. 钢结构焊接规范:GB 50661—2011[S]. 北京:中国建筑工业出版社,2011.

[11] 中华人民共和国国家标准. 漆膜附着力测定法:GB 1720—1979[S]. 北京:中国标准出版社,1979.

[12] 中华人民共和国国家标准. 色漆和清漆　漆膜的划格试验:GB/T 9286—1998[S]. 北京:中国标准出版社,1998.

[13] 中华人民共和国行业标准. 钢结构防火漆料应用技术规程:CECS 24:90[S]. 北京:中国计划出版社,1990.

[14] 中华人民共和国国家标准. 建筑地面工程施工质量验收规范:GB 50209—2010[S]. 北京:中国计划出版社,2010.

[15] 中华人民共和国国家标准. 建筑地基基础工程施工质量验收规范:GB 50202—2018[S]. 北京:中国计划出版社,2018.

[16] 中华人民共和国行业标准. 地面辐射供暖技术规程:JGJ 142—2004[S]. 北京:中国

建筑工业出版社,2004.

[17] 中华人民共和国国家标准. 建筑装饰装修工程质量验收规范:GB 50210—2018[S]. 北京:中国建筑工业出版社,2018.

[18] 中华人民共和国国家标准. 建筑用塑料门:GB/T 28886—2012[S]. 北京:中国标准出版社,2012.

[19] 中华人民共和国国家标准. 建筑用塑料窗:GB/T 28887—2012[S]. 北京:中国标准出版社,2012.

[20] 中华人民共和国行业标准. 外墙饰面砖工程施工及验收规程:JGJ 126—2015[S]. 北京:中国建筑工业出版社,2015.

[21] 中华人民共和国国家标准. 紧固件铆钉用通孔:GB 152.1—1988[S]. 北京:中国标准出版社,1988.

[22] 中华人民共和国国家标准. 紧固件沉头螺钉用沉孔:GB 152.2—2014[S]. 北京:中国标准出版社,2014.

[23] 中华人民共和国国家标准. 圆柱头、螺栓用沉孔:GB 152.3—1988[S]. 北京:中国标准出版社,1988.

[24] 中华人民共和国国家标准. 建筑幕墙雨水渗漏性能检测方法:GB/T 15228—1994[S]. 北京:中国标准出版社,1994.

[25] 中华人民共和国行业标准. 建筑室内用腻子:JG/T 298—2010[S]. 北京:中国建筑工业出版社,2010.

[26] 中华人民共和国行业标准. 建筑玻璃应用技术规程:JGJ 113—2015[S]. 北京:中国建筑工业出版社,2015.

[27] 中华人民共和国国家标准. 屋面工程质量验收规范:GB 50207—2012[S]. 北京:中国建筑工业出版社,2012.

[28] 中华人民共和国行业标准. 建筑玻璃采光顶:JG/T 231—2018[S]. 北京:中国建筑工业出版社,2018.

[29] 中华人民共和国国家标准. 建筑给水排水及采暖工程施工质量验收规范:GB 50242—2002[S]. 北京:中国建筑工业出版社,2002.

[30] 中华人民共和国国家标准. 建筑给水排水设计规范:GB 50015—2009[S]. 北京:中国计划出版社,2009.

[31] 中华人民共和国行业标准. 城镇供热管网工程施工及验收规范:CJJ 28—2014[S]. 北京:中国建筑工业出版社,2014.

[32] 中华人民共和国国家标准. 低压配电设计规范:GB 50054—2011[S]. 北京:中国计划出版社,2011.

[33] 中华人民共和国国家标准. 电气安装用导管系统　第 1 部分:通用要求:GB/T 20041.1—2005[S]. 北京:中国质检出版社,2005.

[34] 中华人民共和国国家标准. 电气装置安装工程电气设备交接试验标准:GB 50150—2016[S]. 北京:中国计划出版社,2016.

[35] 中华人民共和国国家标准. 建筑照明设计标准:GB 50034—2013[S]. 北京:中国建筑工业出版社,2013.

[36] 中华人民共和国国家标准. 建筑电气工程质量验收规范:GB 50303—2015[S]. 北京:中国计划出版社,2015.

[37] 中华人民共和国国家标准. 建筑节能工程施工质量验收规范:GB 50411—2007[S]. 北京:中国建筑工业出版社,2007.

[38] 中华人民共和国国家标准. 智能建筑工程质量验收规范:GB 50339—2013[S]. 北京:中国建筑工业出版社,2013.

[39] 中华人民共和国行业标准. 地面辐射供暖技术规程:JGJ 142—2004[S]. 北京:中国建筑工业出版社,2004.

[40] 中华人民共和国国家标准. 用安装在圆形截面管道中的差压装置测量满管流体流量　第 1 部分:一般原理和要求:GB/T 624.1—2006[S]. 2006.